제 2 판

이 사 회

운영원리와 법률적 책임

김 화 진 저

博 英 社

心堂 宋相現 선생님께 드립니다.

제 2 판 머리말

이 제 2 판은 2005년 7월 발간된 초판 이후의 시장 변화, 법령과 판례의 동향 등을 반영한 것이다. 그간의 시기에 우리 나라 기업들의 이사회가 구성되고 운영되는 모습이 크게 달라진 것은 없으나 최근에 발생한 몇몇 경영권 분쟁에서 이사회의 법률적 책임 공방이 있었고 이사회의 행동 가이드라인 부재가 해당 이사회를 곤란하게 하였던 일이 있다. 우리 나라 기업들이 이사회 중심의 경영구조를 갖추게 될수록 M&A와 경영권 분쟁에서 이사들이 의존할 수 있는 법리와 행동지침을 절실히 필요로 하게 될 것이다. 현경영진의 이익이 아닌 주주가치 제고를 위한 경영판단은 적절한 경영권 방어뿐 아니라, 필요시 회사를 인수하고자 하는 세력과의 협상 및 경영권 양도를 그 속성으로 하기 때문이다. 또, 사외이사가 주주대표소송의 피고가 되어 실제로 손해배상책임을 지게 된 판결도 등장하였으며 그 동안 외국에서는 사외이사들의 법률적 책임에 관한 연구가 다수 출현한 것이 눈에 띈다. 기업집단에 소속된 회사 이사회의 행동 가이드라인이나 법률적 책임에 관한 규칙의 부재도 서서히 중요한 문제로 부각되고 있다.

초판 이후 저자는 학계로 이동하여 서울대학교 법과대학에서 상법을 담당하게 되었다. 그리고, 상장기업 이사의 책임에 관한 리시아 정부 자문 국제 프로젝트에 미국, 영국, 독일, 프랑스, 러시아 학자들과 함께 참가하였으며 우리 나라 기업 이사회의 베스트 프랙티스(Best Practice) 내용 정립과 확산에 중추적인 역할을 해 온 한국이사협회의 교육 프로그램 기획과 운영에 참여하게 되었다. 여기서 발생한 경험의 확장이 이 제 2 판에 모두 반영되어 있다.

호문혁 학장님을 비롯한 서울대학교 법과대학의 모든 교수님들의 따뜻한 성원에 감사드리며, 박상용 회장님을 비롯한 한국이사협회의 모든 분들께 감사드리고, 증권연구원 최도성 원장님, 한국기업지배구조개선지원센터 정광선 전원장님, 남상구 원장님의 변함없는 격려에도 감사드린다. 이 제 2 판의 출판을 흔쾌히 수락해 주신 박영사의 안종만 회장님, 전문가의 뛰어난 안목과 솜씨로 멋있는 책을 만들어 주신 조성호 차장님, 김선민 차장님께도 감사드린다. 이 책 초판의 출발점인 저자의 「소유와 경영」(박영사, 2003)은 2005년에 대한민국학술원에 의해 우수학술도서로 선정되었는데 지원, 성원해 주신 모든 분들께 여기서 다시 한번 감사드린다.

이 책은 서울대학교 법과대학에서 상법과 민사소송법을 가르치시고 오랜 세월 동안 국내외에서 후학들을 양성하시면서 한국법의 세계화에 진력해 오신 국제형사재판소 재판관 심당 송상현 선생님의 2007년 2월 정년퇴임에 바치고자 한다. 이 책도 저자의 다른 모든 실적들과 마찬가지로 선생님의 지도와 관심과 격려의 산물이다. 선생님의 후임자로서, 미력을 다해 관련 분야의 발전에 기여할 것을 다짐하면서 선생님의 건강을 기원드린다.

2007년 2월

저 자

초판 머리말에서

주식회사의 이사회가 기업 내부 권력의 중심으로 등장하였다. 기업의 흥망을 "총수" 내지는 최고경영자와 그 측근들이 좌우하던 시대가 서서히 막을 내리고 사외이사들이 중심이 된 집합적 의사결정체인 이사회가 그 역할을 맡게 되었다. 따라서 이사회는 이제 우리 나라 경제의 핵심적인 위치를 차지하는 대기업들과 미래의 대기업들의 중추적인 운영 메커니즘이다.

이 책은 독자들의 이사회 전반에 대한 이해를 돕고 그 운영전략을 소개함으로써 우리 나라에 있어서 이사회제도가 원활하고 효과적으로 기능하는 것에 일조하기 위한 것이다. 특히, 기업지배구조와 경영자 책임의 중요성이 급속히 부각된 현실을 감안하여 사외이사를 비롯한 이사들의 법률적 책임과 그 감면장치에 관해 집중적으로 논하였다. 또, 국내에서 향후 많은 연구가 필요할 것으로 보이는 경영진 보수 문제와 CEO 승계 문제에 대해서도 간략히 소개하였다.

이 책은 저자가 2003년에 펴낸 「소유와 경영」의 이사회 관련 부분을 따로 정리하고 대폭 보완한 것이다. 따라서, 이 책은 국제기업지배구조론의 큰 맥락 하에서 씌어진 것이다. 해외의 사례와 동향의 설명이 큰 비중을 차지하고 있는 것은 그런 이유에서이다. 경영권분쟁과 적대적 M&A에서 이사회가 차지하는 위치에 관하여도 소개하였다.

2005년 7월

저　자

차　　례

제 1 장　기업지배구조와 이사회

제 2 장 이사회의 구성과 운영

제 3 장　상장기업 감사위원회의 구성과 운영

제 4 장 상장기업 이사의 의무와 법률적 책임

제 5 장 경영권 이동과 이사회

부 록

참고문헌

초판 발간(2005년 7월) 이후 저자에 의해 발표되어 이 제2판의 일부를 구성하거나 저자가 많이 참고한 문헌들은 다음과 같다.

1. 김화진, 기업집단의 지배구조에 대한 법적 평가와 바람직한 기업지배구조, 인권과 정의(대한변호사협회, 2006. 10) 6
2. 서울대학교 금융법센터 BFL 제13호(특집: 감사위원회와 내부통제, 2005. 9)
3. 서울대학교 금융법센터 BFL 제19호(특집: 경영권 승계와 관련된 쟁점, 2006. 9)
4. 이철송, 회사법 강의 제12판(박영사, 2005)
5. Hwa-Jin Kim, *Directors' Duties and Liabilities in Corporate Control and Restructuring Transactions: Recent Developments in Korea,* 7 Oxford University Comparative Law Forum 2 (2006)
6. Hwa-Jin Kim, A Tale of Two Companies: The Emerging Market for Corporate Control in Korea (University of Tokyo Conference Paper, 2006)
7. Lucian Bebchuk et al., *Director Liability,* 31 Delaware Journal of Corporate Law 1011 (2006)
8. Bernard Black, Brian Cheffins & Michael Klausner, *Outside Director Liability,* 58 Stanford Law Review 1055 (2006)
9. Brian Cheffins & Bernard Black, *Outside Director Liability Across Countries,* 84 Texas Law Review 1385 (2006)
10. Ronald J. Gilson, *Controlling Shareholders and Corporate Governance: Complicating the Comparative Taxonomy,* 119 Harvard Law Review 1641 (2006)
11. Hanno Merkt & Stephan R. Göthel, US-amerikanisches Gesellschaftsrecht 2. Aufl. (Verlag Recht und Wirtschaft, 2006)
12. Randall K. Morck ed., A History of Corporate Governance Around the World (University of Chicago Press, 2005)

제 1 장

기업지배구조와 이사회

이사회는 기업지배구조의 중요한 한 부분이다. 이사회의 운영원리와 법률적 책임에 대한 논의는 기업지배구조 이론과 실무의 큰 맥락하에서 행해져야 한다. 기업의 지배구조는 주주들의 이익을 위해 일해야 하는 경영자들을 어떻게 효과적으로 통제할 것인가의 문제인데, 기업 외부에는 적대적 M&A, 주주대표소송, 증권집단소송 등의 통제장치가 있고 기업 내부에는 이사회제도, 감사위원회제도 등의 통제장치가 있다. 그러나, 이사회를 경영진 통제장치라고 보는 시각이 과도하게 되면 이사회의 사업운영 의사결정체로서의 역할과 기능을 간과하기 쉽다. 후술하겠지만 이사회는 전체 주주들의 이익을 위해 경영진의 회사 운영을 감독하는 동시에 전체 주주들의 이익을 위해 경영진을 지원하는 기관이다.

Ⅰ. 기업지배구조의 정의

1. 기능적 정의

가장 넓은 의미에서의 기업지배구조란 기업이라는 경제활동의 단위를 둘러싼 여러 이해관계자들간의 관계를 조정하는 메커니즘을 말한다.[1]) 여기에는 주주, 경영자, 종업원, 채권자 등 주체뿐 아니라 지역사회와 국가까지 포함된다. 기업지배구조 논의가 기업의 사회적 책임론과[2]) 같은 의미였던 시대가 있었음이 이로써 설명된다. 기업지배구조는 다소 좁은 의미로는 주주총회와 이사회간의 권한배분문제를 말하며 가장 좁은 의미로는 경영자통제 메커니즘을 가리킨다. 실무적으로는 기업지배구조는 ① 최고경영진과 이사회간의 관계, ② 주주와 이사회간의 관계, ③ 회사와 주주 및 임·직원들간의 관계, ④ 회사와 자본시장간의 관계, ⑤ 회사와 사회 및 국가간의 관계 등과 같은 제반 측면을 최적의 상태로 정비함으로써 기업경영의 효율을 높이고 기업가치를 제고하며 분쟁을 방지하게 하는 지식과 경험의 체계로 정의할 수 있다.

그러나 기업지배구조를 어떻게 정의하든 최적의 기업지배구조는 회사가 투자자를 유치할 수 있게 하고 기업이 효율적으로 움직이며 설립목적을 달성하는 데 기여하고 해당 기업이 법률과 일반적인 사회적 기대를 충족시키는 데 필요한 것이라고 이해되어 있다. 이 때문에 학자에 따라서는 기업지배구조를 셀프-딜링(self-dealing: 이는 위법한 내부거래를 의미한다. 증권시장에서의 내부자거래와는 다른 개념이다)에 대한 규제와 최적의 기업공시를 통해 기업가치를 최대화할 수 있도록 하는 메커니즘이라고 기능적으로 정의하기도 한다.[3])

2. 실질적 의미

기업지배구조에 대한 연구는 실질적으로는 기업의 대리인 비용을 감소시키기 위한 장치에 대한 연구라고 할 수 있다. 우리 나라 회사들에

1) Holly J. Gregory, *The Globalization of Corporate Governance,* 5 Global Counsel(Sept. & Oct. 2000) 참조.

2) 기업의 사회적 책임에 관해 Lawrence E. Mitchell, Corporate Irresponsibility: America's Newest Export(2001) 참조.

3) 예컨대 Bernard Black, *The Core Institutions that Support Strong Securities Markets,* 55 Business Lawyer 1565(2000).

있어서 대리인 비용(Agency Cost)이 과도한 것으로 여겨지고 있다. 대리인 비용이 과도하면 당해 회사가 붕괴하고 여러 회사가 붕괴하면 회사제도와 자본시장이 붕괴하고 회사제도와 자본시장이 붕괴하면 사회의 후생수준이 후퇴한다. 사회 후생수준의 저하는 인권을 후퇴시키고 분쟁을 증가시킬 것이다. 대리인 비용은 주로 '스틸링'(Stealing)에서 발생하는데 회사의 사업을 위해 경영권을 행사해야 할 위치에 있는 경영자들이 경영권을 개인적인 이익을 위해 사용하는 것을 스틸링이라고 총칭한다. 대리인 비용은 '게으름'(Shirking)과 무능력에서도 발생하지만 게으름과 무능력은 회사 내외에서의 생존경쟁에 의해 상당 수준으로 억제되는 반면, 스틸링은 '부패'의 일종이기 때문에 회사경영의 효율성 차원을 넘는 사회적, 정치적 파장을 생산한다. 우리 나라에서 기업지배구조 문제가 거의 사회적, 정치적 문제로까지 격상되어 있는 이유가 여기에 있다. 스틸링의 종류는 다음과 같다.

(1) 글자 그대로의 도둑질－횡령
(2) 회사 돈 개인 용도 지출
(3) 부당한 조건에 의한 회사와의 거래
(4) 회사 비용으로 위신 추구(Empire Building)
(5) 업무수행을 위한 과도한 회사비용 지출
(6) 자격이 의심스러운 가족, 친지를 위한 인사권 행사, 경영권 승계
(7) 경영자의 지위와 특권유지를 위한 분식회계, 부실공시
(8) 증권시장에서의 내부자거래와 시세조종
(9) 회사 돈의 위법한 사용과 그를 위한 회계조작
(10) 지위의 보전, 상승을 위한 위법한 지시의 이행
(11) "오너"의 의중을 반영한 자발적인 위법행위

기업의 경영권은 이러한 스틸링을 감행할 수 있는 힘을 내포하고 있으며 그러한 힘에서 발생하는 이익을 '경영권의 사적 이익(Private Benefit of Control)'이라고 통칭한다. 문제는 경영권의 사적 이익 추구

가 인간의 본성에서 유래한다는 것이다. 더하여, 회사를 위한 일과 경영자 개인을 위한 일의 구별은 많은 경우에 외관상 거의 불가능하며 행위의 당사자 조차도 구별하지 못한다. 위신추구와 사업적 판단에 의한 투자결정의 구별도 어려운 경우가 많다. 역설적으로, 우리 나라에서는 이러한 스틸링이 기업의 단기적인 실적 증가로 연결된 사례가 무수히 많으며 그 때문에 당사자들의 판단이 종종 혼란을 겪게 된다.

기업지배구조의 정비는 가능한 최선의 범위 내에서 스틸링을 막기 위한 장치를 고안하고 그 집행을 성취하는 것이다. 성공적인 기업지배구조의 전파는 기업 실적의 상승과 자본시장의 발전으로 연결된다. 이는 국가경제의 성장과 사회복지 수준의 증대로 나타나 국내, 국제사회에서의 인권신장과 평화유지를 결과한다. 이 때문에 국제기구들도 기업지배구조의 연구에 많은 노력을 기울이고 있다. 또한 성공적인 기업지배구조는 기업 내부와 사회 전반의 부패수준을 낮추는데도 기여한다.

이사회를 포함한 기업지배구조는 스틸링을 막아 경영권의 사적 이익을 축소시키기 위한 목표를 가지고 정비되어야 한다. 기업지배구조 정비의 목표는 원칙적으로 경영자의 지배력 확장이나 지배력 유지를 규제하는 것은 아니다. 사업상의 결정권을 강화하기 위한 지배력의 확장은 견제되어야 할 이유가 없고 오히려 장려되어야 할 것이다. 잭-웰치(Jack Welch) 전 GE회장은 우리 나라 재벌 총수보다 더 강력한 황제적 권한을 행사하였지만 경영권의 사적 이익을 추구하지 않았기 때문에 그것을 문제삼는 사람은 없었다. 문제는, 우리 나라의 경우 강력한 기업경영권은 거의 반드시 스틸링을 수반하였다는 역사적 경험이 있어 경영자의 지배력 확장을 우려할 수밖에 없다는 것이다. 이 때문에 정부의 정책은 스틸링을 막기 위해 경영자의 지배력 확장을 견제하는 것으로 설정되어 왔다. 경영자의 지배력 확장과 유지는 소유구조가 복잡하면 용이하며 기업집단을 조성하면 남(소수주주)의 돈으로 지배력을 확장할 수 있다. 계열금융사를 이용하면 심지어 '주주도 아닌 남(예금자 등 고객과 금융기관 부실화의 경우 부담을 안게 되는 납세자 전체)'의 돈으로 지배력을 확장할 수 있다. 순환출자, 피라미드, 금융계열사의 지원 활용 등이 애용된다. 또, 소유구조가 복잡하면 유사시 스틸링이 발생했을 때 그를 시정, 제재할 수 있는 장치의 작동도 대단히 어려워진다. 강력한 지배력은 견제장치를 무력화시키는데 사용될 수도 있다.

지배력이 스틸링에 사용되지 않고 사업에만 사용된다는 보장이 있다면 기업의 소유지배구조에 대한 일체의 규제가 불필요하며, 경영자들의 권한과 활동을 최대한 보장하고 정당한 사업수행의 결과 발생하는 실패에 대해 최대한 면책해 줄 수 있을 것이다.

Ⅱ. 기업지배구조 논의의 역사

1. 미 국

미국에서의 기업지배구조에 대한 관심은 1912년에 시작된 연방의회의 푸조(Pujo)위원회 조사에서 출발한다. 당시 막강한 금융자본의 산업지배와 그로 인한 폐해가 문제로 제기되어 모간(J. P. Morgan) 일가가 의회의 청문회에 출석하기에 이르렀는데 기업지배구조를 연구하는 전문가들은 모간 부자가 의회에 출석하는 장면을 담은 사진을 기업지배구조 연구의 효시를 상징적으로 보여주는 표지로 꼽는다.[4] 푸조위원회의 조사는 1914년 클레이튼법(Clayton Act)의 제정으로 이어졌다.

그로부터 약 90여 년이 지난 2001년 12월 2일 미국에서는 이른바 신경제의 총아로 각광받던 시가총액 기준 미국 7대기업 엔론(Enron)이 우리 돈으로 약 48조원의 부채를 지고 파산신청을 하게 되어 기업지배

4) *Timeline-The Evolution of 20th Century Corporate Governance,* Directors & Boards 37(Fall 1997); Ron Chernow, The House of Morgan: An American Banking Dynasty and the Rise of Modern Finance(1990) 참조.

구조는 다시 한번 전국적인 관심사가 되었다. 엔론은 미국 역사상 최대 규모의 기업파산 사건으로서 소유와 경영이 분리된 미국 대기업들이 안고 있는 경영자통제문제의 전형을 보여주는 각종 불법 내부거래로 점철되었음이 밝혀졌다. 3,000개가 넘는 조세피난처의 페이퍼 컴패니들을 통해 이루어진 복잡한 부외거래들이 그를 상징한다.[5] 수많은 투자자들이 손실을 입었으며[6] 엔론 사건과 거의 동시에 발생한 일련의 회계부정, 기업 내부거래 사건들로 인해 미국의 자본주의를 지탱해 온 시장시스템은 국민들로부터 전반적인 신뢰를 상실하게 되었다.[7] 월드컴(World-Com)도 2002년 사상 최대규모 회계부정 사건에 연루되었는데(우리 돈으로 약 4조 5천억원의 분식회계)[8] 이 회사의 CEO는 이사회를 명목상

---

5) 엔론사건의 전모에 대해 현재까지 공개된 정보로는 SEC의 Fastow에 대한 소장과 상원조사위원회의 보고서가 가장 상세하다: U.S. Securities and Exchange Commission v. Andrew S. Fastow(U.S. District Court Southern District of Texas, Complaint, October 2002); U.S. Senate Permanent Subcommittee on Investigations Report on Fishtail, Bacchus, Sundance, and Slapshot(January 2003) 참조. 또 Krishna G. Palepu & Paul M. Healy, *The Fall of Enron,* 17 Journal of Economic Perspectives 3(2003) 참조.

6) *The Betrayed Investor,* BusinessWeek 54-59(Feb. 25, 2002) 참조. 저자는 스탠포드 대학교 교내를 운행하는 셔틀버스의 운전사가 친구의 권유로 월드컴 주식에 투자했다가 1,500불의 손해를 입었다고 투덜거리는 것을 보았다. 미국에서 IT붐과 결부된 1990년대 증시 활황은 증권투자 인구를 거의 1억 명에 가깝게 육성하였다. 이들 투자자들은 2000년 봄 이후 약 5조달러 내지는 30% 정도의 손실을 입은 것으로 알려진다.

7) *How to Fix Corporate Governance,* BusinessWeek 45-52(May 6, 2002); John C. Coffee, Jr., What Caused Enron?: A Capsule Social and Economic History of the 1990's(Working Paper, January 2003); Larry E. Ribstein, *Market vs. Regulatory Responses to Corporate Fraud: A Critique of the Sarbanes-Oxley Act of 2002,* 28 Journal of Corporation Law 1 (2002); William W. Bratton, *Enron and the Dark Side of Shareholder Value,* 77 Tulane Law Review 1275(2002) 참조.

8) Richard C. Breeden, Restoring Trust: Report to the Hon. Jed S. Rakoff, the U.S. District Court for the Southern District of New York, on Corporate Governance for the Future of MCI, Inc.(2003)(Breeden Report) 참조.

의 기구로 전락시키고 황제적 지위에 올라 회사의 재산을 거의 개인 재산과 같이 운영하고 회계분식으로 그를 은폐하였다. 이 회사의 CEO는 회사로부터 약 4억불을 차입하였고 회사가 그 이자비용을 지원하였으며(연 3-4천만불) 심복들을 위해 임의로 사용할 2억 3,800만불을 책정받았고 현금도 약 5천만불을 유용하였다. 이를 지원한 이사들은 CEO의 오랜 친구들이었다고 한다. 설상가상으로 타이코인터내셔널의 CEO가 회사 돈으로 벌인 210만불짜리 생일파티 테이프가 재판과정에서 공개되면서 양식 있는 미국 국민들은 일종의 심리적 공황을 경험하기도 하였다. 제 4 장에서 설명하는 회계개혁법(Sarbanes-Oxley Act of 2002)은 이러한 배경에서 등장한 것이다.[9]

[미국 기업지배구조 약사][10]

- 1912: J. P. Morgan 부자의 이사회 및 대출계약을 통한 미국 기업지배에 대한 푸조위원회의 조사
- 1914: 브랜다이스(Louis D. Brandeis) 변호사의 *Other People's Money and How the Bankers Use It* 출간. 이 책에서 금융권력의 집중현상을 비판하여 독점금지법의 제정에 큰 영향을 미친 브랜다이스는 1916년에 연방대법관으로 임명됨
- 1919: 영리회사는 주주들의 이익을 위해 조직되고 운영된다고 한 미시간 주 대법원판결(Dodge v. Ford Motor Company)
- 1923: 회사법 발전에 중요한 역할을 담당하게 될 American Law Institute 설립
- 1925: Dodge Brothers를 포함한 대기업들이 무의결권보통주를 발행해서 뉴욕증권거래소에 상장하기 시작

9) 이 법은 민주당의 매릴랜드 주 Paul Sarbanes 상원의원과 공화당의 오하이오 주 Michael Oxley 하원의원이 발의하여 제정되었다. 부시 대통령은 2002년 7월 30일에 이 법안에 서명하였는데, 이 법의 정식 명칭은 Public Company Accounting Reform and Investor Protection Act이며, 이 법에 의해 신설된 연방정부의 기구는 Public Company Accounting Oversight Board이다.

10) Directors & Boards(Fall 1997), 37-45.

- 1926: 뉴욕증권거래소가 무의결권보통주 상장거부 정책을 채택(1주 1의결권규칙의 기원)
- 1932: 버얼리/미인즈의 *The Modern Corporation and Private Property* 출간(피터 드러커는 이 책을 미국 경제사에서 가장 영향력이 컸던 책으로 평가함)
- 1933: 증권법(Securities Act of 1933) 제정
- 1934: 증권거래법(Securities Exchange Act of 1934) 제정, Benjamin Graham과 David Dodd의 *Security Analysis: Principles and Techniques* 출간, 1937년에 SEC 위원장으로 임명된 예일 법대의 William O. Douglas의 논문 "Directors Who Do Not Direct"가 하버드 로 레뷰에 발표됨
- 1935: 최초의 위임장권유 대행회사인 Georgeson & Company 출현
- 1942: SEC, Shareholder Proposal Rule 제정
- 1946: American Society of Corporate Secretaries, Federation of Women Shareholders in America 각각 창립
- 1955: 포춘지, 'Fortune 500' 리스트 발표 시작(General Motors가 1위)
- 1962: 최초의 임원책임보험 발매(AIG)
- 1965: 대기업 최초의 흑인 이사 탄생(W. T. Grant사의 Asa T. Spaulding 이사)
- 1966: Standard Oil of New Jersey(후일 Exxon), 최초로 사외이사 영입(AT&T와 포드자동차 회장)
- 1971: 최초의 여성 이사(IBM의 Patricia R. Harris) 탄생
- 1973: Financial Accounting Standards Board 창립
- 1974: 최초의 Fortune 500회사 적대적 M&A 발생(International Nickel의 Electric Storage Battery 인수), ERISA(Employee Retirement Security Act of 1974) 제정
- 1977: Foreign Corrupt Practices Act 제정, National Association of Corporate Directors 출범

- 1979: Reliance Electric사, Exxon에 의해 인수되기 전에 최초의 황금낙하산 도입, KKR, LBO 거래 본격적 개시
- 1980: 크라이슬러자동차, 최초로 노조위원장을 이사회에 영입
- 1982: Martin Lipton 변호사 독약증권(poison pill) 고안, El Paso Company가 채택
- 1985: 델라웨어 주 법원, 이사의 주의의무를 상향 조정한 Smith v. Van Gorkom 사건 판결, Robert Monks, Institutional Shareholder Services 창립
- 1986: Boone Pickens, 주주권익보호단체 United Shareholders Association 창립
- 1990: 펜실바니아 주, 반기업인수법 제정
- 1991: CalPERS, GM 이사회에 Roger Smith 회장의 은퇴에 대비한 계획이 있는지, 후임자의 선정에 투자자들의 의견을 어떻게 반영할 것인지 서면질의
- 1992: GM 이사회 CEO 축출, Martin Lipton 변호사와 Jay Lorsch 교수, 선임이사(lead director)제도의 도입을 주장하는 논문발표
- 1993: IBM, American Express, Westinghouse Electric, Kodak 등 대기업 CEO 퇴출
- 1995: 증권소송개혁법(Private Securities Litigation Reform Act) 제정
- 1996: AT&T의 Robert Allen 회장의 후임자 물색을 계기로 CEO 승계계획의 중요성이 부각됨
- 1997: 경영자 단체인 Business Roundtable, 기업지배구조원칙 제정
- 2000: AOL, Time Warner 합병(1,830억불 규모 거래), 나스닥지수 5,048.6 기록
- 2001: 아더 레빗 SEC 위원장 사임(회계법인의 컨설팅 업무금지 무산)
- 2002: 엔론, Global Crossing 도산, 회계개혁법 제정

엔론, 월드컴 등을 위시한 미국의 최근 대형 회계부정 사건은 역사상 최초의 부실기업 도산사건이었던 영국에서의 South Sea Bubble 사건에 비교되기도 한다. 1720년에 영국에서는 South Sea Company라는 회사가 도산한 일이 있는데 조지 1 세의 영국왕실과 귀족들이 여기에 투자자로서 다수 연루되어 있었다. 영국의회는 비밀 위원회를 구성하여 이 사건을 조사하였고 그 회사의 CFO격이었던 Robert Knight라는 자는 회사의 장부를 가지고 유럽으로 도주하였다. 영국의회는 이 회사의 이사들에게 각각 25,000 파운드(현재 달러가치로 약 50-100만불)를 공탁하도록 명령하였는데 이후 이사들은 이 공탁금은 물론이고 개인재산을 모두 몰수당하게 된다. 의회의 조사는 수년간에 걸쳐 진행되었으며 이러한 부정사건에 흔히 수반되듯이 과도한 규제를 초래하였다. 영국에서 주식회사는 금지되었고 영국 경제는 그 결과 상당한 손실을 입게 되었다. 이 사례는 엔론 이후 진행되고 있는 개혁작업에 대한 신중론에서 인용되기도 한다. 대형 도산사건은 그로 인해 발생하는 다수의 투자자 손실 때문에 민감한 정치적 문제가 되고 어쩔수 없이 과잉규제를 초래하는 것이 역사 속에서 반복해서 나타나는 패턴이다.

2. 유럽 및 세계 각국

기업지배구조의 개혁은 미국뿐 아니라 특히 유럽을 중심으로 세계 각국에 의해 동시에 진행되고 있다. 유럽의 경우 간헐적으로 기업 스캔들이 있기는 하였으나 기업지배구조가 중요한 경제개혁과제로 여겨진 일은 없었다. 그러나 EU 금융시장의 통합과 국제화가 1990년대 이후 그에 대한 필요를 본격적으로 발생시킨 것이다. 동유럽 국가들의 시장경제체제로의 이행이 이 과정을 가속화하였다. 독일의 기업지배구조와 자본시장개혁이 가장 인상적이며 프랑스도 비에노 보고서(Vienot Report)로 대표되는 개혁 프로그램을 실천 중이다.[11] 전통적으로 가족기업들

11) 박세일, 법경제학(개정판, 2000), 482-525면 참조.

이 중심적 위치를 차지해 온 이태리도 글로벌 스탠더드에 맞는 지배구조의 도입에 박차를 가하고 있으며 복수의결권주식이 가장 널리 활용되고 있는 스칸디나비아 국가들도 1주 1의결권원칙의 도입이나 사외이사제도의 도입을 통한 변화를 모색하고 있다. 일본에서도 2001년 상법의 개정을 통해 기업들이 미국식의 감사위원회를 선택할 수 있게 되었고[12] 그 외 세계 각국이 나름대로의 기업지배구조와 자본시장개혁조치를 추진하고 있다.[13] OECD나 세계은행 등과 같은 국제기구들이 그를 지원하고 있음은 물론이다.

한편, 세계적인 개혁 움직임의 중심적인 위치를 차지하고 있는 것으로 "모범규준"의 제정을 들 수 있다. 유럽기업지배구조연구소(European Corporate Governance Institute)는 모범규준의 세계적인 현황을 종합적으로 소개하고 있는데[14] 이에 의하면 체코, 케냐 등 국가도 포함하는 많은 나라들이 모범규준을 제정하거나 개혁을 위한 보고서를 작성하여 가이드라인으로 활용하고 있는 것으로 나타난다. 이들 규준이나 보고서의 규범적 효력은 나라마다 상이하지만 현재 세계적인 추세는 이른바

---

12) 도요타자동차는 2003년 4월부터 미국회계기준을 사용하고 있기도 하다. *Japan Might Not Mandate Accounting Shift,* Asian Wall Street Journal, Jan. 28, 2004, M1 참조. 권종호, 일본의 기업법제 개정에 관한 연구(코스닥등록법인협의회, 2004) 참조.

13) 중국에 대하여는 Iain MacNeil, *Adaptation and Convergence in Corporate Governance: The Case of Chinese Listed Companies,* 2 Journal of Corporate Law Studies 289(2002); Donald Clarke, *The Independent Director in Chinese Corporate Governance,* 31 Delaware Journal of Corporate Law 125(2006) 참조.

14) http://www.ecgi.org/codes/all_codes.htm. 이 사이트에는 각국별 비교연구자료들도 많이 소개되어 있으며 이 사이트는 저자가 SSRN 다음으로 가장 많이 방문하는 정보소스이다. EU Commission이 2003년 5월 21일 발표한 Modernizing Company Law and Enhancing Corporate Governance in the European Union — A Plan to Move Forward도 여기서 구할 수 있다. 유럽 전체의 현황에 대한 잘 정리된 자료로 Mario Draghi & Robert Pozen, US-EU Regulatory Convergence: Capital Markets Issues(Working Paper, October 2003) 참조.

'comply-or-explain'이라고 하여 대상기업들에게 그를 준수하거나 준수하지 않는 이유를 설명하도록 하는 입법조치를 취하는 것이다. 독일의 경우 주식법(Aktiengesetz) 제161조가 이를 규정한다.[15] 이를 입법기능의 아웃소싱이라고도 부른다. 연성법(soft law)과 자율규제가 가장 효율적이라는 것이 학자들의 연구에 의해 드러나고 있다. 강행규정 위주로 구성되어 있는 우리 나라 기업법의 개혁필요는 지속적으로 논의되어 오고 있으나 강행규정의 비중이 낮아지면 행정부, 사법부에 부담이 발생한다. 정부의 부담을 늘리지 않고 그를 추진할 수 있는 스마트한 방법이 바로 이 'comply-or-explain' 기법이다. 실제로 유럽의 많은 나라들이 이 '유행'을 따르고 있으며 기업지배구조에 관한 법령에는 벌칙이나 민사적 손해구제장치가 부족하거나 적합하지 않다는 점을 만족스럽게 보완해 준다.

[법보다 자율규제장치가 강력하다]

법을 안 지키는 사회구성원에 대한 제재 방법은 역사를 거쳐오면서 다양한 형태로 나타났다. 가장 보편적이고 강력하다고 여겨지는 것이 체벌(형사처벌)이다. 그런데, 체벌이 아니더라도 법을 잘 지켜지게 하는 여러 가지 방법이 있는 것도 흥미롭다. 즉, 어떤 규범이 일정한 범위의 구성원에게만 적용되는 것이면 그 한정된 성분의 구성원들에게 적합한 방법이 있는 것이다.

골목의 어린 아이들 그룹에서 놀이 규칙을 지키지 않고 멋대로 구

---

15) Marcus Lutter, *Die Erklärung zum Corporate Governance Kodex gemäß § 161 AktG,* 166 Zeitschrift für das gesamte Handelsrecht und Wirtschaftsrecht 523(2002) 참조. 주식법 제161조의 위치는 주식회사의 영업보고서 및 재무제표 작성에 관한 총칙 규정과 감사보고서에 관한 총칙 규정 사이이다: "주식법 제161조(기업지배구조모범규준에 대한 입장표명) 상장회사의 경영위원회와 감사회는 연방법무부가 전자관보의 공식적인 부분에 공고한 '기업지배구조모범규준제정위원회'의 권고를 준수하였는지 또는 준수할 것인지의 여부와 어떤 부분을 준수하지 않았는지 또는 준수하지 않을 것인지에 대해 매년 회사의 입장을 표명하여야 한다. 회사의 입장표명은 주주들이 항상 볼 수 있게 하여야 한다."

는 아이에 대한 가장 강력한 벌칙은 아마 "너랑 안 놀아"일 것이다. 조선 말, 신용을 생명으로 여겼다는 부보상들의 단체에서는 사람들 앞에서 부모의 이름을 쓴 종이를 불에 태우고 그 가루를 물에 타서 마시는 것이 극형이었다고 읽은 기억이 난다. 이 이야기를 독일 친구에게 해주니 "잔인한 형벌"이란다. 이런 벌칙이 있는 경우에는 구태여 힘들게 법을 만들 필요가 없이 자치규칙으로 질서를 유지할 수 있다.

우리 나라는 국제결제은행이 적용하는 바젤협약의 당사자가 아닌데도 IMF 사태 때 그 유명한 '자기자본비율 8%' 규칙이 우리 금융기관들의 생사를 결정했고 구조조정을 통해 가계에까지 영향을 미쳤다. 그 규칙이 들어 있는 은행감독건전성규정은 사실 공식적인 법도 아니다. 법도 아닌 것을 당사국도 아닌 나라가 지키지 않으면 국제금융시장에서 생존할 수 없을 정도의 불이익을 받기 때문에 자발적으로 엄수하는 것이다.

기업의 지배구조에 관해 세계적으로 모범규준이 제정되고 있다. 우리 나라도 같다. 법이 아닌 이 모범규준을 어떻게 준수되도록 할 것인가? 요즘 각광받는 방법은 지키고 안 지키고는 기업들의 선택에 맡기되, 안 지키기로 한 경우 왜 안 지키기로 했는지 설명하게 하는 것이다. 이를 "Comply-or-Explain"이라고 한다. 그 설명할 의무조차도 강제성이 없는 경우가 있고 설명할 의무만 법제화해서 강제하는 나라도 있다.

유럽기업지배구조연구소는 세계 각국의 모범규준을 수집하여 자료로 제공하고 있다. 2005년 7월 현재 이 연구소에서 제공하는 세계 50개국의 모범규준을 분석해 본 결과, 32개가 "Comply-or-Explain" 규정을 포함하고 있는 것으로 나타났다. 32개 규준들 중 14개가 "Comply-or-Explain"을 강제하고 있고 18개가 권고사항으로 하고 있다. 강제하는 국가는 벨기에, 독일, 아일랜드, 케냐, 멕시코, 슬로바키아, 러시아, 핀란드, 페루, 싱가폴, 캐나다, 스위스, 호주, 스웨덴 등이며 이들 중 핀란드, 페루, 싱가폴 등 3개국은 권고사항으로 하다가 강제하는 것으로 전환한 것으로 나타난다. 독일은 주식법에 한 조문을 신설하여 그를 강제하고 있다.

우리 나라의 모범규준도 "Comply-or-Explain" 규정을 포함하고 있다. 문제는 모범규준 자체가 법령의 효력을 갖지 않아 그 이행에 강제성이 없다는 것이다. 증권거래법에 필요한 규정을 신설하거나, 차선책으로 거래소 상장규정에 그 의무를 규정해서 규범력을 부여해야 할 것이다.

우리 나라의 기업지배구조가 총체적인 노력을 통해 많이 개선되었다고 여겨지는데도 여전히 국제시장의 평가는 냉담하다. 정치적인 고려를 감안하고 보더라도 우리 기업들이나 정부로서는 섭섭할 정도라는 이야기가 들린다. 그런데 기업지배구조의 개선은 법령이 정비되고 기업들의 조직이 정비되어도 2% 부족할 수 있다. 실제로 그와 같은 개선의 효과를 투자자들이 체감하지 못하면 그런 것이다. 기업들이 진정으로 달리하려는 의도를 시장이 아직 느끼지 못하는 모양이다. 시장이란 많은 사람들의 이기적인 의사가 무수한 컴퓨터 프로그램과 금융공학 기법을 통해 총체적으로 표출되는 곳이다. 엄청난 힘을 가진 누군가의 조작만 없다면, 시장이 잘못된 것으로 느껴질 때가 바로 내가 무엇을 잘못하고 있는지를 돌아보아야 할 때다. 법도 아닌 자율규제 장치가 잘 기능하면 평가는 많이 달라질 수 있을 것이다.

김화진, 서울신문(2005년 11월 3일자)

3. 우리 나라

우리 나라에 있어서 기업지배구조에 대한 논의는 이른바 재벌개혁론과 대체로 그 맥을 같이 한다. 이것이 경제력 집중에 대한 규제의 정비와 기업지배구조 개선을 위한 개혁이 혼동(혼합)되어 진행되어 온 이유들 중 하나이다. 우리 나라의 이러한 특수한 상황은 기업집단 내에서 발생하는 내부거래가 경우에 따라서는 지나치게 과도하고 그에 대한 통제장치가 없었기 때문이다. 따라서 기업집단 자체를 규제하는 것이 경영자(총수)통제에 효과적일 것으로 생각되었다.

우리 나라에서 서구적인 의미에서의 기업지배구조에 관한 논의는 1994년경에 본격적으로 나타난 것 같다.[16] 기업의 지배구조가 기업의 경쟁력으로 연결된다는 생각은 당시만 해도 전혀 새로운 것이었으며 그 무렵 미국에서는 일본과 독일의 모델에 대한 연구가 활성화되고 있었다. 우리 나라에서는 이사회의 개혁이 가장 먼저 논의되었었는데 법령상의 요구나 기준은 없었지만 1996년부터 현대그룹을 포함한 몇몇 대기업들이 사외이사제도를 도입하기 시작하였고 1997년 3월에는 POSCO가 당시 공기업으로서는 처음으로 사외이사제도를 채택한 바 있다.

이러던 중 1997년 말에 외환위기가 발생하였고 그 이후 기업지배구조의 개혁은 우리 경제에 가장 중요한 문제인 것으로 다루어져 왔다. 특히 외환위기를 거치면서 다수의 대기업들과 금융기관이 도산하는 과정에서 상식을 초월하는 셀프-딜링과 회계분식, 도덕적 해이, 정경유착, 횡령과 배임 등이 세간에 공개되면서 기업지배구조의 개선문제는 정치, 사회문제로까지 격상되어 논의되어 온 것이다. 부채비율이 무려 3,323퍼센트에 이르렀던 기업과 분식회계 규모가 약 23조원에 달했던 그룹이 당시 일부 우리 나라 대기업이 안고 있던 문제를 상징적으로 보여준 바 있다.[17]

그 후 우리 나라에서는 정부차원의 노력이 있었음은 물론이고 참여연대와 같은 시민단체가 기업지배구조의 개선에 큰 역할을 하였으며[18]

16) 박세일, 법경제학(초판, 1994), 490-501면; 정광선, 기업경쟁력과 지배구조(1994).

17) 한국경제 2001년 10월 25일자 4페이지에 소개된 모그룹 '사장단 회의 풍경'을 참조. 저자는 이 자료가 우리 나라 기업지배구조 문제의 본질을 이해하는 데 필수적인 기록이라고 생각한다. 회사법적 규제의 개관은, 김건식, 재벌총수의 사익추구행위와 회사법, 서울대학교 금융법센터 BFL 제19호(2006. 9), 8면 참조.

18) Jooyoung Kim & Joonki Kim, *Shareholder Activism in Korea: A Review of How PSPD Has Used Legal Measures to Strengthen Korean Corporate Governance,* 1 Journal of Korean Law 51(2001) 참조. 미국 회사법의 가장 첨예하고 오래된 쟁점들 중 하나가 바로 회사의 구조변동에 있어서 주주들에게 결정권을 줄 것인가, 아니면 이사회에 그 권리를 줄 것인가이다. 학자들은 대체

기업들도 자체적인 노력을 통해 지배구조를 선진국 수준으로 끌어올리는 작업을 진행해 왔고 이제는 국제적인 평가기관들로부터 최상의 평가를 받는 기업들도 나타나고 있다. 여기에서는 외환위기 이후 우리 나라에 대거 진출한 외국인 투자자들이 큰 역할을 하기도 했다. 1999년 9월에는 우리 나라에서도 기업지배구조모범규준이 제정되었고 이는 2003년 2월에 개정되었다.[19] 1962년 상법 제정시에 도입되었으나 단 한건도 없었던 주주대표소송이 외환위기 이후 활성화되기 시작하였으며 우여곡절 끝에 증권관련집단소송법이 2005년 1월 1일자로 시행되었다. 기업지배구조 관련하여 상장회사를 규율하는 증권거래법은 1997년 이후 무려 16회 개정되었고 은행법은 11회, 상법도 4회 개정되었다. 현재 대대적인 상법 개정 작업이 진행되고 있다. 기업의 회계와 자본시장의 구조를 개선하기 위한 작업도 지속적으로 전개되어 왔으며 자본시장 관련 7개 법령을 통합하고 투자은행을 육성하기 위한 입법 작업도 진행중이다.

로 전자의 입장을 취하고 있고 일부 학자와 델라웨어 주 법원의 판례는 후자의 입장을 취한다. 특히 최근의 델라웨어 주 판례는 경영권방어에 관해 거의 고전적인 경영판단원칙을 취하는 것 같은 인상을 준다. 우리 나라의 경우 1962년에 상법을 제정하면서 주주총회보다는 이사회에 많은 권한을 주는 선택을 하였는데, 최근의 추세를 보면 소액주주 운동이 이사회의 권한을 강화하는 방향으로 가는 흥미 있는 현상이 보인다.

19) 기업지배구조개선지원센터의 웹 사이트 참조: http://www.cgs.or.kr. 우리 나라의 모범규준도 "Comply-or-Explain" 규정을 포함하고 있다(V-2.3: 공개기업은 사업보고서에 자신의 기업지배구조와 본 모범규준과의 차이 및 그 이유를 설명하고, 향후 변경할 계획이 있을 경우 그 사항을 설명하여야 한다). 전술한 바와 같이, 문제는 모범규준 자체가 법령의 효력을 갖지 않아 그 이행에 강제성이 없다는 것이다. 증권거래법에 필요한 규정을 신설하거나, 차선책으로 상장규정에 그 의무를 규정하여 규범력을 부여하여야 할 것이다(사외이사제도도 초기에는 법령이 아니라 증권거래소 상장규정에 포함되어 있었다). 다만, 기업지배구조모범규준이 독일에서처럼 총리실 산하에 설치된 정부기구가 작성한 것이 아니라는 데서 오는 한계는 다른 방법을 통해 해결할 필요가 있을 것이다.

4. 기업지배구조와 기업집단

우리 나라에서는 기업집단을 제외하고는 기업지배구조를 논하기 어렵다. 이 때문에 기업집단에 대한 법과 제도는 큰 논란의 대상이다.[20] 기업집단은 사회적으로 영향력이 큰 실체이고, 우리 나라에서는 위법한 경영권의 사적 이익 추구가 거의 반드시 기업집단 내의 계열회사를 이용하는 형태로 나타난다. '기업'집단에 대한 규제에 있어서 가장 큰 역할을 수행해 주어야 할 회사법은 개별 기업을 기초 단위로 형성되어 왔고 개별 기업을 넘는 경제적 실체에는 적용되지 않기 때문에 기업집단을 둘러싸고 발생하는 법률적 문제들을 평가하는 기준으로서는 아직 많은 결함(내지는 발달의 여지)을 가지고 있다.[21] 기업집단에 대한 현행의 제도로서는 출자총액제한제도와 금융계열사의결권제한제도 등 기업의 입장에서는 대단히 중요한 것들이 있는데 이사회 운영과 이사회의 법률적 책임에 보다 직접적으로 관련되는 제도는 아래의 두 가지이다.

가. 내부거래 공시

독점규제및공정거래에관한법률(공정거래법) 제11조의2 제 1 항은 일정규모 이상의 자산총액 등 대통령령이 정하는 기준에 해당하는 기업집단에 속하는 회사(내부거래공시대상회사)는 특수관계인을 상대방으로 하거나 특수관계인을 위하여 대통령령이 정하는 규모 이상의 거래행위(대규모내부거래)를 하고자 하는 때에는 미리 이사회의 의결을 거친 후 이를 공시하여야 한다고 규정한다. 이 규정의 적용대상 거래에는 가지급금

20) 특히, 금산분리에 관한 논의와 법개정 동향은 최근의 정치적, 경제적 지형 변화와도 큰 관련을 가지고 있는 것처럼 보인다. 전성인, 금산법의 제정과 운용의 역사, 서울대학교 금융법센터 BFL 제16호(2006), 17면.

21) 이 문제의 해결을 위한 국내에서의 최초의 시도는, 송옥렬, 기업집단 부당내부거래 규제의 법정책적 이해, 서울대학교 법학 제46권 제 1 호(2005), 227면.

또는 대여금 등의 자금을 제공 또는 거래하는 행위, 주식 또는 회사채 등의 유가증권을 제공 또는 거래하는 행위, 부동산 또는 무체재산권 등의 자산을 제공 또는 거래하는 행위 등이 포함된다. 동조 제2항은 회사가 공시를 함에 있어서 거래의 목적·상대방·규모 및 조건 등 대통령령이 정하는 주요 내용을 포함하도록 한다.

동법 시행령 제17조의8에 의하면 대규모내부거래에 대한 이사회 의결 및 공시를 요하는 기업집단은 상호출자제한기업집단이며 이사회 의결 및 공시대상이 되는 대규모내부거래행위는 거래금액이 그 회사의 자본총계 또는 자본금 중 큰 금액의 100분의 10 이상이거나 100억원 이상인 거래행위이다. 공시의 주요내용은 거래의 목적 및 대상, 거래의 상대방(특수관계인이 직접적인 거래상대방이 아니더라도 특수관계인을 위한 거래인 경우에는 당해 특수관계인을 포함), 거래의 금액 및 조건, 거래상대방과의 동일거래유형의 총거래잔액, 기타 그에 준하는 사항으로서 공정거래위원회가 정하여 고시하는 사항 등이다.

나. 소유지배구조의 공개

공정거래위원회는 시장감시를 통한 대기업집단의 소유지배구조 개선을 유도하기 위해 시장개혁 3개년 로드맵에 따라 기업집단의 소유지배구조에 관한 정보를 공개하고 있다.[22] 이는 기업집단 소속 계열사의 소유지분구조, 소유지배구조 왜곡 정도를 나타내는 소유지배괴리도(의결권 승수)를 시장에 제공하여[23] 이해관계자들이 합리적인 판단을 하는데 기여하고 기업집단의 소유지배구조 개선을 기대하기 위한 것이라고

22) 2005년 대기업집단의 소유지배구조에 관한 정보공개(공정거래위원회 보도자료, 2005. 7. 13).

23) 한국개발연구원, 시장개혁 추진을 위한 평가지표 개발 및 측정(2003. 9); 서울대학교 경제연구소, 출자총액제한제도의 바람직한 개선 방향(2003. 9) 참조. 또 한국기업지배구조개선지원센터, 출자총액제한제도 개선안에 대한 의견서(2003. 10) 참조.

한다. 그러나, 이 제도는 여론에 대한 일종의 고발 장치로 운영되고 있는 것 같다. 소유지배구조의 공개도 일종의 공시라고 본다면 공시제도의 본질이 중립성에 있으며 실체적 판단을 시장 참가자들에게 맡기는 데 있다는 점에 유의해야 할 것이다. 따라서, 이 제도의 효용을 인정하더라도 이 제도는 향후 가치중립적으로 운영되어야 할 것이다.

한편, 소유-지배괴리도에 관한 정부의 자료 발표나 대규모기업집단의 소유구조에 관한 정보의 제공이 해당 기업집단의 행동이나 소유구조에 어떤 영향을 미쳤다는 보고나 금융기관, 기관투자자들의 자산운용에 어떤 변화를 발생시켰다는 보고는 (아직) 없는 것 같다. 그리고, 외국에서의 연구 결과들과는 달리 1999년과 2002년도 말의 우리 나라 대기업들의 소유-지배괴리도가 같은 해의 경영성과 및 기업가치와 통계적으로 유의한 상관관계를 보이지 않았으며 경영성과와 기업가치에 영향을 미칠 수 있는 요인들을 통제한 회귀분석에서도 소유-지배괴리도가 경영성과와 기업가치를 설명하지 못하였다는 보고가 있다.[24]

[기업집단 지배구조 규제의 방향]

필자의 이태리 친구가 고속도로에서 과속을 하기에 도로변의 속도제한 표지를 가리키며 '왜 저 130 킬로미터 속도제한을 지키지 않느냐' 하니까, 그 친구가 '저건 30분에 130 킬로미터'라면서 킬킬거리던 기억이 난다. 이태리를 아는 사람들은 이태리 사람들이 자신들의 준법수준이 유럽의 다른 나라에 비해 상대적으로 낮고 사회 전체가 '자유분방'한데 대해 자조적 유머감각을 가지고 있음을 잘 안다. 범죄조직의 대명사인 마피아를 항상 농담처럼 이야기 하는 것이 이태리 사람들이다.

최근에 이태리가 흥미 있는 입법을 했다. 이태리는 밀라노증권거래소 시가총액의 36%를 차지하는 20개 기업집단이 순환출자구조하에

24) 신현한, 기업지배구조의 개념, 대규모 기업집단 체제의 현황과 정부의 정책방향(Working Paper, 2006), 48-50면.

있고 25%를 초과하는 지배주주가 있는 기업의 비중이 65.8%이며 따라서 경영권의 사적 이익 추구 위험도 높은 나라다. 그러나, 이태리는 기업집단 자체를 법률적 실체로 인정하기로 했다. 지배회사가 피지배회사에 손해를 발생시킨 경우 피지배회사 소수주주와 채권자가 지배회사에 책임을 물을 수 있게 하면서도 기업집단 운영상의 이익이 그 피해를 상쇄하는 경우는 예외로 하기로 했다. 이렇게 기업집단이라는 실체를 인정하는 동시에 내부거래와 지배-피지배관계에 대한 공시의무는 강화했다.

지배구조개선을 위한 정책도구가 사전적 규제장치와 사후적 규제장치로 나누어진다고 볼 때, 정부는 역사적 경험 때문에 사전적 위험발생 방지 장치를 선호한다. 즉, 재벌의 소유구조 단순화에 역점을 둔다. 출자총액제한제도와 금융계열사의결권제한제도가 있고 정치권에서는 순환출자규제론까지 나온다. 그러나 로드맵에 따른 정책 집행이 시장에서 아직 실질적인 압력을 발생시키지 못하는 것 같다. 즉, 그 효율성이 의문이다.

기업집단에 대한 규제는 세계적으로 증가하고 있다. 왜냐하면 어느 나라든 큰 기업이 도산하거나 문제를 일으키면 그 사회경제적 파장이 대단히 크기 때문이다. 이것은 세계적으로 자본시장 중심의 경제체제가 정착되어 가고 있다는 사실과 금융시장의 동조화 현상이 심화된 것과 관련이 있다. 대기업의 실패는 정치적으로 감당하기 어려운 파급효과를 가져온다. 기업의 경영에 있어서도 리스크 관리를 핵심으로 하는 윤리경영 개념이 '지속가능한 경영' 개념을 상위 개념으로 하여 광범위하게 퍼지고 있다. 기업집단은 '요주의 관리대상' 1호인 것이다.

그러나, 서구의 주류경제학자들은 세계적인 기업집단 규제 동향이 경제학적인 기초를 결여하고 있음을 지적한다. 시너지 창출 방식, 내부 자본시장 형성 수단, M&A 시장 내부화 수단 등으로서의 기업집단이 가지는 효용은 주어진 것으로 받아들이고 부작용만 부각되는 것이 현실이라는 것이다.

우리 나라에서의 기업집단 지배구조에 대한 규제는 향후 공시의무의 강화와 위법행위에 대한 엄중한 사후규제로 전환되어야 할 것이다. 공정거래법은 대규모기업집단의 내부거래를 공시하도록 한다. 그러나,

위반에 대한 제재가 과태료다. 증권거래법상의 공시의무 위반이 대개 형사처벌로 제재되는 것과 균형이 맞지 않는다. 반면, 소유구조의 공개는 일종의 고발 형식으로 운영되고 있다. 공시제도의 본질적 요소는 가치중립성에 있으며 정부가 실체적 판단을 하지 않는다는 것이다. 시장이 모든 부담을 지게 하는 것이다. 소유구조 공개는 향후 가치중립적으로 운영되는 것이 좋을 것이다.

사후규제 위주로의 제도 전환에는 사법부 역할론이 필연적으로 따라 나온다. 학자에 따라서는 기업지배구조 개선의 열쇠는 최종적으로 법관들이 쥐고 있고 법관교육이야말로 가장 중요한 숙제라고 말하기도 한다. 최근 시장경제에 대한 깊은 이해를 반영하는 판례가 속출하고 있는 것은 환영할 일이다. 부실한 계열사에 대한 지원이 경영판단으로 보호되어야 한다고 하면서 그러한 결정은 경영진의 개인적 이익이 결부된 것은 아니어야 한다는 단서를 달고 있다.

공시제도와 사후규제가 효과적이고 안정적으로 작동하게 되면 정치권도 지금보다 훨씬 마음 편하게 대기업과 기업집단을 바라볼 수 있게 될 것이다.

김화진, 문화일보(2005년 11월 25일자)

Ⅲ. 경영자통제 기구로서의 이사회제도

기업지배구조의 연구는 경영자들이 회사와 주주들의 이익을 위해 정직하고 열심히 일하게 하는 메커니즘의 연구이다. 경영자들을 어떻게 통제할 것인가? CEO가 마음대로 할 수 없는 이사회가 있지 않은가? 버얼리/미인즈(Berle/Means)는 일찍이 미국의 회사지배 규범적 모델이 주주들의 위임에 의한 이사회를 중심으로 형성되어 있다는 것이 현실적으로는 허구에 불과함을 설파하였다.[25] 이사회가 기업의 운영에 관한

25) Adolf Berle & Gardiner Means, The Modern Corporation and Private Property(1932). 이 책에 관한 가장 최근의 분석으로 William W. Bratton,

모든 중요한 의사결정을 내리는 것이 아니라 실질적인 의사결정은 경영자들이 내리며 주주총회가 이사들을 선임한다기보다는 경영자들이 이사를 선임하는 것이 현실이라는 것이었다. 이 경영자들은 무관심하고 소극적인 주주들로 구성되는 주주총회에서 아무런 통제를 받지 않으며 주주총회의 안건을 자유롭게 조종하고 자신들의 보수를 설정한다. 즉, 미국의 모든 회사법전이 부여하고 있는 주주총회-이사회의 라인을 따른 회사의 의사결정권 모델은 비현실적이라는 것이다. 1960년대의 미국 학계는 이 문제를 이사회의 기능과 조직을 개선함으로써 해결할 방법을 찾았었는데 이렇다 할 성과를 거두지 못하였고, 따라서 특별한 제도상의 개혁도 이루어진 바 없다.[26]

1970년대에 접어들면서 버클리 대학교의 아이젠버그(Melvin A. Eisenberg) 교수는 이사회가 회사의 의사결정기구라는 모델의 비현실성을 이사회의 개혁을 통해 억지로 성취하려고 할 것이 아니라 이사회의

Berle and Means Reconsidered at the Century's Turn, 26 Journal of Corporation Law 737(2001) 참조. 이 논문에 의하면 Berle & Means의 책은 2001년 3월 현재 웨스트로(Westlaw) 서치에서 677개의 논문에 인용되고 있는 것으로 나타난다. 이 책은 Frank H. Easterbrook & Daniel R. Fischel, The Economic Structure of Corporate Law(1991), Mark J. Roe, Strong Managers, Weak Owners: The Political Roots of American Corporate Finance(1994)와 함께(아직도) 이 분야 3대 명저로 꼽히고 있다. 또 George J. Stigler & Claire Friedland, *The Literature of Economics: The Case of Berle and Means,* 26 Journal of Law and Economics 237(1983) 참조. 이 책은 회사법의 연구에 있어서 경제학적 어프로치를 출발시킨 책이기도 하다. 이 책은 기업의 소유구조에 관한 상세한 분석을 전개한 후 그에 상응하여 법원칙들이 변화해 가는 경향을 보이고 있는데, 미국 기업들에 있어서 나타나는 소유와 경영의 분리가 경영자를 통제하는 데 필요한 법률적인 메커니즘의 완화로 이어지고 있음을 보임으로써 경제적 현실이 회사법의 형성에 영향을 미친다는 메시지를 전하고 있다. 이러한 어프로치는 오늘날까지도 미국 회사법학의 주류적인 방법론을 형성하고 있다.

26) 미국 기업의 이사들은 주주총회가 선임하며, 따라서 이사들은 독일이나 다른 나라에서와 같이 종업원 대표들의 영향을 받지 않는다. 그리고 주주들마저 분산되어 무력하기 때문에 미국 기업의 이사들은 사실상 주주들의 영향력 밖에 있다 해도 과언이 아닐 것이다. 이는 대리인 비용발생의 원인이 되기는 하지만 강력한 사업상의 결정권을 보장해 준다.

역할을 아예 바꿈으로써 지배구조를 개선할 것을 제안하였다.27) 오늘날 널리 통용되고 있는 사외이사제도와 감사위원회제도가 여기서 유래한다. 즉, 이사회가 회사의 의사결정을 하도록 할 것이 아니라 경영진을 감독하게 하자는 것이었다. 이를 위해서는 이사회의 독립성이 필수적이므로 우리가 현재 이해하고 있는 사외이사가 다수를 차지하는 이사회의 구성과 사외이사들로만 구성되는 감사위원회(audit committee), 경영진 보수결정위원회(compensation committee) 등이 등장하게 된다. 아이젠버그의 모델에 의하면 이사회는 경영진의 회사경영을 감독하고 경영진을 선임, 해임하는 것을 가장 중요한 기능으로 하게 된다. 이사의 선임은 사외이사로만 구성된 위원회가 결정하여 주주총회에 제안하게 됨은 물론이다. 이 시기에는 감사위원회와 경영위원회의 2원적 이사회구조를 가지고 있는 독일의 제도가 자연스러운 관심을 모은 바 있다.

Ⅳ. 경영자지원 기구로서의 이사회제도

대규모 주식회사의 사업은 그 복잡성에 있어서 인류가 만들어 낸 어떤 조직의 그것보다 높은 수준에 있다. 원료를 조달하고, 개발한 기술을 적용해서 제품을 생산하고 판매하며 그 모든 과정에 필요한 자금을 조달하고 수익을 분배하며 회사에서 일하는 임·직원들에게 보수나 기타 혜택을 지불하는 등의 일은 회사의 규모가 커질수록 고도의 전문적 능력을 필요로 한다. 이 때문에 현대 주식회사의 의사결정은 회사의 중앙에 집중되게 된다.28) 이사회제도는 한두 사람이 그러한 기능을 담당할 수 없기 때문에 고안된 것이다. 물론 전술한 바와 같이 집단적인 의사결

27) 아이젠버그 교수의 연구들은 우리 나라에서 번역된 바도 있는 동 교수의 저서에 집약되어 있다: Melvin A. Eisenberg, The Structure of the Corporation: A Legal Analysis(1976).

28) William T. Allen & Reinier Kraakman, Commentaries and Cases on the Law of Business Organization 95-109(2003) 참조.

정이 주식회사에 적합하지 않고 비효율적인 것으로 드러나 이사회제도가 권력을 집중받은 경영진에 대한 통제장치로 변모하였지만 그 경우에도 경영진을 선임하고 사업상의 중요한 결정에 관여하는 것이 이사회이다.

이사회의 경영진 지원역할은 실로 방대한 범위에 걸친다. 우선 기업의 성패를 좌우할 최고경영자는 이사회가 선임한다. 우리 나라와 같이 대주주가 CEO를 겸하거나 대주주의 사실상의 영향하에 CEO가 선임되는 것과는 달리 미국, 영국에서는 이사회가 전문업체의 조력을 받아 최고경영자를 물색하고 평가해서 영입한다. 회사의 실적이 극히 나쁘거나 기타 이유에서 시장에서 CEO의 퇴진압력이 발생하면 CEO가 스스로 행동하지 않는 한 이사회가 최종적인 결정을 내리게 되고 1980년대 이후에는 이사회가 CEO를 축출하는 일이 잦아졌다. 회사 내부에서의 권력투쟁이나 일부 주주들과의 마찰로 CEO의 거취가 문제되면 이사회가 문제를 다루게 되고 그 경과에 따라 시장은 주가의 등락으로 이사회의 결정을 평가한다. 우리 나라에서도 소유와 경영이 잘 분리된 회사들의 경우 최소한 형식적으로는 이사회가 CEO 승계에 관한 책임을 진다. 나아가 이사회는 CEO가 임명하는 고위 임원들에 대한 승인권을 가진다. 고위 임원들에 대한 해고나 면직, 직위변경 등에 관한 건의권을 가짐은 물론이다. 주주들은 법률상 이와 관련한 어떤 권한도 가지지 않는다.

이사회는 경영진이 기획하고 추진한 사업계획을 승인하고 경영진에게 권한을 위임하기도 한다. 회사에 따라서는 상당히 미시적인 사업상의 결정까지도 이사회의 사전승인을 얻도록 하고 있다. 법률이 중요한 사업상의 결정에 대해 주주총회에 승인권을 부여하고 있지 않기 때문에 경영진으로서는 이사회의 승인을 받음으로써 신속하고 효율적으로 사업을 운영할 수 있고 결정의 정당성을 확보할 수 있게 된다. 사업상의 실패에 대해서는 이사들이 우선적인 내부적·법률적 책임을 진다.

한편, 이사회는 주주들의 이익을 위해 행동하지만 경우에 따라서는 전체 주주들의 이익을 위해 경영진과 함께 일부 주주들에 대항해야 하는 경우가 있다. 적대적 M&A에 이르지는 않는 과도한 경영간섭, CEO 승계문제에 대한 개입, 주식소각 요구 등에 대해 어떻게 대응할 것인지가 최근 우리 기업들에게 중요한 과제인데 이 과정에서 사외이사들이 적극적인 역할을 수행해 줄 수 있을 것이다. SK 사례에서 볼 수 있듯이 신용 있고 중립성이 강한 사외이사들은 이러한 상황에서 적극적으로 목소리를 냄으로써 여론의 형성과 사내 사기의 진작에 도움을 줄 수 있다. 사외이사들은 부당한 주주들의 요구에 대해 대응을 함은 물론이고 근거제시 요구 등 적극적인 공세를 취할 수도 있을 것이다. 경영진도 이에 관해 사외이사들과 충분한 의견의 일치를 이룬 다음 외국계 펀드매니저들의 부당한 요구에 대해서는 장기적인 기업가치 제고를 위해 받아들일 수 없다는 강경한 태도를 보일 필요가 있으며 그러한 입장이 사외이사들의 지지를 받는 것일 뿐 아니라 경영진의 회사와 주주 전체에 대한 의무라는 점도 강조해야 한다.

V. 주주총회와 이사회

1. 이사회로의 권력이동

기업의 구조변동이나 경영권을 변화시킴으로써 기업을 둘러싼 여러 사람들의 이해관계에 큰 영향을 미치는 권력은 표면상으로는 주주들이 집합적·개별적으로 의사를 표시하는 주주총회에 있다. 그러나 주주들은 응집력이 약한 개별적인 주체들이므로 반드시 주주들이 그러한 권력을 가진다고 보기는 어렵고 이사회가 주주총회의 의안을 컨트롤하고 이사 후보를 물색한다는 점에 비추어 보면 이사회가 그러한 권력을 상당부분 보유할 가능성이 있다. 기업의 지배구조를 둘러싼 다양한 이슈들에 있어서 이를 일종의 권력투쟁이라고 보는 관점을 견지한다면 그 권력은 주주총회와 이사회간에 다투어지는 것이다.

회사 자산의 일부를 처분함에 있어서 경영진은 주주총회의 승인을 받을 필요가 없다. 새로운 사업계획에 의해 신사업을 추진하거나 다른 회사를 주식취득의 방법으로 인수하는 데도 주주총회의 승인이 필요치 않다. 주주들은 회사가 경영진을 통해 자산을 처분하거나 다른 회사를 인수하게 할 법률상의 권리를 가지지 않는다. 주주들은 주주총회를 통해 자신들의 의사를 존중하지 않는 이사를 해임하거나 자신들의 의사를 존중할 것으로 기대되는 이사를 선임할 수 있을 뿐이다. 미국과 우리 나라를 포함하여 현대의 대다수 회사법은 사업상의 결정과 집행은 주주들이 아니라 이사들이 수행하도록 하고 있다.

우리 나라에서 재벌총수에 대한 견제를 주목적으로 하는 주주권익 보호 운동이 이사회의 권한을 강화시킨 것은 역설적이다. 우리 나라의 상법은 주주총회보다는 이사회의 권한을 강화하는 선택을 한 법이다. 그러나 오랜 세월 동안 이사회는 거수기에 불과한 기구로 전락하였고 경영자 통제역할을 하지 못하였다. 소액주주 운동이 외환위기와 결부되어 이사회를 원래의 모습으로 변모시키고 있는데 이는 사실 주주들의 권한을 약화시키는 움직임이다. 미국에서는 약 100년 이상의 기간을 지나면서 주주들로부터 이사회로 서서히 권력이 이동되어 온 바 있으며 이에 대한 반발이 1990년대부터 본격화되어 왔다. 주주들이 이사회보다 현명하지는 못하지만 나은 결정을 내린다는 것이 실증적으로 규명되었고[29)] 이에 따라 최근 미국에서는 주주제안권에 대한 연구가 활발하다.[30)]

---

29) Bernard Black & Reinier Kraakman, *Delaware's Takeover Law: The Uncertain Search for Hidden Value,* 96 Northwestern University Law Review 521(2002).

30) 가장 최근의 결정적인 전기를 마련한 연구로 Lucian Bebchuk, *The Case for Increasing Shareholder Power,* 118 Harvard Law Review 833(2005) 참조. 또 Andrew R. Brownstein & Igor Kirman, *Can a Board Say No When Shareholders Say Yes? Responding to Majority Vote Resolutions,* 60 Business Lawyer 23(2004) 참조.

[기업 내부권력, 이사회로 옮겨가나]

회사의 이사회를 영어로 'Board of Directors'라 한다. 옛 영국과 식민지 시절 미국에서는 회사의 사업을 감독하는 사람들이 정기적으로 회합할 때 비싸고 제대로 된 가구가 귀했던 탓에 톱질을 할 때 쓰는 작업대를 양쪽에 놓고 그 사이에 긴 나무판자(board)를 걸쳐 임시 테이블로 사용했다. 이사회라는 말은 여기서 나온 것이다. 이사들은 테이블 주위의 불편한 의자에 앉았으나 그룹의 리더는 고급 의자에 앉았는데 이것이 이사회 의장을 체어맨(chair-man)이라고 부르게 된 이유다.

상법에 따라 회사가 합병을 하려면 주주총회에서 2/3의 동의를 얻어야 한다. 미국 뉴욕 주에서도 2/3를 필요로 한다. 그러나 미국 대기업의 다수가 설립된 델라웨어 주에서는 1/2만 얻으면 된다. 합병을 승인하는 것은 주주들이지만 계획하고 주주총회에 올리는 것은 경영진(이사회)이다. 여기서 델라웨어 주법이 경영진의 권한을 강력하게 보장하고 있음을 알 수 있다. 연전의 휴렛-패커드와 컴팩의 합병이 과반수 찬성을 간신히 넘겨 성사된 일이 있다. 이 회사는 델라웨어 주 회사였는데 뉴욕 주 회사였다면 합병은 부결되었을 것이다. 창업자의 후손인 대주주가 반대했으나 전문경영인인 피오리나 당시 회장이 성사시켰다. 약 100년 전에는 미국 모든 주의 법이 합병에 주주 전원의 동의를 요구했었다. 100년이라는 세월이 지나면서 회사 내의 권력이 주주총회에서 이사회로 서서히 이동한 것이다.

우리 상법은 1962년에 제정되었을 때 이사회의 권한을 강화하는 선택을 했다. 그러나 외환위기 이전까지 우리 나라 기업의 이사회는 법이 부여해 준 위치를 차지하지 못했다. 사외이사가 없는 이사회는 대주주 CEO가 있는 회사에서 별 힘이 없다. 최근에 이사회가 본래의 자리를 찾아가고 있다면 이는 외환위기 이후의 소액주주 운동에 힘입은 것인데 주주들이 이사회의 권력을 강화시켜 준 것은 역설적이다. 사외이사제도도 확산되고 정착되어 가고 있다. 지난 3월 기준으로 1,217개 상장법인에 모두 2,246명의 사외이사가 선임되어 있다. 정부는 내년 하반기부터는 대규모 상장법인 감사위원회 위원 전원을 사외이사로 할 계획이라 한다. 심지어 SK그룹은 비상장회사에도 사외이사 제도를 도입하기로 했다. 이 결단은 글로벌 스탠더드를 넘는 것이므로 다른 기업들에 확산되어 베스트 프랙티스(Best Practice)로 정착된다면 민간부문이 제도개선을 이끄는 획기적인 사건이 될 것이다.

이사회로의 권력이동은 이사, 특히 사외이사들의 법률적 책임을 부각시킨다. 요즘 사외이사들이 소송을 당해 곤욕을 치른다는 이야기도 가끔 들린다. 사외이사들이 소송을 당한다는 것은 독립성의 강화에는 도움이 된다. 그러나 경영진과 사외이사 보수의 적정성과 책임의 감면장치에도 관심을 기울일 때가 되었다. 권력이 집중된 기구에는 책임도 중하지만 유능한 인재가 모일 수 있도록 책임감면장치와 합당한 인센티브를 책정할 필요가 있다. 얼마 전 우리금융지주회사 경영진과 이사진의 스톡옵션을 둘러 싼 논란은 우리가 이 문제에 대해 아직 별 이해가 없음을 보여주었다.

사외이사는 공익대표가 아님에도 유의해야 한다. 사외이사는 경영진과 주주의 이해가 대립될 때만 경영진을 견제한다. 그 외 일상적인 모든 사안에서 사외이사는 전문성과 경험, 인적 네트워크의 가동을 통해 경영진을 지원해야 한다. 일부 악의적인 주주들이 다른 주주들과 회사의 이익에 배치되는 이기적인 행동을 하고 경영진을 곤란하게 한다면 사외이사들이야말로 경영진이 기댈 수 있는 든든한 언덕이 되어줄 수 있다. 우리 기업들의 지배구조가 어느 정도 개선되면 사외이사의 가장 중요한 자질이 '전문성'이 되는 시대가 올 것이다. 윤리경영 개념이 풍미하는 시대지만 기업 내부 권력기구에서 윤리성과 전문성은 대체관계가 아니라 보완관계에 있음을 잊어서는 안 될 것이다.

김화진, 서울신문(2005년 4월 19일자)

2. 상법상 주주총회와 이사회의 권한배분

상법상 이사회의 권한으로 되어 있는 사안에 있어서도 주주들이 주주총회를 열어 정관에 그를 변경하는 규정을 두고 주주총회의 권한으로 할 수 있지 않을까? 답은 '아니오'이다.[31] 상법은 이사회의 권한에 관한 규정을 두고 있고 그 중 일부는 정관의 규정을 통해 주주총회의 권한으로 할 수 있게 하면서 나머지 사안은 정관으로도 이사회의 권한에서 박탈할 수 없도록 한다.

그러한 이사회의 고유권한으로 이사의 직무집행에 대한 감독권(제393조 제2항)과 중요재산의 처분, 대규모 재산의 차입권(제393조 제1항) 등을 들 수 있다. 또 주주총회의 소집(제362조), 재무제표의 승인(제447조), 사채의 발행(제469조) 등도 이사회 고유의 권한으로서 정관으로 주주총회의 권한으로 할 수 없다. 반면, 이사회의 권한에 속하지만 정관으로 주주총회가 결정하게 할 수 있는 사안은 대표이사의 선정(제389조 제1항), 신주발행(제416조), 전환사채의 발행(제513조 제2항) 등이다.

> 상법 제393조(이사회의 권한) ① 중요한 자산의 처분 및 양도, 대규모 재산의 차입, 지배인의 선임 또는 해임과 지점의 설치·이전 또는 폐지 등 회사의 업무집행은 이사회의 결의로 한다.
> ② 이사회는 이사의 직무의 집행을 감독한다.
> ③ 이사는 대표이사로 하여금 다른 이사 또는 피용자의 업무에 관하여 이사회에 보고할 것을 요구할 수 있다.
> ④ 이사는 3월에 1회 이상 업무의 집행상황을 이사회에 보고하여야 한다.

법률이 전적으로 이사회의 권한으로 하는 사안과 주주총회의 승인을 받도록 하는 사안간의 경계획정기준은 무엇인가? 경제학에서 말하는 본인과 대리인(agent)간 관계의 메커니즘에 비추어 보면 첫째, 본인인 주주들은 대단히 중요한 사안에 관한 결정은 직접 내리고 싶어하며, 둘째, 직접 결정을 내리는 경우에도 그에 필요한 능력을 갖춘 경우에만 그렇게 한다. 따라서 합병이나 기타 중요한 사안에 있어서는 전적으로 대

31) 이철송, 회사법강의(제12판, 2005), 398면.

리인인 이사회에 권한을 부여하지 않게 되고 일상적인 사업운영에 관한 결정에 있어서는 분산된 다수의 주주들이 결정을 내릴 능력이 없으므로 그는 이사회에 맡기고 주주들은 투자에 관한 큰 결정에만 직접 관여하게 된다.[32] 세계 각국의 회사법은 정도의 차이는 있으나 대체로 이러한 대리인의 결정에서 발생하는 잠재적 비용의 논리에 따라 주주총회와 이사회간의 권한을 배분하고 있다.

[회사 모델론]

이사회의 운영원리와 법률적 책임을 논하기에 앞서 현대 자본주의에 있어서 주식회사가 지향하는 모델이 무엇인지를 생각해 볼 필요가 있다. 이사회는 사업상의 결정권을 가지고 있지만 그 궁극적인 지향점이 무엇인가? 이는 최근 우리 나라에서 회사 모델론이 새삼스럽게 관심의 초점으로 등장하였기 때문에 기업을 둘러싼 여러 이해관계자들에게 실질적인 중요성을 가지는 문제이다.

1. 회사법 역사의 종말론[33]

미국 예일법대의 한스만(Henry Hansmann) 교수와 하버드 법대의 크라크만(Reinier Kraakman) 교수는 지금까지의 의견들 중 가장 명료하고 강력한 형태의 기업지배구조 수렴론을 제시하면서, 이른바 회사법 역사의 종말을 논하였다. 동 교수들은 기업의 지배구조에 관한 이념적인 모델로서는 경영진 중심의 모델, 종업원들의 이익을 중심으로 한 모델, 국가의 이익을 중심으로 한 모델 등이 모두 그 경쟁력을 상실하였고 주주이익 중심의 모델만이 생존하게 되었다고 본다. 이로써 회사법은 그 발달의 마지막 단계에 도달하였고, 따라서 그 역사는 종말을 맞이하였다는 설명이다.

---

32) William T. Allen & Reinier Kraakman, Commentaries and Cases on the Law of Business Organization 429-431(2003).

33) 아래의 내용은 Henry Hansmann & Reinier Kraakman, *The End of History for Corporate Law,* 89 Georgetown Law Journal 439(2001)을 정리한 것이다. 이 논문은 미국의 학계에서 큰 논란을 불러일으켰으며, 특히 기업의 사회적 책임과 종업원들의 이익 배려를 중시하는 학자들로부터는 많은 이견이 제시되기도 하였다.

동 교수들에 의하면 주주이익 중심의 모델은 다른 모델들이 실패하였기 때문이 아니라 그 자체가 시장의 힘에 의한 선택을 받은 것이며 그에는 논리(logic), 비교(example), 경쟁(competition) 등 세 가지의 요소가 크게 작용하였다고 한다. 이 모델은 세계 각국의 기업지배구조가 수렴하는 모델인 동시에 그 동인이며, 그를 중심으로 이사회의 구조, 자본시장에 대한 규율과 공시, 주주대표소송, 기업인수법, 회사법적 법률행위에 대한 사법심사 등 제반 측면이 수렴하고 있다고 한다. 이에 따라 유럽을 비롯한 세계 모든 지역에서 자본시장이 발달하게 될 것이며 주주이익 중심의 모델은 이념적으로나 경제적으로나 가장 매력적인 모델로서 유지될 것이고 기업지배구조의 모든 측면은 강력하게 수렴하게 될 것이라고 한다. 동 교수들은 주주이익 중심의 규범적 모델은 소유분산형 경제에뿐 아니라 소유집중형 경제에도 마찬가지로 적용된다고 하며 실제로 미국에서도 많은 회사들이 적은 수의 주주들로 구성되어 있는 폐쇄회사이고 유럽에서도 일부 회사들은 소유가 잘 분산되어 있음을 지적한다.

2. 주주이익 중심의 회사 모델

한스만/크라크만에 의하면 사업운영단위로서의 회사형태는 19세기 후반에 전 세계적으로 이미 상당한 수렴을 이루었다. 즉, 그 시기에 이미 세계 모든 나라의 회사들은 독립된 법인격과 완전한 법률행위 능력, 유한책임원칙, 출자자들에 의한 회사 자산의 집합적 소유, 이사회 형태의 구조를 통한 경영권의 위임, 주식의 양도성 등 다섯 가지의 중요한 특성들을 거의 예외 없이 보유하게 되었다. 이러한 속성들은 개별적 또는 유기적으로 기능하여 다수의 투자자가 투자한 대규모 회사의 효율적인 조직과 운영을 가능하게 해 주었고 시장경제체제의 근간이 되었다. 이러한 특성들은 지금의 시점에서는 당연한 것으로 여겨질지 모르나, 자유롭게 양도가 가능한 주식에 의한 주식회사 형태는 1844년 영국에서 최초로 출현하였으며 유한책임원칙도 1855년에야 등장하였고 1800년대 말에 이르기까지 대다수의 회사들은 정부의 특허에 의해 설립되고 있었다는 사실을 상기해야 한다고 한다.

한스만/크라크만이 말하는 주주이익 중심의 회사 모델이란 주주들만의 이익이 고려되는 회사 모델이 아니라 회사에 대한 궁극적인 지배권을 주주들이 가지게 되는 모델이다. 이 모델에서는 회사의 경영진들은 주주들의 이익을 위해 회사를 경영해야 할 의무를 진다. 회사의 채권자, 종업원, 고객 등은 각자의 이익을 회사지배에의 참여를 통해서가 아니라, 계약이나 법률적 규제에 의해 보호받게 된다. 소수주주들은 지배주주들의 행동으로부터 강력한 보호를 받아야 하고 회사주식의 시장가격은 주주들의 이익을 측정할 수 있는 일차적인 수단이다.

3. 다른 모델들의 특성

주주이익 중심의 모델과 대비하여 경영진 중심의 모델은 대규모 회사의 지배를 전문경영인들에게 맡겨야 한다는 생각을 기초로 한다. 이 생각은 1930년대에서 1960년대 사이에 미국에서 상당히 중요한 위치를 차지하였다. 다드(Merrick Dodd),[34] 갈브레이스(John Galbraith)[35] 등이 그 대표적인 학자들이며, 버얼리도 만년에는 이 입장에 경도되었다고 한다.[36] 이 생각의 기초는 전문경영인들은 개인적인 이해관계에 구속됨이 없이 회사가 공공의 이익을 위해 기능할 수 있도록 해 줄 것이라는 것이었다. 1950년대에 많이 논의되었던 기업의 사회적 책임론이 그를 대변한다. 실제로 이러한 학설은 같은 시기의 입법에도 상당한 영향을 미친 바 있다. 위임장권유에 관한 SEC의 규칙과 기업인수에 관한 윌리엄스법(Williams Act)이 그 대표적인 사례이다. 그러나 1970년대를 거치면서 이 주장은 설득력을 점차 상실하였다. 전문경영인들이 회사의 투자결정에 관한 전권을 행사하게 된다면 그를 이기적인 목적에 사용할 수 있으며 전문경영인들이 지배하는 회사가 공공의 이익을 위한 경영에는 더 효과적일 가능성이 있지만 그로 인한 비효율성의 위험은 더 큰 것으로 나타난다는 것은 이제 상식에 속한다.

종업원 이익 중심의 모델은 대규모 회사들의 경우 계약에 의한 종업원 이익의 보호가 충분치 못하므로 종업원들을 회사의 지배에 참가시켜야 한다는 생각을 기초로 한다. 종업원들은 회사의 투자정책에 관해 알지 못

---

34) E. Merrick Dodd, Jr., *For Whom Are Corporate Managers Trustees?*, 45 Harvard Law Review 1145(1932).

35) John Kenneth Galbraith, The New Industrial State(1967).

36) Berle의 초기 입장은 Dodd와의 유명한 논쟁에 잘 정리되어 있다. Adolf A. Berle, *Corporate Powers as Powers in Trust,* 44 Harvard Law Review 1049(1931); Adolf A. Berle, *For Whom Corporate Managers Are Trustees: A Note,* 45 Harvard Law Review 1365(1932).

하며 극히 제한된 정보를 가지고 있을 뿐이다. 이 문제는 노동조합의 단체교섭과 같은 장치를 통해 해결될 수도 있으나 그러한 장치는 회사법의 영역 밖에 있는 것이다. 더 효과적인 장치는 종업원들의 이사회 진출을 통한 회사지배에의 참여가 될 것이다. 그러나 독일 바이마르 공화국 시기에 종업원들의 회사지배 참여가 심각하게 논의된 역사는 있지만 2차대전 이전까지는 노동조합에 의한 종업원들의 이익보호가 주류적인 현상이었다. 2차대전 이후에 유럽에서는 종업원들의 회사지배 참가가 새롭게 논의되어 1951년 독일에서는 석탄, 철강회사에 그러한 생각이 현실화되었고 1952년부터 1976년 사이의 시기에 다른 산업으로 확산되었다.[37)] 1970년대에 이 모델은 급속한 지지를 받아 EU는 이 모델을 표준으로 하는 회사법에 관한 제 5 차 입법지침을 제정하기까지 하였다. 그러나 이 모델은 실업률 저하로 인한 노동조합 운동의 침체와 함께 차츰 관심을 상실하였고, EU의 제 5 차 회사법 입법지침은 결국 채택되지 못하였으며 이제는 독일식의 지배구조가 확산될 것이라고 믿는 사람은 없다.[38)]

국가적 이익 중심의 회사 모델은 2차대전을 전후하여 나타난 것으로서 민간 부문에 의한 회사의 운영에서 발생하는 비효율과 국가경제적 이익과의 부조화를 정부의 강력한 개입으로 교정해야 한다는 생각에 기초한다. 여기서는 전문관료들의 경영지도, 행정지도가 큰 역할을 부여받게 되는데, 2차대전 후 일본과 프랑스에서 구체적으로 실현된 바 있다.[39)] 이

37) 독일 기업들의 지배구조에 관한 영문자료들 중 중요한 것들로 다음과 같은 연구를 참조할 것: Mark J. Roe, *Some Differences in Corporate Structure in Germany, Japan, and the United States,* 102 Yale Law Journal 1927 (1993); Stefan Prigge, *A Survey of German Corporate Governance,* in Comparative Corporate Governance: The State of the Art and Emerging Research 943(Klaus J. Hopt et al. eds., 1998); Hwa-Jin Kim, *Markets, Financial Institutions, and Corporate Governance: Perspectives from Germany,* 26 Law and Policy in International Business 371(1995). 1995년 이전의 자료들은 Kim, 위의 논문 참조.

38) 서유럽 국가들의 기업지배구조에 대한 방대한 개관이 있다. Eddy Wymeersch, *A Status Report on Corporate Governance Rules and Practices in Some Continental European States,* in Comparative Corporate Governance: The State of the Art and Emerging Research 1045(1998) 참조.

39) 프랑스 기업의 지배구조에 대하여는, Lauren J. Aste, *Reforming French Corporate Governance: A Return to the Two-Tier Board?,* 32 George Washington Journal of International Law and Economics 1(1999) 참조.

모델은 1980년대 일본 경제의 극성과[40] 다른 아시아 국가들의 계획경제의 성장에 힘입어 미국에서도 많은 주목을 받은 바 있다. 이 모델에 의한 국가의 회사경영에의 관여는 그러나 회사법 외부의 영역에 있는 장치들을 통해 이루어진다. 은행여신규제, 인허가, 공정거래규제 등이 그 예이다. 회사법 내부적으로는 경영진의 행동에 대한 민사제재보다 형사제재를 강화하는 것 등이 이에 속한다. 그러나 이 모델은 1980년대 프랑스의 국영기업 민영화, 1990년대의 사회주의 계획경제의 전반적 붕괴, 일본 경제의 침체 등의 요인으로 그 매력을 상실하였다.

4. 주주이익 중심 모델의 우수성

한스만/크라크만에 의하면 주주이익 중심 모델이 지배적인 모델이 된 데는 크게 세 가지 원인이 작용하였다. 첫째는, 그 효율성이다. 대개의 경우 회사의 궁극적인 소유자들인 주주들의 이익은 계약에 의해 충분히 보호될 수 없는데, 주주들의 이익보호는 주주들에게 회사에 대한 지배권을 부여함으로써 가장 잘 보호될 수 있다. 이렇게 함으로써 주주들은 회사의 가치를 극대화하려는 강한 동기를 부여받게 된다. 주주들 이외의 다른 이해관계자들의 이익은 계약과 규제에 의해 보호되게 되므로 주주들의 이익보호와 상충하지 않으며 오히려 보완관계에 있게 된다. 주주 이외의 다른 이해관계자들의 이익이 계약이나 규제에 의해 충분히 보호받지 못하게 되는 경우라 해도 그를 해결하기 위해 그러한 이해관계자들을 주주들과 함께 회사의 지배에 참여시키는 것은 별개의 비효율성을 발생시킨다.

둘째는, 서로 다른 모델을 채택한 국가간의 국제시장에서의 경쟁의 결과가 주주이익 중심 모델의 우수성을 말해 준다고 한다. 미국과 영국의 경제는 유럽 대륙과 아시아의 경제에 비해 훨씬 더 경쟁력이 있음이 이미 입증된 것이다. 물론 1980년대의 일본과 독일 경제의 경쟁력에 비추어

---

40) 일본 기업의 지배구조에 관한 최근의 영문자료들로는 다음과 같은 것들이 있다: Ronald J. Gilson & Mark J. Roe, *Lifetime Employment: Labor Peace and the Evolution of Japanese Corporate Governance,* 99 Columbia Law Review 508(1999); Ronald J. Gilson & Mark J. Roe, *Understanding the Japanese Keiretsu: Overlaps Between Corporate Governance and Industrial Organization,* 102 Yale Law Journal 871(1993); Curtis J. Milhaupt, *A Relational Theory of Japanese Corporate Governance: Contract, Culture, and the Rule of Law,* 37 Harvard International Law Journal 3(1996).

보면 현재의 현상이 일시적인 것일 수도 있다는 지적이 있으나 1960년, 1970년, 1980년대 미국 경제의 지배적인 모델은 주주이익 중심의 모델이 아니라 경영자 중심의 모델이었음에 유의해야 한다고 한다.

셋째는, 주주이익 중심 모델의 시장에서의 경쟁력이다. 이 모델을 채택한 회사는 국제시장에서 저비용의 자금을 조달할 수 있으며 새로운 제품의 개발에 대한 투자가 용이하고 비효율적인 투자를 과감히 포기할 수 있는 능력을 가지고 있다. 이 모델이 추구하는 이익의 주체는 투자수익을 위주로 자산을 운용하는 대규모의 기관투자자들 위주로 구성되어 있다.

[미 법원이 내린 포드차 판결]

몇 년 전 미국의 한 저명한 기업경영 전문지에서 조사를 해 보았다. 1백년이 넘는 기간 미국 기업의 경영자들에게 가장 큰 영향을 미친 법원의 판결 10개를 선정해 본 것이다. 단연 1위에 오른 판결은 1919년 미시간주 대법원이 내린 포드자동차(Dodge v. Ford Motor Company) 사건이다. 이 사건은 당시 엄청난 이익을 내고 있던 포드자동차의 지배주주인 헨리 포드가 주주들에 대한 배당금 지급계획을 폐기한 데서 출발하였다. 닷지(Dodge) 형제는 포드자동차의 주주들이었는데 회사의 그러한 결정에 대해 이의를 제기하며 법원에 소송을 제기하였다.

헨리 포드의 배당금 지급중지 결정은 실제로 누가 보더라도 훌륭하고 존경받을 만한 이유에서 행해졌다. 포드의 생각은 회사의 사업이 너무나 잘 되었기 때문에 주주들은 돈을 벌만큼 벌었고 이제는 사회를 위해 뭔가 좋은 일을 해야 할 때가 되었다는 것이었다. 즉, 배당금을 지급하지 않고 이익을 사내에 유보해 회사의 수익 규모가 크지 않아도 되도록 하고 자동차의 판매가를 낮춰 보다 많은 사람들이 자동차를 구입할 수 있게 하는 동시에 보다 많은 직원을 고용하고 좋은 보수를 주자는 생각이었다. 그러나 이런 포드의 생각에 대해 미시간 주 대법원은 "영리회사는 원칙적으로 주주들의 투자수익을 위해 조직되고 운영된다"는 바이블과 같은 판결을 내렸다. 법원은 포드가 개인 돈을 사용해서 위와 같은 목적의 사업을 하는 데 대해서는 전혀 개의치 않겠으나 회사의 돈을 사용해서 그런 사업을 하는 것은 허용할 수 없다고 했다. 법원은 회사도 자선이나 기타 사회사업을 위한 지출을 할 수는 있으나 그러한 지출을 함에 있어서는 일정한 장기적인 사업상의 이유가 있어야 한다고 판결했다. 여기서 장기적인 사업상의 이유란 회사수익의 궁극적인 극대화와 그로 인한 주주들의 부의 증대다.

우리 나라의 경우도 그렇지만 미국의 회사법전은 회사가 주주의 이익을 극대화하는 것을 유일한 최고의 목적으로 해 운영돼야 한다고 규정하지는 않는다. 그러나 모든 법관과 법률전문가들은 그 원칙을 당연한 전제로 받아들이고 있으며 법경제학자들은 주주이익의 극대화라는 목표가 경제적으로 가장 효율적일 뿐 아니라 종업원, 채권자, 사회 전반 등 이른바 '이해관계자'들의 이익을 해하지도 않는다는 것을 학술적으로 잘 규명해 놓고 있다. 밀튼 프리드먼이 1970년 9월 13일자 뉴욕타임즈지에 발표한 "기업의 사회적 책임은 이익을 많이 내는 것이다"라는 제목의 유명한 평론이 이러한 시각을 대변한다.

기업의 사회적 책임론이 윤리경영과 함께 세계적인 연구과제로 떠올랐다. 그런데 여기서 흔히 잊기 쉬운 것이 있다. 기업이 사회에 공헌해야 한다 함은 부가가치를 창출하고 그를 공정하게 분배하며 많은 세금을 내고 기술발전의 통로가 돼서 여러 사람들을 행복하게 하는 역할을 하라는 의미이다. 영리기업이 사회사업을 지원할 수는 있으나 직접 그 일을 하는 것은 비효율적이다. 학생들의 가장 기본적인 사고를 형성하는 데 결정적인 영향을 미치는 교과서가 기업의 목적이 사회봉사라고 강조하는 것은 비약이고 정치적으로 중립적이지 못할 뿐 아니라 무엇보다도 미래 어떤 시점에서 비효율성 발생의 원인이 될 것이다. 즉, 현재 생산활동 주체들의 노후 복지수준을 저하시킬 것이다. 우리 나라 어떤 회사의 경영진이 R&D(연구개발) 투자를 줄이고 신규사업을 자제하며 배당을 중지하고 임·직원 보수를 삭감해서 사회사업에 치중하기로 했다면 이에 동의할 주주, 종업원, 채권자가 과연 얼마나 될까? 그리고 무자비한 (외국의) 경쟁회사들은 그 뉴스를 어떻게 취급할까? 위 판결이 아니었다면 사람들이 포드상표가 부착된 자동차를 아직 타고 다닐 수 있었을까?

김화진, 서울신문(2004년 9월 6일자)

[투자자보호와 FIFA 랭킹]

유명한 만화가의 유머에서 차용한 비유다. 옆집에 소란스러운 이웃이 이사를 왔다. 특히 밤에는 파티 소음으로 안면방해가 심하다. 이 문제에 대해 나라마다 대처방법이 다르다는 것이다. 미국 사람은 돈을 벌어 고급주택가로 이사 갈 생각을 한다. 영국 사람은 수면제를 먹고 잔다. 독일 사람은 경찰을 부른다. 이태리 사람은 가서 버릇을 고친다. 프랑스 사람은 와인 한 병을 가지고 합류한다. 중국 사람은 조용해질 때까지 기다린다. 일본 사람은 찾아가 명함을 주면서 정중하게 조용히 해 달라고 한다. 한국 사람은 더 크게 떠들어 조용히 만든다. 이 유머는 시끄러운 이웃이라는 보편적인 문제에 대해 문화권마다 해법이 다르다는 것을 보여준다. 해결방법의 비용에 차이가 나는데 그것이 효율성과 상관관계를 가진다.

이른바 LLSV로 약(통)칭되는 하버드와 시카고대학의 4인의 경제학자들의 연구가 몇 년 전부터 큰 설득력을 인정받고 있다. 이 학자들은 투자자보호 장치의 발달 정도가 증권시장의 발전과 통계적인 상관관계를 가진다는 정교한 학술적 연구를 내놓았다. 이 이론에 의하면 영미법계와 대륙법계 국가들에 있어서 투자자보호의 법률적 메커니즘이 달라 증권시장의 발달에 차이가 발생한다는 것이다. 미국과 영국은 영미법계이고 투자자보호 장치가 발달해서 증권시장이 발달했으나 독일과 프랑스를 포함한 많은 대륙법계 국가들에서는 투자자보호 장치가 미약해서 증권시장이 덜 발달하였다.

그런데 이 학자들이 사용하는 학술적인 평가방법과 소액주주권, 집중투표제도, 주주의 신주인수권 등 각종 지표들을 보면 기업지배구조의 개선이라는 보편적인 문제를 보편적인 시각으로 다루려는 것을 알 수 있다. 시끄러운 이웃을 다루는 방법도 세계화의 시대에는 각국에서 닮아가고 있고 문화적 차이는 점차 의미를 잃는다. 아마도 위 사례에서는 가장 비용이 적게 드는(전화 한 통) 독일식 해법이 각광받을 법도 하다.

그런데 이 LLSV의 연구에 대해 미국 미시간 대학의 한 학자가 엉뚱한 연구 결과를 발표했다. LLSV와 같은 통계적 분석기법을 사용하면서 기업지배구조와 국제축구연맹(FIFA, 피파) 랭킹간의 관계를 조사해 본 것이다. 결론은, 투자자보호가 미흡해서 증권시장의 발달이 낙후된 프랑스법계 국가들이 피파랭킹이 가장 높더라는 것이다. 이 얘기를 미국의 강의실에서 소개한 일이 있는데 마침 브라질에서 유학온 학생이 이렇게 이야기했다. 브라질은 프랑스법계에 속해서 투자자보호가 제도적으로 미흡하고 증권시장이 덜 발달되고 경제가 비효율적이지만 바로 그 때문에 피파랭킹이 높다면 그로써 대만족이어야 한다는 것이다. 브라질에서는 청소년들이 축구로 성공하고 싶어하기 때문에 마약과 범죄를 멀리한다는 것이다.

신자유주의와 세계화가 풍미하는 세상이다. 지구촌 곳곳에서 일어나는 문제들도 고도의 보편성을 띠고 해법도 차츰 서로 닮아간다. 국제적 인수합병(M&A), 기업들의 외국증권시장 진출, 인터넷을 통한 투자정보의 세계적 공유, 경영대학 교육을 통한 투자기법의 세계적 전파, 교통수단의 발달과 잦은 해외여행, 그리고 할리우드 영화 등이 시장의 보편성을 증진시킨다. 그러다 보면 각국의 제도가 서로 닮아가는데 학자들은 이를 수렴현상이라고 부르며 현 단계에서 그 수렴의 모델은 미국식의 자본시장과 제도이다. 다른 한편에서는 이를 우려하는 목소리들도 만만치 않다.

그러나 어떤 견해가 타당하든 간에 자본시장과 경제의 효율성, 경쟁력 강화에 몰두하면서 잊어버리고 있는 인간의 보편적인 가치는 없는지도 가끔씩 생각해 보아야 할 것이다. 시끄러운 이웃에 대한 독일식의 해법이 보편화되고 프랑스식 해법은 고비용으로 소멸된다면 살기 좋은 세상이 될까? 그러나 또 한 가지 잊어서 안 될 것이 있다. 대륙법계 국가로 분류되는 우리 나라는 투자자보호 장치도 아직 많이 정비해야 하고 피파랭킹도 아직 올라갈 길이 멀다.

김화진, 서울신문(2005년 6월 13일자)

Ⅵ. 기업지배구조와 적대적 M&A

1. 우리 나라 경영권 시장의 발달

기업지배구조의 대표적인 외부통제장치인 적대적 M&A에 있어서 이사회가 수행해야 하는 역할과 그 법률적 책임에 대해서는 제 5 장에서 논의하기로 하고 여기서는 적대적 M&A가 기업지배구조의 개선에 대해 가지는 의미를 생각해 본다. 이는 우리 나라 기업의 이사회가 분쟁상황에서 필요로 하는 법원칙을 발전시켜 나가는 데 있어서 이론적인 기초를 형성할 것이며 우리 나라 기업들의 지배구조를 더 개선하는 데 필요한 장치를 생각하는 데도 필요하다.

적대적 M&A가 우리 나라에 최초로 등장한 것은 1990년대 중반이다. 1994년 동부그룹의 당시 한농에 대한 적대적 인수가 발생하였는데 마침 1997년 4월 1일자로 상장회사 주식에 대한 10% 취득 제한이 철폐되어 우리 나라에 본격적인 적대적 M&A 시대가 개막되었다. 최근에는 연 평균 2-3건의 적대적 M&A와 경영권 분쟁이 발생하고 있으며 2006년 칼아이칸과 헤지펀드 연합이 KT&G에 대한 경영간섭 내지는 적대적 인수 시도를 개시함으로 인해 이 문제는 다시 정치, 경제적으로 초미의 관심사가 되어 있다. 우리 나라의 M&A 시장은 대외적으로도 거의 완전히 개방되어 있다. 적대적 M&A를 비판적으로 보는 사회의 분위기도 전혀 없는 수준이다. 특히 1997년 이후로는 적대적 M&A의 기업지배구조 개선 기능이 부각되어 적대적 M&A를 용이하게 하고 촉진시키기 위한 방향으로 여러 법령이 개정되어 왔다. 경영권 방어 장치의 도입은 반대에 부딪히고 있으며 기업집단 소속 회사들에 대해서는 추가의 제약이 가해지고 있을 뿐 아니라 정부는 적대적 M&A를 포함한 시장의 통제 기능을 제고하기 위해 대기업의 소유구조에 대해서도 여러 가지의 규제를 시도하고 있다. 대표적인 장치가 전술한 기업집단 소속 기업들의 소유-지배괴리도 조사와 소유구조의 공표이다.

우리 나라 기업들의 외국인 주주 비율도 대단히 높다. 블룸버그(Bloomberg)에 의하면 2006년 6월 22일 기준으로 우리 나라 내 10대 기업의 외국인 주주 지분 평균비율은 55.7%이다. 우리 나라 최대의 금융기관인 국민은행의 외국인 지분비율은 무려 83.4%에 이르고 있으며 우리 나라의 대표기업인 삼성전자의 경우도 그 비율은 51.8%이다. 이들 외국인들의 경영참여 의사도 상당히 분명하다. 금융감독원의 자료에 의하면 2005년 말 기준의 5%보고에 의할 때 우리 나라의 상장회사 지분의 5% 이상을 보유한 외국인의 수는 모두 267인이었는데 그 중 82인이 경영권에 영향을 주기 위한 목적으로 지분을 취득하였다고 보고하였다.

기업들은 포이즌 필, 차등의결권주식 등을 포함한 새로운 경영권 방어 장치의 도입을 계속 요구하는 동시에 현행법상 가능한 방법을 찾아내기 위한 노력을 기울이고 있으며 황금낙하산과 같이 법률적으로 검증되지 않은 불안정한 방법들도 인기를 얻고 있다. 경영권 방어에 관한 법원의 판례는 극히 희소하며 신주 제3자 배정 유상증자나 자기주식의 우호세력에 대한 처분 등 자주 사용되는 방법에 관한 판례들이 그나마 가장 많다. 특히, 자기주식의 처분은 우리 나라의 기업들이 가장 많이 사용하는 경영권 방어 방법인데 제5장에서 소개하는 바와 같이 최근에 그를 허용하지 않는 결정이 나와 기업들을 곤란하게 하고 있다. 법원의 이 결정은 우리 나라의 10대 기업에 있어서 2003-2005년간 주주환원율이 평균 48.2%에 이르며, 그 이유들 중 하나가 경영권 안정을 위한 과도한 자기주식의 취득이라는 점을 생각해 보면 기업들에게 심각한 우려를 안겨준다는 것을 쉽게 알 수 있다.

우리 나라의 기업들은 특히 최근에 외국계 펀드들에 의한 경영권 위협을 강조하면서 정부에 제도의 개선을 강하게 요구하고 있다. 우리 나라 기업들은 경영권 방어 장치를 새로 준비해 주거나, 아니면 공정거래법상의 일련의 제약을 철폐하라고 정부에 요구하고 있다. 특히 삼성그룹은 공정거래법상의 제약들이 그룹 전체를 적대적 M&A에 취약하게 만들고 있으며 관련 정책과 법률의 불안정성이 장기적인 경영전략의 수립을 거의 불가능하게 하고 있다는 점을 내세워 2005년에 헌법소원을 제기하기까지 하였다. 그러나, 삼성의 헌법소원은 법률적인 판단을 받지 못한 채 삼성의 일련의 기업지배구조상의 문제가 드러나자 여론의 압력 등으로 중단되었다. 삼성은 대대적인 사회공헌을 약속하면서 거액의 기금을 내놓기도 했다.

정부의 태도는 최소한 최근까지는 원론에 충실한 것이다. 즉, 정부와 현 정부에 들어서 보다 큰 권력을 획득한 참여연대 등의 시민단체들은 적대적 M&A의 기업지배구조개선 기능에 대한 기대는 다른 어떤 논리로도 꺾일 수 없는 것이라고 생각하는 듯 하다. 대개 외국인의 국내기업 적대적 M&A에 대해서는 우려하는 의견이 많으나 그마저 환영해야 한다는 생각이 있으며 심지어 국가기간산업에 속하는 기업군에 대해서도 외국인의 적대적 M&A를 특별히 저지할 이유가 없다는 의견이 있다. 현재 진행되고 있는 한미 FTA 협상에서 미국은 한국전력이나 KT 등과 같은 기간산업 기업에 설치되어 있는 49% 외국인 지분 제한이 철폐되기를 원하는 것으로 알려진다. 국회 일각에서는 한국판 엑슨-플로리오(Exon-Florio)법을[41] 제정하려는 움직임이 있다.

---

41) Patrick L. Schmidt, *The Exon-Florio Statute: How It Affects Foreign Investors and Lenders in the United States,* 27 International Lawyer 795 (1993).

2. 사 례

가. SK

SK 케이스는 기업지배구조상의 문제가 외부의 적대적 M&A 시도로 이어지고 그 적대적 M&A 위협이 기업지배구조의 개선으로 이어졌음을 보이는 실증적인 데이터가 있는 유일한 케이스이다. 나아가, 적대적 M&A 시도가 외국계 펀드에 의해 행해졌고 SK의 주력 사업이 에너지 분야였으며 SK의 가장 중요한 계열회사가 기간통신사업자인 SK텔레콤이었기 때문에 국내에서 많은 정치, 경제정책적 논의를 유발한 케이스이기도 하다. SK텔레콤은 2005년 3월 31일 기준으로 시가총액 세계 450위의 기업이다. SK그룹은 고 최종현 회장의 장남인 최태원 현 회장이 지배하는 SKC&C가 지배하는 SK(주)가 그 중심적인 위치에 있다. SK는 SK 텔레콤을 비롯한 SKC, SK 네트웍스(구 SK글로벌), SK해운 등의 계열회사들을 지배하고 있다.[42)]

이른바 'SK사태'는 1997년 아시아 금융위기에서 시작된다. 그 전에 JP Morgan과 파생금융상품거래를 행한 SK증권이 대규모의 손실을 입었고 그로 인해 미국과 한국 양쪽에서 소송이 발생하였다. 이 사건을 화해로 종결하기 위한 양자간의 합의가 SK글로벌의 해외 자회사를 동원한 것이 법률적으로 문제가 있다는 이유로 참여연대가 SK그룹의 수뇌부를 검찰에 고발하였다. 또, 회장이 보유하던 워커힐 주식을 SK의

42) SK그룹의 역사는 최종현 회장의 형인 고 최종건 회장이 1953년에 현 SK 네트웍스의 전신인 선경직물을 창립함으로부터 시작된다. 1967년에는 현 SKC의 전신인 선경합섬이 설립되었다. 최종건 회장은 1973에 작고하였고 최종현 회장이 1978년 (주)선경의 회장이 되면서 SK그룹은 1980-1990년대에 급성장하였다. 최종현 회장은 1998년에 작고하였는데 이동통신사업에의 진출과 현 SK의 전신인 유공의 인수가 가장 큰 업적이었다고 할 수 있다. 최종현 회장의 사후, SK그룹은 최태원 그룹회장과 한국 역사상 가장 성공적인 전문경영인으로 평가받는 손길승 SK 텔레콤 회장이 2003년까지 공동으로 이끌었다. 손길승 회장은 전경련 회장을 역임하기도 했는데 아래에서 소개하는 일련의 사건에 대한 책임을 지고 SK그룹을 떠나는 동시에 전경련 회장직도 사임하였다.

주식과 교환하는 거래가 행해졌는데 이 역시 법률적으로 문제가 있다는 이유로 사법적인 제재의 대상이 되었다. 설상가상으로 SK글로벌이 대규모의 분식회계를 행하였음이 드러나고 그룹 계열사들의 주가가 전체적으로 하락하였는데 SK의 주가가 6,100원대로 떨어진 시점에서 소버린이 대주주로 등장하게 된다.

소버린은 우리 나라에서는 그 정체를 알 수 없는 신비의 존재로 간주되었고 대체로 투기자본으로 매도되었다. 물론, 소버린 자신은 기업지배구조펀드를 표방하였다. 소버린의 한국에서의 움직임은 일관성이 없고 예측하기도 어려웠으며 궁극적인 전략도 부재했던 것으로 믿어진다. 소버린은 SK그룹이 안고 있는 지배구조상의 문제를 집요하게 공격하였는데 결국에는 현 회장이 이사로서의 자격이 없다는 이유로 회장직에서 물러날 것을 요구하였다. 그리고, 사외이사 후보로 자신들이 추천하는 인물들을 내세워 이사회의 장악을 시도하였으므로 헤지펀드들과는 달리 실제로 적대적 M&A를 시도한 것으로 여겨진다. 그러나, 소버린은 기업지배구조상의 문제 외에는 사업적인 내용의 계획을 밝힌 바 없어서 국내 여론의 거의 일방적인 의심을 받았다. 또, 소버린은 지분공시와 외국인투자신고 과정에서 모호한 태도를 취했기 때문에 시장을 혼란하게 했다는 비난을 받았으며 그 때문에 증권거래법상의 5% 규칙이 대폭 개정되기도 했다.

소버린은 2회의 주주총회를 통해 적대적 M&A를 시도하였다. 2004년 3월의 주주총회에서는 집중투표제 배제조항의 삭제와 자기측 사외이사들을 선임하려고 시도하였는데 이는 실패로 돌아갔다. 국민연금과 소액주주의 대다수가 회사를 지지했으며 표대결은 51.5% 대 39.5%의 결과로 나타났다. 2004년 3월의 주주총회를 앞두고 회사는 보유중이던 자기주식을 우호적인 세력에게 처분하여 우호지분을 높이려 시도하였는데 그를 저지하려는 소버린의 법적 조치는 법원의 지지를 받지 못하였다. 서울지방법원은 2003년 12월 23일의 결정에서 자기주식은 취득의 목적이 경영권 방어가 아니었던 한 자유롭게 처분할 수 있다고 하였다. 2005년 3월의 주주총회는 소버린이 퇴진을 요구해 온 현 회장의 이사로서의 임기가 끝나고 새로 선임되어야 한다는 점에서 민감한 행사로 간주되었다. 그러나, 이 주주총회에서도 회사는 압도적인 표차로 경영권을 방어하고 현 회장은 재선임되었다. 소버린은 2005년 7월 보유 주식을 모두 매각하고 SK에서 손을 뗀다. 소버린이 거둔 차익은 약 1조원에 이른다. 외관상 기업지배구조 펀드로서 최상의 성과를 거둔 것처럼 보이기도 한다. 소버린은 이후 LG그룹에 투자하여 시장을 다시 긴장시켰으나 6개월 만에 매각하고 철수하였다.

소버린의 전략에 대해서는 다양한 추측이 난무하였으나 이에 대한 학술적 평가는 연세대학교 박상용 교수에 의해 이루어졌다.[43] 박상용 교수는 여러 가지 요인으로 발생하는 이른바 Korea Discount에 의한 주식 저평가와는 달리 소유지배구조적 요인으로 발생하는 출자회사할인에 의한 저평가는 지배구조차익거래의 기회를 만들어 내는데 SK의 경우가 이에 정확히 들어맞았다고 분석하였다. 소버린의 공격이 시작될 당시 SK의 시가총액은 자신이 보유한 SK 텔레콤 지분(20.85%) 가치의 40%에도 미치지 못하였다. 분석 대상 기간 동안 SK를 제외한 정유회사들의 주가상승률은 주가지수상승률에도 미치지 못했으나 SK는 그를 현저히 초과하는 상승률을 보였는데 이는 적대적 M&A의 위협으로 외에는 달리 설명할 방법이 없다고 한다.

SK그룹은 이 사건을 거치면서 거의 필사적으로 기업지배구조의 개선에 노력하였다. 여기에는 명백한 몇 가지 이유가 있다. 우선, 기업지배구조상의 문제로 회사가 비난의 표적이 되고 평판이 하락하였으므로 그를 교정해야 했음은 당연한 일이다. 둘째, 회장이 구속되어 재판을 받고 있었기 때문에 그 재판에서 유리한 결과를 얻기 위해 지배구조의 개

43) 박상용, 기업지배구조의 정치경제학: 적대적 기업인수와 종업원 경영참여를 중심으로, 경영학연구 제34권 제 2 호(2005), 569면 참조.

선을 표방하고 또 실제로 그를 실천할 이유가 있었던 것이다. 셋째는, 소버린이 적대적 M&A 위협을 가하면서 SK의 낙후된 지배구조를 공격하였기 때문에 그에 대응해야 할 필요가 있었다.

SK는 사외이사 중심의 이사회를 정비하고 그를 형식적인 것이 아닌 실질적인 것으로 만들기 위해 안간힘을 다 썼음을 쉽게 알 수 있다. SK그룹은 심지어 법률이 요구하고 있지도 않은데 비상장 계열회사들에도 사외이사 중심의 이사회를 속속 설치해 나갔다. 이는 그 이유가 어디에 있었든 SK그룹을 가장 이사회가 잘 작동하는 그룹으로 만들어 놓았고 한국 시장에서 선도적인 사례로 거론되게 했다. 장하성 교수가 소버린이 한국 정부가 몇 년을 걸려서도 할 수 없었던 일을 불과 1년 사이에 했다는 말을 한 것으로 알려지는데 사실 이는 정확한 말이다. SK그룹은 또 그룹 전체를 브랜드를 공유하는 느슨한 형태의 기업집단으로 변형시키기 위한 노력을 했다. 계열사간 지분관계를 정리할 수 없는 현실에서 이는 현명한 전략으로 평가받기도 했다.

나. KT&G

KT&G는 1952년에 설치된 전매청과 1989년 창립된 한국담배인삼공사의 후신이다. 1999년에 홍삼사업을 영위하는 한국인삼공사가 분리되어 나갔으며 같은 해 상장회사가 된다. 2002년에 GDR을 발행하고 정부 보유 주식이 처분되면서 완전 민영화되었다. 사명이 KT&G가 된 것도 이 때였다. 외국인들을 제외하면 2005년 9월 30일 현재 중소기업은행이 5.75%를 보유한 최대주주이다. 룩셈부르크에 GDR을 상장하고 있다. 전문경영인과 이사회에 의한 경영을 하고 있으며 집중투표제를 채택하고 있다. 2004년 이후 기업지배구조 최우수기업으로 계속 선정되어 오고 있다. 한국증권선물거래소 자료에 의하면 2003-2005년간 KT&G의 주주환원율은 우리 나라에서 최고 수치인 96.09%를 기록한 바 있다.

칼아이칸의 KT&G 공격은 정부를 당황하게 하였다. 소유분산, 전문경영인 경영기업이자 지배구조 우수기업으로 평가받아 온 KT&G가 헤지펀드의 목표가 된 것이다. 이 사건으로부터는 한국이 가지고 있는 기업지배구조 평가 기준에 문제가 있다는 경고가 나왔다. 실제로 분쟁의 진행중에 KT&G 경영상, 지배구조상의 많은 문제점들이 노출되었다. 칼아이칸은 위임장경쟁에서 ISS의 지지를 받아 좋은 성과를 거두었으나 제5장에서 상세히 기술하는 법률적 문제에 관한 실책으로 2006년 3월의 주주총회에서 자기측 사외이사 1인을 이사회에 진출시키는 데 그친다. 2006년 8월 KT&G는 칼아이칸측의 요구를 사실상 거의 모두 수용하였다.[44] 칼아이칸측은 그 후 2006년 12월, 약 1,000억원의 차익을 시현하면서 보유지분을 매각하고 철수하였다.

칼아이칸은 종래 자신이 사용하던 공격 전략을 그대로 KT&G에도 적용하였다.[45] 이로써 한국 시장은 국제적인 헤지펀드들의 전략과 기술을 직접 경험하게 되었다. 사건 당시 '소버린이 초등학생이었다면 칼아이칸은 대학생이다. 앞으로 대학원생들이 몰려와서 한국 기업들을 공략할텐데 경영권방어 대책은 있는가?'라는 식의 이상한 논리도 등장하였는데 실제로 상당한 설득력을 발휘하였다. 이 사건은 회사 주주 구성의 국제성 때문에 국제적인 플레이어들이 다수 참가하였다. KT&G는 골드만삭스와 리먼브라더즈의 자문을 받았으며 주주총회에서는 조지슨(Georgeson Shareholder Communications)이 위임장권유를 대행하였다.

KT&G 사건은 우리 나라의 기업들을 어느 정도 적대적 M&A의 가능성에 노출시키는 것이 좋은가에 대한 논의를 거의 폭발시켰다. 적대적 M&A의 경영자 통제기능, 즉, 외부통제장치로서의 기능이 경제학자들에 의해 입증되었기 때문에 제한 없이 적대적 M&A가 가능하도록 해야 한다는 의견에 의하면 현재 재계에서 부족하다고 말하고 있는 경

44) *KT&G Bows to Icahn Demand to Return Cash to Shareholders,* Financial Times, August 10, 2006, 1.

45) Ken Auletta, *The Raid: How Carl Icahn Came Up Short,* New Yorker, March 20, 2006, 132-143.

영권 방어 장치를 도입하는 것은 어불성설이며 오히려 경영권 방어장치가 없어도 기업집단에 소속되어 있는 회사들은 순환출자나 기타 복잡한 소유구조에 의해 적대적 M&A의 위협에서 벗어나 있기 때문에 정부는 소유구조의 단순화 작업에 더 진력하여 적대적 M&A가 실효성 있게 작동되도록 해야 한다고 한다. 이에 의하면 2006년 초에 KT&G가 쉽게 헤지펀드의 목표물이 될 수 있었던 것은 KT&G가 전형적으로 소유가 분산된 서구형의 기업이었고 기업집단에 소속되어 있지도 않았기 때문이다. KT&G에 대한 헤지펀드의 경영권 위협은 주주들을 포함한 이해관계자들의 이익으로 연결되었고 KT&G의 가치 제고에 도움이 되는 사건이었다고 한다.

3. 적정한 수준의 적대적 M&A

위 사례들은 기업지배구조가 적대적 M&A와 밀접한 관계를 가지고 있으며 적대적 M&A는 지배구조상의 문제에 의해 촉발될 수 있음을 명백히 보이고 있다. SK 케이스에서는 적대적 M&A의 기업지배구조 개선 효과가 숫자로 드러나기까지 한다. KT&G 사건은 우리 나라 기업들도 헤지펀드활동주의[46]의 세계적인 조류에서 자유로울 수 없으며 새로운 경영권 시장에서 적응하는 법을 신속히 습득하여야 함을 말해준다.

위 두 사건은 치열한 법률적 쟁송을 동반하였다. 이 사건들은 역사가 일천한 우리 나라에서의 M&A에 관한 법리의 발전에 큰 공헌을 한 셈이다. 특히, SK 사건에서는 다양한 경영권 방어가 연구되고 실제로

46) 헤지펀드 행동주의에 대해 *How to Handle Hedge Fund Activism,* deal-lawyers.com Webcast, May 9, 2006; The Alpha Effect: How Hedge Funds Are Reshaping Deals(International Financial Law Review, June 2006) 참조. 또, Henry Hu & Bernard Black, *The New Vote Buying: Empty Voting and Hidden(Morphable) Ownership,* 79 Southern California Law Review 811(2006) 참조.

집행되었으므로 그 법률적 효력을 둘러싼 다툼이 법정에서 전개되었다. 우리 나라의 주요 로펌들도 모두 동원되었으며 이 분야에 있어서 오랜 경험을 축적하고 있는 미국계 로펌들도 간접적으로 관여되었다. 그러나, 아직 이사들이 경영권분쟁이나 적대적 M&A 상황에서 의존할 수 있는 행동 지침은 부족하다. 우리 나라에서는 분쟁이 이사의 책임을 위주로 전개되는 것이 아니라 특정 행동의 법률적 유효성을 위주로 전개되기 때문이다. 이는 이사회제도의 발달에는 장애요인이므로 상황이 개선될 필요가 있다.

기업을 적대적 M&A에 지나치게 노출시킴으로써 경영의 효율성을 제고하려는 제도는 실증적인 연구와 조사에 기반을 두고 있지 못하다는 문제를 안고 있을 뿐 아니라 적대적 M&A가 수행할 수 있는 한정적인 기능에 대한 인식이 결여되어 있고 적대적 M&A가 발생시키는 부작용에 대한 고려도 충분히 반영하지 못하고 있다.47) 스탠포드법대의 길슨 교수는 적대적 M&A로 비효율적인 기업집단을 해체하고 핵심사업에 속하지 않는 자산을 처분하는 데는 해당 기업에 대한 많은 정보가 필요하지 않으나 특정 기업을 경영하면서 내부적으로 발생하는 비효율성을 제거하는 데는 해당 기업에 대한 깊이 있는 이해와 많은 정보가 필요하다는 것을 지적하고 있다. 즉, 적대적 M&A가 해결할 수 있는 기업의 문제는 지극히 한정적이라는 것이다. 따라서 동 교수는 지배주주들이 지

47) 적대적 M&A의 위협하에 있는 회사의 경영진은 기업가치 제고에 노력하게 되기도 하지만 그와 동시에 장기적인 회사의 발전전략을 소홀히 하게 될 가능성이 있다. 적대적 M&A는 장기적인 발전전략을 무용하게 만들거나, 아니면 그 입안에 아무런 기여도 하지 않은 적대세력의 이익으로 귀결될 수 있기 때문이다. 또, 적대적 M&A의 활성화는 기업의 사회적 책임을 의식한 경영판단보다는 재무적 이익을 극대화하는 내용의 경영판단을 선호하는 풍토를 조성할 수 있으며 이는 실제로 적대적 M&A의 대상이 되는 회사뿐 아니라 적대적 M&A와 관계 없는 무수한 기업들 전체에 단기적 기업가치를 추구하게 하는 효과를 발생시켜 사회경제의 효율을 저하시키게 된다. Martin Lipton, *Takeover Bids in the Target's Boardroom,* 35 Business Lawyer 101(1979). 또, Mark Gordon, *Takeover Defenses Work. Is That Such a Bad Thing?,* 55 Stanford Law Review 819(2002) 참조.

배주주 경영의 효율성으로 창출하는 이익을 기여한 만큼 취하는 것은 허용되어야 할 것이라고 보고 있으며[48] 그것이 과도한 기업은 비효율적인 지배주주 경영 기업으로, 그렇지 않은 기업은 효율적인 지배주주 경영 기업으로 분류할 것을 제안하면서 효율적인 지배주주 경영 기업 시스템은 스웨덴에서 발견할 수 있다고 한다.[49]

자본시장은 전적으로 경제적 효율성과 사회적 부가가치의 제고만을 생각하는 참가자들로만 구성되어 있지는 않다. 남의 돈으로 사적 이익을 추구하는 회사의 지배주주나 경영진이 있다면, 수단을 가리지 않고 재산적 이익을 취하려는 동기를 가진 투자자들도 무수하다고 보아야 할 것이다. 기업들을 적대적 M&A에 지나치게 쉽게 노출시키는 제도는 그러한 동기를 확산시킬 수 있고 존재하지 않았던 기회주의와 탐욕을 생성시킬 수도 있다. 경제적 효율성을 추구하기 위해 또 다른 사회적 가치를 훼손시키는 것은 위험한 일이다. 특히, 우리 나라에서는 서구에서와는 달리 적대적 M&A와 경영권 분쟁에 있어서 페어플레이의 기반이 거의 조성되어 있지 않고 극단적인 대립과 사회적으로 용인되기 어려운 수준의 언행들이 쉽게 나타난다.

48) Ronald J. Gilson, *Controlling Shareholders and Corporate Governance: Complicating the Comparative Taxonomy,* 119 Harvard Law Review 1641, 1652(2006).

49) Gilson, 위의 논문, 1653-1657.

제 2 장

이사회의 구성과 운영

Ⅰ. 이사회에 대한 인식과 실무의 변화

1997년 외환위기 이전 우리 나라 기업들의 이사회는 명목적인 기구인 경우가 대부분이었다. 특히 사외이사제도가 없는 상황에서의 이사회란 사내의 고위 임원들로 구성된 그룹이었기 때문에 최고경영자를 통제한다는 개념은 애당초 생소한 것이었다. 즉, 상법의 내용과 기업의 실무는 현저한 거리를 두고 있었다. 그 시기의 우리 나라 기업 이사회는 일본의 이사회와 마찬가지로 오랫동안 회사에 봉직한 데 대한 보상으로 주어지는 직위인 이사(임원)의 타이틀을 가진 사람들의 모임이었고,[1] 회사와 주주들에 대해 법률적인 책임을 부담하는 기구라는 인식은 그다지 널리 퍼져 있지 않았다. 이런 이유 때문에 이사회는 물리적으로 회합하는 경우가 드물었으며 상당수 기업의 이사들이 직인을 모두 대표이사

1) 이 때문에 일본 기업의 이사회는 그 규모가 큰 것으로 유명하다. 최근의 한 통계에 의하면 일본 대기업 이사회의 평균 규모는 17.7인이었는데 그 중 10%가 25인 이상의 이사로 구성되어 있다고 한다. 일본의 거대 은행들간 합병에서는 67인의 이사로 구성된 이사회가 등장한 일도 있었다. 그러나 1997년에 소니는 38인의 이사회를 사외이사 3인을 포함한 10인으로 축소하는 개편을 단행하였다. 소니는 동시에 7인의 사내이사와 27인의 계열회사 사장들로 구성되는 집행위원회를 설치하여 운영하기 시작하였다. 이러한 구조는 1999년 현재 200개 이상의 기업이 채택하였다고 한다. 이러한 새로운 관행은 이사의 법률적 책임문제를 의식한 것이 그 출발점이었다고 한다.

실에 모아 보관해 두고 대표이사가 중요한 결정을 내리는 경우 이사회 결의서가 필요하면 총무 직원들이 문서를 작성한 후 대표이사실에서 이사들의 직인을 날인, 서류를 만드는 것이 보통이었다.[2)]

그러나 IMF 사태 이후 이사의 법률적 책임의식이 확산되었고 사외이사 제도의 도입을 포함한 여러 가지 제도개혁의 결과 이사회의 구성과 운영에 획기적인 변화가 발생하여 오늘에 이른다. 현재 우리 나라 기업의 이사회에 대해서도 그것이 과연 법률이 상정하고 있는 모습의 것인가에 대해 의문이 없을 수는 없지만 최소한 7-8년 전의 상황과 비교해 보면 엄청난 변화가 일어난 것이다.

이 장에서는 상장기업의 이사회 제도를 그 법률적 내용보다는 실무적 내용에 초점을 맞추어 생각해 보고 국내외의 이사회 구성과 운영에 대한 정보를 정리해 본다.[3)] 이사회 내 위원회로서 기업지배구조에서 가장 중요한 위치를 차지하는 감사위원회에 대해서는 다음 장에서 따로 설명하기로 한다.

Ⅱ. 이사회의 규모와 구성

회사의 이사회를 영어로는 Board of Directors라고 한다. 왜 이런 말을 쓰게 되었을까? 주식회사의 원조국가인 영국이나 식민지 시절 미국에서는 회사의 사업을 감독하는 사람들이 정기적으로 회합을 할 때

2) 우리 나라에서는 종래 등기이사와 비등기이사의 구별이 잘 인식되지 못하던 때가 있었는데 상법상의 이사와 기업 내 직위로서의 이사가 전혀 다른 데서 개념상의 혼란도 드물지 않았던 것으로 기억된다. 이사란 상무, 전무, 부사장, 사장, 회장으로 이어지는 임원진의 위계상 가장 낮은 위치에 있는 자리이고 등기되는 일은 거의 없기 때문이다.

3) 우리 나라와 미국에서의 이사회 현황에 대해 잘 정리된 자료로 조명현, 기업지배구조의 핵심으로서의 작동할 수 있는 이사회의 설계(기업지배구조개선지원센터 정책연구보고서, 2004. 8) 참조.

당시 비싸고 제대로 된 가구가 귀하였던 탓에 톱질을 할 때 쓰는 작업대를 양쪽에 놓고 그 사이에 긴 나무 판자(board)를 걸쳐 임시 테이블로 사용하였다고 한다. 이사회라는 말은 여기서 나온 것이다. 이사들은 테이블 주위의 불편한 의자에 앉았으나 이 그룹의 리더는 보다 나은 의자에 앉을 수 있었는데 이것이 이사회 의장을 체어맨(chair-man)이라고 부르게 된 이유이다.[4)]

이사회의 적정 규모는 어느 선일까? 미국의 경우 이사 11인으로 구성된 이사회가 가장 보편적이라고 한다. 그러나 이사의 수가 많을수록 이사회의 효율성이 떨어지는 문제가 있음에 따라 미국에서는 7-9인 규모의 이사회가 가장 바람직하다고 평가되고 있다. 미국의 대기업을 대상으로 한 한 연구에 의하면 기업가치와 이사 수는 반비례하며 이사 수가 7명일 때 기업가치가 극대화된다고 한다. 최근 아메리칸인터내셔널그룹(AIG)이 20인의 이사로 구성된 이사회를 보유하고 있고 그 중 9인이 내부이사라는 사실이 언론에서 비판적으로 다루어진 바도 있다. 실제로 기업지배구조 컨설팅 회사인 스펜서스튜어트(SpencerStuart)에 의하면 미국 대기업 이사회의 평균적인 규모는 1988년에 15인이었으나 1993년에는 13인, 1998년에는 12인으로 하향하는 추세를 보이고 있다. 1998년의 경우 가장 많은 수의 이사는 26인이었고 최소 규모의 이사회는 5인의 이사로 구성되었다 한다. 2005년 7월 현재 우리 나라 상장회사의 평균 이사 수는 6.19인이었다.

독일에서도 감사위원회(Aufsichtsrat)의 규모가 대기업들의 경우 16인 또는 20인의 위원으로 이루어지고 있는 것이(독일의 경우 이는 법정 인원이며 종업원 대표들을 감사위원회에 반드시 포함시켜야 하기 때문에 감사위원회의 규모가 커진다) 미국이나 영국의 경쟁기업들에 비해 효율성을 떨어뜨리는 작용을 함이 지속적으로 지적되어 왔으며 12-14인 정도

4) Robert Monks & Nell Minow, Corporate Governance 165(제 2 판, 2001) 참조.

가 효율성 측면에서의 상한선이라는 의견이 지배적이라고 한다.[5] 이와 관련하여, 독일에서는 종업원 대표들이 포함되지 않은 감사위원회 내 비공식적 협의기구가 많이 활용되고 있으며 그 법적인 타당성이 종종 문제되고 있다. 독일에서는 감사위원회의 종업원 대표 위원들이 회사의 경영정보를 종업원들의 이익을 위해 유출하거나 활용하는 사례가 많은 것으로 알려져 있다. 여기서 간접적으로 볼 수 있듯이 이사회의 규모가 커질수록 보안의 취약성이 증가할 수 있다.

Ⅲ. 사외이사제도와 사외이사의 비중

1. 사외이사제도

사외이사는 이사로서 상무에 종사하지 않는 자로 정의되거나 비상임이사라고 지칭되기도 하나, 업무집행기관으로부터의 독립성 유무에 의해 사내이사와 구별하는 것이 적절할 것이다.[6] 이와 관련하여 증권거래법 제2조 제19항은 “이 법에서 ‘사외이사’라 함은 당해 회사의 상무에 종사하지 아니하는 이사로서 제54조의5 또는 제191조의16의 규정에 의하여 선임되는 자를 말한다”고 규정하여 법률에 의한 선임절차와 자격요건을 구비한 경우에만 사외이사로서의 지위를 인정하고 있다.

[증권거래법]

제54조의5(사외이사의 선임) ① 증권회사(자산규모 등을 고려하여 대통령령이 정하는 증권회사에 한한다)는 사외이사가 이사 총수의

5) Klaus J. Hopt, *The German Two-Tier Board: Experience, Theories, Reforms,* in Comparative Corporate Governance: The State of the Art and Emerging Research 227(Klaus J. Hopt et al. eds., 1998).

6) 최기원, 회사법(제11대정판, 2001), 542면.

2분의 1 이상이 되도록 이사회를 구성하여야 한다. 이 경우 사외이사는 3인 이상이어야 한다.

② 제1항의 규정에 의한 증권회사는 사외이사후보를 추천하기 위하여 상법 제393조의2의 규정에 의한 위원회(이하 이 조에서 "사외이사후보추천위원회"라 한다)를 설치하여야 한다. 이 경우 사외이사후보추천위원회는 사외이사가 총 위원의 2분의 1 이상이 되도록 구성하여야 한다.

③ 제1항의 규정에 의한 증권회사의 경우 주주총회에서 사외이사를 선임하고자 하는 때에는 사외이사후보추천위원회의 추천을 받은 자 중에서 선임하여야 한다. 이 경우 주권상장법인 또는 코스닥상장법인인 증권회사의 사외이사후보추천위원회가 사외이사후보를 추천함에 있어서는 제191조의14의 권리를 행사할 수 있는 요건을 갖춘 주주가 추천한 사외이사후보를 포함시켜야 한다.

④ 다음 각호의 1에 해당하는 자는 제1항의 규정에 의한 증권회사의 사외이사가 되지 못하며 사외이사가 된 후 이에 해당하게 된 때에는 그 직을 상실한다.

1. 제191조의12 제3항 제1호 내지 제4호에 해당하는 자
2. 당해 회사의 주주로서 의결권 있는 발행주식총수를 기준으로 본인 및 그의 특수관계인이 소유하는 주식의 수가 가장 많은 경우 당해 본인(이하 "최대주주"라 한다)
3. 최대주주의 특수관계인
4. 당해 회사의 주요주주(제188조 제1항의 규정에 의한 주요주주를 말한다) 및 그의 배우자와 직계존비속
5. 당해 회사 또는 계열회사(독점규제및공정거래에관한법률에 의한 계열회사를 말한다)의 임·직원(상무에 종사하는 자를 말한다. 이하 이 항에서 같다)이거나 최근 2년 이내에 임·직원이었던 자
6. 당해 회사의 임원의 배우자 및 직계존비속
7. 당해 회사와 대통령령이 정하는 중요한 거래관계가 있거나 사업상 경쟁관계 또는 협력관계에 있는 법인의 임·직원이거나 최근 2년 이내에 임·직원이었던 자

8. 당해 회사의 임·직원이 비상임이사로 있는 회사의 임·직원
9. 기타 사외이사로서의 직무를 충실하게 이행하기 곤란하거나 당해 회사의 경영에 영향을 미칠 수 있는 자로서 대통령령이 정하는 자

⑤ 제 1 항의 규정에 의한 증권회사는 사외이사의 사임 · 사망 등의 사유로 인하여 사외이사의 수가 제 1 항의 규정에 의한 이사회의 구성요건에 미달하게 된 때에는 그 사유가 발생한 후 최초로 소집되는 주주총회에서 제 1 항의 규정에 의한 요건에 합치되도록 하여야 한다.

제191조의16(사외이사의 선임) ① 주권상장법인 또는 대통령령이 정하는 코스닥상장법인은 사외이사를 이사 총수의 4분의 1 이상이 되도록 하여야 한다. 다만, 대통령령이 정하는 주권상장법인 또는 코스닥상장법인의 사외이사는 3인 이상으로 하되, 이사 총수의 과반수가 되도록 하여야 한다.

② 증권투자회사법에 의한 증권투자회사인 주권상장법인 또는 코스닥상장법인 기타 대통령령이 정하는 주권상장법인 또는 코스닥상장법인에 대하여는 제 1 항의 규정을 적용하지 아니한다.

③ 제54조의5 제 4 항 및 제 5 항의 규정은 제 1 항의 규정에 의한 주권상장법인 또는 코스닥상장법인의 사외이사에 관하여 이를 준용하고, 제54조의5 제 2 항 및 제 3 항의 규정은 제 1 항 단서의 규정에 의한 주권상장법인 또는 코스닥상장법인에 관하여 이를 준용한다.

④ 공기업의경영구조개선및민영화에관한법률, 은행법 기타 법률에 의하여 선임된 비상임이사 또는 사외이사는 이 법에 의하여 선임된 사외이사로 본다.

⑤ 주권상장법인 또는 코스닥상장법인의 이사는 이사회의 결의로써 회사의 비용으로 전문가의 조력을 구할 수 있다.

⑥ 주권상장법인 또는 코스닥상장법인이 사외이사를 선임 또는 해임하거나 사외이사가 임기만료외의 사유로 퇴임한 경우에는 그 내용을 선임 · 해임 또는 퇴임한 날의 다음 날까지 금융감독위원회와 거래소에 신고하여야 한다.

사외이사와 비상근이사를 혼동하여 사용하는 경우도 있으나, 독립성 유무에 따라서 그 둘은 구별되어야 할 것이다. 즉, 사외이사가 되기

위해서는 일정한 요건 및 선임절차를 구비하여야 한다. 특히 사외이사의 자격요건 중에는 상무에 종사하는 자는 사외이사가 될 수 없다는 규정이 있으며 상무 범위의 업무에 종사하나 상근하지 않는 이사를 사외이사와 구분되는 비상근이사로 볼 수 있을 것이다. 이는 증권거래법 제191조의16 제 4 항에서 "공기업의경영구조개선및민영화에관한법률, 은행법 기타 법률에 의하여 선임된 비상임이사 또는 사외이사는 이 법에 의하여 선임된 사외이사로 본다"고 규정되어 있는 것에 비추어 볼 때, 증권거래법도 법률에 의하여 선임되지 않은 비상임이사의 경우는 사외이사로 인정하지 않고 있는 것으로 보인다. 한편 상법은 사외이사의 개념을 명시적으로 도입하지 않고 있으나 그 제415조의2 제 2 항에서 감사위원회 위원의 자격요건을 규정하면서 간접적으로 사외이사의 개념을 사용하고 있다.

한국상장회사협의회가 2005년 3월 29일 현재 사외이사를 선임하고 있는 전 상장법인 1,217개의 사외이사 현황을 분석한 자료에 의하면[7] 사외이사의 총수는 2,246명으로 한 회사 평균 1.85명이며 2개 회사의 사외이사를 겸직하고 있는 사외이사는 144명이었다. 외국인 사외이사는 77명으로 전체의 3.4%에 머물렀다. 대다수 사외이사의 임기는 3년인데 (79.4%) 1년 임기인 사외이사의 비중은 7.4%이다. 직업별로는 기업의 경영자 출신이 43.5%, 대학교수가 21.9%, 변호사가 11.2%의 순으로 나타났다. 평균 연령은 56.1세이다.

최근 국내에서는 대기업의 사외이사들이 이사회 안건에 거의 100% 찬성을 하는 것으로 나타나 실질적 독립성에 관한 의문이 계속 제기되고 있다. 그러나 경영권분쟁이 있거나 소액주주들이 집중투표를 통해 이사를 이사회에 진출시켰다거나 하는 특수한 상황하에 있는 회사가 아닌 한 이는 지극히 자연스러운 현상이다. 왜냐하면 통상적인 안건은 이사회 밖에서 그 내용이 이사들을 통해 조율되는 과정을 거치게 되고, 결국 반

7) 한국상장회사협의회 보도자료(2005년 4월) 참조.

대하는 이사가 있는 경우 해당 안건은 이사회 결의에 부쳐지지 않는 경우도 많다. 사외이사들이 안건에 반대한 기록이 나타나지 않는다는 것이 반드시 이사회 기능이 비효율적이라는 증거가 될 수는 없다.

2. 사외이사후보추천위원회

증권거래법은 주주총회에서 사외이사를 선임하고자 하는 때에는 사외이사후보추천위원회의 추천을 받은 자 중에서 선임하여야 하며, 이 경우 주권상장법인의 사외이사후보추천위원회가 사외이사후보를 추천함에 있어서는 제191조의14의 권리를 행사할 수 있는 요건(즉, 주주제안의 요건)을 갖춘 주주가 추천한 사외이사후보를 포함시켜야 한다고 규정하고 있다.

증권거래법 제191조의16 제 3 항은 자산총액이 2조원 이상인 기업에 대해서만 사외이사후보추천위원회를 두도록 되어 있으므로 그에 해당하지 않는 기업은 사외이사후보추천위원회를 둘 필요가 없으나, 많은 회사들이 정관에 별도의 규정을 두어 사외이사후보추천위원회를 두고 있다. 증권거래법의 취지가 자산총액이 2조원 이상이 되지 않는 경우에 사외이사후보추천위원회를 설치하는 것을 금지하는 것은 아니므로 회사가 사외이사후보추천위원회를 설치한 이상, 원칙적으로 정관의 규정에 따라 사외이사는 사외이사후보추천위원회를 통해서 추천되어야 할 것이다.

그런데 이 때 주주제안을 통한 사외이사후보에 대해서도 사외이사후보추천위원회를 반드시 통하여야 하는지 여부가 문제된다. 현재 이러한 경우에 관한 명시적인 논의나 직접적인 판례는 없는 것으로 보인다. 정관상 사외이사후보추천위원회의 추천을 받도록 규정하였고, 주주제안의 경우에도 사외이사후보추천위원회의 설치목적인 사외이사의 독립성 확보를 위한 심사의 필요성이 있으므로 사외이사후보추천위원회의 절차를 거쳐야 한다는 견해와, 주주제안의 경우 소수주주권의 행사로서 일반적으로 그 독립성이 보장된다고 할 것이고, 사외이사후보추천위원회의 경우 회사측에서 추천하는 사외이사의 독립성을 확보하기 위한 것이므로 주주제안에 의한 사외이사추천의 경우에는 그 적용이 없다는 견해가 가능할 것으로 생각되는데 일반적으로 주주제안의 경우 별도의 심사를 거치지 않고 안건으로 상정되므로 후자가 보다 설득력이 있다.

한편, 주주제안을 통한 사외이사후보에 대해서도 사외이사후보추천위원회를 반드시 거쳐야 한다면 이러한 정관에 의한 사외이사후보추천위원회에 대해서도 증권거래법 제191조의16 제 3 항 후단 및 제54조 제 3 항이 적용되어 증권거래법 제191조의14의 요건을 구비한 자의 청구가 있을 때에는 이를 따라야 하는 것인지 여부가 문제될 수 있다. 다툼의 여지가 있으나, 상근감사의 선임의무가 없는 주권상장법인이 상근감사를 두는 경우에는 증권거래법 제191의12 제 3 항에 규정한 상근감사자격요건을 충족하여야 할 의무는 없다는 2003년 9월 5일자 재경부 유권해석(증권 41207-130)의 취지에 비추어 볼 때, 정관에 의하여 임의로 설치한 사외이사후보추천위원회에 대해서는 증권거래법상 의무가 강제된다고 보기는 어렵다. 따라서 증권거래법 제191조의14의 요건을 구비한 자의 청구가 있다고 하여도 사외이사후보추천위원회에서 반드시 해당 후보를 추천하여야 할 의무는 없다. 다만, 정당한 이유 없이 그를 거부할 경우에는 주주측에서 그 절차의 하자를 들어 법적 대응을 할 위험이 있다.

사외이사후보추천위원회는 이사들로 구성되는 회사 내의 기관이다. 따라서 아무리 사외이사들로만 구성된다 해도 여전히 독립성 시비의 가능성이 남는다. 이 때문에 최근 몇몇 대기업에서는 명망 있는 전문가들로 구성된 사외이사후보추천자문단을 구성하여 사외이사후보를 물색하고 사외이사후보추천위원회에 추천하게 하는 메커니즘을 활용하고 있다.

2004년 소버린과의 분쟁중에 SK는 사외이사진을 새로 구성해야 하는 무거운 부담을 안았는데 상황이 상황이니 만큼 베스트 프랙티스를 지향하여 다음과 같은 과정을 밟았던 것으로 알려진다. 우선 5인으로 구성된 사외이사후보추천자문단을 구성하고 그와 병행하여 공개추천제(일반주주의 회사 홈 페이지를 통한 추천)를 채택하였다. 사외이사후보 풀 475인과 일반 주주 추천 27인 중 5인을 합하여 480인이 후보로 선정되었고, 이들 중 30인을 1일차 후보군으로 정하였다. 여기에 후보추천자문단 자체 추천 20인과 소버린이 추천한 5인을 더해 총 55인을 1차 후보군으로 최종 결정하였다. 3회에 걸친 자문단 회의를 통해 소버린 추천 5인을 제외한 12인을 후보로 선정하여 사외이사후보추천위원회에 추천하였고 사외이사후보추천위원회는 이 중 5인을 선정, 소버린이 주주제안으로 추천한 후보 5인과 함께 주주총회에 상정하였다.

3. 사외이사의 비중

미국 회사들의 대다수는 사외이사가 다수인 이사회를 보유하고 있다. 1960년대만 해도 미국 회사의 대부분이 내부이사들로 구성되는 이사회를 보유하고 있었음에 반하여 현재는 이사회 내 사외이사의 비중이 높을수록 좋다는 것이 미국에서의 지배적인 인식이며 이는 우리 나라에서도 마찬가지인 것으로 보인다. 심지어 많은 연구들이 CEO만 내부이사로 하고 나머지 이사 전원은 사외이사로 할 것을 제안하고 있는데, 세계 최대의 기관투자자인 CalPERS도 같은 입장을 취하고 있으며 (CalPERS Principles) 기관투자자 협의체인 Council of Institutional Investors, 이사들의 협회인 National Association of Corporate Directors 등의 기관도 마찬가지이다.[8] 심지어는 미국 기업 CEO들의 협회인 Business Roundtable조차 이사회가 지배적인 수의 사외이사로 구

8) Council of Institutional Investors, Shareholder Bill of Rights(1998).

성되어야 한다는 입장을 표명하고 있다.[9)]

미국의 대기업에서 사외이사가 이사회에 진출하기 시작한 것은 아마도 1966년 지금의 엑슨-모바일(ExxonMobil)의 전신인 스탠더드 오일이 최초로 사외이사를 선임한 때였을 것이다. 한 조사에 의하면 1997년에 S&P 500 회사들 중 내부이사가 1인인 회사가 전체의 23%에 달하였고, 내부이사가 2인인 회사가 33%, 내부이사가 3인인 회사가 23%에 달하였다. 따라서 이사회 내 내부이사가 1-3인에 불과한 회사가 전체의 거의 80%를 차지하였으며 이는 미국 회사의 이사회가 우리 나라의 경우와는 달리 의사결정기관으로서의 성격보다는 CEO를 포함한 회사 임원들에 대한 감독기관으로서의 성격을 강하게 가지고 있기 때문이다. 1999년 현재 GE는 15인 이사회에 10인이 사외이사, 마이크로소프트는 7인 이사회에 4인이 사외이사, 야후는 5인 이사회에 3인이 사외이사였다.

> 같은 자료에 의하면 72%의 대기업이 최소한 1인의 여성 이사를 보유하고 있는데 70년대 초만 하더라도 이 비율은 11%였다고 한다. 미국 대기업이 여성을 이사회에 영입한 것은 1971년이다. 1971년에 Patricia Roberts Harris가 IBM의 이사가 되었다.[10)] 노르웨이는 2002년에 이사회의 40% 이상을 여성으로 하려는 정책을 채택하였는데 2005년 현재 그 비율이 11%에 불과한 것으로 드러나자 2007년까지 40%의 비율을 맞추지 못하는 기업은 제재하기로 결정하였다 한다. 노동연구원의 조사에 의하면 우리 나라 기업의 임원급 중 여성의

9) The Business Roundtable, Principles of Corporate Governance(May 2002) 참조.

10) 또 55%의 이사회가 소수민족 출신의 이사를 포함하고 있다고 하며 이 비율은 70년대 초에 10% 미만이었다. James Kristie, Board Trends 1970s to the 1990s: "The More Things Change…"(Presentation to the Institutional Shareholder Services Annual Client Conference, February 1999) 참조.

비율은 1.9%에 머무르고 있다 하는데 이사회의 여성 비율은 그보다 훨씬 낮을 것으로 추측된다.[11]

그러나 최근의 한 권위 있는 연구결과에 의하면 이사회 내 사외이사의 비중 증가가 회사의 실적 증가로 이어지지는 않고 있다고 한다. 동시에 일정한 비율의 내부이사의 존재는 기업실적의 증가로 이어진다는 증거가 발견되었다. 이 연구에 따르면 사외이사가 다수를 차지하는 이사회는 기업의 실적을 높이는 데 도움이 되는 것은 아니므로 CEO에 대한 감독기능에 초점을 맞추어야 하고, 내부이사가 일정 수 포함되는 것이 기업실적을 높이는 데 도움이 되므로 이사회가 CEO만 제외하고 전원 사외이사로 구성되는 것은 비효율적이다.[12] 특히 내부이사들은 회사의 투자결정의 효율성을 높인다는 보고가 있다.[13] 실제로 미국에서는 엔론의 경우 14인의 이사로 구성된 이사회에 사외이사가 11인이었음에도 불구하고 대규모 부정이 발생하였다는 점에 비추어 경험적으로도 사외이사 수의 다소는 회사지배구조의 우열에 영향을 미치지 못한다는 의견이 제시되고 있으며 대표적인 예로, 미국에서 지난 수십 년간 사외이사의 비중이 증가해 왔음에도 불구하고 CEO 및 고위 임원들에 대한 보수가 크게 증가되었는데, 이는 사외이사들이 가장 중요한 역할을 수행해야 할 CEO 및 고위 임원들의 셀프-딜링통제가 제대로 기능하지 않고 있음을 보여준다는 것이다.[14]

우리 나라에서는 사외이사의 비중증가가 일반적으로는 기업가치의

11) 중앙일보(2005년 4월 9일자), 31면 참조.

12) Sanjai Bhagat & Bernard Black, *The Uncertain Relationship Between Board Composition and Firm Performance,* 54 Business Lawyer 921 (1999).

13) April Klein, *Firm Performance and Board Committee Structure,* 41 Journal of Law & Economics 275(1998).

14) 이에 관한 흥미 있는 일화들은 Arthur Levitt, Take on the Street(2002) 참조.

상승으로 연결되지만 지배주주가 있는 재벌기업의 경우에는 사외이사의 비중증가가 기업가치의 하락으로 연결된다는 것을 보이는 연구가 있다.[15)]

Ⅳ. 사외이사의 자격

미국에서는 사외이사들의 역할로 경영진의 정책결정을 도와주는 것 못지 않게 경영진의 감독·견제를 중요하게 보고 있다. 그렇다면 사외이사로는 반드시 회사의 사업영역과 관련된 분야에서 경력을 쌓은 인사가 영입될 필요는 없으며(이는 사내이사들의 역할이다) 오히려 회계나 법률 등 분야에서 전문성을 갖추고 엄격한 감독을 수행할 수 있는 윤리성을 갖춘 인사가 바람직할 것이다. 특히 감사위원회의 구성원인 사외이사에 대해서는 적어도 한 명은 회계전문가를 선임할 것이 권장되어 왔다.

실제로는 다른 대기업의 최고경영자가 사외이사로 영입되는 경우가 많다. 그러나 이들 고위 임원 출신 사외이사들은 회사의 CEO에 대해 관대하고 자신이 자신의 회사에서 받고자 하는 대우를 자신이 이사로 있는 회사의 CEO에 대해 허용하는 경향이 있다고 한다.[16)] 또한 이들은 지나치게 바쁜 관계로 효과적인 이사의 역할을 수행하지 못하고 있다. 그 다음으로 큰 비중을 차지하는 저명인사, 학자 등 인사들은 회사의 사업에 대한 이해와 경험이 부족하여 비효율적이라고 한다. 나아가 이들은 자신이 이사로 있는 회사에 경영자문을 제공하거나 회사로부터 연구용역이나 기금을 제공받는 대학에 소속되어 있는 경우가 많아 독립성의 측면에서 회의적인 시선을 받고 있다고 한다. 1992년에 아메리칸 익스프레스의 16년 CEO였던 제임스 로빈슨을 이 회사의 이사회가 축

15) 박경서, 한국 상장기업의 소유지배구조와 경영행태(기업지배구조개선 세미나 자료, 2003. 10).

16) David Yermack, *Higher Market Valuation of Companies with a Small Board of Directors,* 40 Journal of Financial Economics 185(1996).

출하려는 움직임을 보였을 때 사외이사였던 헨리 키신저 박사는 로빈슨이 "친한 친구이기 때문에" 그러한 움직임에 동참하기 어려웠다고 말한 것은 유명한 일화이다.[17] 미국에서는 사외이사가 이사회에 봉직한 기간이 길수록 경영자에 대한 감독기능이 저하되며 CEO가 취임하기 이전에 이사로 선임된 사외이사의 감독기능이 우수하다는 보고가 있다.[18] 또 사외이사의 연령도 경영진 감독기능에 영향을 미치는 것으로 알려져 있는데 많은 회사들이 사외이사의 연령상한을 70세로 정하고 있다고 한다.[19]

최근의 한 연구에 의하면[20] 일본 기업들의 경우 은행과의 친분이 있는 사외이사나 기술적인 전문지식과 배경이 있는 사외이사가 회사의 실적을 향상시키는 데 별 도움이 되지 못한 반면, 일반적인 명사 출신의 사외이사는 회사의 신용과 이미지를 제고하고 적절한 역할을 수행함으로써 회사의 실적을 향상시킨 바 있음을 실증적으로 보이고 있다. 이는 사외이사들의 역할이 기업정보의 공시에 대한 감독에 있고 기업정보공시의 적정성이 시장에서의 기업에 대한 평가에 큰 영향을 미침으로써 주가의 상승에 중요한 역할을 하는 최근의 조류에 비추어 보아도 설득력이 있다 할 것이다.

일반적으로 외국인 사외이사는 독립성 측면에서 우수한 것으로 평가되고 있다. 기업지배구조 평가기관들 중에는 외국인 사외이사의 이사회 참가를 긍정적 평가항목의 하나로 두고 있는 기관도 있다. 전술한 바와 같이 2005년 3월 기준으로 우리 나라 상장회사들은 모두 2,246인의 사외이사를 두고 있었으며 그 중 77인이 외국인이었다. 다만, 국내에 거

---

17) Monks & Minow, 위의 책, 341면 참조.

18) Chandra S. Mishra & James F. Nielson, *Board Independence and Compensation Policies in Large Bank Holding Companies,* Financial Management(Autumn 2000).

19) Bhagat & Black, 위의 논문.

20) J. Mark Ramseyer & Yoshiro Miwa, The Value of Prominent Directors: Corporate Governance and Bank Access in Transitional Japan (Working Paper, 2002).

주하지 않는 외국인 사외이사의 경우 이사회 참가가 불편하고 참가에 추가적인 비용이 발생한다는 문제점은 있으나 이는 고도의 정보통신수단을 활용하여 해결할 수 있는 문제이며 상법도 그를 적극 허용하는 방향으로 변화되어 왔다.[21] 1980년대에 일부 미국기업들은 운영상의 불편함에도 불구하고 일본 기업의 경영자들을 사외이사로 영입하여 큰 성과를 거둔 사례가 있다는 보고가 있다. 미국인 이사들과는 달리 일본 기업의 고위 임원급 사외이사들은 회사의 사업현황과 현안 파악에 대단히 성실하며 지극히 진지한 자세로 이사회에 임하는 것으로 알려져 있고 회사에 도움이 될 정보나 자료를 체계적으로 수집하여 제공하는 등 미국인 이사들의 캐주얼한 경향과는 많은 측면에서 다른 모습을 보였다고 알려진다. 한편, 미국 기업과 유럽기업 최고경영자들간의 교차적인 사외이사 서비스는 상당히 광범위하게 이루어지고 있다고 하며 콩코드기를 사용한 대서양 횡단교통편 제공이 드물지 않았다고 한다.

사외이사들이 동시에 직무를 수행할 수 있는 회사의 수도 항상 문제가 된다. 사외이사로 일하는 회사의 수가 많을수록 한 회사에 쓸 수 있는 시간과 노력이 줄어들 수밖에 없기 때문이다. 포브스(Forbes)지가 2002년 8월에 미국의 S&P 500 대기업들을 대상으로 조사한 결과에 의하면[22] 3,477명이 한 회사의 이사로 있으며 520명이 2개 회사, 204명이 3개 회사, 56명이 4개 회사, 22명이 5개 회사, 5명이 6개 회사 이상의 이사회에 소속되어 있다. 최근 미국에서는 한 사람이 소속될 수 있는 이사회의 수를 제한해야 하는 것이 아닌가 하는 논의가 시작되고 있으며, 특히 한 회사의 CEO로 있는 사람이 많은 수의 다른 회사 이사를 겸직하는 경우 이사로서의 역할에는 물리적으로도 한계가 있을 수밖에 없다는 시각이 있다. 그러나 최근의 각종 개혁입법에서는, 이

21) 1999년 개정상법은 화상회의에 의한 이사회를 도입하였다. 상법 제391조 제2항.

22) *America's Most Overworked Directors*, Forbes(2002년 8월 6일자) 참조.

문제가 아직 다루어지지 않고 있다. 독일에서는 한 사람이 감사위원회(Aufsichtsrat)에 소속될 수 있는 상한이 법정되어 있으며 그 수는 10이다.[23] 그러나 여기에는 콘체른(그룹) 내의 계열사는 산입하지 않는다. 독일에서는 이 수를 하향조정하자는 논의가 있고 비상장회사도 포함시킬 것인지 외국회사도 포함시킬 것인지 등이 논의되고 있다 한다.

[시티그룹 이사회 구성](2005년 4월 현재)

- C. Michael Armstrong: 전 Hughes, AT&T, Comcast Corporation 이사회 의장
- Alain J. P. Belda: Alcoa 이사회 의장 겸 CEO
- George David: United Technology Corporation 이사회 의장 겸 CEO
- Kenneth T. Derr: 전 Chevron Texaco Corporation 이사회 의장
- John M. Deutch: MIT 석좌교수
- Roberto Hernandez Ramirez: 멕시코은행 총재
- Ann Dibble Jordan: 컨설턴트
- Dudley C. Mecum: Capricorn Holdings 사장
- Anne Mulcahy: Xerox Corporation 이사회 의장 겸 CEO
- Richard D. Parsons: Time Warner 이사회 의장 겸 CEO
- Andrall E. Pearson: Yum!Brands 창립회장
- Charles Prince: 그룹 CEO
- Judith Rodin: 록펠러재단 이사장
- Robert E. Rubin: 그룹 운영위원회 의장, 전 재무장관, 골드만삭스 공동회장
- Franklin A. Thomas: TFF Study Group 컨설턴트
- Sanford I. Weill: 그룹 이사회 의장
- Robert B. Willumstad: 그룹 사장 겸 COO
- The Honorable Gerald R. Ford: 명예이사, 전 미합중국대통령

23) Aktiengesetz 제100조 제 2 항 참조.

[GE 이사회 구성](2005년 4월 현재)

- Jeffrey R. Immelt: 이사회 의장 겸 CEO
- James I. Cash, Jr.: 전 하버드경영대학원 석좌교수
- Sir William Castell: GE Healthcare 사장
- Dennis D. Dammerman: GE Capital Services 이사회 의장
- Ann M. Fudge: Young & Rubicam 이사회 의장 겸 CEO
- Claudio X. Gonzalez: Kimberly-Clark de Mexico 이사회 의장 겸 CEO
- Andrea Jung: Avon Products 이사회 의장 겸 CEO
- A. G. Lafley: Procter & Gamble 이사회 의장 겸 CEO
- Kenneth G. Langone: Invemed Associates 이사회 의장 겸 CEO
- Ralph S. Larsen: 전 Johnson & Johnson 이사회 의장 겸 CEO
- Rochelle B. Lazarus: Ogilvy & Mather Worldwide 이사회 의장 겸 CEO
- Sam Nunn: 변호사, 전 상원의원
- Roger S. Penske: Penske Corporation 이사회 의장
- Robert J. Swieringa: 코넬 경영대학원장
- Douglas A. Warner III: 전 J. P. Morgan Chase 이사회 의장
- Robert C. Wright: NBC Universal 이사회 의장 겸 CEO

V. 전문사외이사론

1991년 미국 스탠포드 법대의 길슨 교수와 하버드 법대의 크라크만 교수는 이른바 전문사외이사(Professional Director)론을 제기하여 학계와 업계가 이를 활발하게 논의한 바 있다.[24] 이 제안에 의하면 기관투

24) Ronald Gilson & Reinier Kraakman, *Reinventing the Outside Director: An Agenda for Institutional Investors,* 43 Stanford Law Review 863 (1991).

자자들이 연대하여 6개를 상한으로 하는 투자대상 회사들에 전문적으로 사외이사의 임무를 수행하는 전문이사를 파견한다는 것이다. 이 전문이사는 기관투자자들에 대한 관계에서는 전업이사이나 각 회사에 대한 관계에서는 일반적인 사외이사의 범주에 속하게 된다. 그리고 이 전문이사는 자신을 선임한 주주들인 기관투자자들에 대해 특별한 책임을 지게 되는 위치에 있게 된다.

이 아이디어는 많은 주목을 받았으나 실무로 연결되지는 못하였다. 그 가장 큰 이유는 이러한 전문이사의 등장은 미국 기업의 기존 이사회에 대단히 이질적인 요소를 도입하게 되는 것으로서 기업의 최고경영자들뿐 아니라 이사들로부터도 반겨지지 않았다는 데 있다. 이것은 마치 시민단체의 대표가 이사로 선임되어 이사회에 진출하는 것과 마찬가지의 거부감을 조성하였다고 한다. 그러나 기관투자자들이 선임한 것은 아니지만 미국의 대기업에는 이미 전문 사외이사들이 있다는 점이 지적되고 있다. 예컨대 포드 대통령은 1977년에 백악관을 떠나면서 20세기폭스사를 포함한 미국의 수개 대기업의 사외이사로 영입된 바 있으며 전직 국방장관들은 퇴임 후 수개의 방위산업체에서 사외이사로 일하면서 경영을 지원하는 것이 보통이라고 한다.[25)]

실제로 1995년 미국에서는 미국에서 가장 바쁜 이사로 소개된 바 있는 트럽(Raymond Troubh) 변호사의 사례가 화제를 모은 일이 있다.[26)] 이 사람은 16개 회사의 사외이사로 일하면서 전업 사외이사였는

25) Ralph D. Ward, 21st Century Corporate Board 177(1997) 참조. 정보전문가의 사외이사 영입은 CEO들에게 위협적인 일로 이야기된다. Morrison-Knudsen의 CEO였던 William Agee는 오랫동안 이사회의 견제를 받지 않는 지위를 유지하다가 백악관 안보담당보좌관을 지낸 브레진스키와 클락이 사외이사로 영입된지 1년도 못되어 사임해야 했다고 한다. 하버드 경영대학의 가드너 교수에 의하면 이들은 정보를 받아 분석하고 신속히 조치를 취하는 데 최고의 전문가들이었기 때문에 CEO의 능력평가가 그런 식으로 내려질 수밖에 없었다고 한다. 위의 책, 203면 참조.

26) 위의 책, 177-178면 참조. 인터뷰 기사 Directors & Boards 14-15(Autumn 2001) 참조.

데 트럽이 이사회에 소속된 회사들은 그 서비스의 큰 도움을 받았다고 알려진다. 16개 이사회의 운영에 참여하는 데서 오는 전문지식과 경험, 16개 회사의 사업을 스터디하는 데서 오는 통찰력이 16개 회사 전체의 이익으로 귀결되었다는 것이다. 트럽은 이 전업에 주당 30-50시간을 일하였고 포브스지의 추산에 의하면 1995년에 이로부터 총 65만불의 보수를 받았다고 한다.[27)]

Ⅵ. 사외이사에 대한 지원

사외이사들에게 회사에 대한 정보를 적시에 충분히 제공하고 수시 의문사항이나 요청사항 등을 처리하기 위해 사외이사를 지원하는 사무국을 설치 · 운영하는 방안이 검토되어야 할 것이다. 특히 사외이사들이 이 사무국을 통해 내부 회계담당자들 및 외부감사들과의 직접접촉이 가능하도록 절차를 정비할 필요가 있다. 미국의 블루리본위원회 보고서도 사외이사들과 내외부 감사들간의 직접적인 정보교류와 의견교환의 중요성을 강조하고 있다. 일반론으로 사외이사들이 회사 내부에서 손님처럼 느끼거나 그러한 대우를 받아서는 안 될 것이다. 사외이사들은 회사의 경영에 관한 최고 의사결정자들이며 법률적 책임을 지는 사람들이다. 회사 내에 사무실과 스탭이 없고 회사의 일부 임·직원들과만 접촉함에서 발생하는 서먹함이 있어서는 안 되며 회사의 내부이사와 같은 편안함과 익숙함을 갖추어 주는 데 노력이 기울여져야 한다. 이사회나 그 밖의 행

27) 사외이사의 업무를 제대로 수행하는 데는 많은 시간과 노력이 필요하다. 1995년 미국 대기업의 사외이사들은 1개 회사를 위해 연 평균 163시간을 일하였다고 한다. Ward, 위의 책, 200면 참조. 칼루치(Frank Carlucci) 전 국방장관은 카알라일그룹의 회장직에 있으면서 동시에 무려 20개의 회사와 12개의 공익단체에서 이사직을 보유하였던 것으로 유명하다. 너무나 스케줄이 많았던 나머지 어느 날은 주치의의 대기실에서 전화로 이사회에 참석한 일까지 있다고 한다. Monks & Minow, 위의 책, 188면.

사가 있을 때 사장실에 잠시 들렸다가 회의만 하고 회사를 떠나는 식이 되어서는 곤란하다.[28]

사외이사의 보수가 지나치게 낮은 경우 사외이사의 효율적인 업무 수행을 기대하기가 어려우므로 사외이사의 보수는 상당한 선에서 책정되어야 한다. 사외이사는 이사회 결의에 대한 법률적 책임을 지는 위치에 있음도 고려되어야 할 것이다. 반면, 사외이사의 보수가 지나치게 높은 경우 사외이사의 독립성과 관련된 문제가 발생할 것이다. 사외이사의 지위를 유지하기 위해 경영진과 사내이사들과의 관계에서 비판적이 되지 못할 가능성이 있다. 한편, 사외이사의 회사주식 보유를 적극 권장하고 보수의 일부를 스톡옵션으로 지급하는 방안을 잘 활용해야 할 것이다. 사외이사의 보수에서 스톡옵션이 차지하는 비중과 회사의 실적간에 상관관계가 확인된다는 연구가 있다.[29] 다만, 회사의 주식보유에서 발생하는 내부자거래 가능성, 단기매매차익의 회사에 대한 반환 등에 대한 적절한 교육이 수반되어야 할 것이다. 최근 미국 최악의 이사회 중 하나로 선정된 애플컴퓨터의 경우 CEO인 스티브 잡스가 회사의 주식을 단 2주 보유하고 있다는 사실이 이사회의 평가에 악영향을 미친 바도 있다.

1999년의 조사에 의하면 미국 대기업의 사외이사의 평균 연봉은 4만불이었다고 한다. 트래블러스그룹이 주식으로 10만불을 지급한 것이 가장 높은 사례이고 마이크로소프트의 경우 8천불에 불과하였다. 교육비지원이나 생명보험과 같은 부수적인 혜택이 드물지 않았으며 16%의

---

28) 1972년에 미국에서는 골드버그(Arthur Goldberg) 전 연방대법관이 Trans World Airlines(TWA)의 사외이사로 선임되어 화제가 되었다. 골드버그 대법관은 사외이사들이 사무실, 스탭, 예산을 지원받아 회사의 업무를 독립적으로 감독할 수 있게 해야 한다고 제안하였는데 이 제안은 거부되었고 골드버그 대법관은 사임하였다.

29) Sanjai Bhagat, Dennis C. Carey & Charles M. Elson, *Director Ownership, Corporate Performance, and Management Turnover,* 54 Business Lawyer 885(1999).

회사가 이사회 참석을 위한 여행에 배우자를 동반하는 비용을 지원하였다고 한다. 거의 대부분의 회사가 회사의 제품을 큰폭의 할인으로 구입할 수 있는 특권을 부여하였다고 하는데 철강회사나 정유회사의 경우 이런 것은 별 도움이 안 되지만 항공사나 패션회사의 경우라면 사정이 달라진다. GM의 사외이사들은 거의 3개월마다 새 차를 증정받은 적이 있다고 한다. 이러다 보니 사외이사직을 여러 개 가지게 되면 수입의 면에서도 적지 않은 금액이 된다. 예컨대 클린턴 대통령의 측근이었던 조단 변호사는 1992년에 9개 회사의 이사직에서 총 50만 4천불을 지급받은 것으로 조사되었다.[30]

2006년 3월의 한 자료에 의하면[31] 우리 나라 대기업 사외이사들의 평균 보수는 삼성그룹이 평균 4,890만원, 현대자동차그룹이 평균 4,869만원을 기록하였고, 개별 기업으로서는 SK텔레콤이 8,800만원, 현대자동차가 7,900만원을 각각 기록했다.

Ⅶ. 이사회 내 소위원회

국내외의 많은 기업들이 이사회의 소위원회제도를 적극적으로 활용하고 있다. 특히 독립성이 필요한 감사위원회, 이사후보추천위원회, 보수위원회 등은 사외이사를 중심으로 구성하도록 하고 있다. 이사회가 소위원회에 권한을 위임하는 경우 위임한 사항에 대한 소위원회의 결의는 전체 이사회가 결의하여 변경하지 않는 한 이사회 결의와 같은 효력을 가지므로 소위원회의 구성과 운영은 신중을 기할 사항이다. 감사위원회와 사외이사후보추천위원회 등과 같이 구성이 법정되어 있는 경우는 그에 의한 제약을 받으나 경영위원회 등 이사가 회사의 사업내용에 정통

30) Monks & Minow, 위의 책, 185면 참조.
31) 매일경제(2006년 3월 17일자), A13면.

할 것이 요구되는 소위원회는 사내이사 위주로 구성하고 재무위원회 등 사외이사의 감독기능이 중요한 위원회는 사외이사의 비중을 높여서 구성하는 등 신축성 있는 구성이 필요하다.

미국에서는 법원이 이해관계 없는 이사들의 결의를 존중하기 때문에[32] 실무상 중요한 결정을 사외이사만으로 구성된 위원회에 맡기는 실무관행이 발달되어 있다. 한 연구에 의하면 내부이사의 비중이 높은 이사회를 보유한 회사일수록 주주대표소송을 많이 당한다고 한다.[33] 실제로 미국에서 1960년대에는 내부이사가 다수인 이사회가 주류를 이루었으나 1990년대에 이르러서는 정반대의 현상이 주류를 이루게 된 가장 중요한 이유가 바로 법률적인 이유라는 분석이 있다.[34] 또 후술하는 바와 같이 감사위원회를 포함 이사회 내 소위원회는 이사들의 법률적 책임을 경감시키는 역할을 한다.

[이사회 내 소위원회 사례: 포스코][35]

1. 이사후보추천위원회

① 사외이사후보의 자격심사 및 추천, ② 상임이사후보의 사전검토 및 자격심사, ③ 전문위원회 위원 선임 사전심의, ④ 상임이사 중 대표이사 회장, 대표이사 사장 선임 및 부사장, 전무이사, 상무이사 선임 사전심의, ⑤ 집행임원의 주요직책(재무, 기획, 투자담당) 임명승인 사전심의

2. 평가보상위원회

① 경영승계 및 경영자 육성계획수립, ② 경영진 평가, 보상계획수립 및 집행에 관한 사항, ③ 이사 및 집행임원의 보수 및 퇴직금에

32) 예컨대 Unocal Corp. v. Mesa Petroleum Co., 493 A. 2d. 955(Del. 1985).

33) Idalene F. Kesner & Roy B. Johnson, *An Investigation of the Relationship Between Board Composition and Stockholder Suits,* 11 Strategic Management Journal 327(1990).

34) Bhagat & Black, 위의 논문.

35) 포스코의 웹 사이트(2004)에서 인용.

관한 사항 사전심의, ④ 주식매수선택권 부여에 관한 사항 사전심의

3. 재정 및 운영위원회

① 회사 내부의 가치, 재무적 건전성에 관한 발전적 정책입안, ② 이사회 및 전문위원회의 의제개발 및 운영기준설정, ③ 이사회 운영규정개정 및 폐지 사전심의, ④ 이사회산하 전문위원회 구성과 운영방법결정 사전심의, ⑤ 제소·화해(100억원 초과) 사전심의, ⑥ 중요한 사외 신규투자 사전심의, ⑦ 1억원 초과 10억원 이하 기부찬조 심의의결 및 10억원 초과 기부찬조 사전심의(단, 내부거래위원회 심의사항은 제외), ⑧ 사채모집 및 중요한 자금차입 심의의결(1,000억원 초과 차환차입 포함), ⑨ 사채모집 및 중요한 자금차입 사전심의(1,000억원 초과 신규 장기차입), ⑩ 고정자산 담보제공 심의의결, ⑪ 출자회사 담보, 보증 등 채무부담 인수 심의의결, ⑫ 출자회사 증자 심의의결

4. 경영위원회

① 직급체계, 인력개발 및 조정에 관한 중요사항, ② 근무제도 및 복리후생변경에 관한 중요사항, ③ 석좌교수 신규개설계획, ④ 주택정책수립(주택자금 지원기준, 주택건립 기본계획), ⑤ 사내투자계획 사전심의·1,000억원 이상 Project성 신증설 사업, ⑥ 사내투자계획 승인·1,000억원 미만 Project성 투자(1,000억원 이상 노후설비합리화사업 포함)·50억원 초과 정비성투자·20억원 초과 경상투자, ⑦ 신규투자 중 예비조사를 위한 R&D성 투자승인(연간 200억원 한도), ⑧ 50억원 초과 100억원 이하 고정자산의 처분승인(자산단위당 장부가액기준, 불용품처리 포함), ⑨ 50억원 초과 100억원 이하 재산의 취득(매매계약에 의한 5억원 초과 100억원 이하 부동산취득 포함)과 처분승인, ⑩ 5억원 초과 100억원 이하 결손처분승인, ⑪ U$100만 초과 기술도입 및 기술판매계약 승인, ⑫ 기타 위원장이 필요하다고 인정하거나 각 위원이 필요하다고 판단하여 의안으로 제출하는 사항

5. 감사위원회

① 위원회 활동방향 설정, ② 이사회(대표이사)가 위임한 사항,

③ 임시주총 소집요구, ④ 외부전문가 자문사항, ⑤ 경영진의 업무집행에 대한 적법성 감사, ⑥ 기업재무활동의 건전성과 타당성 및 재무보고의 정확성 검토, ⑦ 중요한 회계처리기준이나 회계추정변경의 타당성 검토, ⑧ 내부회계관리제도 운용실태 평가, ⑨ 내부통제시스템의 평가, ⑩ 내부감사부서 책임자 임면동의, ⑪ 외부감사인 선임, ⑫ 외부감사인의 감사활동에 대한 평가, ⑬ 기타 각 위원이 필요하다고 인정한 안건

6. 내부거래위원회

① 독점규제및공정거래에관한법률상의 내부거래 관련 문제점 및 개선대책 검토, ② 독점규제및공정거래에관한법률상의 내부거래 사전심의(거래금액 100억원 이상), ③ 독점규제및공정거래에관한법률상의 내부거래 심의의결(거래금액 50억원 초과 100억원 미만)

한국기업지배구조개선지원센터의 조사와 분석에 의하면(유가증권시장 상장법인 이사회 내의 전문위원회 현황 분석, 2005. 10) 2005년 3월 현재 이사회 내에 전문위원회를 설치한 기업은 165개 사이다. 전문위원회는 감사위원회(131사), 사외이사후보추천위원회(99사), 경영위원회(39사), 보상위원회(27사), 리스크관리위원회(22사), 이사회운영위원회(16사)의 순서로 많이 설치되고 있다 한다. 회사에 따라서는 품질보증위원회, 환경안전운영위원회, MOU 심의위원회, 채널개발위원회 등과 같은 특이한 위원회도 운영하고 있는 것으로 나타났다. 위원회 내 사외이사의 비중은 감사위원회 88.5%, 사외이사후보추천위원회 59.5%, 보상위원회 75.1% 등이다.

Ⅷ. 이사회에 대한 평가

이사회의 업무수행과 실적에 대한 평가를 주기적으로 이행하여 그

내용을 공시하는 방안이 필요하다. 미국의 경우 이사회에 대한 평가는 1990년대에 들어와서 본격적으로 확산되기 시작, 미국 1,000대 기업 중 CEO를 평가하는 시스템을 보유한 회사는 69%, 이사회 전체, 개별 이사를 평가하는 회사는 각각 25%와 16%에 이르렀다. 이사회에 대한 평가는 자체 평가가 주류를 이루므로 그 경우 평가에 사용되는 기준과 절차가 미리 공개되어야 한다.

모토롤라(Motorola)가 사용하는 이사회 평가설문에는 다음의 아홉 가지 질문이 가장 중요한 평가기준으로 그 서두에 제시되어 있다. 이 기준은 이사회 운영에 관한 기준으로도 사용될 수 있을 것이다.

(1) 차기 CEO의 선정에 이사회가 상당한 정도로 관여하는가?
(2) CEO를 평가하는 데 필요한 적절한 절차와 준비가 마련되어 있는가?
(3) CEO의 평가에 필요한 정보가 충분히 갖추어져 있는가?
(4) 회사의 장기전략에 관하여 충분한 시간을 가지고 논의가 이루어지는가?
(5) 회사의 사업방향 변경에 관한 제안이 이루어지는가?
(6) 이사회 구성원 전원이 이해하는 비전과 미션이 있는가?
(7) 예기치 못한 위기상황에 대처할 준비가 되어 있는가?
(8) 회사의 전략과 사업목표를 평가하는 데 필요한 절차와 조직이 준비되어 있는가?
(10) 실적 부진에 대해 효과적인 지적이 이루어지고 있는가?

한편, 미국의 시사주간지 BusinessWeek가 매년 발표하는 최고의 이사회와 최악의 이사회 선정에 사용되는 평가기준은 다음과 같다.

(1) 독립성: 회사의 임원이거나 전직 임원이었던 이사의 수가 2인을 넘지 않을 것. 이사들은 회사와 거래관계가 없어야 하며 컨설팅이나 법률자문을 통한 수입을 얻지 않을 것. 감사위원회, 보수위원회, 인사위원회(nominating committee) 등 위원회는 사외이사로만 구성될 것.
(2) 회사주식의 보유: 각 이사들은 스톡옵션을 제외하고도 최소한 15만불 상당의 회사 주식을 보유할 것. 단, 신규로 선임된 이사의 경우에는

예외로 함.

(3) 이사의 자질: 이사회는 최소한 1인의 사외이사를 회사의 핵심사업 분야에서 경험을 쌓은 인사로 할 것. 또 이사회는 최소한 1인의 사외이사를 회사와 같은 규모 회사의 CEO로 할 것. 본업을 가진 이사는 4개 이상의 회사에서 이사로 일하지 말 것. 본업이 없는 경우 7개 이상의 이사직을 갖지 않을 것. 각 이사는 최소한 75%의 이사회 출석률을 기록할 것.

(4) 이사회의 활동[36]: 이사회는 경영진의 참가 없이 정기적으로 회합하고 매년 자체 평가를 실시할 것. 감사위원회는 연간 최소한 4회 회합할 것. 이사회는 CEO의 보수결정에 있어서 검소하여야 하며, CEO의 승계문제에 있어서는 냉정한 결정을 내려야 하고, 경영진의 감독을 성실히 이행하여야 하며, 회사에 문제가 발생시 신속히 행동하여야 함.

Ⅸ. 이사회 의장과 CEO의 분리

미국의 대기업에서는 사장이 이사회 의장을 겸하는 것이 보다 일반적이다. 그렇지만 사장과는 별도의 이사회 의장을 두고 있는 경우가 드물지 않으며 엔론 사건을 계기로 사장과 이사회 의장의 분리가 확대될 것으로 여겨지고 있다. 사장과 이사회 의장의 분리가 시장에서의 주가에 플러스 효과를 발생시킨다는 연구결과도 있다.[37]

---

36) 대다수 미국 대기업들은 조찬모임으로 이사회 내 소위원회를 개최한 후 이어서 1-2시간이 소요되는 전체 이사회를 열고 점심부페로 모든 일정을 마무리하는 것이 보통이라고 한다. 이 점심부페에는 상당수의 이사들이 불참한다고 하는데 그 이유는 이사회가 끝나고 바로 공항으로 향해야 하기 때문이다. 엔론 사건 이후 소위원회와 전체 이사회가 보다 깊이 있게 회사의 재무상황과 현안을 논의하기 위해 4-5시간의 이사회를 기획해야 한다는 의견이 있고 이사들이 회사의 고위 임원들과 가까워질 수 있는 기회를 만들기 위해 정기적으로 하루 정도의 연찬회를 가질 것도 제안되고 있다. Martin Lipton, Bubbles and Their Aftermath 8-10(Address to the Commercial Club of Chicago, November 2002) 참조.

37) Chamu Sundaramurthy, James Mahoney & Joseph Mahoney, *Board*

기업지배구조 평가기관들도 사장과 이사회 의장의 분리체제를 더 호의적으로 평가하며 영국의 권위 있는 캐드버리 보고서도 이사회 의장이 기업지배구조에서 차지하는 위치의 중요성에 비추어 CEO와는 분리할 것을 권고한 바 있다. 캐나다의 기업지배구조위원회(Joint Committee on Corporate Governance)는 CEO와 이사회 의장의 분리를 토론토증권거래소의 상장요건에 포함시킬 것을 제안하기까지 하였다. 독일의 경우 감사위원회 위원이 경영위원회 위원을 겸임할 수 없으므로 감사위원회 의장은 회사의 경영진에 속하지 않는다. 그러나 CEO가 임기만료 후 감사위원회의 의장으로 자리를 옮기는 것이 보편적인 관행이라고 한다. 독일에서 CEO가 임기만료 후 감사위원회의 의장으로 자리를 옮기고 감사위원회와 경영진이 유기적으로 협조하는 관계가 설정되는 추세와 미국에서 CEO와 이사회 의장이 분리되는 추세는 2원적 이사회 제도를 채택하고 있는 독일(오스트리아, 스위스, 네덜란드 등)과 1원적 이사회 제도를 채택하고 있는 미국(영국)의 제도가 수렴해 가는 가장 좋은 증거로 인식되고 있기도 하다.

사장이 이사회 의장을 겸임하는 경우와 이사회 의장을 따로 두는 경우 각각 장단점이 있을 것이다. 그러나 이사회가 경영진의 업무집행을 감독한다는 취지를 강조한다면 양자를 분리하는 것이 더 바람직하다. 우리 나라에서도 CEO와 이사회 의장을 분리하도록 해야 한다는 의견이 많으며 은행의 경우 1999년에 이미 은행장이 이사회 의장을 겸임하도록 하는 은행법상의 관련 조항을 폐지하여 은행장과 이사회 의장을 분리할 수 있게 하는 근거가 마련된 바 있다. 이에 따라 대형 은행들의 경우 직전 은행장이 이사회 의장으로 취임하는 관행이 확산되고 있다(예컨대 국민은행, 한미은행, 조흥은행, 외환은행). 다만, 은행들의 경우 합병과정에서 불가피하게 이사회 의장(회장)이 은행장과 분리되는 경우가 있을 것

Structure, Anti-takeover Provisions, and Stockholder Wealth, 17 Strategic Management Journal(1996).

이다.

일반론으로서, 이해관계가 상충되는 사항에 관한 이사회의 결의에는 사장과 사내이사의 참여를 제한하고 감사위원회를 포함하여 이사회 내 소위원회들 중 다수를 사외이사가 위원장이 되게 한다면 이사회 의장과 사장의 분리문제는 실질적으로 덜 중요할 수도 있다. 따라서 이 문제는 분리하는 경우의 상징적 · 정치적 의미에 비추어 이해되어야 할 것으로 보인다. 즉, 분리하는 경우 사장이 포함된 이사회의 의장이 사장이 아닌 사외이사가 되므로 의전상 이사회의 의장이 회사의 최고위 인사로 비추어질 가능성이 있다.

이사회 의장은 스타 CEO를 중심으로 회사가 운영되지 않고 이사회 중심의 경영시스템이 잘 가동되는 것을 담보하는 역할을 담당해야 한다. 이사회 의장은 이사회의 역할이 제고되고 기능이 강화되도록 하는 동시에 회사의 운영이 CEO를 중심으로 전개되도록 하는 역할을 담당하는데 경영진과 이사회의 역할을 각각 설정하는 경계선으로서 기능하게 된다. 이사회 의장은 사외이사들의 IR 활동 수행 등 이사회가 기업의 가치를 제고하고 주주와 기타 이해관계자들과의 커뮤니케이션이 원활하게 수행되도록 하는 데 필요한 제반 조치를 리드해야 하며 이사들에 대한 평가 작업을 총괄 관리하고 그 결과를 이사회의 구성과 운영에 반영하는 역할을 수행한다.

[디즈니 사례][38)]

디즈니 이사회의 사외이사는 72세를 연령 상한으로 하여 선임되었다. 그러나, 내부이사에게는 이 규정이 적용되지 않는 것이 문제의 발단이 되었다. 창업자의 조카인 로이(Roy Disney)는 애니메이션 사업부문장이었기 때문에 72세 연령 제한에 구속되지 않으나 CEO인 아이스너 회장(Michael Eisner)은 2003년 말에 이사회에 영향력을 행

38) James B. Stewart, Disney War(2005).

사하여 심각한 불화관계에 있던 로이를 퇴임시키고자 하였다. 이에 반발하여 로이와 다른 사외이사인 골드(Stanley Gold)는 이사직을 전격 사임하고 경영상의 전횡과 실적부진 등을 이유로 CEO 퇴진 운동을 전개하였다. 시장에서는 디즈니 이사회의 규모가 지나치게 크고 사외이사들에게는 독립성이 결여되어 있으며 각 분야의 전문성을 흡수할 수 있을 만큼 이사들의 배경이 다양하지 못하고 사외이사들이 지나치게 장기 재임하여 이사회가 CEO에 대한 견제 기능을 상실하였다는 비판도 제기되고 있었다. 'Finding Nemo'로 대변되는 스티브 잡스(Steve Jobs) 애플 회장의 Pixar와의 성공적인 전략적 제휴가 결렬되고 Comcast의 우호적 합병 제의를 CEO가 거부한 후 적대적 M&A로 발전되자 주주들이 CEO에 대한 불신을 표명하기 시작하였다. 2004년 5월, 아이스너의 재선이 결정되는 주주총회를 앞두고 대다수 기관투자자들이 CEO에 대한 불신을 공식 표명하자 아이스너는 립튼(Martin Lipton) 변호사의 권고에 따라 이사회 의장직을 CEO와 분리하기로 결정하고 기업의 경영에 가장 어두운 사외이사 전 상원의원 미첼(George Mitchell)을 본인의 고사에도 불구하고 이사회 의장에 추대하였다. 시장과 일부 이사들은(심지어는 미첼 조차도) 아이스너가 미첼을 콘트롤할 수 있다고 느낀 것으로 평가하였다. 즉, 아이스너의 진정한 이사회 의장직 양보 의지는 의심받았다. 43%의 주주들이 주주총회에서 CEO의 재선에 찬성하지 않음으로써 아이스너는 22년간의 CEO 자리에서는 물론이고 이사직에서도 결국 퇴임하게 되었다.

X. 이사회 운영의 전략적 기초

이사회의 구성과 운영은 세계화시대의 세계 속의 기업을 지향한다는 관점으로부터 출발해야 할 것이다. 기업지배구조 전반에 대한 고려사항과 같다. 특히 기업금융의 경쟁력을 최대화한다는 관점에서 어떻게 하면 국제금융시장과 국내외의 외국인 투자자들로부터 높은 평가를 받아

유동성과 주가, 시가총액을 높이는 데 도움을 줄 것인지에 운영의 초점을 맞추어야 할 것이다. 이를 위해서는 불가피하게 미국식의 기업지배구조, 이사회 운영원칙이 강력하게 반영되어 있는 이른바 글로벌 스탠더드의 채택이 필요하다. 미국식의 이사회 구성과 회사운영은 우리 나라와는 다른 기업현실, 규제환경, 문화를 토대로 생성된 것으로서 우리 토양에서 성장한 기업들에게 쉽게 적용될 수 없는 점이 있으나 다음과 같은 점들을 고려하면 적어도 장기적으로는 미국식의 모델에 의한 기업운영의 중요성이 드러난다.[39]

첫째, 상장기업들은 국내외에서 다수의 외국인 투자자들을 보유하고 있고 그 비중은 앞으로 더 늘어날 가능성이 크다. 따라서 상당 정도 이들의 기대와 예측가능성에 대한 배려가 불가피하다. 국내 상장기업들의 외국인 지분은 지속적으로 증가하고 있는데 2005년 3월 현재 상장기업 시가총액의 42.07%를 외국인들이 차지하였고 2006년 6월 현재 10대 기업 시가총액의 55.7%를 외국인들이 차지하였다.

둘째, 외국인투자자들의 주주권행사의 편의 여부, 기업지배에의 참여 용이성 여부 등은 기업의 국내시장에서의 주가에 영향을 미치게 될 것이며 추가적인 자금조달의 성패를 좌우할 수도 있을 것이다.

셋째, 나아가 상장기업이 외국의 증시(대개 미국)에 진출하는 경우 해당 스탠더드에 맞는 기업내용의 공시와 기업운영이 필수적이다. 국내외 시장에서 기업지배구조를 평가하는 기관들은 미국식 모델에 익숙하고 그것을 선호하는 외국의 전문가들이다. 이들로부터 높은 평가를 받는 것은 상장기업의 금융비용을 낮추는 데 대단히 중요하다.

---

39) 미국의 기업지배구조 전문 컨설팅 회사인 SpencerStuart가 요약하는 이사회 구성과 운영의 베스트 프랙티스(best practice)는 Directors & Boards 55-56 (Summer 2002) 참조. 여기에 소개된 항목들은 이사회 평가의 체크리스트로 사용될 수도 있다고 한다: ① 이사회의 규모, ② 이사회 구성의 내용, ③ 이사회의 독립성, ④ 이사회 내 소위원회의 리더, ⑤ 이사회의 리더, ⑥ 이사회 개최의 빈도, ⑦ 이사의 보수.

넷째, 당부를 떠나 현재 우리 나라 정부의 개혁 프로그램과 여론은 미국식의 제도와 기업운영을 효율적이고 우수한 것으로 전제하고 있다. 따라서 국내에서의 평가에도 미국식의 기준이 지배적으로 사용되고 있다. 최근 엔론 사건, 월드컴 사건 등을 통해 미국 기업의 지배구조의 결함이 많이 노출되고 있지만, 아직 영미식의 지배구조가 영향력을 완전히 상실한 것은 아니며 그 상대적 우수성에 대해서는 큰 의문이 없다.

다섯째, 상장기업은 성장할수록 소유와 경영이 분리된 미국식 대기업의 모습에 접근하게 된다. 따라서 소유와 경영의 분리를 전제로 발달되어 온 미국에서의 연구와 논의가 직접적으로 우리 나라 상장법인에 적용 가능하다. 특히 연기금 등 주요 기관투자자들이 직접 또는 투자신탁회사들을 통해 간접적으로 큰 영향력을 보유, 적극 행사하고 있는 미국에서의 현황이 우리 나라 상장기업들의 지배구조 개선과 운영에 비중 있게 참고되어야 할 것이다.

XI. 이사회 운영의 베스트 프랙티스

예일대학교의 소넌펠드 교수가 최근 하버드 비즈니스 레뷰에 발표한 논문에서 제시하는 이사회 운영의 베스트 프랙티스 리스트를 소개한다.[40] 이 리스트는 미국 기업들에 의해 광범위하게 채택될 것으로 예상되고 있다.[41]

40) Jeffrey Sonnenfeld, *What Makes Great Boards Great,* Harvard Business Review(September 2002).

41) Martin Lipton, 위 연설문. 회사에 따라서는 이사회가 운영에 있어서 준수하여야 할 가이드라인을 마련해서 활용하고 있다. 휴렛-패커드의 이사회 가이드라인은 Directors & Boards 24-25(Summer 1997)에 소개된 바 있다. 휴렛-패커드가 처음 이 가이드라인을 마련해서 수석변호사 명의로 자랑스럽게 CalPERS에 보내자 CalPERS는 D 평점을 보내왔다고 한다. 같은 가이드라인을 회장 명의로 다시 보내자 그제서야 A 평점이 돌아왔다고 한다. Lewis E. Platt, *Governance the H-P Way,* Directors & Boards, 위 호, 20면 참조.

(1) 이사들간의 신뢰와 솔직한 분위기를 조성할 것: 이사들에게는 중요한 정보가 적시에 제공되어야 함. 이사들은 소위원회에 순환소속되어 회사의 중요 임원들과 가까워질 수 있는 기회를 가지고 회사의 주요 사업장에 익숙해지도록 하여야 함. 이사회 내에 파벌이 형성되지 않도록 할 것.

(2) 공개적으로 반대 입장을 표명할 수 있는 문화를 육성할 것: CEO는 목에 가시와 같더라도 공공연한 반대의견에 대해 부정적인 조치를 취하지 말아야 함. 반대는 반역과 다름. 반대의견을 통해 배우기를 시도할 것. 침묵하는 이사들에게는 질문을 통해 의견을 표하도록 유도하고 각자의 입장을 정당화하도록 요구할 것. 다수의견에 동조하여야 하는 압력의 존재가 감지되는 경우 이사직 초청을 거절할 것. CEO가 예스맨을 기대하는 것으로 드러나면 이사회를 떠날 것. 그렇게 하지 않으면 해당 이사는 개인과 회사의 재산과 명성을 위태롭게 하는 것임.

(3) 이사들의 다양한 역할을 활용할 것: 이사들로 하여금 고정된 역할에 머물도록 하지 말 것. CEO는 자신을 포함한 이사들에게 항상 전략적인 대안을 생각하게 하고 그를 평가하게 할 것.

(4) 이사들이 책임 있게 임무를 수행하도록 할 것: 이사들에게 다른 이사들과 회사의 전략과 운영에 대해 논의해야 하는 그런 임무를 부여할 것. 이러한 임무는 업계의 동향을 탐지하고 고객들과 접촉하며 회사의 공장과 매장을 암행하고 회사의 발전에 중요한 외부 인사들과의 링크를 개발하는 그런 일들을 포함함.

(5) 이사회의 실적을 평가할 것: 회사사업운영의 윤리성에 대한 이사들의 신뢰, 이사회 내 토의의 수준, 보고서의 신뢰성, 직업윤리, 진지한 대인관계 수준, 전문지식 등 제반 측면에서 이사들을 평가할 것. 평가시에는 개인적인 평판이나 이력, 능력 등뿐 아니라 창의적인 제안, 이사회에서의 역할과 참여도, 전체적인 에너지 등의 요소들도 고려할 것.

XII. 이사회 교육

엔론 사건 이후 지속되고 있는 미국 대기업의 지배구조 개선을 위한 움직임은 미국 기업의 이사와 임원들에게 고도의 학습과 재교육의 필요를 발생시켰다. 새로 제정·시행된 법령과 증권거래소의 제반 규칙들은 1930년대 대공황 이후 마련되었던 증권법에 필적할 정도의 양과 복잡성을 가지고 있고 상당 부분이 이사들게게는 직접적인 행동규범이기 때문이다. 이 규칙들은 심지어 공개회사 이사들에 대한 지속적인 교육의 필요성을 직접 언급하고 있기도 하다.[42] 이로 인해 로펌들의 자문서비스가 활발하며 각급 단체, 교육기관들의 특별 프로그램과 세미나가 홍수를 이루고 있다. 이를 또 하나의 버블이라고 부르기도 한다. 그러나 이사들에 대한 교육프로그램 버블은 오랫동안 계속되는 것이 바람직할 것이라는 데 이견이 없는 것 같다.

우리 나라에서도 상장회사의 이사, 임원들에 대한 지속적인 교육프로그램의 개발과 운영이 필요할 것이다. 특히 사외이사들 중에는 기업의 경영과 자본시장을 접할 기회가 별로 없었던 다른 분야의 권위자들이 많을 수 있는데 이들을 위해 공개기업 이사의 역할과 책임, 기능, 그리고 자본시장의 윤리 등과 같은 내용을 소개하는 프로그램이 있다면 이들이 경영진을 효과적으로 감독하고 자본시장을 정화하는 데 기여할 수 있는 좋은 기회가 될 것이다. 방위산업체의 경우 의원이나 고관 출신 인사, 제약회사의 경우 의사 출신의 사외이사 등이 그러하다. 미국에서는 1984년에 스탠포드 경영대학이 대기업 이사들을 대상으로 이와 같은 프로그램을 시작하였는데 이 프로그램은 현재에는 스탠포드 법대로 이관되어 계속되고 있다(Directors' College).

---

42) 26-11 National Association of Corporate Directors, Director's Monthly (Nov. 2002) 참조.

XIII. 사외이사의 역할에 관한 몇 가지 생각

우리 나라에 있어서 사외이사 제도는 IMF 사태 이전에도 조금씩 활용된 바 있으나 본격적으로는 IMF 사태 이후 기업지배구조 개혁작업과 함께 도입된 것이다. 바로 이 점이 미국의 사외이사제도와 우리 나라의 사외이사제도가 그 근본적인 측면에서 한 가지 다른 특성을 가지고 있는 이유가 된다. 주식회사의 이사회, 특히 사외이사는 경영진을 통제하는 기구라고 인식되어 있음은 미국에서나 우리 나라에서나 같다. 즉, 주주들의 이익을 보호하기 위해 사외이사들은 경영진이 취하는 회사의 이익을 해하는 조치에 대해 견제하고 그를 통제해야 한다는 것이다. 이 때문에 사외이사들은 경영진으로부터 독립된 위치에 있어야 한다. 즉, 회사 내에서 자리를 가지고 있거나 회사와의 거래관계를 통해 회사의 신세를 지고 있는 입장에 있는 사외이사라면 경영진이 바람직하지 못한 뭔가를 할 때 그에 대해 No라고 말하기 어렵다는 것이다.

그러나 조금만 생각해 보면 이는 문제의 부정적인 측면을 지나치게 부각시킨 결과임을 알 수 있다. 사외이사의 경영진에 대한 통제기능이 중요함은 말할 나위도 없다.[43] 그런데 이는 경영진이 해서는 안 될 뭔가를 하는 경우에 그렇다. 경영진이 아무런 잘못 없이 회사와 주주의 이익을 위해 잘 일하는 경우 그러면 사외이사는 불필요한 존재들인가? 물론 그 경우에도 사외이사들이 예방적인 기능을 한다고 볼 수 있을 것이

43) 따라서, 사외이사는 회사의 지배구조상 위기상황에서는 함부로 사임할 수 없다는 시각이 있다. 즉, CEO의 충실의무 위반이 문제되어 사외이사와 CEO의 관계가 악화되고 사외이사 한 사람의 힘으로는 그를 시정할 수 없을 때 흔히 사외이사들은 사임이라는 선택을 하게 되는데, 그 경우 결국은 CEO와 가까운 인사가 그 자리를 승계하게 되어서 CEO에 대한 사외이사의 견제기능이 상실되게 된다는 것이다. 따라서, 이러한 경우에 사외이사는 단순히 사임하는 데 그쳐서는 안 되고 주주들의 이익이 위협받지 않는 데 필요한 모든 조치를 취할 의무가 있다는 것이다. 이에 관하여 영국 회사 Emap의 사례가 좋은 참고가 된다. Monks & Minow, 위의 책, 182-184면 참조.

다. 그러나 사외이사들의 원래 기능 중 하나가 경영진의 사업적 판단과 대외활동을 지원하는 데 있음을 상기해야 한다. 미국 대기업들이 다른 회사의 CEO나 전직 고관, 기타 전문가들을 사외이사로 초빙하는 것은 바로 이 때문이다. 순전히 경영자 통제목적만을 위해 사외이사가 필요하다면 사외이사진의 구성이 그와는 다를 것이다. 우리 나라에서 워낙 기업지배구조에 문제가 많아 여러 가지 개혁이 이루어지는 과정에서 사외이사가 도입되었지만 일부의 경우에 사외이사를 무슨 공익대표처럼 인식하는 경향은 크게 잘못된 것이 아닐 수 없다. 사외이사도 회사와 주주들의 이익을 위해, 즉 해당 기업의 이윤추구를 위한 모든 활동에 동참해야 하는 회사의 이사인 것이다.

이러한 측면에서 보면 사외이사를 회사의 운영에 있어서 모종의 부담으로 생각하는 일부 실무의 잘못된 생각이 어디에서 유래하는지 알 수 있게 된다. 사외이사는 회사의 어려운 손님이 아니라 회사의 사업에 적극적으로 참여하고 회사의 사업을 진지하게 스터디하며 각자의 전문적인 지식과 경험, 그리고 사회적인 네트워크를 가동하여 경영진을 지원해 줌과 동시에[44] 경영진이 혹시라도 잘못된 판단을 내리거나 잘못된 조치를 취할 때 그를 바로잡는 조언을 해 주어야 하는 의무를 진 사람들이라고 보면[45] 경영진과 사외이사의 관계가 딱딱할 이유도 전혀 없게 된다. 회사의 경영진과 사내이사들이 사외이사가 회사의 사업에 큰 도움을 준다고 느끼게 되면 그를 부담으로 생각하는 일은 애당초에 발생하지 않을 것이다.

---

44) 사외이사직무수행규준 1.2: "사외이사는 전문적 지식과 경험을 바탕으로 경영진이나 특정 주주의 이익이 아닌 회사 전체의 이익을 보호하는 데 힘써야 한다." 사외이사직무수행규준에 대한 해설은 상장회사협의회에서 발간한 이철송, 사외이사직무수행규준해설(2001. 7) 참조.

45) 사외이사직무수행규준 1.3: "이사회의 중요한 업무 중 하나는 이사의 활동을 감독하는 것이다. 사외이사는 이사회의 구성원으로서 이사회의 감독기능이 활성화되도록 기여하여야 하고, 특히 상근이사의 업무집행이 적정하게 이루어질 수 있도록 감시할 의무가 있다."

XIV. 사외이사의 독립성-오라클 판결

사외이사제도는 우리 나라에서 기업지배구조가 본격적으로 논의되기 시작한 1994년부터 제도개선의 핵심적인 위치를 차지해 왔다. 사외이사의 선임절차와 독립성 확보는 기업지배구조 개선에서 대단히 중요한 의미를 갖는다.[46] 그러나 법령이 사외이사의 자격요건을 상세히 규정하고 있음에도 불구하고 그 독립성이 항상 문제되어 왔는데 이는 자격요건이 친인척 관계와 경제적 관계위주로 규정되고 있다는 데도 그 이유가 있다(예컨대 사외이사의 자격요건에 관한 법령들은 '회장과 친한 사람', '사내이사들 중 1인과 고등학교 동창생인 사람' 등을 결격요건으로 규정하고 있지 않다). 이사회 구성원들간의 사회적 · 인간적 관계가 그 독립성에 미치는 영향이 더 크기 때문에 이 문제는 베스트 프랙티스를 통해 개선해야 할 것이고 사외이사후보추천위원회의 기능제고에 더 많은 관심을 기울여야 할 것이다. 그리고 이사회 구성원들간의 관계를 어떻게 설정할 것인지를 결정한 후에 집중투표제의 강제화를 논의하여야 할 것이다. 우리 나라에서와 같은 문화적 · 사회적 배경하에서 이사회 운영을 지나치게 경직된 형태로 하는 것이 현실적인지는 의문이며 오히려 '사외이사후보인선자문단' 같은 기구에 소수주주의 입장을 대변하는 위원을 포함시키도록 하거나 외국인 사외이사의 비중을 확대하는 것이 집중투표제의 강제화보다는 더 효과적일 것으로 생각된다.

아래에서는 사외이사의 독립성 판단에 관한 2003년 6월 17일자 미국 델라웨어 주 법원 판결(In re Oracle Corp. Derivative Litigation)을 소개한다.[47] 이 판결에서의 독립성 판단은 사외이사의 자격요건에 관한

46) 정광선 외, 한국형 사외이사제도에 관한 연구(한국상장회사협의회, 1999) 참조.

47) 이 판결의 전문은 델라웨어 주 Court of Chancery의 웹 사이트 http://courts.state.de.us/chancery에서 구할 수 있다. 미국법상 이사의 독립성에 관

일반적인 기준으로 바로 사용될 수는 없다 해도 이 판결은 회사법에 관해 최고의 권위를 가진 미국의 법원들 중 하나가 사외이사가 경영진으로부터 '독립적'이어야 한다는 것의 의미가 무엇인지에 대한 정치한 분석을 제공해 주었다는 점과 이 판결의 결과가 향후 대기업들의 이사회 구성에 사실상의 영향을 미칠 것이라는 점 등에서 많은 논란의 대상이 되고 있다. 이 판결의 담당판사는 Leo E. Strine, Jr. 판사이다.

1. 주주대표소송과 특별위원회

주주대표소송이란 '회사'가 회사에 손해를 입힌 이사에게 그 손해를 회사에 배상하라고 제기하는 소송이다. 그런데 여기서 회사는 이사회를 통해 의사결정을 하고 경영진을 통해 행동하므로 결국 이사들이 동료 이사 또는 CEO를 상대로 소송을 제기하는 모양이 된다. 이 모양이 제대로 작동하지 않을 것임은 삼척동자도 잘 알 수 있다. 우리 나라 상법은 회사가 이사를 상대로 제기하는 소송에서 감사 또는 감사위원회가 원고가 되도록 하므로 주주들은 일단 감사나 감사위원회에 해당 이사를 상대로 소송을 제기하라고 요구하고 그로부터 30일 이내에 소송에 제기되지 않는 경우 직접 회사를 위하여 소송을 제기할 수 있게 하고 있다.

미국의 경우 우리 나라의 그것보다 절차나 요건이 좀 복잡하기는 하지만 대체로 주주대표소송이 제기되는 구조는 위와 같다. 다만, 미국에서는 회사의 이사들이 경영판단의 원칙을 내세워 문제된 이사에 대해 소송을 제기하지 않으려는 경우가 많다는 차이가 있고 이 때문에 그를 평가하기 위한 판례법이 고도로 발달되어 있다. 여기서 발달한 실무가 이사회가 특별한 소위원회를 설치해서 주주대표소송에 대한 의견을 제시하게 하는 것이다. 이 위원회가 이사에 대해 소송을 제기하지 않는 것

하여는 Note, *Beyond "Independent" Directors: A Functional Approach to Board Independence,* 119 Harvard Law Review 1553(2006) 참조.

이 회사의 이익을 위한 최선의 방향이라는 결론을 내리면 회사는 소송을 제기하지 않기로 결정하게 되고, 그럼에도 불구하고 주주들에 의해 소송이 제기되면 법원에 그 소송을 기각해 달라고 청구하게 된다. 이러한 회사의 청구에 대한 미국 법원들의 태도는 각양각색이나 대다수 주의 법원들이 그를 무시하지 않는 태도를 취하고 있으며 델라웨어 주의 판례법은 법원이 그를 두 단계에 걸쳐 검토해야 한다는 원칙을 도입하였다. 1단계는 위원회를 구성하는 이사들이 선의(good faith)로 그러한 신청을 하였고 독립적(independent)인가를 판단하는 것이고, 2단계는 법원이 그러한 신청을 받아들일 것인지를 실질적으로 심사하는 것이다(1981년의 Zapata Corporation v. Maldonado 판결[48]에서 정립된 원칙).

이 사건에서도 오라클은 특별소송위원회(Special Litigation Committee)를 설치하여 이사 4인이 내부자거래를 했다는 이유로 제기된 주주대표소송에 대해 의견을 제출하도록 하였는데 위원회는 조사 후 법원에 주주대표소송을 기각해 줄 것을 구하였고 법원은 그를 배척하였다. 법원이 위원회의 청구를 배척한 이유는 위원회 멤버들에게 독립성이 결여되어 있다는 것이었다.

2. 판결의 배경

이 판결의 배경 사건은 오라클의 이사들인 엘리슨(Lawrence Ellison), 헨리(Jeffrey Henley), 루카스(Donald Lucas), 보스킨(Michael Boskin) 등 4인이 회사의 실적이 예상치에 미치지 못한다는 미공개 내부정보를 이용, 주식을 거래하여 회사와 주주들에게 손해를 발생시켰다 해서 제기된 주주대표소송이다. 오라클은 2002년 2월에 이 대표소송을 조사하기

48) 430 A. 2d 779(Del. 1981). 상세한 것은 Joseph McLaughlin, Essentials of a Special Litigation Committee(Simpson Thacher & Bartlett, November 2003) 참조.

위한 목적으로 위 위원회를 설치하고 이사회 멤버들 중 2인을 그 위원으로 선임하였다. 이들은 스탠포드대학교 컴퓨터공학부의 가르시아-몰리나(Hector Garcia-Molina) 교수와 스탠포드 법대의 조셉 그룬트페스트(Joseph Grundfest) 교수이며 두 사람 다 스탠포드대학교의 영향력 있는 학자이자 동창생들이다.

이 두 이사로 구성된 위원회는 심슨-태처(Simpson Thacher & Bartlett)을 위원회의 법률자문역으로, NERA(National Economic Research Advisors)를 재무분석자문역으로 선임하여 위 대표소송에 대한 철저한 조사를 수행하였는데 위원회는 본문만 1,110페이지에 달하는 장문의 보고서를 작성하였고 보고서는 원고들의 주장에는 충분한 근거가 없기 때문에 대표소송은 중단되어야 한다는 결론을 내린 바 있다.

3. 판결의 요지

이 사건에서의 핵심적인 문제는 위원회의 두 교수가 CEO와 다른 이사들에 대한 관계에서 독립적인가 하는 것이었다. 오라클은 물론이고 엘리슨 회장은 두 교수가 소속되어 있는 스탠포드대학교에 오랜기간 동안 많은 액수의 후원을 해 온 바 있고 앞으로도 그러한 계획을 가지고 있는데 이러한 상황이 두 교수의 독립성을 침해할 수 있는지가 쟁점이 되었던 것이다. 즉, 법률적으로는 독립성을 갖춘 사외이사들이 사회적·인간적 관계 때문에 독립적이지 못한 것으로 인정될 수 있는가 하는 대단히 어려운 문제가 여기서 다루어졌다. 법원은 위에서 언급한 2단계 심사원칙에 입각하여 위원회 위원들의 독립성을 우선 검토하였고 그에 대해 부정적인 결론을 내린 후 위원회의 대표소송중단청구를 기각하였다. 법원이 위원들의 독립성을 인정할 수 없다고 한 이유는 대체로 다음과 같다.

법원은 위원회가 그 독립성을 입증하지 못했다고 판단하였다. 우선

법원은 두 교수가 대표소송의 피고 4인의 이사나 회사인 오라클, 나아가 회사와 이사들로부터 거액의 기부금을 받았고 앞으로도 받을 예정인 스탠포드대학교의 통제를 받는 지위에 있지는 않음을 인정하고, 또 문제의 대표소송이 계속된다 해서 두 교수의 성공적인 인생에 어떠한 장애도 발생할 일이 없음을 인정하였다. 그러나 법원은 같은 이사회에 소속된 형제의 가상 사례를 들면서 인간의 본성에 대한 고찰에 근거를 둔 고도로 심리학적인 분석방법을 이 사건에 적용하였다("The brothers are brothers …").—이 때문에 월스트리트 저널은 오라클의 이사들이 브룩스 브라더즈(Brooks Brothers)보다 더 밀접한 유대를 보유하고 있다는 표현을 사용하기도 했다.—법원은 델라웨어 주의 법이 인간이 경제적인 동기에 의해서만 움직인다는 단순한 시각이 아니라 복잡한 사회적·심리적 제반 동기에 의해서 행동한다는 관점에 입각해서 해석되어야 한다는 견해를 피력하였다. 이는 이사들의 행동을 평가함에 있어서나 그 독립성을 판단함에 있어서도 마찬가지이다.

엘리슨 회장의 아들이 스탠포드대학교에 입학허가를 받지 못하였다는 사실에 대해 법원은 그러한 사실이 위원회가 엘리슨의 행동을 평가함에 있어 오히려 부정적인 영향을 미칠 수 있다고 보았는데 그 이유는 그러한 사실이 두 교수가 소속되어 있는 스탠포드 커뮤니티에게 주요 기부자인 엘리슨 회장을 두 번 상처받게 하지 않으려 하는 잠재적 동기를 유발시킬 수 있다는 것이었다. 또 대표소송의 피고들 중 한 사람인 보스킨 이사는 그룬트페스트 교수가 경제학 박사과정에 있을 때 그를 가르친 교수였다는 점, 그리고 그 후로도 학내외의 다양한 활동을 통해 지속적인 인간관계를 유지하였다는 점 등도 그룬트페스트 교수의 독립성을 의심하게 할 만한 일이었다고 법원은 지적하였다. 법원은 그러한 사실이 그룬트페스트 교수로 하여금 통상적인 경우보다 더 객관적이고 독립적인 태도를 견지하게 할 수도 있지만 이러한 유형의 인간관계에서 발생하는 인간의식의 근저에 있는 성향은 그를 능가하는 힘을 가지고 있다는 시각을 제시하였다. 나아가 법원은 두 교수가 엘리슨 회장 및 오라클에 대해 부정적인 평가를 내리고 그 결과 스탠포드대학교가 재정적인 불이익을 받을 수 있는 잠재적인 가능성이 있다 해도 그 때문에 두 교수가 객관적인 태도를 상실할 것으로 여겨지지는 않는다고 하면서도 인간행동의 보편적인 특성에 비추어 보면 전형적인 수준의 양식을 가진 사람들이라면 자신이 속해 있는 커뮤니티에 대한 로열티 의식의 영향을 받지 않을 수 없다고 말하고 있다. 여기에는 두 교수가 스탠포드대학교 출신으로서 모교에 봉직하고 있다는 사실, 대표소송의 피고인 이사들과 학교를 통한 다양한 사회적·인간적 유대를 유지해 왔다는 사실 등도 고려요소가 된다는 것이며 심지어 법원은 "too much vivid Stanford Cardinal red"라는 표현까지 사용하였다.

4. 시 사 점

이 판결은 사외이사의 독립성을 평가함에 있어서 '일상적인 행동에 있어서 통상적인 영향'을 받는 개인적인 관계가 있다면 그 독립성 인정이 곤란하다는 메시지를 담고 있다. 물론 이 판결에서 제시된 독립성 기준은 주주대표소송을 중단시키기 위해 미국 기업들이 활용하는 소위원회의 독립성 판단에 국한되어 적용될 것이다. 그러나 대기업의 이사들이라면 항상 대표소송의 '위험'에 처해 있는 것이 현실이고 대표소송이 제기되면 사외이사들로 특별위원회를 설치해야 하므로 이 판결의 결과는 향후 미국 기업들의 이사회 구성에 큰 사실상의 영향을 미칠 것으로 보아야 한다.

전세계적으로 사외이사의 독립성 강화가 큰 과제로 대두되어 있는 현실에서 이 판결의 내용과 분석방향은 이사회의 구성과 관련하여 큰 시사점을 제공해 준다. 주식회사의 이사들간의 관계는 어떤 것이어야 하는가? 즉, 이사회는 어떻게 구성해야 하는가? 이 판결만에 의하면 같은 학교 출신들로만 채워지고 나아가 회사가 긴밀한 관계를 가지고 있는 학교의 교수들로 구성된 이사회를 보유한 기업들은 주주대표소송과 관련하여서는 불리한 위치에 놓이게 된다. 법원에 절차중단을 신청할 수 있는 독립적인 특별위원회를 구성하기가 어렵기 때문이다. 실제로 이 판결에 대해 미국의 재계에서는 그렇다면 앞으로 이사회는 서로 적대적이거나 서먹서먹한 관계에 있는 사람들로만 구성되어야 하는가?라는 비판이 제기되기도 하였다. 그러나 이 판결에 대한 평가와 여기서 표명된 시각의 채택문제는 결국 이사회를 서로 냉정한 입장에서 '싸우는' 기구로 설정할 것인지, 아니면 '화기애애한 분위기'가 지배하는 기구로 설정할 것인지에 대한 선택의 문제일 수도 있다. 미국에서 집중투표제에 대한 입법태도가 각 주마다 상이한 것도 이를 반영한다.[49] 따라서 그에 대한 답은 각국의 경제적 · 사회적 상황에 따라 각각 달리 내려질 것이다.

사외이사의 독립성은 법령의 규정만으로는 만족스럽게 달성할 수 없기 때문에 결국에는 그 선임을 위한 장치가 중요성을 갖는다. 잘 정비된 선임장치가 없는 경우 CEO나 사내이사, 임원들을 통한 학연 · 지연, 기타 다른 인간관계 위주로 후보가 선정될 가능성이 높다. 우리 나라 증권거래법은 일정한 규모 이상의 기업들에게 사외이사후보추천위원회(구미의 Nominating Committee)를 설치하도록 하고 있다.[50] 그러나 법령

---

49) 1대 주주와 2대 주주간의 지분 차이가 크지 않고 경영권분쟁이 있는 회사가 집중투표제를 채택하고 있다면 이는 대단히 위험한 상황을 초래할 수 있다. 미국에서의 현황과 역사에 대한 잘 정리된 자료로 Gordon, *Institutions as Relational Investors: A New Look at Cumulative Voting,* 94 Columbia Law Review 124(1994) 참조.

50) 증권거래법 제54조의5 제2항 및 제191조의16 제3항. 저자는 얼마 전에 한 딜에서 인상적인 경험을 한 일이 있다. 어떤 회사의 주요 주주인 다른 회사가 그가 선임한 사외이사를 통해 회사의 정보를 얻고 싶어하는 상황이 발생하였다. 여기서 그 사외이사는 자신이 해당 주주회사에 의해 사외이사로 추천되어 선임되었지만 회사의 이사로서 회사의 이익을 대변하는 위치에 있기 때문에 경영진이나 이사회가 외부에 제공하지 못하는 정보는 자신이라 해서 해당 주주회사에 제공할 수 없다는 것이었다. 그러자(외국에서 교육을 받은) 주주회사의 담당 중간관리자급 직원들이 이 사외이사는 우리가 추천해서 선임되었지만 회사의 이사인

상의 사외이사후보추천위원회는 사외이사가 다수를 차지하는 '이사'들로 구성하도록 하고 있어서 특별한 의미를 갖는 장치라고 보기는 어려우며 오히려 국민은행 등에서 활용하고 있는 것과 같은 독립적인 신용을 가진 인사들로 구성된 사외이사후보인선자문단이 더 효과적일 것이다.

[GE의 사례]

GE는 2003년 2,100개 글로벌 기업들을 대상으로 한 기업지배구조 평가에서 10점 만점으로 1위를 차지한 바 있다. GE는 CEO의 리더십과 충분한 보수 보장 외에도 독립적인 사외이사의 책임과 권한을 지배구조 설계에서 가장 중요한 요소로 설정하고 있다. 이 회사에서는 주주의 수가 400만 명을 상회하여 주주들과의 효율적인 커뮤니케이션이 대단히 중요하며 IR이라는 용어가 GE로부터 유래했다는 설도 있을 정도이다. 16인의 이사들 중 사외이사가 12인인데 명망가보다는 전문가 위주로 사외이사진을 구성하고 있다. 사외이사 선임에 있어서 현직 임원 및 이사의 친인척은 배제되며, 관계사 중역의 경우 거래 실적이 매출 기준 1% 미만일 경우에만 독립성을 인정한다. 4개 전문위원회 전부 사외이사가 위원장 직을 수행한다. 사외이사들은 1년에 2회 이상 경영진이 없는 상태에서 전국의 사업장을 방문하고 연 8회의 이사회 중 3회 이상은 경영진이 참석하지 않은 상태에서 회의한다고 한다. 450명 선에 이르는 내부감사 인력들이 매년 1,000회 이상의 각종 감사를 집행하며 연 200회 이상의 애널리스트 컨퍼런스와 IR 미팅을 개최하고 있다.

데 우리가 관련정보가 꼭 필요하다 해서 이 분에게 뭔가를 요구할 수는 없는 것이라는 결론을 내리는 것이었다. 훌륭한 사외이사, 훌륭한 주주는 제도보다도 교육이 만들어내는 것이 아닐까 하는 생각도 든다.

XV. 이사의 보수

우리 상법상 CEO를 포함한 사내이사들의 보수는 주주총회의 최종 승인을 받아야 한다. 이는 이사의 충실의무의 한 표현이다. 그러나 주주총회는 총액에 대한 승인을 할 뿐이고 그 내용에 대해 심사하는 기능을 갖고 있지는 못하기 때문에 경영진에 대한 보수는 사실상 이사회에서 결정된다. 그리고 이사회에서 결정된다고는 하지만 사외이사들은 이 문제에 대해 적극적으로 관여하지 않는 경향이 있어서 경영진 보수는 결국 경영진 자체에 의해 결정되는 경우가 많고 업계 전체의 수준 등을 감안하여 총무나 기획부서 등 개별 회사의 담당부서에서 입안하면 그를 승인하는 과정을 거쳐 결정된다. '총수'의 지배하에 있는 대규모 기업군들에 있어서는 회사의 실적, 경영자들 각자의 실적 등을 감안한 그 결정이 중요함은 물론이고 대체로 회사별, 직급별, 직위별로 책정되어 있는 보수가 적용되게 될 것이다.

경영진 보수가 CEO의 전권에 의해 결정되는 경우 종속성을 심화시키게 되고 객관적인 평가가 이루어지기 어렵다는 취지에서 구미에서는 보상위원회(Compensation Committee)가 활용되고 있다. 즉, 미국 기업들의 경우 사외이사들로 구성된 보상위원회가 경영진(사내이사와 임원들)의 보수를 결정하는 관행이 발달되어 있다. 우리 나라의 경우 이러한 위원회가 법령상 요구되고 있지는 않으나 이사회 내 소위원회로 설치할 수 있음은 물론이다. 실제로 국민은행의 경우 보상위원회를 설치하여 이사에 대한 보상내용 및 수준의 검토, 은행장과 상근감사위원의 경영실적 평가, 이사에 대한 전반적인 승계계획의 검토, 이사에 대한 복리후생계획 검토 등을 위해 운영하고 있다.

미국 대기업들의 경우 보상위원회는 원래 천문학적인 경영진 보수를 통제하기 위한 목적에서 도입된 것이다.[51] 충실의무 위반을 이유로

51) 경영진 보수문제는 구미에서는 거의 독립된 연구분야를 형성한다고 할 만큼

한 주주들의 소송에 이르기 전에 그를 통제하려는 목적을 갖는다. 경영실적의 평가를 통해 그러한 보수가 정당성을 갖는지를 검토하는 것이 보상위원회의 주요 임무이다. 그러나 보상위원회의 또다른 임무는 실적평가를 통해 성공적인 경영진에게 응분의 재정적 보상을 해 주는 것이다. 아무리 실적이 좋은 회사라 해도 경영진들이 그 실적에 비례하게 자신들의 보수를 책정하기는 어려운 것이 사실이고 이는 인센티브의 결여로 연결될 가능성이 있다. 보상위원회는 경우에 따라서는 실적이 뒷받침되는 경우 파격적인 보상을 해 줌으로써 회사가 유능한 경영진을 확보할 수 있도록 하고 CEO 승계를 위한 영입작업에도 그러한 요소가 반영되도록 해야 한다. 회사에 대해 역사적인 인연이 없는 유능한 전문경영인을 영입함에 있어서는 실적에 대한 인센티브를 그 내용으로 하는 보수가 경우에 따라서는 가장 중요한 변수가 되는 것이 미국의 실정이며 우리 나라에서도 전문경영인들의 비중이 커지게 되면 이 문제가 더 중요성을 가지게 될 것이다.[52] 최근의 한 연구에 의하면 유럽 기업들의 경영자 보수책정 및 공시관행과 보상위원회 설치 및 운영관행도 점차

논의가 활발한 문제이다. 여기서는 스톡옵션, 회사의 경영진과 이사에 대한 대출, 임원퇴직금 등의 이슈도 같이 다루어진다. Lucian Bebchuk & Jesse Fried, Pay Without Performance: The Unfulfilled Promise of Executive Compensation(2004); Brian R. Cheffins, *The Metamorphosis of "Germany Inc.": The Case of Executive Pay,* 49 American Journal of Comparative Law 497(2001); Brian R. Cheffins & Randall S. Thomas, *Regulation and the Globalization(Americanization) of Executive Pay,* in: Global Markets, Domestic Institutions: Corporate Law and Governance in a New Era of Cross-Border Deals 155(Curtis J. Milhaupt ed., 2003) 참조. 미국의 판례는 경영진의 보수가 경영실적과 합리적인 상관관계를 가지고 있어야 하며 적절하여야 한다고 한다. 그러나 미국의 법원은 적절성을 판단하는 데는 소극적이다. 가장 유명한 판결은 Rogers v. Hill, 289 U.S. 582(1933).

52) 우리 나라의 대표기업들 중 하나인 삼성전자의 경우 2003년 사내이사들의 평균보수가 67억 9천만원이었던 것으로 알려지며, 한국경제(2004년 2월 6일자), 15면, 2004년의 경우 89억 7,500만원이었다고 한다. 조선일보(2005년 3월 31일자), 인터넷판. 우리금융지주회사 CEO의 스톡옵션을 둘러싼 논란에 대하여 김형태, 스톡옵션에 대한 4가지 오해, 매일경제(2005년 3월 29일자) 참조.

영미식으로 접근해 가고 있다 한다.[53] 앞으로 우리 나라에서도 고액의 경영자 보수책정이 이사회의 경영판단으로서 존중될 것인지 충실의무 위반으로서 문제될 것인지에 대해 활발히 논의될 가능성이 있다.

또 이사 보수의 특수한 문제로서 적대적 M&A에 대한 방어조치의 일환으로 비자발적 퇴직의 경우 상당한 금액의 퇴직금이나 특별한 보수(위로금)를 책정하여 정관에 마련하는 기업들이 늘어나고 있는데 이 또한 경우에 따라서는 이사의 충실의무 위반 논란을 발생시킬 수 있을 것이며 후술하는 바와 같이 적대적 M&A에 대한 방어조치의 합법성 판단에 적용되는 법리가 마찬가지로 적용될 것이다. 미국의 판례들은 고액의 퇴직금을 정관에 규정해 두는 이른바 황금낙하산(Golden Parachute) 장치는 주주들에게 이익이 되는 M&A를 이사가 개인적 이익을 위해 봉쇄하려는 동기를 감소시킨다는 시각에서 대체로 그 유효성을 인정하고 있다고 한다.[54] 물론 이 장치가 악용되는 경우에 대한 규제는 별개의 문제이다.

황금낙하산은 적대적 M&A의 성공으로 경영진이 축출되는 경우 거액의 특별퇴직금이 지급되도록 정관에 규정하고 당해 임원과 회사가 같은 취지의 계약을 체결하는 것을 말한다. 우리 나라에서는 2001년에 한 코스닥기업이 처음 이를 도입하여 잘 알려진 바 있는데 당시 그 기업에서는 이 장치가 경영권방어 장치로서가 아니라 회사 자금의 유용용도에 사용되어 물의를 일으켰다. 특별임원퇴직금의 경우 최근 장기간 M&A설에 시달렸던 한 코스닥 법인이 이사가 임기중 적대적 M&A로 인해 실직할 경우에는 20억 내지는 30억의 특별퇴직금을 지

53) Guido Ferrarini, Executive Remuneration in the EU: Comparative Law and Practice(ECGI Working Paper, September 2003) 참조.

54) Gilson & Black, The Law and Finance of Corporate Acquisitions 768-768(제 2 판, 1995) 참조. 또 Machlin, Choe & Miles, *The Effects of Golden Parachutes on Takeover Activity,* 36 Journal of Law and Economics 861(1993) 참조.

급하기로 하는 조항을 정관에 두려 하다가 소액주주 및 최대주주의 반대로 무산된 사례가 있으나 2004년 정기주총 시즌에는 그를 도입하는 회사의 수가 급증하였다.[55] 액수는 20억원에서 50억원 사이가 많은 것으로 보인다.[56] 미국에서는 황금낙하산이 경영진으로 하여금 주주들에게 유익한 내용의 적대적 M&A를 회사의 비용으로 무리하게 무산시키지 못하도록 인센티브를 부여하는 장치라고 인식되어 있다. 그러나 우리 나라에서는 이 장치가 악용될 가능성이 우려되고 있으며 극단적으로 이기적인 내용의 장치는 이사의 형사책임 시비를 발생시킬 가능성도 없지 않다.

이사의 보수는 국제적인 기업합병에서 협상의 큰 이슈가 되는 동시에 인센티브 또는 걸림돌이 된다. 예컨대 다이믈러-크라이슬러 합병에서는 독일 기업경영자들의 보수가 지나치게 낮아 문제되었다. 독일의 주식법은 경영진에 대한 보수의 결정에 있어서 적절성의 원칙을 천명하고 있고(Angemessenheitsprüfung)[57] 독일 대기업들의 경우 종업원들이 경영진의 보수를 결정하는 감사위원회에 참여하고 있어서 독일 경영자들의 보수는 미국 경영자들의 그것에 비해 훨씬 낮은 것이 현실로 되어 있다. 이러한 것들이 주주이익 중시의 기업지배구조 확립과 스톡옵션과 같은 인센티브의 도입 등에 장애가 된다는 것이 지적되어 온 바 있는데 미국 출신의 경영자들과 독일 출신의 경영자들로 혼합구성되는 다이믈러-크라이슬러의 경우 경영자들간의 현격한 보수 차이가 기업경영의 효율성 등에 미칠 수 있는 영향에 대해 많은 논의가 이루어진 바 있다. 합병전 크라이슬러 회장의 연봉은 현금 600만불과 약 500만불 상당의 스톡

55) 현대멀티캡 '황금낙하산' 도입, 한국경제(2004년 3월 12일자), A19면 참조.
56) 주총서 초강력 M&A방지책 도입 봇물(이데일리, 2004년 3월 8일자). 한 상장회사의 정관은 이사의 임기에 관한 규정에 다음과 같은 조항을 두고 있다: "이사가 임기중에 적대적 인수합병으로 인하여 실직한 경우에는 통상적인 퇴직금 이외에 퇴직보상액으로 대표이사 30억 이상을, 일반이사에게는 20억 이상을 지급해야 한다."
57) Aktiengesetz 제87조 제1항 참조.

옵션으로 구성되어 있는 반면 다이믈러-벤츠 회장의 보수는 그 약 1/8 수준에 불과하였다.[58)]

한 자료에 의하면 2004년 미국 회사의 CEO 보수와 종업원 평균 임금의 비율은 531 : 1에 이르렀는데 이는 영국의 25 : 1, 프랑스의 16 : 1, 독일의 11 : 1, 일본의 10 : 1 등에 비해 과도하게 높은 것이다. 미국 기업과 유럽기업 최고경영자 보수는 규모면에서도 큰 차이가 있을 뿐 아니라 그 내용면에서도 미국의 경우 스톡옵션의 비중이 대단히 크다는 차이를 가진다.[59)] 2001년 기준으로 S&P 500 기업 CEO들의 보수에는 스톡옵션의 비중이 66%를 차지하고 있다. 이 비율은 1990년에는 8%에 불과하였다.[60)]

궁극적으로는 독일 기업들의 경우에도 미국식의 기업지배구조 정서가 도입됨과 함께 경영진의 보수도 상향 조정될 것으로 여겨지며 다이믈러-크라이슬러 사례는 그러한 경향을 촉진하는 시발점이 되었다.[61)] 2001년 DCX 경영진 13인에게 지급된 현금분 보수의 총액은 모두 2,200만 유로였으며,[62)] DCX의 대주주인 도이치 은행의 경우 2001년 한 해

58) Gordon, 위의 논문, 235-236면 참조.

59) 미국에서 1980년과 1994년 사이의 기간에 스톡옵션을 포함한 주식연계형 경영자 보수는 총 보수의 20%에서 50%로 상승하였고 1994년에서 2001년 사이의 기간 동안에는 그 전의 두 배로 증가하였다. Ronald Gilson, The Poison Pill in Japan: The Missing Infrastructure 12(Working Paper, January 2004).

60) John C. Coffee, Jr., A Theory of Corporate Scandals: Why the U.S. and Europe Differ? 6, 8(Working Paper, March 2005).

61) 일반적으로 Brian R. Cheffins, *The Metamorphosis of "Germany Inc.": The Case of Executive Pay,* 49 American Journal of Comparative Law 497(2001) 참조.

62) DaimlerChrysler AG, Form 20-F(2002년 2월 20일자), 65-66면 참조. 한편, DCX가 SEC에 제출한 2002년 2월 20일자 위 Form F-20에 의하면 DCX의 감사위원회 위원들의 연 보수는 51,129유로이다. 비용은 별도이며 감사위원회 회의 1회당 1,023유로의 거마비도 지급된다. 위원회 의장은 위 보수의 2배, 감사위원회 산하 전문위원회 소속 위원의 보수는 위 보수의 1.3배이다. DCX의 감사위원회 의장인 Hilmar Kopper 회장은 도이치 은행의 감사위원회 의장이기도 하며 그 외, Akzo-Nobel, Bayer, Solvay, Xerox, Unilever 등의

동안 경영진 8인에게 모두 약 5,600만 유로의 현금보수를 지불하였는데 그 중 약 5,000만 유로가 보너스의 형태를 취하였다.[63] 우리 나라의 대기업들도 국제화하는 과정에서 이 문제에 부딪히게 될 것으로 예상된다. 외국증시 상장이나 외국인 투자자들의 비율상승을 통해 주주이익 중심의 경영관이 강해질수록 경영진의 성과급에 대한 요청도 높아질 것이다. 그리고 치열한 경쟁이 이루어지는 업계에서 세계적인 수준의 우리 기업들에게는 전문경영인이나 고위 임원들의 영입에 보수수준이 걸림돌이 되어서는 본말이 전도되는 것이기 때문에 국제적인 경쟁력을 가진 우리 기업들이 늘어날수록 우리 나라에서의 경영진 보수도 국제시장 수준으로 상향 조정될 것이다.

[국민은행 보상위원회규정][64]

제 1 조(목적) 이 규정은 보상위원회(이하 "위원회"라 한다)의 구성 및 운영에 관한 사항을 정함을 목적으로 한다.

제 2 조(구성) ① 위원회는 이사 중 8인 이내의 위원으로 구성하고 위원장은 위원회에서 선임한다.

② 위원장 및 위원의 임기는 1년으로 한다.

제 3 조(기능) 위원회는 이사회를 대신하여 다음의 기능을 수행하며, 그 결과 등을 이사회에 보고한다.

1. 이사에 대한 보상내용 및 수준의 검토
2. 은행장, 상근감사위원의 경영실적 평가 및 성과연봉지급 결정.

감사위원 내지는 사외이사로 활동하고 있다. Kopper 회장의 경력을 보면 도이치 은행의 독일 내에서의 위치를 잘 알 수 있는데 1954년에 도이치 은행에 입사한 Kopper 회장은 1989-1997 동안의 기간에 경영위원회 의장(CEO)직을 보유하였으며, 도이치 루프트한자, 일본산업은행 독일지사, Klöckner-Humboldt-Deuz, Linde, 만네스만, 뮌헨 재보험, RWE, 쉐링, 지멘스, VEBA(지금의 E.ON) 등 독일의 대표기업들을 총 망라하여 감사위원회 위원, 의장 등을 역임하였다. Deutsche Bank, Corporate Governance Report 2001, 11 참조.

63) Deutsche Bank, Corporate Governance Report 2001, 15 참조.

64) 국민은행 웹 사이트(2005)에서 인용.

단, 담당부행장은 은행장에 위임

3. 이사에 대한 전반적인 승계계획 검토
4. 이사에 대한 복리후생계획 검토

제 4 조(소집) ① 위원회는 반기 1 회 위원장이 소집한다. 다만, 위원장이 필요하다고 인정할 경우 수시로 소집할 수 있다.

② 위원회를 소집할 때에는 회의의 일시, 장소 및 목적사항을 명시하여 회의 3 일 전까지 각 위원에게 통지하여야 한다. 다만, 긴급을 요하거나 위원 전원의 동의가 있는 경우에는 그러하지 아니한다.

제 5 조(결의방법) ① 위원회의 결의는 재적 위원 과반수의 찬성으로 한다.

② 위원회의 안건과 관련하여 특별한 이해관계가 있는 위원은 의결권을 행사하지 못한다. 이 경우 행사할 수 없는 의결권의 수는 재적 위원수에 산입하지 아니한다.

제 6 조(의사록) 위원회의 의사록에는 의사의 안건, 경과요령, 그 결과, 반대하는 자와 그 반대이유를 기재하고 출석위원 전원이 서명하여야 한다.

XVI. 최고경영자의 물색과 영입

이사회의 중요한 권리와 의무의 하나로 차기 최고경영자의 물색과 영입을 들 수 있다. 지배주주가 있는 회사의 경우 최고경영자의 물색과 영입작업에 있어서 이사회의 역할은 다분히 형식적인 것에 그치는 경우가 많으나 사회적으로 주목을 받는 기업의 경우나 소유와 경영이 완전히 분리된 기업의 경우 이에 관한 이사회의 역할은 실질적이다. 이 작업은 통상 경영진보수결정위원회 또는 보상위원회라고 불리는 소위원회를 중심으로 이루어진다.

실제로 최고경영자가 바로 필요해져서 이사회가 그에 필요한 작업을 하는 경우도 있으나 미국의 많은 기업들에 있어서 이사회는 이른바 'Succession Planning'의 의무를 지는 것으로 이해되고 있다.[65] 왜냐하면 최고경영자가 회사의 운영이나 실적, 주가에 미치는 영향이 지대한 경우가 많은데 갑작스러운 사고나 질병, 사임 등으로 회사의 리더십에 공백이 생기는 경우에 대한 비상대책이 항상 마련되어 있어야 하기 때문이다. 이는 정부에서 대통령 유고시에 국무총리가 그 권한을 대행한다는 식으로 직위 중심으로 준비되는 경우도 있고 특정인을 중심으로 준비되는 경우도 있다. 그러나 인물 중심으로 승계계획이 세워지는 경우 회사 내에 상당한 정치가 발생하게 된다.

이사회의 승계계획마련은 이사회의 의무들 중 점차 큰 비중을 차지하는 의무가 되어가고 있으며 어떤 경우에는 이사의 충실의무 다음으로 중요한 의무라고 말하기도 한다. GM은 최고경영자가 비상승계계획을 매년 이사회에 보고하도록 하고 있다. 그러나 대대수의 회사에 있어서 이 문제는 일종의 터부이다. 우선 거론하기 즐거운 주제가 아니며 현 이사진의 최고경영자에 대한 불신으로 오해될 소지가 있다. 또 카리스마가 강하고 성공적인 최고경영자들은 자신이 아닌 다른 사람이 자신의 역할을 할 수 있다고 생각하지 않는 경우가 많아 승계계획이라는 개념 자체에 회의적이다. 가족기업들의 경우 이 문제는 정작 필요한 시점이 오기 전까지 거론하지 않는 것이 현명한 일일 수도 있다. 그러나 최고경영자 승계를 둘러싸고 회사 내부에 갈등이 발생하거나 승계가 순조롭게 이루어지지 못하는 경우 회사의 주식이 일시적으로라도 저평가될 수 있고 경우에 따라 이는 외부에 의한 적대적 M&A 내지는 그린메일의 기회

---

65) *The Board of Directors' Role in CEO Succession: An Interview with John Thompson,* BusinessWeek(January 13, 2003). 일반적인 자료로 The Perils of 'Good' Governance: CEO Succession 2003 (Booz Allen Hamilton, 2004); Robert Parrino, *CEO Turnover and Outside Succession: A Cross-Sectional Analysis,* 46 Journal of Financial Economics 168(1997) 참조.

를 제공하게 된다.

[전환사채와 경영권 승계]

전환사채가 대기업의 지배권승계를 실행하기 위한 목적으로 발행되었다 해서 사회적인 논란의 대상이 되기도 한다. 삼성전자의 사례와 에버랜드 사례가 대표적이다. 판례는 경영상의 필요가 없음에도 불구하고 지배구조의 변경이나 경영권방어를 위해 전환사채가 발행된다면 그에는 신주발행무효의 소에 관한 법리가 그대로 적용된다고 하면서도 정상적인 전환사채발행이 부분적으로 그러한 목적하에 이루어졌다면 그를 문제삼을 수 없다고 한다. 서울고등법원 제1민사부 98나4608 전환사채발행무효(2000. 6. 23). 사건 판결은 다음과 같이 말한다: "소유와 경영의 분리가 주식회사 제도의 본질이라고 할 것이므로 업무집행기관인 이사회는 정관이 허용하는 바에 따라 경영상의 필요에 응하여 전환사채를 발행할 수 있음은 당연하나 경영상의 필요가 없음에도 전환사채가 주식으로 전환되는 점을 악용하여 회사지배구조의 변경을 기도하거나 그러한 세력으로부터 기존의 지배주주를 보호할 목적으로 특정인에게 전환사채를 대량으로 발행하는 것과 같은 행위는 회사의 집행기관인 이사회나 대표이사의 권한범위를 일탈하는 행위로서 이에 대하여는 신주발행 무효의 소에 관한 법리가 그대로 적용된다고 할 것이다. 다만, 전환사채를 주주 외의 자에게 발행한 경우 그 전환권의 행사는 필연적으로 기존 주주의 지분비율에 변동을 초래하는 것이므로 전환사채를 발행하거나 매수하는 데 있어서는 단순한 금전적 이득 외에 지배권강화의 목적이 개재될 수 있는 것으로서 정상적인 전환사채발행에 편승하여 이러한 목적을 꾀하는 것이라면 이를 위법하다고 말할 수 없을 것이다. 따라서 전환사채의 발행에 신주발행 무효의 소의 법리를 적용하기 위하여는 회사의 경영권분쟁이 현재 계속중이거나 임박해 있는 등 오직 지배권의 변경을 초래하거나 이를 저지할 목적으로 전환사채를 발행하였음이 객관적으로 명백한 경우라야 할 것이다. … 이 사건 전환사채발행 당시 피고 회사에는 경영권의 분쟁이나 그러한 조짐은 전혀 없었던 점, 피고 회사의 규모와 위 ○○○측의 지분비율에 비추어 볼 때 피고 회사의 경영권은 안정되어 있다고 보여지는 점, 피고 회사는 이 사건 전환사채 외에도 수시로 회사채를 발행하여 자금을 조달해 온 점, 피고 회사의 자본규모에 비하여 이 사건 전환사채의 규모가 미미하다고 보여지는 점 등을 종합해 보면, 이 사건 전환사채의 발행에 지배권강화의 목적이 전혀 없었다고 할 수는 없다고 하더라도 위에서 본 전환사채발행 무효사유에 해당한다고 볼 수 없다(오히려 위 ○○○의 위 ○○○에 대한 재산의 사전 상속 혹은 증여의 의도가 강하다고 보여진다). 따라서 이 점에 관한 원고의 주장은 이유 없다."
이 사건은 대법원에 계류중이다(2000다 37326).

[민영화 기업의 경영권 승계]

도이치 텔레콤(Deutsche Telecom)은 1996년에 민영화되었다. 2000년 1월경 90유로 수준이었던 주가가 2002년 중반경에 9유로 수준으로 하락하고 주가 회복의 전망이 불투명해지자 독일 최초의 주식투자 붐에 동참하였던 무수한 소액투자자들의 불만이 폭발하여 CEO 섬머(Ron Summer) 회장의 퇴진을 요구하였다. 슈뢰더 총리는 2002년 총선을 앞두고 이를 이용하기로 결정, 43%의 정부지분을 기반으로 후임자 물색 작업이 개시되도록 영향력을 행사하게 된다. 6개월 후, 섬머 회장은 전격 사퇴를 발표하였다. 그러나 섬머 회장은 감사회와 경영진이 자신을 전폭적으로 지지한다는 것을 믿는다고 공개적으로 천명하였고 감사회는 후임자 물색작업을 시작하였다. 감사회 위원들 중 누구도 사임하지 않았다. 이 사태에 대해 독일 내외에서는 비판이 비등하였다. 1998년 총선 당시 독일 자본시장과 기업지배구조의 자유화, 개방을 표방하였던 정부가 이 사태를 통해 독일 시스템의 대표적인 취약성인 정부-은행-산업간의 모호하지만 견고한 유착관계를 재차 부각시켰기 때문이다. 2002년 11월, 회사의 이동통신부문(T-Mobile) 책임자였던 리케(Kai-Uwe Ricke) 현 회장이 후임자로 선정되었다. 신임 회장도 정부가 전임 회장을 축출한 것을 공개적으로 비판하였다.

XVII. 종업원 대표의 이사회 진출

최근의 정치적 변화는 회사의 종업원들이 기업의 지배구조에 있어서 어떤 위치에 있어야 할 지의 문제를 가장 활발한 토론의 대상으로 만들었다. 종업원들의 경영참가가 법률로 보장되는 유럽의 몇몇 나라가 예로 들어지면서 이른바 '유럽 모델'의 수입이 주장되기도 한다. 원래 종업원들은 법률과 계약에 의해 이익을 보호받는다. 예컨대 회사가 도산하게 되면 임금채권은 조세채권보다도 우선 취급된다. 그러나 아무런 보호를 받지 못하는 주주와 약간의 보호만을 받는 경영진과는 달리 종업원들은 이동성이 떨어지기 때문에 가장 약자로 간주된다. 그 때문에 애초에 위험을 줄이고 이익의 보호를 보장할 수 있는 경영 직접참가가 논의되는 것이다. 그러나 종업원의 경영참가를 위험과 이익의 보호 차원에서 보는 것도 중요하지만 기업의 효율성 차원에서도 보아야 할 것이다.

종업원의 경영참가 모델의 원조는 프랑스인데 막상 개화한 곳은 독일이다. 독일에서는 이 문제가 현재 어떻게 다루어지고 있을까? 이른바 '공동결정제도'가 독일 기업들의 효율성을 저해한다는 것이 독일에서의 컨센서스인 듯하다. 종래 종업원 대표들의 회사기밀(투자전략과 결정 등) 누설이 문제되어 오다가 영미계 기관투자자들이 종업원 대표가 참여하는 이사회의 비효율성을 지적하기 시작했다. 대기업의 경영진들은 기다렸다는 듯이 종업원 대표를 배제한 각종 위원회를 만들어 회사를 운영하는 실무를 발달시켰는데 이는 경우에 따라서는 공공연히 행해지기도 한다. 가끔 소송이 발생해서 시정하도록 법원의 명령을 받기도 하지만 광범위하게 퍼져 있는 관행인 것으로 알려진다.

또 최근에는 EU의 사법법원이 이른바 회사의 설립지법주의를 채택하는 일이 일어났다. 최소자본금 요건을 회피하기 위해 그 요건이 없는 영국에서 회사를 설립하고 덴마크에 지점을 내서 회사를 운영해 온 덴마크 사업자들에게 덴마크 정부가 그러한 행위는 회사채권자들을 위험하게 한다고 하여 덴마크법을 적용하려 하였는데 EU 사법법원은 역내 자본이동자유원칙을 들어 이 경우 영국법이 적용된다고 한 것이다.[66] 여기서 독일의 벤처기업들이 힌트를 얻는 듯하다. 독일 벤처기업에는 국제 벤처캐피탈들이 투자를 기피해 왔는데 그 이유는 벤처캐피탈의 속성상 IPO시 지배구조를 완전하게 통제할 수 없으면 투자가 곤란하며 그에 공동결정이 걸림돌이 되었다는 것이다. 이제 독일의 벤처기업들도 공동결정제도가 없는 나라에서 회사를 설립하고 독일에서 사업을 하면 되게 되었다.

공동결정이 독일기업들의 국제금융시장 진출과 국제적 M&A에도 걸림돌이 된 일이 있다. 우선 국제금융시장에서 공동결정제도하에 있는 독일기업들의 평가가 떨어진다. 최근 미국의 회계개혁법과 독일의 공동결정제도간의 모순 때문에 독일기업의 미국 증시 진출이 문제되자 SEC가 예외규정을 만들기도 했다. 크라이슬러의 주주들은 공동결정을 피하기 위해 종업원이 없는 일종의 지주회사구조를 만들어서 다이믈러 벤츠와 합병을 하였다.

이렇듯 공동결정제도는 기업의 효율성을 저하시킨다는 인식 때문에 국제 투자자들을 주저하게 하는 요인이 되고 국제적 거래에 장애요인이 된다. 독일 기업들은 첫째, 실무, 둘째, 국제화를 통해 이를 우회하고 있는 중이다. 그 과정에서 많은 비용이 발생한다. 그러나 이 문제는 법과 제도, 경제논리로만 볼 수 없는 한 차원 깊은 정치적・문화적・역사적 요인 때문에 해결이 쉽지 않다고 한다. 그런데 그런 배경도 없는 한국이 구태여 이를 도입할 이유는 없을 것이다.

그러면 종업원들을 기업지배구조에서 완전히 배제해야 하는가? 학자들은 회사의 주주이익 중심 모델이 가장 효율적이라고 보고하고 있으나 현실의 정치상황은 그리 간단치 않다. 현재로서는 직접 경영참가에

66) 김화진, 외국인의 적대적 M&A를 특별히 규제해야 하는가?, 상장협(2005년 춘계호), 159면 참조.

대한 유일한 대안은 스톡옵션, 종업원지주제 등을 통해 종업원들이 주주가 되어 기업지배구조에 참여하는 것이다. IPO 전의 벤처 기업들을 보면 종업원-주주-경영자의 이해관계가 거의 일치한다. 다만, 공개되고 대기업이 되어 갈수록 종업원의 비중이 줄어드는 문제가 있다. 종업원지주제를 통한 경영참가는 근로자들에게는 당연히 미흡하게 느껴질 것이다. 그러나 한 사람의 이사를 이사회에 진출시키는 데 얼마나 많은 투자가 필요한가? 49.9%를 가지고도 안 되는 경우가 많다. 집중투표제의 도움까지 필요로 한다. 종업원 대표라 해서 당연히 이사회에 진출하는 것은 현행의 회사제도에서는 지나치게 파격적이고 형평을 잃은 것이며 주주들의 재산권 제한을 정당화할 수 있는 사회적 이익이 무엇인지 입증되어야 한다.[67]

[이사회 관련 법령과 위반에 대한 제재]

사외이사의 선임 및 감사위원회의 구성(증권거래법)

규제 내용

사외이사의 선임: ① 주권상장법인 또는 대통령령이 정하는 코스닥상장법인(시행령 제84조의23 제 1 항: 벤처기업육성에관한특별조치법에 의한 벤처기업중 최근 사업연도말 현재의 자산총액이 1천억원 미만인 벤처기업을 제외한 코스닥상장법인)은 사외이사를 이사 총수

67) 최근에 발표된 한 학술논문은 이 문제에 대해 일반 금융기관이 참여하는 '무위험우리사주제도'라는 상당히 진전된 제안을 내놓고 있다. 이 제도는 기업단위에서 발생하는 부담을 금융시장을 끌어들여 외부로 분산시킬 것이다. 흔히 잊기 쉬운 것이, 외부로의 위험분산은 외부의 평가와 모니터링을 끌어들인다는 것이다. 이 과정을 통해 해당 기업정보의 공개와 투명성 제고압력도 발생할 것이다. 연구가 필요하겠지만, 이 제도는 현행의 우리사주조합제도보다 법률적으로도 훨씬 더 안정된 구조라는 느낌을 준다. 금융기관이 계약의 적극적인 당사자로 참가할 것이기 때문이다. 추가적으로 보험처럼 일부의 위험을 종업원들에게 남겨둘 것인지, 의결권이 없는 것으로 할 것인지의 문제가 연구되어야 할 것이다. 박상용, 기업지배구조의 정치경제학: 적대적 기업인수와 종업원 경영참여를 중심으로, 경영학연구 제34권 제 2 호(2005), 569면 참조.

의 4분의 1 이상이 되도록 하여야 함(법 제191조의16 제1항 본문). ② 다만, 최근 사업연도말 현재의 자산총액이 2조원 이상인 주권상장법인 또는 코스닥상장법인의 사외이사는 3인 이상으로 하되, 이사 총수의 과반수가 되도록 하여야 함(법 제191조의16 제1항 단서, 시행령 제84조의23 제2항). ③ 이 경우 증권회사의 사외이사에 관한 법 제54조의5 제4항 및 제5항의 규정은 제1항의 규정에 의한 주권상장법인 또는 코스닥상장법인의 사외이사에 관하여 이를 준용하고, 법 제54조의5 제2항 및 제3항의 규정은 제1항 단서의 규정에 의한 주권상장법인 또는 코스닥상장법인에 관하여 이를 준용함(법 제191조의16 제3항).

감사위원회의 구성 또는 상근감사의 선임: ① 최근 사업연도말 현재 자산총액이 2조원 이상인 주권상장법인 또는 코스닥상장법인은 감사위원회를 설치하여야 함(법 제191조의17 제1항, 시행령 제84조의23 제5항). 이 경우 증권회사의 감사위원회에 관한 법 제54조의6 제2항 내지 제6항의 규정은 제1항의 규정에 의한 감사위원회의 구성에 관하여 이를 준용함(법 제191조의17 제2항). ② 최근 사업연도말 현재 자산총액이 1천억원 이상인 주권상장법인 또는 코스닥상장법인으로서 감사위원회를 설치하지 않은 법인은 일정한 요건을 충족하는 1인 이상의 상근감사를 두어야 함(법 제191조의12, 시행령 제84조의19).

금융감독위원회의 조치(법 제193조)

과태료: 법 제191조의16 또는 제191조의17의 규정을 위반한 자는 500만원 이하의 과태료(법 제213조 제2항 제4호·제5호)

[기타 금융기관의 사외이사 및 감사위원회 제도]

	적용대상	사외이사의 선임	감사위원회의 구성	제재수단
은행 (은행법 제22조, 제23조의2)	의무사항	-3인 이상 -이사 총수의 1/2 이상	-2/3 이상은 사외이사 -상근위원은 상근감사의 자격요건	-5천만원 이하의 과태료(법 제69조 제1항 제6호)

증권회사(증권거래법 제54조의5, 제54조의6)	최근 사업연도말 현재의 자산총액이 2조원 이상인 증권회사	(상동)	(상동) & -위원 중 1인 이상은 대통령령이 정하는 회계 또는 재무 전문가일 것 -주권상장법인 또는 코스닥상장법인인 증권회사의 감사위원회의 대표는 사외이사일 것	-5백만원 이하의 과태료(법 제213조 제2항 제4호·제5호) -위법 또는 부당한 행위에 대한 금융감독위원회의 조치(법 제53조 제5항 제2호, 시행령 제36조의2)
보험회사(보험업법 제15조, 제16조)	최근 사업연도말 현재 자산총액이 2조원 이상인 보험회사	(상동)	(은행과 상동)	-금융감독위원회의 조치(법 제134조) -이사 등이 결원이 생긴 경우의 선임절차 해태시 500만원 이하의 과태료(법 제209조 제2항 제40호)
여신전문금융회사(여신전문금융업법 제50조의4, 제50조의5)	최근 사업연도말 현재의 자산총액이 2조원 이상인 신용카드업자	(상동)	(상동)	-금융감독위원회의 검사 및 조치(법 제53조) -사외이사를 두지 아니한 경우 500만원 이하의 과태료(법 제72조 제1항 제1호)
종합금융회사(종합금융회사에 관한 법률 제5조, 제5조의2)	의무사항	(상동)	(상동)	-금융감독위원회의 감독 및 조치(법 제21조, 제22조)

자산운용회사(간접투자자산운용업법 제10조, 제12조)	최근 사업연도말 자산운용회사가 운용하는 간접투자기구 자산총액의 합계액이 6조원 이상인 자산운용회사	(상동)	(증권회사와 상동)	-금융감독위원회의 감독명령(법 제173조) -500만원 이하의 과태료(법 제187조 제2항 제1호·제2호)
상호저축은행(상호저축은행법 제10조의3, 제10조의4)	최근 사업연도말 현재의 자산총액이 3천억원 이상인 상호저축은행	-1조원 이상 3인, 3천억원 이상 1조원 미만 2인 -이사 총수의 1/2 이상	(은행과 상동)	-금융감독위원회의 검사 및 조치(법 제23조, 제24조)

제 3 장

상장기업 감사위원회의 구성과 운영

Ⅰ. 감사위원회의 의의

감사위원회는 이사회 내에 설치되는 위원회로서 경영자 감시·감독 기능을 수행하고 회사의 회계와 공시가 적정하고 정확하게 이루어지는 데 필요한 모든 사무를 감독하는 역할을 담당함으로써 기업지배구조의 핵심적인 위치를 차지하는 기구이다. 감사위원회는 IMF 개혁입법의 일환으로 국제금융기구들의 권고에 의해 1999년 상법개정을 통해 도입되었는데 감사위원회의 실질적인 도입 이유는 종래 우리 나라 회사들의 감사가 법률이 기대하는 바와 같은 기능을 제대로 수행하지 못하였기 때문에 경영자 감시·감독 메커니즘을 강화하기 위한 것이다.

우리 나라의 감사위원회는 회계에 관한 권한 외에 상법상 감사가 갖는 권한을 동시에 갖고 있어 외국의 감사위원회보다 권한이 더욱 강력하다. 따라서 운영을 하기에 따라서는 기업의 지배구조를 개선하는 데 큰 역할을 할 수 있는 잠재력을 가진다고 하겠다. 그러나 회계감사 분야를 포함하여 감사위원회가 기업의 지배구조에서 수행할 수 있는 역할에 관해서는 법률에 규정이 미비하고 이 분야는 우수한 실무의 개발이 중요한 관건이 되므로 국제적인 베스트 프랙티스(best practice)를 참고해서 정관이나 감사위원회 규정에 그를 반영할 필요가 있다. 이 장에서는 미국의 감사위원회와 실무를 중심으로 우리 나라 감사위원회가 향후 참고로 할 수 있는 정보와 자료를 정리해 본다.

상법 제393조의2, 제415조의2에 의하면 주식회사의 이사회는 정관이 정한 바에 따라 위원회를 설치할 수 있다. 이사회는 주주총회의 승인을 요하는 사항의 제안, 대표이사의 선임 및 해임, 위원회의 설치와 그 위원의 선임 및 해임, 정관에서 정하는 사항 등을 제외하고는 그 권한을 위원회에 위임할 수 있다. 주식회사는 정관이 정한 바에 따라 감사에 갈음하여 위 규정에 의한 위원회로서 감사위원회를 설치할 수 있으며 감사위원회를 설치한 경우에는 감사를 둘 수 없다. 감사위원회는 3인 이상의 이사로 구성한다. 증권거래법 제191조의17, 제54조의6, 시행령 제84조의24에 의하면 최근 사업연도 말 현재의 자산총액이 2조원 이상인 상장법인은 상법의 규정에 의한 감사위원회를 설치하여야 한다. 이 경우 감사위원회는 총 위원의 3분의 2 이상을 사외이사로 구성하여야 하며 감사위원회의 위원장은 사외이사이어야 한다. 정부는 자산 2조원 이상인 상장기업은 이르면 2006년 하반기부터 감사위원회 위원 전원을 사외이사로 구성하도록 증권거래법을 개정할 계획이라고 한다.[1)]

상법 제415조의2(감사위원회) ① 회사는 정관이 정한 바에 따라 감사에 갈음하여 제393조의2의 규정에 의한 위원회로서 감사위원회를 설치할 수 있다. 감사위원회를 설치한 경우에는 감사를 둘 수 없다.
② 감사위원회는 제393조의2 제3항의 규정에 불구하고 3인 이상의 이사로 구성한다. 다만, 다음 각호에 해당하는 자가 위원의 3분의 1을 넘을 수 없다.

1. 회사의 업무를 담당하는 이사 및 피용자 또는 선임된 날부터 2년 이내에 업무를 담당한 이사 및 피용자이었던 자
2. 최대주주가 자연인인 경우 본인 · 배우자 및 직계존·비속
3. 최대주주가 법인인 경우 그 법인의 이사 · 감사 및 피용자
4. 이사의 배우자 및 직계존·비속

1) 한국경제(2005년 4월 7일자), A1면.

5. 회사의 모회사 또는 자회사의 이사·감사 및 피용자
6. 회사와 거래관계 등 중요한 이해관계에 있는 법인의 이사·감사 및 피용자
7. 회사의 이사 및 피용자가 이사로 있는 다른 회사의 이사·감사 및 피용자

③ 감사위원회의 위원의 해임에 관한 이사회의 결의는 이사 총수의 3분의 2 이상의 결의로 하여야 한다.

④ 감사위원회는 그 결의로 위원회를 대표할 자를 선정하여야 한다. 이 경우 수인의 위원이 공동으로 위원회를 대표할 것을 정할 수 있다.

⑤ 감사위원회는 회사의 비용으로 전문가의 조력을 구할 수 있다.

⑥ 생 략

증권거래법 제54조의6(감사위원회) ① 증권회사(자산규모등을 고려하여 대통령령이 정하는 증권회사에 한한다)는 상법 제415조의2의 규정에 의한 감사위원회(이하 "감사위원회"라 한다)를 설치하여야 한다.

② 감사위원회는 다음 각호의 요건에 적합하여야 한다.

1. 총 위원의 3분의 2 이상이 사외이사일 것
2. 위원 중 1인 이상은 대통령령이 정하는 회계 또는 재무전문가일 것
3. 주권상장법인 또는 협회등록법인인 증권회사의 감사위원회의 대표는 사외이사일 것

③ 사외이사가 아닌 감사위원회의 위원은 제191조의12 제3항 각호의 1에 해당되어서는 아니된다. 다만, 제191조의12 제3항의 규정에 의한 상근감사 또는 감사위원회의 사외이사가 아닌 위원으로 재임중인 자는 제191조의12 제3항 제6호의 규정에 불구하고 감사위원회의 사외이사가 아닌 위원이 될 수 있다.

④ 제1항의 규정에 의한 증권회사는 사외이사의 사임·사망 등의 사유로 인하여 사외이사의 수가 제2항의 규정에 의한 감사위원회의 구성요건에 미달하게 된 때에는 그 사유가 발생한 후 최초로 소집되는 주주총회에서 제2항의 규정에 의한 요건에 합치되도록 하여야 한다.

⑤ 상법 제415조의2 제2항 단서는 제1항의 규정에 의한 감사위원회의 구성에 관하여는 이를 적용하지 아니한다.

⑥ 상법 제409조 제2항 및 제3항의 규정은 감사위원회의 위원이 되는 사외이사의 선임에 관하여 이를 준용한다.

증권거래법 제191조의17(감사위원회) ① 주권상장법인 또는 코스닥 상장법인으로서 대통령령이 정하는 법인은 감사위원회를 설치하여야 한다.

② 제54조의6 제2항 내지 제6항의 규정은 제1항의 규정에 의한 감사위원회의 구성에 관하여 이를 준용한다.

Ⅱ. 미국 기업 감사위원회의 현황

우리 나라 상법, 증권거래법의 감사위원회 제도는 IMF 개혁 입법과정에서 도입된 것으로서 미국의 감사위원회(Audit Committee) 제도를 기초로 해서 만들어진 것이다. 따라서 미국의 감사위원회가 어떤 법률적 기반과 지위를 가지고 있으며 어떻게 기능하고 운영되는지를 살펴보는 것이 대단히 중요하다. 우리 나라에 있어서 감사위원회의 구성과 운영에 관한 기업실무와 법원칙의 발전은 미국의 그것을 참고로 하여 전개될 가능성이 대단히 높다.

미국 기업의 감사위원회는 이사회 내에 설치되는 소위원회이며 운영위원회(Executive Committee), 이사선임위원회(Nominating Committee), 보수결정위원회(Compensation Committee) 등과 함께 가장 널리 활용되는 4대 위원회 중 하나이다. 이들 소위원회는 이사회의 수권을 받은 범위 내에서는 이사회와 같은 권한을 보유하고 행사한다. 따라서 이사회의 구성원이 아닌 사람은 소위원회의 위원이 될 수 없다. 2002년 7월 30일 발효한 회계개혁법(Sarbanes-Oxley Act of 2002)에 의하면 감사위원회란 SEC에 등록된 유가증권 발행회사의 이사회가 이사회의 구성원들로 설치하는 위원회이며 회사의 회계와 재무상황에 관한 보고

절차를 감독하고 회사의 재무제표를 감사하는 기능을 가지는 위원회 또는 그와 유사한 기구이다.[2] 동법은 회사 내에 그러한 기구가 없는 경우 이사회 전체를 감사위원회로 본다고 규정하고 있다.[3]

미국 기업의 감사위원회는 기업지배구조에 있어서 대단히 중요한 위치를 차지하는 기관이기는 하지만 기업지배구조에 관한 1차적 법원인 각 주 회사법의 산물이 아님에 주목할 필요가 있다. 미국의 50개 주가 각각 보유하고 있는 회사법전은 코네티컷 주를 제외하면 감사위원회의 설치를 규정하고 있는 것이 없다. 감사위원회는 상장기업들의 상장요건을 제정하는 미국의 주요 증권거래소들이 SEC의 감독하에 상장기업들에게 그 설치를 요구하여 발달하게 된 제도이다. 법률이 감사위원회의 설치를 요구하는 경우는 회계개혁법이 제정되기 전까지는 연방예금보호공사법(FDIC Improvement Act of 1991) 정도였다. 이 법은 대형 은행들이 전원 사외이사로 구성되는 감사위원회를 설치하도록 하고 있다. 물론 미국 각 주의 회사법전은 이사회 내 소위원회의 설치를 모두 허용하고 있다. 뉴욕증권거래소는 1978년 7월 1일부터 상장기업들이 전원 사외이사로 구성되는 감사위원회를 설치할 것을 요구하였으며, 나스닥은 1989년 2월 1일부터 다수가 사외이사인 감사위원회의 설치를 상장회사들에게 요구하였다. 회계개혁법에 의하면 미국 증권거래소의 상장회사들은 국내기업, 외국기업 구별 없이 향후 위원 전원이 사외이사인 감사위원회를 설치하여야만 한다. 감사위원회를 따로 두지 않으면 이사회를 감사위원회로 보므로 그 경우 이사 전원이 사외이사이어야 한다.

그러나 미국 대기업들의 다수는 증권거래소들의 이러한 요구가 있기 이전에 이미 감사위원회를 설치 운영하고 있었다 한다. 한 자료에 의하면 1974년에 뉴욕증권거래소의 설문조사에 응한 1,130개 회사들 중 88%가 감사위원회를 보유하고 있었으며 그 중 84%는 전원이 사외이

2) 동법 Section 2(a)(3)(A).

3) 동법 Section 2(a)(3)(B).

사로 구성된 감사위원회를 운영하고 있었다고 한다.[4] 나스닥의 경우에도 1986-1987년의 기간에 조사대상 200개 상장회사들 중 78%가 감사위원회를 보유하고 있었던 것으로 나타난다.[5] 또 미국에서 감사위원회의 구성원은 사외이사가 다수를 이루고 있다. 1992-1993년의 기간에 S&P 500에 편입되어 있는 771개 미국 기업을 대상으로 분석한 결과에 의하면[6] 감사위원회 구성원의 79.6%가 사외이사이다. 같은 조사에서 이사회 구성원의 58.4%가 사외이사였으므로 감사위원회의 사외이사 비중은 이사회 전체보다 훨씬 높은 것으로 나타난다. 감사위원회에 CEO가 참여하는 경우는 1.9%에 그치고 있으며 다른 기업의 CEO가 위원으로 참여하는 경우가 50%를 차지하고 있다. 그 외 변호사가 13.4%의 상대적으로 높은 비중을 차지하였다. 그러나 최근의 개혁 논의과정에서 볼 수 있는 것처럼 감사위원회의 역할은 그다지 크지 않았으며 감사위원회를 1년에 4회 이상 개최하는 기업은 38.9%에 불과하였다고 한다.

Ⅲ. 미국 기업 감사위원회의 설치근거

뉴욕증권거래소와 나스닥은 그 상장규정에서 상장회사의 감사위원

---

4) H. Williams, Audit Committees: *The Public Sector's View,* 144 Journal of Accountancy 71(September 1977).

5) K. Pincas et al., *Voluntary Formation of Corporate Audit Committees Among NASDAQ Firms,* 8 Journal of Accounting and Public Policy 239 (1989). 독일 대기업들의 경우 경영위원회와 완전히 분리된 감사위원회(Aufsichtsrat)가 설치되어 있기 때문에 경영진에 속하는 이사를 배제하기 위한 미국식의 감사위원회 설치는 널리 행해지지 않고 있다. 그러나 독일에서도 감사위원회의 개혁 논의과정에서 미국식의 감사위원회를 도입하는 것이 바람직할 것이라는 의견이 많다고 한다. Theodor Baums 편, Bericht der Regierungskommission Corporate Governance 319-320(2001) 참조.

6) April Klein, Economic Determinants of Audit Committee Composition and Activity(New York University Center for Law and Business Working Paper, March 1998).

회 설치와 구성, 감사위원의 자격 등에 관하여 규정하고 있다.[7] 각 상장회사들은 이 요건을 준수하여야 하며 이 규정이 요구하는 바에 따라 감사위원회의 운영에 필요한 상세한 규정을 자체적으로 제정하여야 한다. 그러나 이 상장규정은 상기 회계개혁법의 제정으로 인해 모두 개정되었다. 그리고 이제 미국 기업의 감사위원회는 증권거래소의 상장규정이 아니라 의회가 제정한 연방법률인 회계개혁법과 이로 인해 개정되는 연방증권거래법을 근거로 하는 보다 중요한 기관이 되었다.

회계개혁법은 지금까지 주법의 영역으로 남아 있던 좁은 의미의 기업지배구조에 관한 내용을 다수 포함하고 있으며[8] 역사상 최초로 미국의 회사법이 외국의 기업들에게 적용되는 계기를 마련하였다. 이 법은 미국의 증권법을 미국에 진출한 외국기업들에게는 제한적으로만 적용하던 종래의 상황을 완전히 바꾸어 놓게 되며 나아가 지금까지는 증권거래소의 상장규정을 통해 제한적으로만 적용되어 오던 기업지배구조에 관한 규정들도 외국기업들에게 바로 적용하게 된다는 획기적인 특성을 가지고 있다. 이 법은 엔론 사건을 계기로 제정된 것인 만큼 공개기업들의 회계와 공시에 관한 사항에 중점을 두고 있으며 감사위원회와 외부감사의 기능과 역할이 그 중심적인 위치를 차지한다. 우리 나라와는 달

7) 뉴욕증권거래소 상장규정(Section 303.01): 모든 상장회사는 소정의 기준을 충족하는 감사위원회를 설치하여야 한다. 이사회는 감사위원회 규정을 채택하여야 하며 감사위원회는 감사위원회 규정을 매년 정비하여야 한다. 이사회와 감사위원회는 외부감사의 선정, 평가, 교체 등에 관한 권한과 책임을 보유한다. 감사위원회는 경영진으로부터 독립된 3인 이상의 이사로 구성하여야 한다.

8) 미국에서 회사법은 주법의 영역에 속한다. 연방증권법을 이사의 충실의무 위반에 적용하려는 시도에 대해 연방대법원은 부정적인 판결을 내린 바 있다. Santa Fe Industries, Inc. v. Green, 430 U.S. 462(1977). 이 사건에서는 이른바 스퀴즈-아웃 합병과정에서 소수주주들이 불공정한 대우를 받았던 것이 문제되었는데 해당 주주들은 이사의 충실의무 위반을 근거로 주법원에 소송을 제기하는 대신 연방증권법상의 사기행위 금지조항을 근거로 연방법원에 소송을 제기하였다. 즉, 이 사건에서는 부실표시나 중요한 정보의 누락과 같은 사실이 없는 경우에도 거래의 불공정성을 이유로 연방증권법이 적용될 수 있는지가 문제되었다.

리 감사위원회 제도가 없는 나라의 기업들과 2원적 이사회 제도를 가진 유럽기업들의 경우 이 법에 대한 대책 마련에 부심하고 있으며 이 때문에 실무계에서는 외국기업들의 미국 증권시장 진출이 상당히 위축될 것으로 예상하고 있다.[9] 그러나 SEC는 외국기업들이 본국의 법률상 구조적으로 이 법을 준수할 수 없는 경우를 상정하여 일부이기는 하지만 예외를 인정해 주고 있다.

Ⅳ. 미국 기업 감사위원회의 기능

미국 기업의 감사위원회는 이사회 내 소위원회들이 수행하는 기능들 중 기업지배구조와 관련하여서는 가장 핵심적인 것이다. 기업의 회계와 공시에 관한 광범위한 권한을 행사하기 때문이다. 감사위원회의 주된 임무는 외부감사의 선임 및 보수의 결정 등을 통하여 외부감사의 독립성을 강화하고 회사와 외부감사 사이의 창구역할을 수행함으로써 효율적인 감사에 기여하며 회사의 내부통제시스템을 정비하는 것이라고 할 수 있다.

미국법조협회(American Law Institute: ALI)의 기업지배구조원칙은[10] 감사위원회의 임무를 다음과 같이 구체적으로 제시하고 있다.[11]

(1) 회사의 외부감사의 추천 및 해임에 대한 심사
(2) 외부감사의 보수, 감사계약기간 및 독립성에 대한 심사
(3) 회사의 고위 감사담당임원의 선임 또는 해임에 대한 심사
(4) 외부감사 및 고위 감사담당임원과 이사회 사이의 접촉창구로서의 기

---

9) Sarbanes-Oxley Act—Next Steps for SEC-Registered Non-U.S. Companies(Sullivan & Cromwell Memo, August 2002) 참조.

10) The American Law Institute, Principles of Corporate Governance: Analysis and Recommendations(전 2 권, 1994).

11) 김건식 · 윤영신, 새로운 경영감독체제의 모색, 상장협(1998년 추계호).

능수행

(5) 외부감사의 결과, 감사보고서, 그와 관련된 경영진의 의견, 외부감사의 제안과 내부감사 담당부서의 중요한 보고서 및 이에 대한 경영진의 대응에 대한 심사

(6) 연차재무보고서, 외부감사인이 재무보고서와 관련하여 제출하거나 행한 증명, 보고서, 의견 및 검토에 대한 심사와, 경영진과 외부감사인 간에 위의 재무보고서 작성과 관련하여 발생한 중대한 분쟁에 대한 심사

(7) 회사의 내부통제장치의 적정성에 대해 외부감사인 및 고위 감사담당 임원과의 협의를 통한 검토

(8) 외부감사인 또는 주요 고위 집행임원 등이 보고한 재무보고서 작성의 회계원칙 및 관행의 중대한 변경 또는 기타 중대한 의문에 대한 검토

미국 대기업 감사위원회 운영실무의 best practice는 대체로 다음과 같다: ① 감사위원회는 전체 이사회가 개최되는 날과 같은 날 오전 일찍 개최되는 것이 보통임. 감사위원회에서 토의되고 결정된 사항들은 바로 속개되는 이사회에 보고됨. ② 감사위원회 의안과 관련한 회사 임·직원들의 보고에 소요되는 시간을 가급적 줄이기 위해 감사위원들과 회사 임·직원, 외부감사간의 자료 및 의견교환은 수시로 행해짐. 이는 회의 준비과정으로 이해됨. ③ 감사위원회 회의는 주주총회 다음으로는 회사 내에서 가장 중요한 회의에 속하며 재무, 회계담당임원, 외부감사 등이 모두 철저한 사전준비 후에 출석함. 안건의 내용에 따라 재무, 회계 외의 관련 임원이 출석을 요구받기도 함. 감사위원회 회의의 의전적 측면을 부각하여 회의에 대한 회사 내외의 진지도를 제고함. ④ 감사위원회는 2개월에 1회 정도의 빈도로 개최하며 회의에는 3-4시간 정도가 소요됨. 감사위원들은 회의가 있는 날의 다음 날 아침 비행기편을 예약할 것을 권고받음. 이는 회의일 저녁 시간을 이사진 및 고위 임원들과 같이 보낼 수 있게 하기 위한 것임. ⑤ 감사위원회의 장소는 항상 회사의 본부가 있는 곳으로 한정하지 않고 중요 생산시설, 판매거점이 있는 곳 등으로 순환하여 정함. 이는 위원들과 이사들이 회사의 여러 곳을 알

수 있게 해 주고 여러 사람들을 만날 수 있게 하기 위한 방안임.[12]

V. 블루리본 위원회 보고서

미국에서는 엔론 사태 이후에 감사위원회의 위상과 기능강화가 본격적으로 추진되고 있으나 감사위원회 제도를 정비하려는 노력은 그 이전에 이미 진지하게 이루어진 바 있다. 1998년 가을에 당시 SEC의 레빗(Arthur Levitt) 위원장은 독립적인 위원들에 의한 기업의 회계감사의 효율성에 대한 우려를 표명한 바 있다. 당시 미국에서는 엔론 사건과 같은 대규모는 아니었으나 몇몇 대기업들의 스캔들이 발생하였었고 그를 통해 감사위원회를 포함한 기업지배구조의 제반 문제들이 여론의 관심 대상이 되었다. 당시 문제를 일으켰던 기업들의 경우, 예컨대 보수결정위원회가 1년에 8차례 회합하는 동안 감사위원회는 단 2회 회의를 가졌다거나, 이사들 중 가장 경험이 부족하고 재무에 지식이 없는 사람들을 감사위원에 선임하여 경영진에 대한 질문 가능성을 사전에 봉쇄하거나, 감사위원들의 역할이 경영진이 준비한 서류의 서명란에 서명만 하는 등의 일이 비일비재하였다고 한다.[13] 그 직후 뉴욕증권거래소와 미국증권업협회가 공동으로 이 문제를 연구하고 권고안을 내기 위한 위원회의 조직을 추진하여 동년 10월 국무차관과 골드만 삭스 공동회장을 역임한 와이트헤드(John C. Whitehead), 기업지배구조 연구와 실무의

12) 미국 감사위원회의 실무에 대하여는 Frank M. Burke & Dan M. Guy, Audit Committees: A Guide for Directors, Management, and Consultants(제 2 판, 2002) 참조. 영국 기업들의 감사위원회 실무에 대하여는 Laura F. Spira, The Audit Committee: Performing Corporate Governance (2002) 참조.

13) Robert Monks & Nell Minow, Corporate Governance 206-207(제 2 판, 2001) 참조. 또 Arthur Levitt, Take on the Street(2002) 참조(이 책의 저자는 SEC의 최장수 위원장이었으며 블루리본 위원회의 배경과 감사위원회 개혁 노력에 관한 상세한 기록을 담고 있다).

거장인 밀스타인(Ira M. Millstein) 변호사를 공동 위원장으로 하고 업계, 증권시장, 회계 분야 등을 대표하는 9인의 위원으로 블루리본(Blue Ribbon) 위원회가 조직되었다. 이 위원회가 작업한 결과는 공청회를 거쳐 1999년에 보고서의 형태로 발표된 바 있다. 모두 10개 항목의 권고사항과 5개 항목의 감사위원회 운영원칙을 포함하는 이 보고서는 이 분야에 있어서 가장 중요한 자료의 하나로 취급된다.[14)]

[블루리본 위원회의 권고]

(1) 감사위원회 활동의 독립성에 대한 정의 규정을 채택할 것. 감사위원회 위원은 회사와의 관계에 있어서 경영진과 회사에 대한 독립적인 기능을 행사하는 데 장애가 될 가능성이 있는 위치에 있지 않은 경우에만 그 독립성을 인정받을 수 있음.

(2) 감사위원회는 전원 사외이사로 구성해야 함.

(3) 감사위원회는 최소 3인의 이사로 구성하도록 하고 감사위원회 위원들은 전원이 회사의 재무를 이해할 수 있거나 감사위원회 위원으로 선임된 후 합리적인 기간 내에 그러한 능력을 갖추도록 하여야 함. 또 감사위원회 위원들 중 최소한 1인은 회계와 재무관리에 관한 전문가로 하여야 함.

(4) 감사위원회는 이사회의 승인을 거쳐 감사위원회 규정을 채택할 것. 이 규정에는 감사위원회의 책임내용과 그를 이행하는 데 필요한 절차, 감사위원회 위원의 자격 등에 관한 사항이 명시되어야 함. 나아가, 감사위원회는 그러한 규정을 매년 재정비할 것.

(5) SEC는 기업들이 감사위원회 규정의 채택 여부와 그 규정에 의거한 책임의 이행 여부를 정기주주총회용 자료에 기재하도록 하는 규칙을 제정할 것.

(6) 기업의 외부감사는 궁극적으로 이사회와 감사위원회에 그 업무수행에 관한 책임을 지도록 할 것. 이사회와 감사위원회는 주주들을 대변하는 기관으로서 외부감사의 선임, 평가, 교체에 대한 일체의 권한을 보유할 것.

---

14) Report and Recommendations of the Blue Ribbon Committee on Improving the Effectiveness of Corporate Audit Committees(1999).

(7) 감사위원회는 외부감사로부터 외부감사와 회사와의 모든 관계를 기재한 서면자료를 받아야 하며 외부감사와의 활발한 대화를 통해 외부감사의 독립성을 저해할 가능성이 있다고 생각되는 문제들에 대해 논의해야 함. 감사위원회는 외부감사의 독립성이 보장되는 데 필요한 모든 적절한 조치를 취하거나 이사회로 하여금 그러한 조치를 취하도록 권고할 것.

(8) 기업이 채택하는 회계기준은 외부감사가 감사위원회와 함께 회사가 재무자료를 작성하는 데 사용하는 회계기준의 질적인 측면에 대해서도 논의하도록 요구할 것. 그러한 논의에서는 회사의 재무관련 공시의 명료성, 회사가 사용하는 회계기준의 진보적 성격 또는 보수적 성격, 회계기준이 채택하고 있는 기본적인 전제사항이나 그 밖에 경영진이 재무에 관한 공시를 이행함에 있어서 내린 중요한 결정 등과 같은 주제들이 포함되어야 함. 이러한 것들은 모두 공개적이고 솔직하게 이루어져야 하며 형식적인 것이 되지 않도록 할 것.

(9) SEC는 기업들이 회사의 연례사업보고서나 연차보고서에 직전 회계연도에 있어서 다음과 같은 사항들이 이행되었는지의 여부에 대한 감사위원회의 진술서를 포함시키도록 할 것: ① 경영진이 감사위원회와 함께 회사의 감사보고서를 검토하였는지의 여부 및 경영진이 감사위원회와 회계기준의 질적인 측면과 회사의 재무제표에 중대한 영향을 미치는 요인들에 대해 토의하였는지의 여부, ② 외부감사가 감사위원회와 함께 회계기준의 질적인 측면에 대한 외부감사의 판단에 대해 토의하였는지의 여부 및 외부감사가 감사위원회와 함께 회사의 재무제표에 중대한 영향을 미치는 요인들에 대해 토의하였는지의 여부, ③ 감사위원회의 위원들이 경영진이나 외부감사가 없는 자리에서 위 ① 및 ②에 열거된 정보들에 대해 토의하였는지의 여부, ④ 감사위원회가 경영진 및 외부감사와의 토의 및 자체 검토결과 회사의 재무제표가 모든 중요한 부분에 있어서 GAAP를 준수하여 적정하게 작성되었다고 보는지의 여부.

(10) (생략-SEC에 연차보고서를 제출하기 전에 외부감사와 감사위원회가 회계기준 및 회계감사의 수행에 수반되는 중요한 문제들에 대해 토의하도록 권고)

[블루리본 위원회의 감사위원회 운영원칙]

(1) 감사위원회는 감사담당 임·직원 및 외부감사, 경영진 등 회사 내외의 전문가들이 합동으로 수행하는 회사의 회계감사와 관련된 전 과정을 감독하는 핵심적인 역할을 수행함.

(2) 감사담당 임·직원들과 감사위원회간의 커뮤니케이션과 정보의 교환은 경영진으로부터의 독립성을 유지하여야 함.

(3) 외부감사와 감사위원회간의 커뮤니케이션과 정보교환은 경영진으로부터의 독립성을 유지하여야 함.

(4) 회사의 재무에 관한 사항의 공시에 있어서 그에 영향을 미치는 주제와 판단에 관해서는 경영진, 감사담당 임·직원, 외부감사간의 솔직한 대화가 요구됨.

(5) 감사위원회 위원은 전문적인 지식과 경험을 바탕으로 적극적으로 업무를 수행하여야 함.

Ⅵ. 감사위원회에 관한 회계개혁법의 내용

미국 회계개혁법상 외부감사에 대한 규제와 유기적인 관계를 가지는 것이 감사위원회에 대한 규율이다.[15] 즉, 이사회 내 소위원회로서 감사위원회를 설치하게 하고 그를 사외이사들로 구성되게 함으로써 외부감사와 경영진간의 유착을 막는다는 것이다. 실제로 회계개혁법의 핵심적인 부분이 바로 이 감사위원회의 구성과 운영에 관한 것이다. 특히 감사위원회의 개혁은 엔론 사건 발생 이전부터 꾸준히 추진되어 온 것이며 동법은 그 결과도 모두 반영하고 있다.

SEC는 2003년 4월 9일에(4월 25일자 발효) '상장회사 감사위원회에 관한 스탠더드'(Standards Relating to Listed Company Audit Com-

15) 회계개혁법은 감사위원회 이외의 다른 소위원회에 대해서는 규율하지 않고 있다. 그러나 SEC는 경영진보수결정위원회(compensation committee)에 관한 규칙인 Rule 16b-3을 오래 전부터 제정하여 시행하고 있다.

mittees)를 제정하였다. 이 규칙은 회계개혁법 제301조(1934년법 제10A조(m)(1))가 위임한 바에 따라 NYSE와 나스닥이 상장회사의 감사위원회에 관한 상장규칙을 개정하는 데 필요한 것이다. 이 규정은 새로운 SEC Rule 10A-3와 기존 여러 규정의 개정규정에 반영되었다. NYSE와 나스닥은 동 규정의 공포 후 1년 이내에 이 규정을 반영한 상장규정을 시행하여야 하는데 NYSE와 나스닥이 준비한 상장규정의 개정안은 SEC에 의해 2003년 11월 4일 승인되었다. 이에 따라 상장회사들은 2004년 1월 15일 또는 2004년 10월 31일 이후에 개최되는 첫 번째 정기주주총회일까지 그 준수에 필요한 제반 조치를 완료해야 한다. 단, 외국기업들과 소규모 상장회사(small business issuer)들은[16] 2005년 7월 31일까지 그 준수에 필요한 제반 조치를 완료하면 된다.

1. 감사위원회의 구성과 권한[17]

회계개혁법에 의하면 감사위원회란 SEC에 등록된 유가증권 발행회사의 이사회가 이사회의 구성원들로 설치하는 위원회이며 회사의 회계와 재무상황에 관한 보고절차를 감독하고 회사의 재무제표를 감사하는 기능을 가지는 위원회 또는 그와 유사한 기구이다.[18] 동법은 회사 내에 그러한 기구가 없는 경우 이사회 전체를 감사위원회로 본다고 규정하고 있다.[19] 이 법에 의하면 앞으로 전원 사외이사로 구성된 감사위원회를 보유하지 않는 기업은 국내외 기업 구별 없이 미국의 증권시장에 상장될 수 없다.[20] 감사위원회를 두지 않는 경우 이사회를 감사위원회로 보

16) SEC Rule 12b-2 참조.

17) 감사위원회의 실무에 관해 일반적으로 Frank M. Burke & Dan M. Guy, Audit Committees: A Guide for Directors, Management, and Consultants(제 2 판, 2002) 참조.

18) 동법 Section 2(a)(3)(A).

19) 동법 Section 2(a)(3)(B).

20) 동법 Section 301.

므로 그 경우 이사 전원이 사외이사이어야 한다.[21]

가. 독립성 기준

감사위원인 사외이사는 독립성(Independence) 기준을 충족하여야 하며 감사위원의 독립성은 회사로부터 이사의 보수 이외에 컨설팅이나 기타의 자문료를 받거나 회사 및 자회사와 사업상의 관계 및 다른 관계를 가지고 있는 경우(affiliated) 인정될 수 없다.[22] NYSE와 나스닥은 감사위원의 독립성에 관한 추가적인 요건을 상장규정에 도입할 수 있다. 이에 비추어 생각해 보면 우리는 경영진으로부터 독립성을 갖춘 이사를 사외이사라는 제도를 통해 도입하였지만 미국에서는 이제 사외이사라기보다는 독립이사라는 내용으로 이사제도를 변형한 것이다. 그러나 사외이사로 부르든 독립이사로 부르든 그 명칭이 중요한 것은 아니고 미국법, 우리 나라 법상의 기준을 각각 충족하는 이사를 선임하는 것이 중요할 것이다. 회계개혁법의 적용을 받는 우리 나라 기업들은 글로벌 베스트 프랙티스를 채택하는 경우 양쪽 기준을 모두 충족시키는 자격을 갖춘 사외이사를 선임해야 한다.

그러나 감사위원회 위원의 독립성에 관한 SEC의 규칙은 해당 이사가 관계를 가지고 있는 단체(entity)가 회사와 사업적인 거래관계를 가지고 있다는 사실만으로는 그 독립성이 훼손되지 않는 것으로 규정하고 있다. 또한 감사위원회의 독립성을 판단하는 SEC 규칙은 소급적으로 적용되지는 않는다. 그러나 NYSE, 나스닥의 상장규정은 독립성 기준충족 여부에 있어서 소급적인 적용규정을 둘 수 있도록 하고 있다.

한편, '관계'(affiliation)기준의 적용에는 통제(control)개념이 중요

21) 회계개혁법에는 규정이 없으나 NYSE, 나스닥의 개정 상장규정은 전체 이사회가 과반수 이상의 독립성을 갖춘 이사들로 구성되도록 하고 있다.

22) 증권관계법이 자격요건으로 규정하는 독립성 요건과 실질적인 독립성 판단은 별개의 문제임에 유의할 필요가 있다. 김화진, 사외이사의 독립성에 관한 미국 델라웨어 주의 오라클 판결, BFL 제3호(2004), 123면 참조.

한 역할을 한다. 즉, 어떤 이사가 회사의 관계인이기 위해서는 직접 또는 단수 내지 복수의 계열회사를 통해 회사를 통제하거나 회사의 통제를 받거나 회사와 공동의 통제하에 있어야 한다. 여기서 통제라 함은 의결권 있는 주식의 소유, 계약, 기타 다른 경로를 통해 회사 또는 사람의 경영이나 정책을 지시하거나 지시를 발생시킬 수 있는 힘을 말한다. 이러한 기준을 통해 특정 이사가 회사와 관계를 가지고 있는지를 판단하기 위해서는 구체적·개별적인 상황을 검토하여야 하는데 SEC는 이와 관련한 안전항(safe harbor) 규정을 도입하였다. 그에 의하면 의결권 있는 주식의 10%+1주를 직접·간접으로 보유하지 않고 있거나 회사의 집행임원이 아닌 경우 그 회사와 관계를 갖지 않는 것으로 본다.

나. 독립성 기준의 예외

후술하는 외국회사 감사위원회와 관련한 예외 이외에도 SEC는 독립성에 관한 두 가지의 예외를 인정하고 있다. 첫째, SEC는 IPO 이전 벤처회사들의 경우 벤처캐피탈의 대표자 또는 다른 내부자가 이사회에 포함되어 있는 것이 통상적이라는 점을 감안하여 이러한 회사에 위 독립성 기준을 엄격히 적용한다면 그 기준을 만족하는 사외이사를 선임하는 것이 대단히 어려울 것이므로 회사가 SEC에 제출한 유가증권신고서가 발효한 날부터 90일간은 감사위원회 위원들 중 1인만 독립성 기준을 충족하면 되는 것으로 하였다.

둘째, SEC는 감사위원회 위원인 사외이사가 계열회사의 이사를 겸직한다는 사실은 독립성 기준의 충족에 장애가 되지 않는다고 본다. 따라서 감사위원회 위원은 회사의 계열회사의 이사로 취임하여 그로부터 이사의 보수를 수령할 수 있으며 독립성에 관한 다른 모든 요건을 충족하는 한 감사위원회 위원으로서의 독립성을 상실하지 않는다.

다. 외부감사의 감독

감사위원회는 외부감사법인의 선정과 보수의 결정, 감독, 해임 등에 관한 직접적인 권한을 보유하며 그와 관련된 책임을 부담한다. 감사위원회는 외부감사가 작성하는 감사보고서 및 관련문서의 준비와 공표를 감독하며 경영진과 외부감사간의 회계공시에 관한 의견의 차이를 조율하여야 한다. 외부감사는 감사위원회에 직접 업무보고를 행하여야 한다.

라. 회계관련 제보의 처리절차

감사위원회는 회사의 임·직원이나 다른 익명의 제보자로부터 접수되는 회사의 회계 및 감사에 관한 제보를 처리하는 데 필요한 절차를 마련하여야 한다. SEC는 각 회사가 어떠한 내용의 절차를 마련해야 하는지는 규제하지 않고 있으므로 각 회사는 구체적인 상황에 적합한 절차를 도입해서 신축성 있게 운영하면 된다.

마. 외부 자문의 활용

감사위원회는 자체 판단에 따라 필요하다고 여겨지는 경우 외부의 변호사나 기타 전문가의 자문을 받을 권한을 보유한다. 상장회사는 감사위원회가 이러한 외부의 자문을 활용하는 데 필요한 비용과 감사위원회의 운영에 소요되는 일반 행정비용을 마련하여야 한다. 그러나 이 규정이 있다고 해서 감사위원회가 회사 내부의 변호사나 회사가 평소에 서비스를 받는 변호사의 조력을 받지 못한다는 것은 아니며 이 규정은 감사위원회가 특별한 상황에서 보다 독립적인 안목에 의한 조력이 필요하다고 판단하는 경우 별도의 외부자문을 활용할 수 있다는 것으로 해석되어야 한다.

바. 재무전문가 요건

이 법의 적용대상 기업들의 감사위원회 위원들 중 최소한 1인은 이 법이 규정하는 기준을 충족하는 재무전문가(Financial Expert)이어야 한다. 재무전문가란 관련 분야에서의 교육을 통해 재무제표와 GAAP를 이해할 수 있는 능력을 보유하고 자신이 속해 있는 회사와 유사한 규모 및 수준의 회사를 위해 GAAP를 적용하여 재무제표를 작성하거나 재무제표를 감사해 본 경험이 있으며 감사위원회 위원으로서나, 아니면 감사위원회에 보고하는 입장에 있는 임원 또는 외부감사로서의 경험 등 감사위원회 관련 경험이 있는 인사를 말한다.[23)]

재무전문가에 관한 외국기업들의 공시의무는 2004년에 제출되는 Form 20-F에서부터 발생하였다. 해당 기업들은 감사위원회에 최소 1인의 재무전문가가 포함되어 있음을 공시하거나 그렇지 못한 경우 그 이유를 설명하여야 한다. 외국기업들의 경우 아직 감사위원회의 설치가 강제되어 있지 않지만 상술한 바와 같이 감사위원회가 없는 경우 전체 이사회를 감사위원회로 보게 되므로 이사회 내에 최소 1인의 재무전문가를 두거나 두지 못하는 이유를 설명하여야 한다. 이사들 중 누가 재무전문가인지는 이사회가 적극적으로 결정(affirmative determination)한다. 그리고 외국기업들은 2005년 7월 31일부터는 감사위원회 내의 재무전문가가 NYSE 또는 나스닥의 상장규정이 규정하는 바에 따른 독립성을 갖추었는지도 공시하여야 한다. 즉, 재무전문가인 감사위원(이사)에 대하여는 본국법이 아닌 미국법상의 독립성 요건이 충족되어야 한다.[24)]

---

23) 일반적으로 Philip B. Livingston, *Test Your Financial Literacy,* Directors & Boards 21(Winter 2002) 참조.

24) 회계전문가의 감사위원회 영입이 비정상수익률의 상승으로 연결된다는 보고가 있다. Mark Defond et al., Does the Market Value Financial Expertise on Audit Committees of Board of Directors?(Working Paper, Feb. 2004).

2. NYSE 상장규정

가. 증권거래소 상장규정의 위치

상장요건을 'Listing Standards'라 부른다. 기업지배구조에 관한 요건들은 특히 'Qualitative Listing Stadards'라고 하는데 이는 기업의 역사, 재무에 관한 내용이나 기타 계량적인 내용을 포함하는 'Quantitative Listing Standards'와 대비되는 개념이다. NYSE의 경우 굳이 '스탠더드'라고 불리울 만큼 보편적인 내용을 상장기업들에게 적용하기 시작한 것은 비교적 최근의 일이며 초기에는 개별 기업들과 체결하는 상장계약에 이에 관한 내용이 포함되어 있었다. 따라서 상장기업마다 각기 다른 상장규정이 적용되었던 셈이며 이와 같은 사정은 오늘날까지도 정도의 차이는 있지만 유지되어 왔다. NYSE가 상장기업들에게 재무에 관한 정보를 요구해서 성공적으로 관리할 수 있게 된 것은 1895년경이었다고 한다. 그러나 당시 증권의 상장이 증권을 거래하는 데 필수적인 전제가 아니었던 관계로 1910년에 이른바 '비상장부'(Unlisted Department)가 폐지되면서 비로소 상장규정이 발달하기 시작하였다. NYSE의 기업지배에 관한 최초의 상장요건은 연례 정기주주총회 개최요건이었다. 이 요건이 언제 등장하였는지는 역사적으로 불분명하다고 한다. 그러나 1909년경의 상장계약들이 연례 정기총회 이전에 일정한 재무자료를 공표하도록 하고 있는 것으로 보아 그 이전이었을 것으로 추정되고 있다.

나중에 결국 폐기되었지만 1920년대에는 1주 1의결권원칙이 도입되었다. 1953년에는 주주총회 성립정족수 규정이 도입되었으며, 1955년부터는 발행주식 총수가 20% 이상 증가하는 사안에 대한 주주총회의 승인규칙이 추가되었다. 1956년에는 이사회에 2인 이상의 사외이사를 두도록 하였고, 1959년에는 위임장권유에 관한 규칙이 시행되었다. 1960년에는 회사의 경영권이 바뀌는 사안에 대한 주주총회의 승인요건이 도입되었다. 1970년대에는 기업지배구조에 대한 관심이 증가하여 감사위원회의 독립성을 확보하기 위한 조치들이 취해졌다. NYSE가 기업의 지배구조에 대한 상장요건을 꾸준히 발달시켜 온 것은 1950년대부터 발생한 증시의 기관화 때문이었다고 한다. 즉, 증시의 기관화가 거래량을 감소시켜 NYSE로서는 위기의식을 느끼게 되었던바, 이를 주주민주주의의 뒷받침을 받는 개인투자자 육성으로 해결해 보려고 하였다는 것이다. 기업지배구조에 관한 상장요건이 결과적으로 주주들의 이익을 보호하게 된 것은 부인할 수 없지만 그 발달의 기원은 개인투자자 기반의 확충과 그를 통한 거래소 회원들의 영업기반 유지에 있었다는 것이다.[25]

회계개혁법이 미국 기업과 미국에 진출한 외국기업들의 지배구조를 직접 규율하고 있으므로 이제 미국 증권거래소의 상장규정은 이전보다 더 중요한 규범으로서 기능하게 되었다.

나. 감사위원회에 대한 규율

NYSE의 상장규정은 감사위원회 위원인 이사의 독립성에 관해 회계개혁법보다 훨씬 더 상세하고 엄격한 내용으로 구성되어 있다. 그리고 회계개혁법은 규정하고 있지 않지만 NYSE 상장규정은 감사위원의 자격에 관한 요건을 소급적으로 규율하면서 3년간의 이른바 'Cooling Off Period'를 도입하고 있기도 하다. NYSE는 상장규정상의 기업지배구조에 관한 요건들을 외국기업들에 대해 적용을 면제해 주는 정책을 그대로 유지하기로 하였으나 감사위원회에 관한 규정들은 거의 모두 외국기업들에게도 적용되는 것으로 하고 있다. 그러나 외국기업들은 본국법상의 기업지배구조에 관한 요건들을 이유로 미국법 적용의 면제를 받더라도 양 제도간의 중요한 차이에 대해서는 그 내용을 공시하여야 한다. 한

25) Douglas C. Michael, *Untenable Status of Corporate Governance Listing Standards Under the Securities Exchange Act*, 47 Business Lawyer 1461 (1992) 참조.

편, NYSE의 상장규정은 감사위원회 이외에도 상장기업들이 전원 사외이사로 구성되는 경영진보수결정위원회(Compensation Committee)와 사외이사선임위원회 또는 기업지배구조위원회(Nominating Committee 또는 Corporate Governance Committee) 등을 설치하도록 규정하고 있다.

NYSE의 상장규정에 의하면 상장회사의 감사위원회 규정은 다음과 같은 감사위원회의 책임과 의무를 규정하여야 한다.

(1) 외부감사의 선임, 평가 및 해임과 외부감사에 대한 보수의 결정(이는 경영진과 외부감사인 사이의 이견조정과 비감사업무에 대한 승인을 포함한다)
(2) 회사의 임·직원이나 다른 익명의 제보자로부터 접수되는 회사의 회계 및 감사에 관한 제보를 접수, 관리, 처리하는 데 필요한 절차의 마련
(3) 최소한 연 1회 외부감사로부터 다음과 같은 사항이 포함된 검토보고서의 수령: ① 외부감사의 내부 업무통제(quality control) 절차, ② 외부감사의 가장 최근 내부 업무통제 검토과정 또는 업계의 업무검토과정 등에서 제기된 문제, 최근 5년간 정부기관, 협회 등의 조사나 질의 과정에서 제기된 문제, 그러한 문제의 해결을 위해 취해진 조치, ③ 외부감사와 회사간의 모든 업무관계
(4) 회사의 연차 감사보고서 및 분기 재무제표에 대한 경영진과의 토의, MD&A에 기재된 공시내용에 관한 토의
(5) 애널리스트 및 신용등급평가기관에 제공된 회사의 재무에 관한 정보, 수익에 관한 자료 등에 관한 토의
(6) 필요한 경우 외부의 변호사, 회계사, 기타 전문가로부터의 조력과 조언을 획득
(7) 변호사, 회계사 등 외부전문가의 조력을 받는 데 소요된 비용의 회사로부터의 수령
(8) 위험의 평가와 관리에 관한 회사정책의 토의
(9) 회사의 경영진, 내부감사, 외부감사와 각각 정기적으로 회합
(10) 감사와 관련된 제반 문제와 애로사항, 경영진의 그에 대한 반응 등을 외부감사와 함께 검토

(11) 외부감사의 신규 및 전직 직원채용에 관한 명확한 정책의 수립
(12) 감독책임과 관련하여 발생하는 제반문제의 이사회에 대한 수시보고

3. 외국기업의 감사위원회

회계개혁법 적용대상 외국기업들은 2005년 7월 31일 이후에는 전 위원이 상술한 내용의 독립성을 갖춘 감사위원회를 설치하여야 한다.[26] 그러나 동법의 요건과 본국법의 충돌로 인해 외국기업들이 그와 같은 의무를 이행하는 것이 불가능한 경우가 많을 것으로 예상되어 이 문제는 동법 제정 이후 가장 활발한 논의의 대상이 되었다.

미국 증권법의 회사법화 경향은 미국에 진출한 외국기업들에게는 본국의 제도와의 상충을 발생시켜 점차로 이 문제가 당사자인 기업들과 관련 국가들의 감독당국, 증권시장, 증권업계에 큰 중요성을 갖게 되기에 이른다. 본국의 법이 종업원대표를 포함시킨 감사위원회를 설치하도록 하고 있는데 미국의 증권법이 감사위원회 위원은 감사위원으로서의 활동에 대한 보수 외에는 일체의 금전을 회사로부터 수령하지 못하도록 하는 경우 어떻게 할 것인가? 이러한 문제는 미국의 회계기준을 채택해서 재무제표를 작성하라고 하는 것과는 전혀 성격을 달리하는 문제이며 해당 기업의 차원에서는 해결할 수 없는 법충돌의 문제이다. 우리 나라의 경우에도 증권거래법시행령 제84조의24 제 1 항 제 2 호가 공기업의 경영구조개선및민영화에관한법률의 적용을 받는 상장법인은 자산총액이 2 조원 이상이어도 감사위원회 설치의무를 면제하고 있는데 이에 해당하는 기업이 미국의 SEC에 등록되어 있는 경우라면 감사위원회를 설치해야 하므로 일종의 법충돌이 발생하는 셈이다. KT가 민영화되지 않았다면 이 규정이 문제되었을 가능성이 있다.

---

26) SEC Rule 10A-3(b). 예외에 관한 규정은 SEC Rule 10A-3(b)(iv), 10A-3(c).

이러한 문제에 부딪히게 될 때 해당 기업이 선택할 수 있는 방법은 두 가지가 있다. 본국의 법을 준수하기 위해 미국의 법을 위반함으로써 상장폐지를 포함한 일련의 제재를 받는 방법과 미국 시장에의 진출을 포기하거나 진출해 있는 경우 철수하는 것이다. 그러나 양자 모두 해당 기업에게는 물론이고 관계되는 국가들의 경제에도 도움이 되지 않는 방법이다. 더구나 제도의 충돌 배경이 증권의 발행, 유통, 공시에 있어서 사기적인 행위를 규제하는 성격의 것이 아니라 해당 기업의 지배구조에 관한 것이기 때문에 규제체계의 상충을 이유로 국제적인 증권의 발행과 거래를 위축시키는 것은 누구도 원하는 바가 아니고 그는 현명하지 못한 처사가 될 것이다.

이러한 생각에서 SEC는 미국 증권시장에 상장된 외국회사들 중 일부가 감사위원회에 관한 본국법상의 지배구조 요건 때문에 새 규정을 준수할 수 없는 경우가 있음을 감안하여 미국의 기업지배구조 실무와 현저한 차이를 가지고 있는 외국기업의 지배구조에 대해 제한된 범위 내에서 예외적인 조치를 취하기로 하였다. 그 내용은 다음과 같다.

(1) 독일을 포함한 일부 국가들의 경우 감사위원회에 종업원대표가 포함되도록 하고 있는데 이는 새 규정상 감사위원의 독립성 기준에 위배된다. 그러나 이러한 지배구조야말로 경영진에 대한 통제를 확보하기 위해 회계개혁법이 중점을 두고 있는 감사위원의 독립성 강화라는 입법목적을 충족시키는 것이다. 따라서 이 문제를 감안하여 규정 내에 예외를 도입하였다. 즉, 경영진의 일원이 아닌 종업원은 해당 회사의 본국법 또는 상장규칙에 따라 선임되어 감사위원회에 소속되게 되는 경우 감사위원이 될 수 있다.

(2) SEC는 일부 외국회사들이 이른바 이원적 이사회(two-tier board)를 보유하고 있다는 사실을 인식한다. 이원적 이사회는 경영을 담당하는 경영위원회와 그를 감독하는 감사위원회로 구성된다.[27] SEC는 이

27) 독일의 경우 Aufsichtsrat가 이에 해당한다: Marcus Lutter & Gerd Krieger, Rechte und Pflichten des Aufsichtsrats(제 4 판, 2002) 참조.

경우 감사위원회가 미국법상의 감사위원회와 같은 것으로 보며 해당 회사들은 'Board of Directors'가 양자 중 감사위원회를 지칭한다는 점을 분명히 하여야 한다. 이에 해당하는 외국회사들의 경우 감사위원회 내에 별도로 미국법상의 감사위원회를 설치할 수 있고, 그렇지 않은 경우 위원회 전체를 미국법상의 감사위원회로 할 수 있다. 물론 후자의 경우 이 규정의 제반 요건을 충족하여야 한다.

(3) SEC는 일부 외국의 경우 지배주주 또는 주주그룹이 전통적으로 기업지배구조에 있어서 중요한 역할을 담당하고 있음을 인식한다. 이들 국가에서는 감사위원회가 설치되는 경우 지배주주 대표가 그에 포함되는 것이 통례이다. SEC는 감사위원의 독립성 문제에 있어서 입법목적의 달성을 해함이 없이 이와 관련한 예외를 인정하는 것이 가능하다고 본다. 따라서 해당 외국회사는 지배주주 또는 지분의 50% 이상을 보유하는 주주그룹의 대표를 감사위원회에 포함시킬 수 있다. 단, 이 경우 감사위원의 독립성에 관한 다른 모든 요건은 충족되어야 하며 해당 감사위원은 감사위원회의 의장이 될 수 없고 의결권을 갖지 않는 옵서버의 지위만 가진다. 또 해당 감사위원은 회사의 경영진에 포함될 수 없다.

(4) SEC는 일부 외국의 경우 정부가 일부 기업의 지배구조에 있어서 중요한 역할을 담당하며 특수한 종류의 주식을 보유하기도 함을 인식한다. 그러나 새 규정에 의하면 정부대표는 독립성 요건을 충족시키지 못한다. 따라서 이 규정에 대한 예외로서 외국 정부의 대표를 감사위원회에 포함될 수 있도록 한다. 그러나 이 경우에도 감사위원의 보수에 관한 요건은 적용되며 해당 감사위원은 경영진에 포함될 수 없다.

(5) 마지막으로, SEC는 일부 외국의 경우(예컨대 일본) 이사회와 독립된 기구에 의해 감사업무가 수행되고 있음을 인식한다.[28] 그러한 기구의 구성원들은 경우에 따라서는 이 규정에 의한 감사위원의 독립성 요건을 충족하지 못한다. 또 그러한 기구는 이 규정이 상정하고 있는 감사위원회의 책임범위에 못미치는 책임을 부담하고 있다. 그러나 그러한 기구와 별도로 이 규정에 의해 감사위원회를 설치한다면 비효율성과

---

28) 일본의 최근 기업법 개혁 움직임에 대해서는 권종호, 일본의 기업법제 개정에 관한 연구(코스닥등록법인협의회, 2004) 참조.

권한의 충돌문제가 발생할 가능성이 있다. 따라서 다른 모든 요건을 충족하는 경우 그러한 기구를 보유하고 있는 외국 회사들에 대해 이 규정에 대한 예외를 인정하고자 한다. 즉, 그러한 회사들은 이 규정상의 독립성 요건을 충족하는 감사위원들로 구성된 감사위원회를 별도로 설치하지 않아도 된다. 그러나 현행의 감사업무 수행기구는 이 규정상 감사위원회가 수행하도록 되어 있는 일부 규칙의 적용을 받으며, 법이 정하는 범위 내에서 외부감사의 선정과 감독에 관한 권한을 보유하여야 한다.

외국기업이 이러한 예외조치의 혜택을 받고자 하는 경우에는 이사 선임을 위한 주주총회 위임장 관련자료와 Form 20-F, Form 40-F 등을 사용한 연차보고서에 그 사실을 기재하여야 하며 그에는 그러한 예외의 활용이 해당 회사 감사위원회의 독립성에 영향을 미칠 것인지, 영향을 미친다면 어떤 내용이 될 것인지에 대한 평가도 포함되어야 한다.[29)]

이와 같은 외국기업들에 대한 지배구조 측면에서의 예외조치들을 살펴보면 구조적인 이유에서 미국법의 준수를 곤란하게 하는 요소들을 거의 다 커버하고 있다. 그러나 우리 나라의 경우 감사위원회 위원 전원을 사외이사로 하라는 규정을 제외하면 우리 나라 기업들이 특별히 회계개혁법의 준수를 곤란하게 생각하거나 우리 나라의 법이 그를 곤란하게 하는 내용은 발견되지 않는다. 이로부터 우리 나라 상장회사의 지배구조에 관한 제도가 이미 상당한 수준으로 미국의 그것에 접근해 있음을 알 수 있다.

4. 감사위원회관련 규정의 집행과 벌칙

SEC Rule 10A-3에 의하면 NYSE와 나스닥은 회계개혁법상의 감사위원회에 관한 규칙을 준수하지 않는 기업을 상장시키거나 상장유지

29) NYSE 상장규정 Section 303A.06, 303A.11, 303A.12(b); NASD Rules Section 4350(a) 참조.

시킬 수 없다. 따라서 해당 기업이 관련된 증권거래소는 법규위반이 발생하는 경우 시정기회의 부여를 거쳐 필요시 해당 기업을 상장폐지시켜야 한다. NYSE와 나스닥은 상장기업들의 임원들로 하여금 감사위원회와 관련한 규정에 대한 중대한 위반이 발생하는 경우 그를 즉시 거래소에 통보하도록 하여야 한다.

그 외 규정의 위반과 관련하여서는 SEC가 필요한 규칙을 제정할 권한을 부여받으며 SEC는 회계개혁법상의 지배구조 관련규정 위반을 1934년법 위반으로 취급하여 그에 상응하는 다양한 제재를 가할 수 있다. 그러나 CEO/CFO 인증서의 경우도 마찬가지이지만 외국기업이나 그 임원, 이사들이 회계개혁법의 규정을 위반하는 경우 실제로 SEC가 어떻게 그를 제재할 것인지는 아직 불분명하다.

Ⅶ. 재무전문가의 의미

위 회계개혁법은 재무전문가를 정의하지 않고 있다. 재무전문가의 정의는 SEC가 제정할 규칙에 의하게 될 것이다. 그러나 실제로 감사위원회 위원으로 활동할 이사가 어떤 경우에 재무전문가 수준의 자질을 가지며, 재무전문가까지는 되지 않더라도 재무를 이해할 수 있는(financial literacy 개념) 인사인가에 대해서는 큰 이론이 없는 기준들이 이미 통용되고 있다고 보아야 할 것이다. 회사의 회계와 재무에 관한 사항의 공시를 감독하는 감사위원이 재무제표를 이해할 수 없다든지 기업금융의 기본적인 개념조차 알 수 없다든지 하는 경우 감사위원으로서 임무를 다할 수 없음은 두말할 나위도 없다. 그러나 미국에서의 현실은 예컨대 이공계 출신으로서 평생 국방부 관리로 일하였다든지, 정치학과 출신으로서 평생 외교관의 경력을 가졌다든지 하는 이사를 감사위원으로 선임하고 경영진이 준비한 서류에 서명만 하도록 하는 일이 비일비재하였다는 것이다. 제약회사의 경우 의사가 사외이사로 활동하는 경우가 드물지 않은데, 극히 예외적인 경우를 제외하면 의사들은 회계와 재무에 문외한인 것으로 보아야 한다. 이들은 사외이사로서 다른 측면에서 회사를 지원하고 경영진을 감독할 수는 있어도 감사위원으로서는 부적합하다고 할 것이다.

회계개혁법에 의하면 상술한 바와 같은 재무전문가의 감사위원 선임을 포함한 새로운 요건을 갖추지 못하는 회사는 그 이유를 설명함으로써 그에 대신할 수 있다고 한다. 실제로 미국에서는 많은 기업들이 단시간 내에 자격을 갖춘 감사위원을 확보할 수 없을 것으로 예상되고 있어서 잠정적으로는 이 설명의무의 이행으로 법정 요건충족에 대신하는 회사들이 많을 것으로 보인다. 그리고 이 경우 해당 분야의 전문가로 구성된 자문위원회를 설치하여 한시적으로 감사위원회를 보좌하도록 하는 방법도 있을 것이다. FEI(Financial Executives International)가 마련한 재무전문가의 세 가지 중요한 자질은 다음과 같다: ① 일반적으로 인정된 회계원칙(GAAP)을 이해할 수 있을 것, ② 자신이 속해 있는 회사와 유사한 규모 및 수준의 회사를 위해 재무제표를 작성하거나 재무제표를 감사해 본 경험이 있을 것, ③ 감사위원회 위원으로서나, 아니면 감사위원회에 보고하는 입장에 있는 임원 또는 외부감사로서의 경험 등 감사위원회 관련 경험이 있을 것.[30]

최근의 증권거래법 개정으로 우리 나라 상장기업들의 감사위원회도 회계 또는 재무전문가 1인을 포함해야 한다(증권거래법 제54조의6 제2항 제2호). 회계 또는 재무전문가라 함은 공인회계사의 자격을 가진 자로서 그 자격과 관련된 업무에 5년 이상 종사한 경력이 있는 자, 재무 또는 회계 분야의 석사학위 이상의 학위를 가진 자로서 연구기관 또는 대학에서 재무 또는 회계관련 분야의 연구원 또는 전임강사 이상의 직에 5년 이상 근무한 경

30) Philip B. Livingston, *Test Your Financial Literacy*, Directors & Boards 21(Winter 2002) 참조.

력이 있는 자, 상장회사에서 재무 또는 회계관련 업무에 임원으로 5년 이상 또는 임·직원으로 10년 이상 근무한 경력이 있는 자, 정부·지방자치단체·정부투자기관·금융감독원 또는 증권관계기관에서 재무 또는 회계관련 업무 또는 이에 대한 감독업무에 5년 이상 근무한 경력이 있는 자, 금융감독기구의설치등에관한법률 제38조의 규정에 의한 검사대상기관(이에 상당하는 외국금융기관 포함)에서 재무 또는 회계관련 업무에 5년 이상 근무한 경력이 있는 자 등이다(증권거래법시행령 제37조의7 제2항).

Ⅷ. 감사위원회에 관한 실증적 연구결과

미국 기업들이 널리 감사위원회 제도를 채택하여 운영하고 있음에도 불구하고 감사위원회가 그 고유의 기능을 수행하여 기업지배구조의 개선과 기업실적의 상승에 실제로 기여하고 있는지에 대해서는 명확한 실증적인 데이터가 아직 나와 있지 않다. 감사위원회에 대한 연구결과는 크게 네 가지 방향으로 나누어진다.

첫째는, 감사위원회의 독립성에 대한 몇몇 연구결과들은 증권거래소의 상장규정에도 불구하고 연구대상 미국 기업들 중 25% 이상이 사외이사가 소수인 감사위원회를 보유하고 있음을 밝히고 있다.[31] 연방예금보험공사법의 적용을 받는 은행들의 경우에도 유사한 결과가 발견되었다고 한다.[32] 감사위원회가 전반적으로 독립성을 결하고 있음을 보이는 연구도 있다.[33]

---

31) D. Vicknair et al., *A Note on Audit Committee Independence: Evidence from the NYSE on 'Grey' Area Directors,* 7 Accounting Horizons 53 (March 1993).

32) C. Verschoor, *Benchmarking the Audit Committee,* Journal of Accountancy 59(September 1993).

33) April Klein, *Firm Performance and Board Committee Structure,* Journal of Law and Economics 135(April 1998).

둘째는, 자발적으로 감사위원회를 설치·운영하는 기업들의 특성에 관한 연구이다. 한 연구는 감사위원회를 보유하고 있는 기업들의 경우 Big 8에 속하는 회계법인을 외부감사로 선임하는 경향이 두드러지며 감사위원회가 없는 기업에 비해 사외이사의 비중이 높음을 보이고 있다. 그러나 이 연구는 감사위원회와 기업실적간의 체계적인 상관관계는 발견할 수 없다고 한다.[34] 즉, 이 연구는 감사위원회가 경영자 통제역할을 위해 활용될 수는 없음을 보이고 있으며 이사회가 감사위원회에 그러한 역할을 기대하고 있지도 않다고 한다.

셋째는, 감사위원회의 구성이 아니라 감사위원회의 존재 자체의 효과에 관한 연구이다. 한 연구는 감사위원회의 설치가 기업의 수익증가와 정의 상관관계를 가짐을 보이고 있다.[35] 또다른 연구는 사외이사가 소수이고 감사위원회가 없는 기업이 그렇지 않은 기업에 비해 실적을 과장하는 부실공시를 행할 가능성이 높음을 실증한다.[36]

넷째는, 최근의 한 연구는 강력한 CEO가 있는 회사의 경우 감사위원회는 소극적이며 독립적이지 못함을 보이고 있고, 또 감사위원회는 회사의 경제적 필요에 상응하여 구성되고 운영됨을 보이고 있다.[37] 즉, 경영진에 대한 감독의 필요와 사외이사의 비율간에는 정의 상관관계가 확인되며 감사위원회의 개최빈도도 마찬가지이다. 같은 결론이 회사가

---

34) K. Menon & J. Williams, *The Use of Audit Committees for Monitoring,* 13 Journal of Accounting and Public Policy 121(1994); J. Eichenseher & D. Shields, *Corporate Director Liability and Monitoring Preferences,* 4 Journal of Accounting and Public Policy 13(1985).

35) J. Wild, *Managerial Accountability to Shareholders: Audit Committees and the Explanatory Power of Earnings for Returns,* 26 British Accounting Review 353(1994).

36) P. Dechow et al., *Causes and Consequences of Earnings Manipulation: An Analysis of Firms Subject to Enforcement Actions by the SEC,* 13 Contemporary Accounting Research 1(1996).

37) April Klein, Economic Determinants of Audit Committee Composition and Activity(New York University Center for Law and Business Working Paper, March 1998).

재무제표의 작성과 공시에 관한 소송을 당할 위험성 차원에서도 도출된다. 이 연구에 의하면 경영진에 대한 감독의 필요성과 투자자들로부터 부실공시를 이유로 한 소송을 당할 가능성이 높은 기업일수록 감사위원회에 사외이사의 비중이 높으며 회의의 빈도도 높다고 한다. 다시 말하면, 해당 기업들이 독립적인 형태의 감사위원회를 설치하여 활발히 운영함으로써 투자자들이나 SEC로부터 소송을 당할 가능성을 줄이려고 노력한다는 것이다.

[감사위원회 제도의 국제적 확산]

감사위원회 제도는 이제 미국에서뿐 아니라 전세계적으로 확산되어 있는 제도이다. 세계 각국의 기업지배구조 모범규준들을[38] 분석한 결과에 의하면[39] 호주, 캐나다,[40] 벨기에, 프랑스, 일본,[41] 네덜란드, 스웨덴, 영국[42] 등이 미국과 함께 감사위원회를 포함한 이사회 내 소위원회 제도를 두고 있으며 이들 모든 국가에서 사외이사들이 중요한 역할을 부여받고 있다. 태국, 멕시코에서도 감사위원회의 역할이 강조되고 있다고 하며 그 기능은 미국 기업 감사위원회의 그것을 모델

38) 2001년 세계증권거래소연맹이 조사한 바에 의하면 회원들의 76%가 자국이 기업지배구조 모범규준을 보유하고 있다고 답하였다. 이 규준들을 가장 포괄적으로 수집해서 제공하고 있는 웹 사이트는 유럽기업지배구조연구소(European Corporate Governance Institute)의 사이트이다: http://www.ecgi.org/codes 참조. 모범규준의 원조는 1992년에 영국중앙은행과 런던증권거래소가 캐드버리(Sir Adrian Cadbury) 위원회에 의뢰하여 작성한 캐드버리 보고서이다. 캐드버리경은 유럽의 대표적인 식음료 제조회사인 캐드버리 그룹(독일의 Schweppes와 1969년에 합병한 회사이다) 회장과 영국중앙은행 이사를 역임한 인사이다. 캐드버리 그룹의 잘 알려진 브랜드로는 Dr Pepper, 세븐업, Snapple, 캐나다 드라이 같은 것들이 있다.

39) Monks & Minow, 위의 책, 445면 참조.

40) Mark Beasley et al., The Relationship Between Board Characteristics and Voluntary Improvements in Audit Committee Composition and Experience(Working Paper, June 2001).

41) 권종호, 일본의 기업지배구조 동향과 우리 나라 감사제도의 개선, 상장협(1999년 춘계호) 참조.

42) Laura F. Spira, 위의 책.

로 한다. 인도와 말레이지아도 감사위원회 제도를 두고 감사위원회가 3인 이상의 이사로 구성될 것을 규정하고 있으며 남아프리카와 인도의 경우 감사위원들이 보다 많은 시간을 업무에 투입할 것을 명시적으로 요구받고 있다.

Ⅸ. 우리 나라 상장회사 감사위원회의 기능

기업지배구조개선지원센터에 따르면 2004년 초를 기준으로 상장법인 671개사, 등록법인 865개사 중 감사위원회를 두고 있는 법인은 각각 121개사, 24개사에 이르는 것으로 나타났다. 이는 전체 상장 및 등록법인의 각각 18%, 2.8%를 차지하는 것이다. 이 가운데 증권거래법에 의해 의무적으로 감사위원회를 설치한 상장·등록법인은 각각 69개사, 4개사였고 자발적으로 감사위원회를 설치한 법인도 각각 52개사, 20개사에 이르렀다. 감사위원회 위원의 수는 상장법인은 평균 3.21명, 등록법인은 3.13명 수준이었다고 한다. 위원회의 개최 횟수는 평균 6.92회, 4.96회였으며 감사위원회 내 사외이사의 수는 상장등록법인이 평균 2.74명, 2.33명을 나타냈다. 특히 자발적으로 감사위원회를 두고 있는 총 자산 2조원 이하의 기업들의 경우에도 감사위원회의 사외이사 비중이 3분의 2 이상인 것으로 조사되었다.

우리 나라는 미국의 감사위원회 제도를 염두에 두고 감사위원회 제도를 만들었으나 일본과 우리 나라에 특유한 제도였던 감사제도를 새로운 감사위원회 제도와 연계시킨 데서 특수한 문제가 발생한다. 즉, 감사위원회의 권한을 감사의 권한과 동일하게 설정한 것이다. 이로부터 감사위원회가 미국의 감사위원회가 수행하는 광범위한 기능을 수행할 수 있는가 하는 문제가 제기된다. 권한이 법정되어 있기 때문이다. 그러나 다른 한편으로 상법은 주식회사의 이사회가 소위원회를 설치할 수 있게 하고 이사회가 그에 위임할 수 있는 권한의 범위를 대단히 넓게 규정하고 있기도 하다. 따라서 우리 나라의 감사위원회가 종래 감사가 수행하던 기능 외에 미국의 감사위원회가 수행하는 기능을 담당하는 데 특별한 법률적인 문제가 있는 것으로 보이지는 않는다. 잠사위원회를 감사와 이사회의 소위원회의 성격을 동시에 가지는 기관으로 인식하면 될 것이다.

실제로 기업의 회계감사와 준법감시가[43] 엄중하게 이루어지는 데 대해 반대할 아무런 이유가 없고 그는 주주와 투자자들의 이익으로 연결되므로 우리 나라의 감사위원회가 그와 관련된 광범위한 기능을 수행하는 것을 막을 이유가 없다. 이는 창의적인 기업지배구조의 형성과 운영을 통한 기업가치의 제고라는 이상과도 부합된다. 특히 미국 시장에 진출해 있는 기업들과 진출을 계획하는 기업들의 경우 미국의 감사위원회 제도와 정합하는 감사위원회를 설치·운영함으로써 국제적인 투자자들로부터 좋은 평가를 받아 기업의 가치를 높일 필요가 있으며 법의 해석이 그를 어렵게 하는 방향으로 이루어질 이유는 없을 것이다.

구체적으로는, 위에서 본 미국의 실무상 감사위원회는 외부감사의 선임은 물론이고 내부통제시스템이라든가 회사의 내부감사 담당임원 등의 선임에 대해서도 결정권을 가지지만 우리 현행법상 감사는 외부감사의 추천권을 갖는 외부감사선임위원회에 참여할 수 있을 뿐이고 내부감사 담당임원의 선임에 대해서는 아무런 권한도 없다는 점을 지적할 수 있다.[44] 특히 미국의 증권시장에 진출하고 있는 우리 나라 기업들의 감

43) 준법감시제도와 감사위원회의 관계에 대하여는 손성, 미국 회사법제에서의 준법감시인제도에 관한 법이론적 고찰, 상장협(2001년 춘계호) 참조. 감사위원회에 관해 일반적으로, 서울대학교 금융법센터 BFL 제13호(2005. 9) 좌담회 기록 '감사위원회의 법과 실무' 참조. 또, 김건식, 법적 시각에서 본 감사위원회, 같은 책, 35면; 김일섭, 현장에서 바라 본 감사위원회의 모범실무, 같은 책, 51면 참조.

44) 감사위원회를 설치하는 경우 주식회사의외부감사에관한법률에 의해 외부감사의 선임시에 감사위원회의 승인을 받아야 한다(동법 제 4 조 제 2 항). 또 감사위원회는 회사가 외부감사인과 계약을 체결할 때 감사보수 및 감사시간에 관해 협의할 권한을 가진다(동법 제 4 조 제 7 항).

사위원회는 이사회의 소위원회로서 회계개혁법이 규정하는 내용에 따른 감사위원회의 의무를 수행하는 데 필요한 모든 권한을 보유하여야 할 것이다. 다만, 감사위원회가 설치되어 일정한 업무를 전담하게 되면 감사위원회에 속하지 않는 다른 사외이사들이 회사의 회계나 재무에 관한 사항에 대해 무관심해지는 경향이 발생할 것이다. 이는 감사위원회를 설치하는 취지에 맞지 않을 뿐 아니라 아래에서 보는 바와 같이 이사의 법적 책임 차원에서도 경계해야 할 일이 아닐 수 없음에 유의해야 할 것이다.

X. 감사위원의 법적 책임

감사위원회는 이사회의 권한에 속하는 사항을 위임받아 수행하는 이사회 내의 소위원회이다. 또 감사위원회는 종래 감사의 권한에 속하는 권한을 행사하는 기관이기도 하다. 따라서 감사위원의 임무해태가 있는 경우 감사의 법적 책임에 관한 법리의 적용을 받게 됨은 물론이고 이사회 내 소위원회의 구성원으로서의 법적 책임도 지게 된다. 양 책임은 경합하는 듯하며 상법이 감사위원회에 관해 명문으로 감사의 책임에 관한 규정(제414조)을 준용하므로 그를 책임의 근거로 삼게 된다.

한편, 감사위원회의 권한에 속하는 사항에 대한 감사위원이 아닌 이사의 책임문제가 새로 등장한다. 감사위원회에 속하지 않는 이사는 감사위원회의 결의에 대해 이사로서 법적 책임을 지는가? 미국에서는 감사위원회에 속하지 않는 이사는 원칙적으로 감사위원회의 결의에 대해 법적 책임을 지지 않는 것으로 이해되고 있어서 감사위원회의 설치는 이사들의 책임경감을 초래하는 것으로 여겨지고 있다.[45] 물론, 이사회는 이사회 내 소위원회에 대한 감독책임을 지기 때문에 감독의무를 소홀히

45) Hanno Merkt, US-amerikanisches Gesellschaftsrecht 323-325(2판, 2006) 참조.

해서는 안 된다. 그러나 소정의 감독책임을 다한 이사회의 감사위원이 아닌 이사들은 감사위원회의 임무해태에 대해 법적 책임을 지지 않는다.

우리 나라에서도 이사회 내 위원회의 결의는 원래 이사회가 결정할 사항을 위원회에 위임하여 이루어지는 것이므로 위원회의 결의에 대해서는 각 이사가 감시의무를 지며 이사회가 감독권을 갖는 것으로 해석되고 있다.[46] 이에 의하면 이사는 부당한 위원회의 결의가 있는 경우 전체 이사회를 소집함으로써 감시의무를 다하게 되고 이사회는 부당한 위원회의 결의를 번복하는 결의를 행함으로써 감독의무를 다한다고 한다. 따라서 우리 상법의 해석으로도 감사위원이 아닌 이사들은 그러한 감시의무를 다하는 한 감사위원회의 결의에 대해 원칙적으로 법률적 책임을 지지 않는 것으로 보아야 할 것이다.

XI. 창의적인 기업지배구조와 감사위원회

비록 이론적으로는 감사위원회의 설치가 기업의 실적으로 연결된다는 명확한 증거는 없지만 미국 기업들의 대다수가 감사위원회를 설치하여 운영하고 있으며 최근의 개혁작업의 초점도 감사위원회에 맞추어져 있음을 감안하면 감사위원회가 모범적인 기업지배구조의 정비에 있어서 차지하는 위치가 명확히 드러난다고 하겠다. 특정 제도가 시장에 지배적으로 활용되고 있다는 것은 기관투자자, 일반투자자를 포함한 시장참가자들 모두의 관념 속에 그 제도가 실질적인 중요성을 가진다는 인식이 자리잡고 있기 때문이라고 보아야 할 것이다. 특히, 현대 자본시장에서 가장 중요한 위치를 차지하는 기업공시에 관해 전문적인 역할을 부여받는 위원회의 설치에 대해 반대할 이유는 아무 데서도 찾아볼 수 없다. 운영을 얼마나 효과적으로 하는지가 문제될 뿐이다. 감사위원회는 창의

46) 이철송, 회사법강의(제12판, 2005), 553면 참조.

적인 기업지배구조의 디자인과 집행을 통해 기업가치를 높일 수 있는 수단들 중 하나이며 기업의 회계와 공시에 관한 장치이므로 실무적인 중요성도 대단히 높은 기구이다.

우리 나라 기업들 중 미국의 증권시장에 진출하고 있는 기업들에게는 위에서 본 회계개혁법과 그에 의한 각 증권거래소 상장규정들의 적용이 불가피하다. 다행히 우리 나라의 상법과 증권거래법은 미국법과 그 적용에 있어서 직접적으로 충돌되는 측면은 없는 것으로 보인다. 다만, 해당 기업들은 우리 나라의 법보다 엄격한 기준을 채택하고 있는 미국의 법을 준수하여야 하는 일종의 부담을 지게 된다. 그러나 미국법의 내용이 적용대상 기업들의 지배구조를 개선하기 위한 것이고 불이익을 주거나 하는 것은 아니기 때문에 그를 준수함으로써 해당 기업들은 기업가치를 높인다는 방향으로 긍정적인 시각을 가지는 것이 어떨까 한다. 미국의 증권시장에서 자본을 조달하는 경우 관련법령을 준수해야 하는 것은 너무나 당연한 일이며 그러한 규정들이 지배구조를 개선하게 하는 효과를 가지고 온다면 단기적인 비용의 지출은 흔쾌히 감수할 수 있는 것이라고 본다.

[상장회사표준감사위원회규정] (2005. 3. 22.개정)

제 1 장 총 칙

제 1 조(목적) 이 규정은 감사위원회(이하 "위원회"라고 한다)의 효율적인 운영을 위하여 필요한 사항을 규정함을 목적으로 한다.

제 2 조(적용범위) 위원회에 관한 사항은 법령, 정관 또는 이사회 규정에 정하여진 것 이외에는 이 규정이 정하는 바에 의한다.

제 3 조(직무와 권한) ① 위원회는 회사의 회계와 업무를 감사한다.

② 위원회는 언제든지 이사에 대하여 영업에 관한 보고를 요구하거나 회사의 재산상태를 조사할 수 있다.

③ (삭 제)

④ 위원회는 제 1 항 내지 제 2 항 외에 법령 또는 정관에 정하여진 사항과 이사회가 위임한 사항을 처리한다.

제2장 구 성

제 4 조(구성) ① 위원회 위원(이하 "위원"이라 한다)은 주주총회에서 선임한다.

② 위원회는 3인 이상의 이사로 구성하고 위원의 3분의 2 이상은 사외이사이어야 한다.

③ 위원 중 1인 이상은 증권거래법시행령 제37조의7 제 2 항이 정하는 회계 또는 재무전문가이어야 하고, 사외이사가 아닌 위원은 증권거래법 제54조의6 제 3 항의 요건을 갖추어야 한다.

④ 사외이사인 위원이 사임·사망 등의 사유로 인하여 제 2 항의 규정에 의한 사외이사의 구성비율 또는 제 3 항의 규정에 의한 감사위원회의 구성요건에 미달하게 된 때에는 그 사유가 발생한 후 최초로 소집되는 주주총회에서 위원회의 구성요건에 충족되도록 하여야 한다.

제 5 조 (삭 제)

제 6 조(위원장) ① 위원회는 제10조 규정에 의한 결의로 위원회를 대표할 위원장을 사외이사 중에서 선정하여야 한다. 이 경우 수인의 위원이 공동으로 위원회를 대표할 것을 정할 수 있다.

② 위원장은 위원회의 업무를 총괄하며 위원회의 효율적인 운영을 위하여 위원별로 업무를 분장할 수 있다.

③ 위원장의 유고시에는(예: 위원회에서 정한 위원)이 그 직무를 대행한다.

제3장 회 의

제 7 조(개최) ① 위원회는 정기위원회와 임시위원회로 한다.

② 정기위원회는(예: 매분기 첫째월 제 4 주 수요일)에 개최한다.

③ 임시위원회는 필요에 따라 수시로 개최한다.

제 8 조(소집권자) ① 위원회는 위원장이 소집한다.

② 각 위원은 위원장에게 의안과 그 사유를 밝혀 위원회의 소집을 요구할 수 있다. 위원장이 정당한 사유 없이 위원회를 소집하지 아니하는 경우에는 위원회 소집을 요구한 위원이 위원회를 소집할 수

있다.

제 9 조(소집절차) ① 위원회를 소집함에는 회일을 정하고 그(예: 1주간) 전에 각 위원에 대하여 통지를 발송하여야 한다.

② 위원회는 위원 전원의 동의가 있는 때에는 제 1 항의 절차 없이 언제든지 회의를 열 수 있다.

제10조(결의방법) ① 위원회의 결의는 재적위원 과반수의 출석과 출석위원 과반수로 한다.

② 위원회는 위원의 전부 또는 일부가 직접 회의에 출석하지 아니하고 모든 위원이 동영상 및 음성을 동시에 송·수신하는 통신수단에 의하여 결의에 참가하는 것을 허용할 수 있으며, 이 경우 당해 위원은 위원회에 직접 출석한 것으로 본다.

제11조(부의사항) 위원회에 부의할 사항은 다음과 같다.

1. 주주총회에 관한 사항
   (1) 임시주주총회의 소집청구
   (2) 주주총회 의안 및 서류에 대한 진술
2. 이사 및 이사회에 관한 사항
   (1) 이사회에 대한 보고의무
   (2) 감사보고서의 작성 · 제출
   (3) 이사의 위법행위에 대한 유지청구
   (4) 이사에 대한 영업보고 요구
   (5) 이사회에서 위임받은 사항
3. 감사에 관한 사항
   (1) 업무 · 재산 조사
   (2) 자회사의 조사
   (3) 이사의 보고수령
   (4) 이사와 회사간의 소에 관한 대표
   (5) 소수주주의 이사에 대한 제소요청시 소제기 결정 여부
   (6) 외부감사인(이하 "감사인"이라 한다) 선임 및 변경 · 해임에 대한 승인
   (7) 감사인으로부터 이사의 직무수행에 관한 부정행위 또는 법령이나 정관에 위반되는 중요한 사실의 보고 수령

(8) 감사인으로부터 회사가 회계처리 등에 관한 회계처리기준을 위반한 사실의 보고 수령
(9) 감사계획 및 결과
(10) 중요한 회계처리기준이나 회계추정변경의 타당성 검토
(11) 내부통제시스템(내부회계관리제도 포함)의 평가
(12) 감사인의 감사활동에 대한 평가
(13) 감사결과 시정사항에 대한 조치확인
(14) 내부감사부서 책임자의 임면에 대한 동의

제12조(관계인의 출석 등) ① 위원회는 업무수행을 위하여 필요한 경우 관계 임·직원 및 외부감사인을 회의에 출석하도록 요청할 수 있다.

② 위원회는 필요하다고 인정할 경우에는 회사의 비용으로 전문가 등에게 자문을 요청할 수 있다.

제13조(의사록) ① 위원회의 의사에 관하여는 의사록을 작성한다.

② 의사록에는 의사의 안건, 경과요령, 그 결과, 반대하는 자와 그 반대이유를 기재하고 출석한 위원이 기명날인 또는 서명한다.

제 4 장 감사인의 선임 등

제14조(선임) ① 위원회는 감사인의 선임을 승인한다.

② 감사인을 선임하는 때에는 연속하는 매 3개 사업연도의 감사인을 동일 감사인으로 선임하여야 한다. 다만, 동일 감사인을 연속하는 매 6개 사업연도의 감사인으로 선임할 수 없다.

③ 위원회가 감사인의 선임을 승인하는 때에는 감사인의 감사보수 및 감사시간에 관하여 회사와 미리 협의하여야 한다.

제15조(감사인의 변경) 회사는 감사인이 다음 각호의 1에 해당되어 감사인을 다시 선정하는 경우에는 2월 이내에 위원회의 승인을 얻어 감사인을 선임하여야 한다.

1. 감사인인 회계법인이 파산 등의 사유로 해산하는 경우(합병으로 인한 해산의 경우를 제외한다)
2. 감사인인 회계법인 또는 감사반이 등록취소처분을 받은 경우
3. 감사인인 회계법인이 업무정지처분(감사인인 감사반의 구성원이

직무정지처분을 받은 경우를 포함한다)을 받아 당해 사업연도의 회계감사가 불가능하게 된 경우

4. 기타 감사인이 당해 사업연도의 회계감사를 사실상 수행할 수 없게 된 경우

제16조(감사인의 해임) 회사는 감사인이 다음 각호의 1에 해당하는 경우에는 연속하는 3개 사업연도 중이라도 매 사업연도 종료 후 3월 이내에 위원회의 승인을 얻어 해임할 수 있다.

1. 감사인이 회사의 기밀을 누설하는 등 직무상 의무를 위반한 경우
2. 감사인이 그 임무를 게을리하여 회사에 대하여 손해를 발생하게 한 경우
3. 감사인이 회계감사와 관련하여 부당한 요구를 하거나 압력을 행사한 경우
4. 외자도입계약 등에서 감사인을 한정하고 있는 경우
5. 주식회사의외부감사에관한법률 제15조 제 1 항의 규정에 의한 감사보고서에 대한 감리결과 또는 동법 시행령 제 8 조의 규정에 의한 감리결과 감사인이 금융감독위원회가 정하는 사유에 해당하게 된 경우

제17조(전기감사인의 의견진술권) ① 위원회는 직전 사업연도에 당해 회사에 대한 감사업무를 행한 감사인(이하 "전기감사인"이라 한다) 외의 다른 감사인의 선임을 승인하거나 제16조에 의하여 감사인 해임을 승인하고자 하는 경우에는 전기감사인 및 해임되는 감사인에게 의견을 진술할 수 있는 기회를 주어야 한다.

② 회사는 전항의 경우 전기감사인 또는 해임되는 감사인에 대하여 10일 이상의 기간을 정하여 위원회에 구술 또는 서면에 의하여 의견을 진술할 수 있는 기회를 주어야 한다. 이 경우 지정된 기일까지 의견진술이 없는 경우에는 의견이 없는 것으로 본다.

③ 회사는 제 2 항의 규정에 의하여 전기감사인 또는 해임되는 감사인이 의견서를 제출하거나 출석하여 의견을 진술한 경우에는 증권선물위원회에 진술한 의견내용을 보고하여야 한다.

제18조(독립성 확보) 위원회는 감사인과 회사와의 관계에 관련된 주요 사항을 비롯하여 외부감사의 독립성에 영향을 미칠 수 있는 사항

에 대하여 검토하고, 외부감사의 독립성 확보를 위해 적절한 의견을 이사회에 개진할 수 있다.

제19조(의견교환) 위원회는 감사인과 긴밀한 협조관계를 유지하며 감사인과 회사의 내부통제제도 및 회사 재무제표의 정확성 등에 관하여 의견을 교환할 수 있다.

제5장 보 칙

제20조(전담부서의 설치 등) ① 위원회는 효율적인 업무수행을 위하여 위원회를 보조하는 전담부서를 설치·운영하거나 회사의 내부감사부서를 활용할 수 있다.

② 위원회는 전담부서의 설치·운영, 전문인력의 임용 및 운영비용 등 기타 필요한 사항에 대해서는 별도의 기준을 정할 수 있다.

제21조(감사록의 작성) ① 위원회는 감사에 관하여 감사록을 작성하여야 한다.

② 감사록에는 감사의 실시요령과 그 결과를 기재하고 감사를 실시한 위원이 기명날인 또는 서명하여야 한다.

제22조(규정의 개정) 이 규정의 개정은 이사회 결의에 의한다.

부 칙

제 1 조(시행일) 이 규정은 20○○년 ○월 ○일부터 시행한다.

제 2 조(감사인의 연속감사 제한에 대한 적용례) ① 제14조 제 2 항의 개정규정은 2006년 1월 1일 이후 최초로 개시하는 사업연도부터 이를 적용하되, 연속하는 6개 사업연도의 산정은 주식회사의외부감사에관한법률 제 4 조의2 제 4 항 개정규정이 최초로 적용되기 이전의 사업연도를 포함하여 계산한다.

② 제 1 항의 규정에 불구하고 회사가 제14조 제 2 항의 규정에 따라 연속하는 3개 사업연도의 감사인을 동일 감사인으로 하는 감사계약을 체결한 경우에는 동 감사계약이 종료되는 시점까지는 제14조 제 2 항의 개정규정을 적용하지 아니한다.

[모델 감사위원회 규정](블루리본 위원회)[47]

1. 목 적

감사위원회는 이사회가 감독기능을 수행할 수 있도록 ① 회사가 정부기관이나 일반에게 제출하기 위해서 작성한 재무보고와 기타 재무관련 정보, ② 경영진과 이사회가 재무, 회계, 준법감시 및 윤리 등과 관련하여 제정한 회사의 내부통제제도, ③ 회사의 감사, 회계 및 재무보고과정 일반에 관한 사항 등을 검토하는 것을 주된 기능으로 한다.

이와 같은 기능에 관련하여 감사위원회는 회사 실정에 적절한 정책, 절차 및 실무지침을 계속적으로 개선하고 준수할 것을 독려하여야 한다. 감사위원회의 주요 의무와 책임은 다음과 같다.

(1) 회사의 재무보고과정과 내부통제제도를 감시하는 독립적이고 객관적인 조직으로 활동한다.
(2) 외부감사인과 내부감사부서의 감사활동을 검토하고 평가한다.
(3) 외부감사인, 재무담당임원 및 최고경영진, 내부감사부서 및 이사회간의 의사소통의 경로를 제공한다.

감사위원회는 본 규정 제Ⅳ부에 제시된 활동들을 수행함으로써 그 주된 책임을 다하는 것으로 본다.

2. 구 성

감사위원회는 이사회에서 선임한 3명 이상의 이사로 구성되며, 위원 각자는 독립적인 이사이어야 하며, 감사위원회의 위원으로서 독립적인 판단을 함에 있어서 어떠한 간섭도 받아서는 안 된다(독립성의 정의를 명시할 것). 감사위원회의 모든 위원은 재무 및 회계실무를 이해할 수 있어야 하며, 최소한 한 명은 회계 또는 재무관련 업무에 전문성을 지녀야 한다. 감사위원회의 위원들은 회사 또는 외부 컨설턴트가 실시하는 교육프로그램에 참여하여 재무 및 회계에 대한 업무이해 능력을 배양해야 한다.

---

47) Report and Recommendations of the Blue Ribbon Committee on Improving the Effectiveness of Corporate Audit Committees 67-69(1999). 이 규정은 Weil, Gotshal & Manges LLP에서 제공한 것으로 되어 있다. 최정호, 감사위원회제도의 효과와 성공적인 정착방안, 상장협(2000년 춘계호)도 이 규정을 소개하고 있다.

감사위원회의 위원은 정기이사회에서 이사회에 의해서 선임되며, 후임자가 정당하게 선임될 때까지 위원직을 유지한다. 감사위원회의 의장은 이사회의 전원 회의에서 선임되지 않은 경우 감사위원회 구성원 전체 회의에서 과반수로 지명될 수 있다.

3. 회 의

감사위원회는 매년 최소 4회 이상의 회의를 개최하여야 하며 필요에 따라서 수시로 회의를 가질 수 있다. 의사소통을 촉진시키기 위한 방안으로, 감사위원회는 최소 1년에 1회 이상 경영진, 내부감사부서의 책임자 및 외부감사인과 개별적인 회의를 가져야 한다. 이 회의에서는 감사위원회나 이들 기관에서 필요하다고 인정되는 문제들을 논의하여야 한다. 또한 감사위원회나 최소한 감사위원회 의장은 본 규정 제Ⅳ부의 4에서 정하고 있는 회사의 재무사항들을 검토하기 위하여 외부감사인 및 경영진과 매분기 1회 이상의 회의를 가져야 한다.

4. 책임과 의무

감사위원회는 주어진 책임과 의무를 다하기 위하여 다음 각호의 업무를 수행하여야 한다.

가. 문서 및 보고서 검토

(1) 최소 연 1회 이상 필요에 따라 감사위원회 규정을 검토하고 정비한다.

(2) 회사가 정부기관이나 일반에게 제출하는 연간 재무제표 및 보고서 또는 기타 재무정보를 검토한다. 이들 문서 또는 보고서는 증서, 보고서, 외부감사인의 의견서 또는 검토서 등을 포함한다.

(3) 내부감사부서에서 경영진에게 제출하기 위하여 작성한 정기 내부감사보고서와 이에 대한 경영진의 의견을 검토한다.

(4) 정부기관에 정기재무제표를 제출하기 전에 재무담당책임자 및 외부감사인과 함께 그를 검토한다. 이와 같은 재무제표의 검토문제와 관련하여 감사위원회 의장은 감사위원회를 대표할 수 있다.

나. 외부감사인

(5) 독립성과 업무능력 등을 고려하여 이사회에 외부감사인을 추천하고 감사수수료와 기타 외부감사인에게 지불하는 보수를 승인한다. 외부감사인의 독립성 여부를 판단하기 위하여 매년 정기적으로 외부감사인

과 만나 외부감사인과 회사와의 관계에 관련된 주요 사항들을 검토하고 토의한다.

(6) 외부감사인의 성과를 검토하고 필요시 외부감사인의 해임 건의를 승인한다.

(7) 경영진을 배제한 상태에서 외부감사인과의 정기적인 모임을 통하여 내부통제 및 회사 재무제표의 완전성과 정확성을 토의한다.

다. 재무보고 과정

(8) 외부감사인 및 내부감사와 협의하여 회사의 내부 및 외부 재무보고과정의 진실성을 검토한다.

(9) 재무보고에 사용된 회계원칙의 질과 적정성에 관한 외부감사인의 판단을 검토한다.

(10) 외부감사인, 경영진 또는 내부감사팀 등이 제안한 회사의 감사 및 회계원칙과 실무에 대한 주요 변경을 검토하고 필요시 승인한다.

라. 절차의 개선

(11) 재무제표의 작성과 관련하여 경영자가 내린 주요 판단과 이에 대한 경영진, 외부감사인 및 내부감사인의 견해를 이들 기관들이 각각 감사위원회에 정기적 또는 수시로 보고하는 시스템을 갖춘다.

(12) 매년 정기감사의 완료 시점에 감사과정에서 나타난 감사업무의 범위제한 또는 정보접근 제한 등을 포함한 주요 감사관련 문제들을 경영진, 외부감사인 및 내부감사팀과 개별적으로 검토한다.

(13) 재무제표의 작성과 관련하여 발생한 경영진과 외부감사인 또는 내부감사부서간의 주요 의견불일치를 검토한다.

(14) 재무 및 회계실무와 관련하여 감사위원회가 승인한 변경 또는 개선사항 등의 이행 정도를 외부감사인, 내부감사부서 및 경영진과 함께 검토한다(이 검토작업은 변경이나 개선의 이행이 이루어진 이후 감사위원회에서 정한 적절한 시기에 실시하여야 한다).

마. 윤리 및 법령의 준수

(15) 윤리강령을 제정하고, 정기적인 검토와 정비를 하며 경영자가 윤리강령을 준수할 수 있도록 강제적인 조치를 마련한다.

(16) 회사의 윤리강령준수 여부를 경영자가 감시하고 있는가를 검토하고, 회사가 정부기관 및 일반에게 제출하는 재무제표, 보고서 및 기타 재

무정보들이 법령의 요구를 충실히 지키도록 보장할 수 있는 검토시스템을 경영자가 갖추도록 조치를 취해야 한다.

(17) 내부감사부서의 활동, 조직구조 및 자격요건 등을 검토한다.

(18) 회사의 법률고문과 상의하여 회사의 주식거래정책 등을 포함하여 준법감시 사항을 검토한다.

(19) 회사의 법률고문과 상의하여 회사의 재무제표에 중대한 영향을 미칠 것으로 판단되는 법률문제를 검토한다.

(20) 감사위원회 또는 이사회가 필요 또는 적절하다고 보는 경우 본 규정, 회사의 정관 및 관리규정의 정신에 합당하다고 인정되는 기타 모든 활동을 수행한다.

[Microsoft Corporation 감사위원회 규정](Audit Committee Charter)[48]

1. 역　할

이사회의 감사위원회는 이사회가 회사의 회계, 감사 및 공시 이행의 우수성과 진실성을 감독하는 책임을 완수하는 것을 보조하고 기타 이사회가 지정하는 제반 업무를 수행한다. 위원회의 역할은 주주들에 대한 충실한 재무보고, 회사의 사업과 재무위험성을 관리하는 과정, 중요한 법령과 윤리의 준수 등에 특별한 초점을 두는 것을 포함한다. 위원회는 회사의 재무제표에 대해 감사보고서를 작성하거나 발행할 수 있는 회계법인의 선임, 보수 및 감독에 대해 직접적인 책임을 진다.

2. 위　원

감사위원회는 회계 또는 관련된 재무관리에 전문적인 지식을 소유하고 있는 최소한 1인을 포함하여 재무 및 회계문제에 대해 일반적인 지식을 소유한 최소 3인의 이사로 구성되어야 한다. 각 위원은 이사회의 판단에 의할 때 각자의 독자적인 판단에 의해 직무를 수행하는 데 방해가 될 만한 여하한 관계도 회사와 갖지 않아야 한다. 각 위원의 독립성을 평가하는 데 필요한 제반 법령은 준수되어야 한다. 위원회의 의장은 이사회 전체 회의에서 선임되어야 한다.

---

48) 마이크로소프트 웹 사이트(2003)에서 인용.

3. 커뮤니케이션/보고

회계법인은 감사위원회에 직접 보고하여야 한다. 감사위원회는 회계법인, 사내감사 및 회사의 경영진과 자유롭고 솔직한 커뮤니케이션을 유지하여야 한다. 그러한 커뮤니케이션은 감사위원회가 위 각 기관들과 개별적으로 최소 일년에 한 번씩 갖는 회의를 포함한다. 감사위원회 의장은 감사위원회의 활동을 전체 이사회에 보고하여야 한다.

4. 교 육

회사는 감사위원회에 회계원칙 및 절차와 관련된 교육자료, 시사적인 회계 토픽들 중 회사에 관련되는 사항 및 위원회가 요청하는 기타 자료를 제공할 책임이 있다. 회사는 감사위원들이 직무수행에 필요한 재무지식을 유지할 수 있도록 원조하여야 한다.

5. 권 한

감사위원회는 직무를 수행함에 있어서 필요한 모든 문제에 대해 조사할 수 있는 권한을 보유한다. 이에는 외부 변호사 및 기타 전문가를 활용할 수 있는 일체의 권한이 포함된다.

6. 책 임

감사위원회가 그 역할을 수행하는 데 있어서의 구체적인 책임은 감사위원회 책임점검표에 기재되어 있다. 책임점검표는 법령, 권위 있는 의견, 새로운 감독실무 등을 반영하기 위해 매년 개정된다. 위원회의 책임을 정리한 것으로서 가장 최근에 개정된 책임점검표가 본 규정의 부록으로 첨부되어 있다.

감사위원회는 감독의무를 수행하는 데 있어서 경영진, 사내감사 및 회계법인의 전문적인 경험과 지식에 의존한다. 회사의 경영진은 회사의 재무제표가 완전, 정확하고 GAAP에 부합함을 결정할 책임을 진다. 회계법인은 회사의 재무제표를 감사하는 책임이 있다. 감사위원회는 감사를 계획하고 수행하거나, 회사의 재무제표의 완전성과 정확성 및 GAAP에 일치하는지의 여부에 대해 판단·조사하거나, 회사의 재무제표가 법령 또는 회사의 내부 정책·절차 및 통제에 부합하는지를 보장할 의무를 지지 않는다.

[마이크로소프트 감사위원회 책임점검표]

		수행시기 감사위원회 소집				
		겨울	봄	여름	가을	수시
1.	위원회는 법률, 회사 정관 및 사규 또는 이사회가 지시하는 제반 기능을 수행한다.					×
2.	위원회는 위원회의 책임범위 내에서 어떤 문제에 관하여도 조사를 수행하거나 허용할 수 있는 권한을 보유한다. 위원회에는 모든 조사를 시행하는 데 원조할 외부변호사, 회계사 및 기타 자원을 고용할 수 있는 권한이 부여되어 있다.					×
3.	위원회는 매년 4회 또는 상황에 따라서는 더 자주 회합한다. 위원회는 경영진 및 기타 관계자에게 위원회에 참석하여 필요한 정보를 제공하도록 요청할 수 있다.					×
4.	위원회의 안건은 의장(위원들과의 협의를 통하여), 재무담당 임원, 내부감사 담당임원, 회계법인이 함께 의논하여 준비된 사항으로 한다.	×	×	×	×	×
5.	내부감사, 회계법인, 재무부서와 이사회간의 자유로운 교신의 통로를 제공한다. 위원회의 활동과 위원회가 적절하다고 판단되는 제안사항을 이사회에 보고한다.					×
6.	감사위원회의 책임점검표를 매년 검토하고 개정한다.				×	
7.	정기주총자료 내에 위원회와 경영진 및 외부 회계법인간의 검토 및 토론사항을 보고한다.			×		
8.	최소한 매 3년에 한번씩 위원회의 규정을 정기주총자료의 부록으로 첨부한다.					×
9.	회계법인의 선임, 비용승인 및 감독을 실시한다.	×	×	×	×	
10.	감사담당임원의 선임 및 교체를 검토하고 승인한다.					×
11.	회계법인의 독립성을 매년 확인하고 분기마다 그 법인의 비감사서비스 및 그에 수반되는 비용을 검토한다.			×		

12.	위원회의 위원 중 최소 3인이 재무와 관련된 지식을 갖고 있고 그 중 1인은 재무에 대해 고도의 지식을 갖고 있음을 확인한다.				×	
13.	NASD 및 기타 기관의 규칙에 근거하여 각 위원들의 독립성 여부를 검토한다.				×	
14.	중대한 위험 또는 그에 대한 노출에 대해 재무부서, 내부감사, 회계법인에 문의하고 경영진이 그러한 위험을 최소화하기 위해 채택한 조치들을 평가한다.					×
15.	내부감사, 회계법인 및 재무부서와 함께 감사의 범위와 계획, 감사 범위의 완전성, 중복되는 일의 방지, 감사자료의 효과적 사용을 보장하는 노력 총괄 및 회사의 외부감사 이외의 회계법인의 활용문제 등을 검토한다.	×				
16.	회계법인, 내부감사와 함께 다음의 사항을 고려하고 검토한다. a. 전산화된 정보시스템 통제 및 보안을 포함한 회사의 내부통제장치의 적절성 b. 외부감사와 내부감사의 중대한 조사결과와 제안 및 경영진의 그에 대한 반응			× ×		
17.	재무부서와 함께 GAAP 및 MAP 정책 또는 기준의 중대한 변경사항을 검토한다.			×		
18.	연례 감사의 종결시 재무부서 및 회계법인과 함께 다음 사항을 검토한다. a. 회사의 연간 재무제표 및 관련 각주 b. 재무제표에 관한 회계법인의 감사 및 그에 대한 보고서 c. 회계법인의 감사계획에서 요구되는 중요한 변경사항 d. 감사과정에서 나타난 애로사항 및 경영진과의 논쟁 e. 일반적으로 인정되는 감사기준에 근거한 감사의 실행과 관련하여 위원회에 전달되어야 할 기타 사항			×		×
19.	재무부서 및 회계법인과 함께 회사의 중요 회계정책 검토를 최소 연간 단위로 실시한다.			×		×
20.	회사의 일반적인 사업 외에 회사와 임원, 이사 또는 임원이나 이사와 관련된 자 사이에서 일어나는 거래에 대한 정책 및 절차를 검토한다.				×	

21.	재무부서, 내부감사와 함께 다음의 사항을 고려하고 검토한다. a. 당해 동안 밝혀진 중대한 조사결과 및 경영진의 그에 대한 반응 b. 작업의 범위 및 필요한 정보획득에 대한 통제를 포함하여 감사과정에서 발생하였던 애로사항 c. 감사계획의 당초 범위에 대한 변경내용					×
22.	감사위원회 위원장은 회사의 실적 발표 이전에 재무부서 및 회계법인과의 전화회의에 참석한다.	×	×	×	×	
23.	SEC에 대한 정기보고서 제출 전에 재무부서, 내부감사, 회계법인과 함께 보고서의 내용을 검토한다.	×	×	×	×	
24.	회사의 정기보고서와 관련하여 다음의 사항을 검토한다. a. 회계개혁법 제302조에 따른 경영진의 위원회에 대한 보고 b. 위 법 제302조 및 제906조에 근거하여 제출될 CEO와 CFO의 인증내용	×	×	×	×	×
25.	SEC에 제출될(중간보고서를 포함한) 보고서 및 기타 회사의 재무제표를 포함하는 공간 자료를 검토하고 그 자료에 포함된 정보가 SEC 및 기타 정부기관에 제출되기 전의 재무제표에 포함된 정보와 일치하는지를 조사한다.					×
26	마이크로소프트의 윤리강령으로 채택된 제반 기준들을 감독한다. 재무부서, 법률 및 총무부서와 함께 회사의 위 기준준수 여부와 준수에 대한 정책을 검토한다.				×	×
27.	재무제표, 회사의 준법 프로그램 및 감독기관으로부터 수취한 보고서 등에 실질적인 영향을 미칠 수 있는 규제사항들을 검토한다.					×
28.	감사위원회 또는 회계법인의 판단으로 양자가 비공개적으로 논의해야 할 점들을 회의를 통해 협의한다.	×	×	×	×	
29.	감사위원회 또는 내부감사의 판단으로 양자가 비공개적으로 논의해야 할 점들을 회의를 통해 협의한다.		×		×	
30.	감사위원회 또는 재무담당 임원의 판단으로 양자가 비공개적으로 논의해야 할 점들을 회의를 통해 협의한다.					×

제 4 장

상장기업 이사의 의무와 법률적 책임

2001년 12월 27일 수원지방법원은 우리 나라의 최대기업인 삼성전자의 전직, 현직 이사 9인에게 해당 이사들의 결의에 의한 이천전기 지원과 인수 및 삼성종합화학 주식의 거래가 회사에 손해를 발생시켰으므로, 연대하여 모두 약 902억원을 회사에 배상하라는 '충격적인' 판결을 내린 바 있다. 이에 대한 항소심에서 2003년 11월 20일 서울고등법원은 이천전기 지원과 인수는 이사들의 경영판단으로서 보호받아야 한다고 하면서 1심 판결의 일부를 파기하고, 삼성종합화학 주식의 거래에서 발생한 손해에 대한 이사들의 손해배상 금액도 감액하여 이사들의 손해배상금 총액을 모두 약 190억원으로 하향 조정하였다.[1] 대법원은 고등법원 판결을 확인하였다. 이 사건 판결들은 우리 나라 주식회사 이사의 책임 법리에 큰 전환점을 마련해 준 사건으로 일단 평가해도 좋을 듯하다. 이사회의 실무에도 많은 변화가 발생할 것으로 예상된다. 특히 서울고등법원의 판결은 영미에서 발달된 법리인 경영판단의 원칙을 거의 정면으로 인정하고 있으며 이사들에 대한 손해배상액의 결정에 있어서도 '손해의 공평부담의 원칙'을 적용하였다는 점에서 큰 주목의 대상이 되고 있다.

1) 이 사건은 원·피고 양측에 의해 대법원에 상고되었으나 피고들은 2003년 12월과 2004년 1월에 일단 회사에 대한 손해배상의무를 다 이행한 것으로 알려졌다. 한편, 이 사건 1심 판결에서 원고들은 가집행선고를 얻어낸 바 있으나 실제로 판결을 가집행하지는 않았었다고 한다.

이 판결들은 국내에서는 물론이고 외국에서도 많은 흥미를 불러일으킨 것으로 보인다. 영미의 법원에서 벌어지는 전형적인 공방인 이사의 충실의무, 주의의무, 경영판단원칙 등을 둘러싼 다툼이 대륙법계 국가인 한국의 법정에서 재현되고 있기 때문이다. 한국이 대륙법계 국가라 함은 사법제도 전반이 영미의 그것과는 다르다는 것을 의미하며 그에는 법관들의 전문적인 교육과 경력상 배경의 차이도 포함된다.[2] 외국의 학자에 따라서는 실무경험을 충분히, 그리고 성공적으로 갖춘 경우에만 법관이 될 수 있는 영국과 미국에서도 법관들이 경영판단원칙을 적용해서 기업의 실무에 대한 사법적 판단을 자제하고 있는데 법관의 임용절차가 전혀 다르고 법관들의 기업실무에 대한 이해가 상대적으로 부족한 대륙법계 국가에서는 경영판단원칙의 비중이 더 커야 할 것이라고 말하기도 한다.[3]

어쨌든 우리 나라의 회사법은 이제 새로운 발전의 단계로 접어들고 있는 듯하며 그에는 영미의 법리가 본격적인 영향을 미칠 것이다. 이사

2) 회사법의 발달에 있어서 사법부의 역할에 관한 흥미 있는 논의로 Brian Cheffins, Company Law 308-363(1997) 참조. 대륙법계 국가인 이태리 사법부에 포커스를 맞춘 논의로 Luca Enriques, *Off the Books, but on the Record: Evidence from Italy on the Relevance of Judges to the Quality of Corporate Law,* in: Global Markets, Domestic Institutions 257(Curtis J. Milhaupt ed. 2003) 참조.

3) Bernard Black, *The Core Fiduciary Duties of Outside Directors,* Asia Business Law Review 3, 16(SSRN 버전, July 2001). 물론 이러한 코멘트가 판결의 내용에 비판적인 것으로 해석되어서는 안 될 것이다. 미국에서는 부실한 계열기업을 그룹 내의 다른 기업이 정당한 이유 없이 지원하는 것은 원고가 피고의 중과실에 대한 입증책임을 지는 이사들의 주의의무 위반 사안이 아니라 이사들이 거래의 공정성의 입증책임을 지는 충실의무 위반 사안이다. 그러나 이사들이 공정성의 입증책임을 지는 충실의무 위반 사건이 원고에게 항상 유리한 것만은 아님에도 주의해야 한다. 왜냐하면 원고들에게는 충실의무 위반의 주장과 입증에 필요한 내부거래 사실관계의 확인 자체가 어렵기 때문이다. 이 때문에 미국의 판례에는 충실의무 위반이 문제된 사안에서 피고의 주의의무 위반을 거론하는 것들이 종종 있다. 클락 학장은 이것을 법원이 단순히 원고들의 승소를 위해 그렇게 하는 것으로 해석한다. Clark, Corporate Law 126(1986) 참조.

의 충실의무, 주의의무, 경영판단원칙 등 개념을 중심으로 하는 영미의 회사법리는 주주대표소송과 증권관련집단소송을 통해 오랜 기간 동안 발달되어 온 방대한 판례법역이다.[4] 이는 또한 대규모의 투자손실 발생이나 M&A를 주요 대상으로 형성되어 온 분야이기 때문에 실무적인 중요성과 분쟁금액, 판결의 액수와 같은 면에서도 큰 의미를 가진다. 분쟁의 당사자들이 돈 많은 기관투자자와 대기업의 대주주, 경영자, 이사들이기 때문에 변호사 비용을 걱정할 필요가 없는 결과 상대적으로 다수의 판례가 형성될 수 있는 기반도 마련되어 있다. 향후 우리 나라의 기업법 연구에는 이와 같이 풍부한 내용을 가진 연구대상이 마련되었다고 볼 것이며 실무에서는 이미 상당한 이해가 축적되어 있다.

이 장에서는 우리 나라가 영미에서 주로 발달되어 온 이사의 책임에 관한 법리를 도입하는 경우 영미에서 기업지배구조 개선제도의 일환으로 이사의 책임에 관한 법리와 그 집행 메커니즘이 발달되어 온 배경이 우리가 그들의 제도를 수입할 필요성을 가지게 된 동기와는 상당한 거리가 있음을 지적하고 그를 감안한 영미 법리와 제도의 수입이 필요함을 말해 본다. 영미에서 이사의 의무와 책임에 관한 법리는 이사들의 충실의무나 주의의무 위반행위에 대한 책임을 묻기 위해서라기보다는 주로 이사와 임원들이 올바른 사업상의 결정을 내리는 것을 지원하고 그를 촉구하기 위한 것이며 그 때문에 책임의 완화장치도 고도로 발달

4) Katharina Pistor & Chenggang Xu, Fiduciary Duty in Transitional Civil Law Jurisdictions: Lessons from the Incomplete Law Theory(ECGI Working Paper, October 2002) 참조. 이 연구는 독일법과의 비교를 포함하여 충실의무개념이 대륙법계 국가인 폴란드와 러시아에서 어떻게 전개되고 있는지를 보여준다. 또 Hendrik F. Jordaan, *A Comparative Analysis of Corporate Fiduciary Law: Why Delaware Should Look Beyond the United States in Formulating a Duty of Care,* 31 International Lawyer 133(1997); Vassil Breskovski, *Directors' Duty of Care in Eastern Europe,* 29 International Lawyer 77(1995) 참조. 이사의 의무와 책임에 관한 가장 최근의 비교연구자료로 OECD, Experiences from the Regional Corporate Governance Roundtables 43-57(January 2004) 참조.

되어 있다. 영미의 법리와 제도의 도입에 그 점이 고려되어 전체적인 균형이 유지되어야 할 것이다.

Ⅰ. 경영자통제와 회사법

1. 기업지배구조의 개선과 이사의 법률적 책임

현대 회사법의 가장 큰 과제들 중의 하나는 회사의 경영자들이 회사의 이익을 적극적으로 추구하도록 독려하고, 회사의 경영자들이 개인적인 이익보다는 회사의 이익을 우선시키도록 통제하는 장치를 마련하는 것이다. 이를 위해 회사법에는 실체법적으로는 이사의 주의의무 및 충실의무원칙이 있고 절차법적으로는 주주대표소송 제도가 있다. 경영자통제를 위한 이 양대 메커니즘이 유기적으로 기능하여 경영진의 행동을 효과적으로 통제할 수 있게 되는 경우 회사의 구조적 효율이 증대되게 되어 회사의 경쟁력 향상으로 이어지고 그것은 회사의 주주, 임·직원, 채권자, 그리고 사회경제 전체의 이익으로 연결되는 것으로 여겨지고 있다.

제 1 장에서 언급한 바와 같이 주식회사의 이사와 임원들이 개인적인 이익을 추구하기 위해 회사와 주주들의 이익을 해하는 행동을 크게 셀프-딜링(self-dealing)이라고 부른다. 학자에 따라서는 이를 쉽게 도둑질(stealing)이라고 부르기도 한다. 기업지배구조를 셀프-딜링에 대한 규제와 최적의 기업공시를 통해 기업가치를 최대화할 수 있도록 하는 메커니즘이라고 기능적으로 정의한다면[5] 경영자통제를 위한 이사의 법률적 책임확보 장치는 기업지배구조의 개선에 있어서 대단히 중요한 위치를 차지한다.

---

5) Bernard Black, *The Core Institutions that Support Strong Securities Markets,* 55 Business Lawyer 1565(2000).

이와 같은 맥락에서 상법은 1998년 12월 28일자 개정을 통해 주식회사 이사의 충실의무를 명문으로 도입하는 한편(제382조의3), 이사의 책임에 관한 인적 적용범위를 넓히기 위해 이른바 사실상의 이사 이론을 채택한 업무집행지시자 등의 책임에 관한 규정을 마련하였다(제401조의2). 주식회사 이사의 의무의 내용강화와 책임범위의 확대는 직접적으로는 회사지배구조의 개선 전반에 대한 IMF, 세계은행 등과의 약속을 이행하기 위한 것이지만 그와는 별도로 오래 전부터 우리 나라에서 논의되어 온 것이다. 국제금융기구들은 이사의 의무강화를 포함한 우리 나라 기업들의 구조적인 효율성 제고장치의 도입 없이는 금융산업과 기업의 구조조정이 실효성을 거둘 수 없다는 견지에서 우리 정부에 대해 그와 관련한 강도 높은 요구를 제시한 바 있는데 주식회사 이사의 충실의무 및 업무집행지시자의 책임 등에 관한 규정은 소수주주권의 강화에 관한 규정과[6] 함께 1998년 말의 개정상법을 통하여 우리 나라에 새로 도입되었다.

그러나 다른 한편으로는, 이사의 충실의무나 사실상의 이사 공히 그 내용이 명확하지 않은 일반적인 개념들이므로, 앞으로 우리 나라의 회사법 실무와 법원의 법 적용과정에서 그 구체적인 내용이 어떻게 발전될 것인지가 큰 관심의 대상이 된다. 아래에서는 우리 나라 상법상 이사의 손해배상책임에 관한 규정의 내용을 먼저 정리해 보고, 이사의 충실의무와 사실상의 이사에 관한 상법의 내용과 그에 관한 국내외에서의 논의의 현황을 간략히 살펴보기로 한다. 그런 후에 이사의 법률적 책임완화론과 그에 필요한 장치들을 소개하기로 한다.

2. 상장기업의 특수성

이 장에서는 "상장기업" 이사의 법률적 책임과 그 완화장치를 논의

6) 제363조의2(주주제안권), 제382조의2(집중투표) 등과 소수주주권 행사요건을 완화한 제반 개정규정. 일반적으로 이철송, 현행 소수주주권제도의 합리성, 저스티스 제29권 제 3 호(1996), 132면 참조.

한다. 따라서 여기서 논하는 이사의 책임론과 그 완화론은 원칙적으로 공개회사인 상장기업에 적용되는 것이다. 그러나 특별법(예컨대 여신전문금융업법)에 의해 비공개기업에게도 상장기업들과 마찬가지의 지배구조가 요구되는 경우가 있고 비공개기업들도 금감위에 등록하거나 사채를 발행하여 상장하는 등 증권거래법상의 공시의무를 지는 경우가 있으므로 해당 기업의 이사들은 법률적인 책임문제에 있어서 공개회사의 이사들과 마찬가지의 입장에 있는 경우가 많다. 또 후술하는 바와 같이 최근 고등법원 레벨에서 모회사의 주주들이 자회사의 이사들에게 책임을 추궁하는 이중대표소송을 인정한 바 있고 국제기구들은 우리 정부에 이 제도를 공식적으로 도입할 것을 권고하고 있는 것으로도 알려진다.

원래 주식회사 이사의 회사법상 책임문제에 있어서 공개회사와 비공개회사의 차이는 주로 책임을 추궁할 주체가 있는가의 여부에 따른 문제발생 가능성의 차이라 할 수 있는데 점차 그 차이가 줄어드는 추세이다. 공개회사 이사들의 법적 책임이 증권거래법에 의해 본질적으로 달라지지는 않으나 증권거래법은 주주대표소송제기권을 포함하여 소수주주권 행사요건을 상법에 비해 완화하고 있으므로 공개회사의 이사들은 책임추궁을 당할 가능성에 더 크게 노출되어 있고 책임을 추궁하려는 주체들도 더 많다는 차이가 있다. 나아가 공개회사들은 증권거래법에 의한 각종 공시를 행하고 있어서 투자자들이 회사의 정보에 더 쉽게 접근할 수 있고 이사들은 그로부터 개인적인 책임문제에 노출될 더 큰 위험에 노출되게 된다.

상장기업 이사의 책임과 관련한 또 하나의 요인은 외국인이다. 외환위기 이후 우리 나라 자본시장의 개방조치로 인해 자본시장에서 외국인 비중은 급격히 증가하고 있으며 2005년 3월 현재 외국인 비중은 증권선물거래소 상장회사들의 경우 시가총액의 42.07%인 196조 6,678억원에 이른바 있다. 하나은행의 73.43%를 포함하여 외국인이 최대주주인 회사들도 상당수에 이른다. 우리 나라를 대표하는 기업들인 삼성전자,

현대자동차, POSCO 등의 외국인 소유비율은 각 50%를 상회한다.[7] 이러한 대기업들은 대체로 외국의 증권시장에 진출하고 있어서 상장지법의 규율을 받기도 한다. 일반적으로 주로 기관투자자들인 외국인 투자자들의 이사책임 추궁의식은 내국인 투자자들의 그것에 비해 상대적으로 높은 것으로 보아야 할 것이므로[8] 외국인 투자자의 비중이 높거나 외국의 증권시장에 진출한 상장기업 이사들의 경우 책임문제에 노출될 가능성이 한층 더 높아진다.

마지막으로, 상장기업의 이사들은 증권거래법에 의한 증권소송과 증권집단소송의 위험에도 노출되어 있다. 증권소송과 증권집단소송은 원고가 승소하는 경우 주주대표소송과는 달리 손해배상금액이 원고 개인에게 직접 귀속되므로 주주대표소송에 있어서보다 소송이 제기될 유인이 강하다. 증권관련집단소송법은 증권소송이 제기될 수 있는 보다 편리한 절차를 마련해 주고 있다. 증권집단소송은 그 규모와 파급효과가 크기 때문에 주주대표소송보다 더 강력한 경영자통제 장치이다.

---

7) 금융기관들의 경우도 구조조정 과정에서 외국자본이 대량 유입되어 현재 제일은행(뉴브리지 캐피탈), 한미은행(카알라일그룹 컨소시엄 및 스탠더드 차터드가 보유하다가 시티그룹이 인수하여 시티은행이 되었음), 외환은행(코메르츠방크) 등이 외국자본의 지배하에 있으며 신한은행, 국민은행, 우리금융 등이 미국의 뉴욕증권거래소에 상장되어 있고 현재 진행중인 외자유치 프로젝트들이 완결되면 그 수는 더 늘어날 전망이다. 이와 동시에 외국인에 의한 적대적 M&A 가능성도 증가하고 있으며 최근에 들어 투기성 펀드라고 의심받는 외국의 펀드들을 포함하는 외국자본에 의해 국내기업이 경영권을 위협받는 것으로 우려되는 사례가 속출하였다. 청와대경제보좌관실 대통령보고서, 투기성 외국자본 유입의 영향과 대응방향(2005. 2) 참조.

8) 기업지배구조를 개선하여 투자수익을 창출한다는 초대형 글로벌연기금들도 우리 나라에 다수 등장하였다. 이들이 이사의 책임추궁 의식을 강하게 가지고 있을 것임은 명백하다. 기업지배구조펀드에 관하여는 김주영 · 김유경, 기업지배구조 펀드란?, CFO(2003년 여름호), 6면 참조. 이 자료에 의하면 2003년 5월 말 현재 우리 나라에는 오펜하이머, 허미스, 소버린 등의 펀드가 활동하고 있다. 국민연금도 지배구조 펀드를 설정하려는 계획을 가지고 있는 것으로 알려진다. 한국형 지배구조 펀드 나온다, 한국경제(2004년 3월 2일자), 1면 · 3면 참조.

[증권집단소송]

증권집단소송은 증권투자 과정에서 투자자들이 입은 피해를 구제하는 데 필요한 새로운 제도이기는 하지만 투자자들에게 새로운 실체적 권리를 창설해서 부여하는 것은 아니고 피해구제를 보다 쉽게 해주는 새로운 절차를 마련해 주는 것이다. 즉, 상대적으로 소액의 피해를 입은 투자자는 권리구제를 위해 소요되는 비용 때문에 소송을 제기할 인센티브가 없으므로 집단소송이라는 메커니즘이 그러한 투자자로 하여금 변호사를 통해 소송을 제기할 인센티브를 만들어 준다. 그 결과, 잠재적인 피고들이 효과적으로 견제되는 결과가 발생하여 증권시장에서의 부실공시와 불공정거래행위로 인한 사회경제 비용의 발생이 억제된다.

증권집단소송은 특히 기업의 분식회계를 포함한 부실공시를 소송의 원인으로 하기 때문에 소송의 제기나 제기가능성 자체가 기업경영의 투명성과 회계관행의 개선에 큰 도움을 주게 된다. 증권집단소송은 기업지배구조의 개선을 위한 또다른 장치인 주주대표소송과는 달리 손해배상액이 원고인 투자자 자신에게 귀속되므로 원고가 주주대표소송보다는 더 큰 소제기 인센티브를 가진다. 또 미국에서의 사례에 비추어 보면 증권집단소송은 주로 화해를 통해 종결되는데 그 과정에서 기업지배구조의 개선에 관한 회사의 약속이 도출되는 경우가 흔하다. 결론적으로, 증권집단소송은 기업지배구조의 개선을 위해 활용될 수 있는 강력한 외부통제장치로 기능한다.

반면, 증권집단소송은 소송을 제기할 의사가 없거나 소송의 존재자체도 알지 못하는 투자자들에게 그 결과의 효력이 미치기 때문에 사법제도에 파격적인 변화를 가지고 온다는 의의를 가진다. 이 때문에 집단소송은 남용되는 경우 증권시장 참여자들의 권리에 상당한 부정적 영향을 미칠 수도 있고 사법제도에 불합리한 부담을 발생시킬 수도 있다. 피고가 되는 기업이나 그 임원, 증권회사, 회계법인들이 부당하게 입는 타격에 관해서는 긴 말이 필요치 않다.

[집단소송, 소비자보호가 우선][9)]

미국의 한 조용한 시골 마을에 변호사가 한 사람 이사오면서 동네가 시끄러워졌다는 것이다. “왜 권리 위에 잠자십니까?” 하면서 주민들의 ‘법 의식’을 고취시켰기 때문에 다툼이 빈번해졌다. 그러다가 변호사가 또 한 사람 이사오면서 동네는 소송판으로 변했다고 한다. 미국의 법대에서 흔히 듣는 ‘변호사 시리즈’ 중 하나다.

1997년의 한 통계에 의하면 그 해 미국에서는 모두 1천 5백만건의 민사소송이 50개의 주 법원에 제기됐는데 이는 2초에 한 건씩 소송이 제기된 셈이다. 미국의 사법제도 유지 직접비용은 2001년의 경우 GDP의 2.04%인 2천 54억불에 이르렀다. 우리 돈으로 약 2백 20조원을 상회한다.

누구나 세상을 살면서 이런저런 피해를 당하기 마련인데 손해액수가 작으면 그냥 참고 넘어간다. 배상을 받는 데 드는 비용이 더 크기 때문이다. 그러나 액수가 작더라도 피해자가 다수이면 사회적으로 어떤 제도를 통해 그 손해를 배상받을 수 있게 해 줘야 잠재적인 가해자가 조심하게 되므로 집단소송제도가 필요한 것이다. 이는 사회적인 제도이기 때문에 피해자 개개인은 원래 배상받아야 할 소액을 배상받는데 그치게 된다. 따라서 누구에게도 일을 벌일 인센티브가 없다. 그래서 가장 큰 피해를 본 사람, 소송으로 돈을 벌 수 있는 변호사 등의 역할이 중요하며 그들의 선행투자가 다른 피해자들의 이익으로 연결된다.

이렇게 훌륭한 제도가 집단소송이지만 현실은 이상한 결과도 만들어 낸다. 가장 많이 드는 사례가 비디오 대여 체인점 블록버스터 사건이다. 한 고객이 비디오 반납기일을 지키지 않는 경우 추가요금이 부과되는 것이 부당하다면서 집단소송을 제기하였다. 텍사스 주의 제퍼슨 카운티 법원이 승인한 화해안에 따르면 대여기일을 준수하지 않아 추가요금을 낸 고객들은 1인당 20달러 상당의 무료 비디오 대여 쿠폰(신작 비디오는 제외)과 1달러짜리 물품할인구매 쿠폰을 수령할 수 있게 됐다. 블록버스터에게는 총 4억 6천만달러의 부담이 발생하였으나 실제로 쿠폰을 받아간 고객은 10%에도 미치지 못했다고 한다. 그

9) 김화진, 집단소송, 소비자보호가 우선, 한국경제(2005년 2월 21일자) 시론.

러나 담당 변호사는 9백 25만달러의 보수를 수령하였다. '피해자'의 극히 일부가 소액의 비금전적 배상을 받고 변호사는 거액의 현금보수를 받은 것이다. 이런 특이한 사례를 인용하면서 집단소송제도를 폄하하는 것은 곤란하다는 비판도 물론 가능할 것이다.

그러나 미국도 이제는 답답하였든지 지난 10일 상원이 집단소송개혁법(Class Action Fairness Act)을 72대 26으로 통과시켰다. 집단소송의 화해내용이 소비자들에게 실질적인 혜택이 되도록 하고 현금이 아닌 보상으로 화해가 이루어지는 경우 변호사 보수를 법원이 통제할 수 있는 길을 열어주는 법이다. 하원도 곧 이 법안을 승인할 것으로 알려진다. 그런데 이 법이 미국 소비자들의 권리구제를 제한하는 것이 아니라는 점에 유의할 필요가 있다. 사법제도의 남용이 발생하면 부당한 비용이 발생하고 그 비용은 소비자 전체에게 전가되지만 그와 동시에 사회적인 부가가치를 창출하지는 않는 일부 세력에는 혜택이 돌아간다. 즉, 이 법은 왜곡된 자원의 배분을 바로잡아 미국 소비자들을 더 강력하게 보호하기 위해 제정된 것이다. 2001년에 소송비용으로 인한 물품가격의 상승부담 등을 미국인들은 1인당 7백 21달러 꼴로 부담했다.

한국에서도 증권집단소송제도가 올해 1월 1일부터 시행에 들어갔다. 집단소송제도를 환경, 소비자분쟁 등에 확대하려는 움직임도 있다. 미국의 경험은 우리가 새로운 제도를 고안하고 운영할 때 주의해야 할 점들을 가르쳐 준다. 정치적 당위성의 판단에는 사회적 비용의 예측이 반드시 수반돼야 할 것이다.

[남용 막아야 할 증권집단소송][10)]

연전에 미국에서 증권법의 대가라고 꼽히는 학자들과 자리를 같이 한 일이 있는데 그들이 우리 나라 증권관련집단소송제도 도입 움직임에 관심을 표하기에, 도입이 결정되었다고 답해 주었다. 그러자 "코리아가 일냈다"는 톤으로 농담이 오갔고 무슨 뜻이냐는 질문에 "참으로 어렵고 복잡한 영역"에 한국이 발을 들여놓은 것에 대해 놀랐다는 답

10) 김화진, 남용 막아야 할 증권집단소송, 한국경제(2004년 11월 23일자) 시론.

이 돌아왔다.

증권관련집단소송제가 우여곡절과 논란 끝에 사실상 내년부터 시행된다. 이 제도도 시행해 보면 다른 여러 제도와 마찬가지로 시행착오와 예기치 못했던 문제를 노정할 것이다. 특히 이 제도에 찬성하는 측이나 반대하는 측 공히 무분별한 소송이 제기될 가능성을 가장 우려하고 있다. 그 때문에 소송남용 방지장치가 더 연구되어야 한다는 목소리가 높다.

미국에서는 증권집단소송이 지난 1938년에 도입되었다. 그러나 숱한 문제들이 드러나 1995년에 증권소송개혁법(Private Securities Litigation Reform Act)이 제정되기에 이른다. 이 법의 가장 큰 목적은 소송의 남용 방지다. 미국 증권집단소송은 미국상원 조사보고서에서도 나오듯 주가가 현저히 하락하기만 하면 이유불문하고 며칠, 심지어는 몇 시간 내에 제기되는 문제가 있었다. 즉, '준비된 원고'들이 항상 대기하고 있는 것이다. 피고가 된 기업들은 소송비용과 회사의 신용하락 우려 때문에 화해로 사건을 종결하려는 강한 유혹을 받게 된다. 또 소송이 진행되는 경우 회사와 회사를 돕는 주변의 증권회사, 전문가들이 주고받은 내용들이 모두 법정에서 공개되어 증거로 사용되므로 회사가 사업내용에 대한 공시를 최대한 자제하게 되고 주변과의 커뮤니케이션도 축소시키게 되므로 이는 투자자들에게 필요한 정보의 공급을 줄이는 치명적 부작용도 낳는다. 증권소송개혁법은 회사의 공시 중 일부에 대한 '안전항'(safe harbor)을 마련해 주고 있고 원고로 하여금 소송이 제기됐을 때 문제가 되는 공시를 하나하나 지정하게 하는 것은 물론 피고의 고의나 과실에 대한 엄격한 소명을 요구한다. 이 두 번째 요건은 담당 법관이 사전에 심사하도록 돼 있어 이 단계를 통과하지 못하면 증거를 수집하는 행위가 허가되지 않고 소송은 중단된다.

이 법에 대해 클린턴 대통령은 당시 거부권을 행사했으나 의회가 다시 통과시켜 발효되었다. 이 법에 대해 주주대표소송 전문변호사 한 사람은 "거짓말 라이선스 법"이라고 공격하였으나 그 후 사건의 동향과 시장의 반응을 연구한 학자들은 효율적인 법으로 평가한다. 이러한 소송남용 방지장치를 도입했음에도 불구하고 소송건수는 증가했다. 스탠퍼드 법대 증권집단소송연구센터가 지난 1996년부터 수집한 데이터는 현재 2천 1백건을 넘고 있다. 반면 상대적으로 많은 수의 소송이 법원에서 중단됐고 법원의 심사를 통과한 소송의 경우(소송남용에 해당하지 않는 경우) 더 많은 액수의 손해배상과 화해로 연결되었다는 것이다. 미국에서 손해배상액은 많게는 30억달러까지 치솟는다. 즉, 이 법이 옥석을 가려내는 데 성공했다는 것을 뜻한다. 이는 특히 이 법의 소송남용 방지장치가 부실공시를 감소시키는 데 보다 효율적인 수단으로 기능한다는 의미이다. 증권회사, 회계사, IT업계, 제약업계는 우연한 주가하락으로 인한 무분별한 소송으로부터 벗어나게 되었음을 기뻐하였다.

기업의 지배구조 개선이 중요한 과제인 우리 나라의 실정에서 증권관련집단소송과 그를 가동시키는 전문가들의 역할이 분명히 있다는 것을 부인할 수 없다. 그러나 아무리 좋은 제도라 해도 발상지를 떠나 다른 문화와 경제 · 정치환경 아래 이식되면 독특한 결과를 내기도 한다. 남소방지 장치를 기업의 이기적인 생각에서 유래한다고만 볼 일이 아니다. 훌륭한 남소방지 장치는 부실공시를 감소시켜 보호받을 자격이 있는 투자자와 사회경제 전체에 도움이 됨을 미국의 경험이 말해준다.

Ⅱ. 주식회사 이사의 손해배상책임

상법상 이사의 의무에 관한 규정은 이사의 행동기준이기도 하지만, 궁극적으로는 그 위반이 있는 경우 이사에게 법적인 손해배상책임을 묻기 위해 마련되어 있는 것이다. 상법은 이사의 회사에 대한 책임과 제 3 자에 대한 책임 등에 관한 규정을 가지고 있다.[11)]

11) 독일법상 이사의 의무와 책임 일반론은 Marcus Lutter & Gerd Krieger, Rechte und Pflichten des Aufsichtsrats(제 4 판, 2002).

1. 이사의 회사에 대한 손해배상책임

상법 제382조 제 2 항에 의하면 주식회사의 이사와 회사와의 관계에는 위임에 관한 민법의 규정이 준용되므로 이사는 민법 제681조에 의해 회사에 대해 선량한 관리자의 주의로써 사무를 처리해야 할 의무(선관의무 또는 주의의무)를 진다. 한편, 상법 제399조 제 1 항에 의하면 이사가 법령 또는 정관에 위반한 행위를 하거나 그 임무를 해태한 때에는 그 이사는 회사에 대하여 연대하여 손해를 배상할 책임을 지므로, 이사가 선관의무를 해태한 때에는 상법 제399조가 정하는 바에 따른 회사에 대한 손해배상책임을 지게 된다. 상장기업 이사의 선관의무(주의의무)의 내용은 크게 다음의 다섯 가지로 분류될 수 있다:

(1) 이사는 회사가 영위하는 사업의 모든 측면이 적절하고 효율적으로 이루어지고 있는지 적극적으로 감독할 의무를 진다.
(2) 이사는 이사회와 자기가 소속된 소위원회의 회합에 참석할 의무를 지며 정기주주총회와 임시주주총회에도 참석하여야 한다.
(3) 이사는 회사의 사업과 관련된 모든 중요 서류와 자료를 입수하여 그를 숙지하고 이사회에서의 토의와 결의에 임하여야 한다.
(4) 이사는 이사회에서의 토의에 성실히 임해야 하며 의문이 있는 사안에 대한 조사와 질의를 게을리할 수 없다.
(5) 이사는 회사의 모든 공시자료를 사전에 검토하여야 한다.[12)]

이사의 선관의무 위반 또는 후술하는 바와 같은 충실의무 위반 등에 대해 손해배상책임을 묻는 데 사용되는 대표적인 절차적인 장치는 주주대표소송이다.[13)] 상법은 그 제403조 내지 제406조에서 발행주식

12) 이는 미국의 NACD(National Association of Corporate Directors)가 기능적인 각도에서 정리한 것이다. NACD, Governance Policy Workbook 24 (2003) 참조. Stephen Lubben & Alana Darnell, *Delaware's Duty of Care,* 31 Delaware Journal of Corporate Law 589(2006) 참조.

13) 주주대표소송의 법리와 실무에 관해 일반적으로, DeMott, Shareholder Derivative Actions: Law and Practice(1986); Coffee, *Understanding*

총수의 1%(개정 전 상법은 5%) 이상에 해당하는 주식을 가진 주주가 대표소송을 제기하는 데 필요한 절차 등을 규율하고 있다. 증권거래법은 주주의 대표소송 제기요건을 상법의 그것보다 대폭 하향 조정하여 상장법인의 경우 6월 전부터 계속하여 발행주식총수의 0.01%를 보유한 주주가 대표소송을 제기할 수 있게 하고 있다(동법 제191조의13 제1항).[14]

우리 나라 상법은 회사가 이사를 상대로 제기하는 소송에서 감사 또는 감사위원회가 원고가 되도록 하므로 주주들은 일단 감사나 감사위원회에 해당 이사를 상대로 소송을 제기하라고 요구하고 그로부터 30일 이내에 소송에 제기되지 않는 경우 직접 회사를 위하여 소송을 제기할 수 있게 하고 있다(상법 제403조). 미국의 경우 우리 나라의 그것보다 절차나 요건이 좀 복잡하기는 하지만 대체로 주주대표소송이 제기되는 구조는 위와 같다. 다만, 미국에서는 회사의 이사들이 후술하는 경영판단의 원칙을 내세워 문제된 이사에 대해 소송을 제기하지 않으려는 경우가 많다는 차이가 있고 이 때문에 그를 평가하기 위한 판례법이 고도로 발달되어 있다. 여기서 발달한 실무가 이사회가 특별한 소위원회를 설치해서 주주대표소송에 대한 의견을 제시하게 하는 것이다. 이 위원회가 이사에 대해 소송을 제기하지 않는 것이 회사의 이익을 위한 최선의 방향이라

---

the Plaintiff's Attorney: The Implications of Economic Theory for Private Enforcement of Law Through Class and Derivative Actions, 86 Columbia Law Review 669(1986). 주주대표소송이 경영자통제의 효과적인 장치가 될 수 없다는 최근 미국에서의 실증적 연구로, Romano, *The Shareholder Suit: Litigation without Foundation?,* 7 Journal of Law, Economics, & Organization 55(1991); Fischel & Bradley, *The Role of Liability Rules and the Derivative Suit in Corporate Law: A Theoretical and Empirical Analysis,* 71 Cornell Law Review 261(1986) 참조.

14) 상장법인의 주주들은 증권거래법상의 소수주주권 행사요건을 갖추지 못한 경우 상법에 의한 소수주주권을 행사할 수 있는가? 이 의문에 대해서는 상이한 답들이 있으나 하급심 법원판례들은 그를 부정하고 있다. 서울지방법원 2002. 9. 5. 선고 2002비합23 결정 및 서울지방법원 2002. 9. 30. 선고 2002비합50 결정 등 참조. 이에 대해 조민제 · 김영심, 소수주주권 행사에 관한 상법과 증권거래법상의 특례규정의 관계, 법조(2004. 1), 178면 참조.

는 결론을 내리면 회사는 소송을 제기하지 않기로 결정하게 되고, 그럼에도 불구하고 주주들에 의해 소송이 제기되면 법원에 그 소송을 기각해 달라고 청구하게 된다. 이러한 회사의 청구에 대한 미국 법원들의 태도는 각양각색이나 대다수 주의 법원들이 그를 무시하지 않는 태도를 취하고 있으며 델라웨어 주의 판례법은 법원이 그를 두 단계에 걸쳐 검토해야 한다는 원칙을 도입하였다. 1단계는 위원회를 구성하는 이사들이 선의(good faith)로 그러한 신청을 하였고 독립적(independent)인가를 판단하는 것이고, 2단계는 법원이 그러한 신청을 받아들일 것인지를 실질적으로 심사하는 것이다.[15)]

2. 주주대표소송과 이중대표소송

이사의 임무해태로 회사에 손해가 발생한 경우 이론상으로는 회사가 해당 이사에게 손해를 배상할 것을 청구하고 해당 이사가 거부하면 소송을 제기할 수 있다. 그러나, 회사는 이사회의 결정으로 CEO나 임원들에 의해 행동하므로 이사들이 동료 이사에 대해 법적인 조치를 취할 것을 기대하기는 어렵다. 이 때문에 상법은 주주가 회사를 대신해서 이사에 대해 소송을 제기할 수 있도록 하는데 이것이 주주대표소송이다. 주주는 소송에서 이기더라도 손해배상금액은 회사에 귀속된다. 우리 나라에서는 상법이 1962년에 이 제도를 채택한 이래 외환위기가 발생하기까지 단 한 건의 주주대표소송도 없었던 것으로 알려진다. 주주대표소송은 외환위기 이후 시민단체들에 의해 기업지배구조 개선 목적으로 제기되기 시작하였다. 현재까지도 경영권 분쟁시 상대방을 공격하기 위해 제기된 소송들을 제외하면 강원랜드의 소액주주들이 2005년 8월에 제기한 단 한 건의(아래 이중대표소송 사례를 포함한다면 두 건의) 고유의 의

15) 1981년의 Zapata Corporation v. Maldonado, 430 A. 2d 779(Del. 1981)에서 정립된 원칙. 상세한 것은 제 2 장에서 소개한 오라클 판결 참조.

미에서의 주주대표소송만이 기록되어 있다. 따라서, 이 제도는 권리구제보다는 기업지배구조 개선 목적으로 치우쳐서 활용되고 있음을 알 수 있다. 실제로 주주는 비용을 들여 회사에 귀속될 손해배상을 구하는 소송을 할 인센티브가 별로 없다.

주주대표소송제도가 있다 해도 지배종속관계에[16] 있는 두 회사에 있어서 종속회사가 비상장회사라면 종속회사의 이사를 통한 위법행위가 발생하고 그로부터 상장회사인 지배회사에 손해가 발생함으로써 지배회사의 일반 투자자들이 손해를 입더라도 종속회사의 이사에 대해 투자자들이 회사를 대신하여 손해배상을 구할 방법이 없다. 이를 가능하게 하는 것이 이중주주대표소송이다. 2003년 8월 22일자 서울고등법원 판결은 다음과 같은 이유에서 국내 최초로 이중대표소송을 인정하였다(2002나13746):

> "지배회사 이사회에 대한 제소청구 또는 지배회사 이사를 상대로 한 대표소송만으로는 ① 종속회사 이사의 부정행위로 인한 지배회사의 간접적인 손해액을 평가하기 어렵고, ② 종속회사의 주식을 여러 회사가 나누어 소유하고 있는 경우 각 지배회사마다 대표소송이 제기되는 결과를 초래할 수 있으며, ③ 이중대표소송을 허용하지 않으면 지배회사 및 종속회사에 대한 경영권을 모두 지배하고 있는 경영진이 종속회사를 통하여 부정행위를 함으로써 책임을 회피하는 수단으로 이용할 위험이 존재하는 등의 부작용이 발생하는 난점을 극복하기 어렵다. 반면, 종속회사의 경영진이나 주주들이 여러 가지 이유로 이사들의 종속회사에 대한 부정행위를

16) 이중대표소송을 인정하려면 지배종속관계의 기준이 명확하게 설정되어야 한다. 상법 제342조의2는 모회사와 자회사간의 관계를 '타 회사 발행주식 100분의 50 초과 보유'로 정하여 지주비율을 기준으로 하고 있는데 주식회사의외부감사에관한법률 및 같은 법 시행령에 의하면 연결재무제표의 작성대상이 되는 회사의 범위에 관하여 지주비율 및 기타 지배적 영향력을 기준으로 하고 있다. 독점규제및공정거래에관한법률의 경우에도 기업집단을 지주비율 및 기타 실질적 기준을 합하여 정하고 있다. 미국의 판례는 손해가 발생한 회사와 그 주식을 소유한 회사 사이에 지배종속관계가 없어도 해당 2개의 회사가 위법행위자에 의해서 지배되고 있는 것을 근거로 이중대표소송을 인정하기도 한다. United States Lines v. United States Lines Co.; Kaufmann v. Wolfson, 132 F. Supp. 733(S.D.N.Y. 1955).

시정하지 못하는 경우가 있을 수 있는바, 이러한 경우 이중대표소송을 인정함으로써 종속회사 이사들의 부정행위를 억제할 수 있는 효과를 기대할 수 있고, 종속회사의 손해는 종국적으로 지배회사 주주의 손해로 귀속되므로 이중대표소송을 통하여 종속회사의 손해를 회복함으로써 간접적으로 지배회사 및 지배회사 주주의 손해를 경감하는 효과를 기대할 수도 있다. 이와 같은 이중대표소송의 필요성에 비추어 우리 상법의 해석에서도 대표소송을 제기할 수 있는 주주의 개념에 '회사인 주주의 주주'를 포함함으로써 이중대표소송을 인정할 수 있다고 볼 것이므로, 지배회사인 ○○사의 주주인 원고가 종속회사인 ○○의 대표이사였던 피고 ○○○의 위법행위에 대하여 ○○을 위한 대표소송으로써 그 손해배상을 직접 청구할 수 있다고 할 것이다."

그러나 이 판결은 대법원의 2004년 9월 23일자 판결(2003다49221)로 파기되었다:

상법 제403조 제1항, 제3항은 발행주식의 총수의 100분의 1 이상에 해당하는 주식을 가진 주주는 회사에 대하여 이사의 책임을 추궁할 소의 제기를 청구할 수 있고, 회사가 이 청구를 받은 날로부터 30일 내에 소를 제기하지 아니한 때에는 위 주주는 즉시 회사를 위하여 소를 제기할 수 있다고 규정하고 있고, 이 규정은 상법 제415조에 의하여 감사에 준용되는바, 어느 한 회사가 다른 회사의 주식의 전부 또는 대부분을 소유하여 양자간에 지배종속관계가 있고, 종속회사가 그 이사 등의 부정행위에 의하여 손해를 입었다고 하더라도, 지배회사와 종속회사는 상법상 별개의 법인격을 가진 회사이고, 대표소송의 제소자격은 책임추궁을 당하여야 하는 이사가 속한 당해 회사의 주주로 한정되어 있으므로, 종속회사의 주주가 아닌 지배회사의 주주는 상법 제403조, 제415조에 의하여 종속회사의 이사 등에 대하여 책임을 추궁하는 이른바 이중대표소송을 제기할 수 없다고 할 것이어서… 그럼에도 불구하고, 원심은 이중대표소송이 가능함을 전제로 원고 적격을 인정하였으니, 이 부분에 관한 원심판결에는 주주의 대표소송에 있어서의 원고 적격에 관한 법리를 오해하여 판결에 영향을 미친 위법이 있다고 할 것이므로 더 나아가 본안에 관하여 판단할 필요 없이 그대로 유지될 수 없다 할 것이다.

이중주주대표소송(double derivative suit)은[17] 우리 나라 상장회사들이 비상장 계열회사를 다수 보유하고 있다는 점을 생각해 보면 그 파장이 상당히 클 것임을 쉽게 짐작할 수 있다. 참여연대가 2006년 4월에 개별기업 차원을 넘어선 기업집단 자체의 지배구조를 개선하기 위해 회사법에 의한 지배주주와 계열사 및 계열사 상호간의 관계를 규율하는 내용의 입법 운동을 개시하면서 회사기회의 편취 금지와 이중대표소송 제도를 선정한 것이 이를 보여준다.[18] 법무부의 회사법 개정 시안도 모회사의 1% 이상 주식을 가진 주주가 모회사 및 자회사를 대신해서 자회사 이사에게 책임을 물을 수 있도록 하고 있으며 3% 지분 요건을 충족하면 상법 제466조의 회계장부열람권을 자회사에 대해 행사할 수 있게 하고 있다.

그러나, 대법원 판결에서 보듯이 주주의 개념에 회사인 주주의 주주를 포함시키는 해석상의 난점은 별론으로 하더라도[19] 이중주주대표소송은 법인격을 사실상 부인하는 효과를 발생시켜 기업지배구조의 개선 못지 않은 중요성을 가지는 자본주의 경제의 기초 하나를 잠식할 위험

17) 일반적으로 Locascio, *The Dilemma of Double Derivative Suits,* 83 Northwestern University Law Review 729(1989) 참조. 미국의 법원들은 경우에 따라서는 3중대표소송도 인정하고 있다: Marcus v. Otis, 168 F. 2d 649(2d Cir. 1948).

18) 참여연대, 38개 재벌 총수 일가의 주식거래에 대한 보고서(2006. 4. 6) 참조.

19) 현행법의 해석으로도 이중대표소송을 인정할 수 있다는 견해가 있다. 송옥렬, 현행 상법상 이중대표소송의 허용여부, 민사판례연구 제28권(2006), 528-529면 ("대표소송은 근본적으로 '남'의 소송이라는 점에서 통상의 소송과 다른 메커니즘을 가진다…. 상법 제403조에서 특별히 '주주'만을 대표소송을 제기할 수 있는 '남'으로 인정하고 있는 이유는, 그나마 주주라는 특별한 지위에 있는 '남'이 대표소송의 제기와 수행에 있어서 전체 주주를 위할 가능성이 높다고 보았기 때문이다. 따라서 제403조의 '주주'의 의미를 해석함에 있어서는 이처럼 '전체 주주의 이익을 고려하는 것처럼 행동할 인센티브를 가진 자'라는 판단 기준이 숨어 있다고 보아야 하는 것이 옳다").

성이 있음에 유의해야 할 것이다.[20] 실제로 이중대표소송을 허용하는 미국 판례의 다수가 법인격부인론에 기초하고 있다고 한다.[21] 그렇다면 법인격의 부인이 회사가 사기(fraud)나 명백히 불법적인 목적에 이용된 경우에만 허용되는 것처럼 이중대표소송도 그러한 극히 예외적인 경우에만 허용되어야 할 것이고 입법을 통해 일반적인 제도로서 도입되는 것은 곤란하다.

국내외를 막론하고 자본시장에는 우리 나라의 시민단체들과 같이 공공의 이익을 위해 소송 수행 등을 통해 활동하는 자본시장 참가자들뿐 아니라 기회주의적이고 악의적이며 탐욕스러운 자본시장 참가자들도 무수히 많음을 잊어서는 안될 것이다. 악의적이지는 않더라도 대다수의 투자자들은 이익은 당연한 것으로 여기고(주식투자로 돈을 벌었다 해서 다른 사람들에게 감사하다고 나누어 주는 사람이 있다는 이야기는 들어 본 일이 없다) 손실은 누군가의 책임으로 귀착시키거나 누군가의 부담으로 만회하고 싶어하는 충동하에 있다.[22] 대한상공회의소의 한 자료에 의하면 기업을 상대로 한 소송이 2000년 18건에서 2004년 326건으로 급증하였는데 원고가 소송을 취하하거나 법원에 의해 기각되는 비율이 5년간 평균 81%에 달하였다고 한다.[23] 이 자료의 내용이 정확한 것이 아니라고 볼 특별한 이유가 없으므로 이는 건강하지 못한 사회현상을 잘 지적하고 있다.

---

20) 법인격부인의 법리에 대하여는 최기원, 신회사법론(제11대정판, 2001), 55-65면 참조. 신의성실의 원칙에 위반되는 법인격의 남용을 인정하여 회사의 배후자인 1인 주주의 개인책임을 인정한 최근의 대법원 판결은 대법원 2001. 1. 19. 선고 97다21604; 송호영, 법인격부인의 요건과 효과, 저스티스(2002. 4), 244면 참조.

21) Locascio, 위의 논문, 743-746면 참조.

22) 한편, 기업지배구조에 있어서 지배주주나 경영진이 아닌 2대주주, 소액주주들은 회사법상 여하한 의무도 부담하지 않는 것으로 이해되어 있으나 자본시장에서는 경우에 따라 일정한 의무를 부담하게 해야 할 것이다. 예컨대, 공시의무에 관하여는 김화진, '주주 허위공시'도 책임 물어야, 동아일보(2004. 12. 20) 참조.

23) 대한상공회의소, 기업부문 소송리스크 전망과 정책과제(2005. 8).

[적당히 나쁜 사람들의 사회]

자본주의 경제와 자본시장에 참여하는 평균적인 부정적 인간형은 이른바 '적당히 나쁜 사람(Moderately Bad Person: MBP)'이다. 이 MBP는 살인이나 방화, 절도 등과 같은 범죄와는 애당초 거리가 멀고 그런 범죄자들을 혐오하며 처벌의 강화를 적극 지지한다. 이 MBP는 음주운전은 하지 않지만 급하면 종종 불법 유턴을 한다. MBP는 사회생활을 하면서 가끔 회사 돈을 개인 용도에 지출하고 주식 내부자거래의 유혹에 넘어가기도 하며 길거리의 불법 DVD를 구입하기도 하는데 막상 큰 재벌기업의 불법사례에 대해서는 비난의 열변을 토하고 중국에서 우리 나라 가수들의 불법 CD가 대량 유통되는데 대해 분개한다.

어떤 MBP는 회사의 상당히 높은 자리에 있으면서 회사를 둘러싸고 돌아가는 몇 가지 위법한 일들이나 거래처와의 불법거래에 참가하기도 하고 그로부터 개인적인 이익을 챙기기도 한다. 어떤 MBP는 승진하기 위해 상사의 비윤리적인 행위를 적극 돕고 '회사를 위해' 분식회계에 가담한다.

그러나, 대개의 MBP들은 집에 돌아와서는 엄한 가장이고 효자이며 거짓말하는 자녀들을 호되게 꾸짖고 성실과 정직의 덕목을 강조하는 사람들이다. 불우 이웃 돕기에도 힘을 보탠다.

기업지배구조와 관련된 갖가지 문제들이나 증권시장의 불공정거래행위에는 주인공들 외에도 이런 MBP들이 무수히 연루되어 있다. 거꾸로 말하면, MBP의 수가 줄어들면 분식회계나 시세조종, 횡령과 배임 같은 범죄가 줄어들 수도 있는 것이다.

대다수의 MBP는 자신의 행동이 나쁘다는 것을 모른다. 증권시장에서의 불공정거래행위에 관한 교육을 담당해 본 경험에 의하면 고학력의 전문직 종사자들마저 그 카테고리에 드는 경우가 많다. 따라서, 그런 경우의 문제는 교육을 통해 잘 해결될 수 있다. 특히 펀드매니저들에 대한 윤리교육을 강화한다면 기업지배구조나 자본시장에서의 문제들을 상당 부분 없앨 수 있을 것으로 보인다. 자산운용업은 자본시장은 물론이고 기업의 지배구조와 관련하여서도 최상층에 위치하므로 그 파급효과는 대단히 클 것이다.

자신의 행동이 나쁘다는 것을 인식하는 MBP들도 물론 많이 있다. 이 경우는 법의 집행을 엄격히 하는 것이 처방이 될 것이다. 법을 어기고도 잘나가는 사람이 많으면 MBP가 양산된다. 사회구성원들로 하여금 반칙하지 않으면 손해본다는 생각을 하지 않게 해 주어야 한다.

MBP들이 잘못 행동하는 것을 방지하기 위해 서울 시내 전역에 CCTV를 설치해서 감시할 필요가 있는가? 효과는 좋겠지만 비용이 너무 크다. MBP들은 경제활동에서와는 달리 근본적으로 선량하고 대부분 소심한 사람들이다. 마음 좋은 우리 친구요 동료들인 것이다. 이들은 사회 전체의 준법 상태가 좋아지면 바로 MBP에서 졸업한다. CCTV가 불필요하다.

잠재적인 불법을 방지하기 위해 환경을 대대적으로 정비하는 것도 좋지만 그렇게 비싼 방법보다는 우리 공동체 다수 구성원들의 심성을 신뢰하고, 규칙 위반자들을 확실하게 처벌하는 데 초점을 맞추는 것이 좋지 않을까? 경제범죄에도 불구속 수사의 원칙은 지켜져야 할 것이지만 기소율이나 실형선고의 비중이 의외로 낮다고 한다(약 20%). 물론, 결과책임을 묻는 일은 극력 피해야 할 것이다. 최근의 한 연구에 의하면 내부자거래금지 규칙의 제정이 시장에서 주식을 발행한 기업들의 자본비용 감소로 연결되지 않는다고 한다. 자본비용의 감소는 그 법이 실제로 집행되어야 발생하며 그 규모는 약 5%이다. 나아가, 법률의 제정이나 개정은 그 자체 시장참가자들의 행동에 변화를 발생시키지 않으며 법령의 집행이 시장참가자들의 행동에 변화를 가져온다고 한다. 기업의 지배구조 정비와 자본시장 질서의 개선에 사법부가 합당한 부담을 져야 할 것이다.

김화진, 서울신문(2005년 11월 16일자)

3. 이사의 제 3 자에 대한 손해배상책임[24)]

상법 제401조 제 1 항에 의하면 이사가 악의 또는 중대한 과실로 인

24) 김건식, 이사의 제 3 자에 대한 책임, 상사판례연구 제 1 권(최기원 외 편, 1996), 634면 참조.

하여 그 임무를 해태한 때에는 그 이사는 제 3 자에 대하여 연대하여 손해를 배상할 책임이 있다. 이 책임은 법정책임이며, 통설은 이사의 임무해태로 회사채권자 등의 제 3 자가 직접 입은 손해와 이사의 임무해태로 회사가 입은 손해로 인해 다시 제 3 자가 입은 간접손해에 대한 책임을 모두 포함한다고 한다. 그러나 판례는 주주가 입은 간접손해에 대한 책임은 제외시키고 있다.[25] 일반적으로 판례는 회사채권자에 대하여는 이사의 제 3 자에 대한 책임을 잘 인정하는 반면, 주주에 대해서는 소극적인 것으로 평가되고 있다.[26]

이사의 제 3 자에 대한 책임의 법리는 회사가 지배주주의 개인사업처럼 운영되는 소규모 회사인 경우에는 법인격부인론의 대체적 기능을 할 수 있다는 점이 강조되어 온 바 있는데,[27] 반드시 소규모 회사의 경우에 한하지 않더라도 회사가 지배주주의 노골적인 비리 등으로 인해 도산하였다면 회사채권자들은 그에 대해 상법 제401조에 의해 이사의 개인재산에 대한 책임을 물을 수도 있을 것이다. 한편, 이사의 제 3 자에 대한 책임의 법리는 후술하는 개정상법상의 업무집행지시자의 책임규정과 결합되는 경우, 회사채권자들로 하여금 일정한 경우에 이사가 아닌 회사의 지배주주나 회사가 소속되어 있는 기업군의 최고경영자 등에게 그 책임재산의 범위를 개인재산에까지 확대하게 하는 효과를 가져올 수도 있을 것이다.

4. 이사의 형사책임

이사의 임무해태는 일정한 경우 형사책임을 발생시킬 수도 있다. 회

---

25) 대법원 1993. 1. 26. 선고 91다36093 판결. 평석으로 김건식, 주주의 직접손해와 간접손해, 상사판례연구 제 1 권(최기원 외 편, 1996), 649면 참조.

26) 이주홍, 최근 중요 회사법 판례동향, 인권과 정의(2004. 2), 15면, 32-33면 참조.

27) 최기원, 위의 책, 640면; 정동윤, 회사법(제 7 판, 2001), 456면 참조.

사의 이사가 임무에 위배되는 행위를 함으로써 재산상의 이익을 취득하거나 제 3 자로 하여금 이를 취득하게 하여 회사에 손해를 가한 때에는 형법상의 업무상 배임죄(형법 제356조) 또는 상법상의 특별배임죄(상법 제622조)가 성립하고, 이 때 취득하거나 제 3 자로 하여금 취득하게 한 이득액이 5억원을 넘는 경우에는 특정경제범죄가중처벌등에관한법률위반(업무상배임)죄가 성립하게 된다(동법 제 3 조).

후술하는 바와 같이 우리 나라에 있어서 적대적 기업인수시도에 대한 경영진의 경영권 방어조치가 사실상 자유롭지 못한 이유 중 하나로 법원과 검찰이 이 배임죄의 커버 범위를 넓게 인식하고 있다는 것을 들 수 있다. 일반적으로 경영실패의 범죄화 현상을 우려하고 최근 판례에 대해 비판적인 의견도 있으며[28] 이 문제는 최근에는 비상장주식의 가치평가에 관하여서도 중요한 이슈가 되어 있다.[29] 이 책에서는 이사의 형사책임에 관하여는 상론하지 않는다.

> 대법원 2004. 7. 22. 선고 2002도4229 판결: "… 기업의 경영에는 원천적으로 위험이 내재하여 있어서 경영자가 아무런 개인적인 이익을 취할 의도 없이 선의에 기하여 가능한 범위 내에서 수집된 정보를 바탕으로 기업의 이익에 합치된다는 믿음을 가지고 신중하게 결정을 내렸다 하더라도 그 예측이 빗나가 기업에 손해가 발생하는 경우가 있을 수 있는바, 이러한 경우에까지 고의에 관한 해석기준을 완화하여 업무상배임죄의 형사

28) 이상돈, 경영실패와 경영진의 형사책임, 법조(2003년 5월호), 61면 참조. 이 논문은 우리 대법원이 실패한 경영행위를 범죄화하기 위해 재산범죄처벌규정 가운데 가장 보충적으로 적용되는 형법의 배임죄 규정을 마치 포괄구성요건처럼 운영하고 있다고 분석한다. 그러나 경영실패라는 포괄구성요건이 있다면 그는 명확성의 원칙에 반하여 위헌적이라고 본다. 위 논문, 77면 참조. 또, 이종상, 이사의 책임과 배임죄에 대한 비판적 고찰, 서울대학교 금융법센터 BFL 제19호(2006. 9), 44면 참조. 우리 형법의 배임죄에 관한 심층적인 연구가 있다. 신동운, 횡령죄와 배임죄의 관계, 한국형사법학의 새로운 지평(오선주 교수 정년기념, 2001), 315면.

29) 박종현 · 천경훈, 비상장주식의 그룹내부거래시 주식의 평가와 법적 책임문제, BFL 제 3 호(2004), 35면 참조. 이철송, 자본거래와 임원의 형사책임, 인권과 정의(2006. 7), 96면 참조.

책임을 묻고자 한다면 이는 죄형법정주의의 원칙에 위배되는 것임은 물론이고 정책적인 차원에서 볼 때에도 영업이익의 원천인 기업가 정신을 위축시키는 결과를 낳게 되어 당해 기업뿐만 아니라 사회적으로도 큰 손실이 될 것이다. 따라서 현행법상의 배임죄가 위태범이라는 법리를 부인할 수 없다 할지라도, 문제된 경영상의 판단에 이르게 된 경위와 동기, 판단대상인 사업의 내용, 기업이 처한 경제적 상황, 손실발생의 개연성과 이익획득의 개연성 등 제반 사정에 비추어 자기 또는 제3자가 재산상 이익을 취한다는 인식과 본인에게 손해를 가한다는 인식(미필적 인식을 포함)하의 의도적 행위임이 인정되는 경우에 한하여 배임죄의 고의를 인정하는 엄격한 해석기준은 유지되어야 할 것이고, 그러한 인식이 없는데 단순히 본인에게 손해가 발생하였다는 결과만으로 책임을 묻거나 주의의무를 소홀히 한 과실이 있다는 이유로 책임을 물을 수는 없다 할 것이다."

차입에 의한 기업인수(Leveraged Buyout: LBO)와 이사의 형사책임에 관하여도 최근 주목할 만한 판결이 나왔는데 LBO 거래는 인수대상기업의 부채비율을 극도로 높이기 때문에 채권자들의 이익을 해할 가능성이 높아 미국에서도 종종 채권자취소소송의 대상이 되고 있다. 최근의 국제 M&A 시장은 사모펀드(Private Equity Fund)들의 활약과 LBO 시장의 급팽창으로 특징지어지는데 아래와 같이 이사의 형사책임을 엄격히 묻는 것은 법률적 판단의 당부는 별론으로 하고 우리 나라 관련 시장의 발달에는 거의 치명적인 장애 요인으로 작용할 것이다. 2005년에는 113억 달러 규모의 SunGard 거래를 포함하여 사모펀드들에 의한 바이-아웃거래가 전체 M&A의 약 17%인 4,000억 달러 규모를 차지하였으며 역사상 가장 큰 5대 바이-아웃 거래들 중 4건이 발생하였다. 2005년 덴마크의 통신회사 TDC에 대한 5개 사모펀드 연합의 LBO는 153억 달러 규모를 기록하여 유럽 역사상 최대의 바이-아웃 거래로 기록되었다. 2006년 들어서는 일본을 선두로 한 아시아 지역에서도 7월 현재 LBO 거래의 규모가 230억 달러를 넘어선 것으로 보도되었다.

서울고등법원 2004. 10. 6. 선고 2003노3322 판결(제 6 형사부): "LBO방식의 기업인수에 있어 LBO방식을 이용하였다는 이유만으로 그 자체로 피인수기업에 손해를 발생시키고 인수자가 그에 상응하는 이익을 얻은 것이라고는 볼 수 없는 것이고, LBO방식에 의해 피인수기업의 자산을 담보로 제공함으로써 피인수기업에 담보처분의 위험성을 초래하였다고 하더라도 이를 통하여 피인수기업도 기존 채무의 소멸 등의 이익을 얻게 되는 이상 인수자가 피인수기업의 자산을 담보로 제공하였다는 점을 들어 곧바로 인수자에게 당시 배임의 범의가 있었다고 단정할 수도 없는 것이어서, 결국 이 사건의 경우 피고인이 위와 같은 LBO방식을 이용하여 기업을 인수하고 피인수기업의 자산을 담보로 제공하게 된 모든 과정과 기업인수 후에 드러난 여러 정황 등 제반 사정들을 종합적으로 고려하여 피고인에게 과연 배임의 범의를 인정할 수 있는지 여부를 신중하게 판단하여야 할 것인바, 이것이 이 부분 공소사실에 대한 유·무죄 판단에 있어 쟁점이 된다고 할 것이다….

위에서 인정한 바와 같이, 피고인이 서류상 회사인 에스엔드케이를 설립하여 그로 하여금 자금을 차입하여 당시 회사정리절차중인 신○의 주식을 취득하는 방법, 즉 소위 LBO방식에 의하여 신○을 인수함에 있어, 피고인이 동양종금, 한미은행 등으로부터 금원을 대출받고 이로써 신○을 인수하게 된 구체적 경위와 나중에 신○의 자산을 위 각 대출금 채무에 대한 담보로 제공하게 된 모든 과정 및 피고인이 위 각 금융기관들로부터 대출받은 금원을 궁극적으로 모두 신○의 채권자들에 대한 채무변제 등의 용도에 사용 · 집행하고 이를 통하여 피고인이 개인적인 이득을 취한 바가 전혀 없으며, 결과적으로 이는 신○의 재무구조 개선에 기여하게 된 것인 점 등을 종합하여 보면, 피고인은 회사정리절차가 진행중인 신○을 인수하여 자신의 노력에 따라 충분히 경영을 정상화시킬 수 있다는 나름대로의 합리적인 계산 아래 어디까지나 신○의 이익을 도모한다는 의사로 그 인수자금의 조달을 위하여 이 사건 담보제공에 이른 것으로 볼 여지가 크며, 단지 피고인이 신○의 인수를 위하여 피인수기업인 신○의 자산을 위 금융기관들에 담보로 제공하였다고 하여 그와 같은 사실을 들어 곧바로 피고인에게 신○에 손해를 가하려는 의사가 있었던 것으로 단정할 수는 없다. 그 밖에 검사가 제출한 모든 증거들에 의하더라도 피고인에게 당초 그러한 가해 의사가 있었다는 점을 인정할 만한 아무런 증거가 없다.”

대법원 제 3 부 판결(2004도7027, 2006. 11. 9): “기업인수에 필요한 자금을 마련하기 위하여 그 인수자가 금융기관으로부터 대출을 받고 나중에 피인수회사의 자산을 담보로 제공하는 방식[이른바 LBO(Leveraged Buyout) 방식]을 사용하는 경우, 피인수회사로서는 주채무가 변제되지 아니할 경우에는 담보로 제공되는 자산을 잃게 되는 위험을 부담하게 된다. 그러므로 위와 같이 인수자만을 위한 담보제공이 무제한 허용된다고 볼 수 없고, 인수자가 피인수회사의 위와 같은 담보제공으로 인한 위험 부담에 상응하는 대가를 지급하는 등의 반대급부를 제공하는 경우에 한하여 허용될 수 있다 할 것이다. 만일 인수자가 피인수회사에 아무런 반대급부를 제공하지 않고 임의로 피인수회사의 재산을 담보로 제공하게 하였다면, 인수자 또는 제 3 자에게 담보 가치에 상응한 재산상 이익을 취득하게 하고 피인수회사에게 그 재산상 손해를 가하였다고 봄이 상당하다. 부도로 인하여 회사정리절차(2006. 4. 1. 채무자 회생 및 파산에 관한 법률의 시행으로 회생절차로 바뀌었다)가 진행 중인 주식회사의 경우에도 그 회사의 주주나 채권자들의 잠재적 이익은 여전히 보호되어야 할 것이므로, 피인수회사가 회사정리절차를 밟고 있는 기업이라고 하더라도 위와 같은 결론에는 아무런 영향이 없다.

원심은, 피고인이 위 금융기관들로부터 대출받은 금원을 모두 신○의 채무변제 등에 사용하고 이를 통하여 피고인이 개인적인 이득을 취한 바가 전혀 없으며, 이는 결과적으로 신○의 재무구조 개선에 기여하게 되었다고 보고, 피고인은 회사정리절차가 진행 중인 신○을 인수하여 자신의 노력에 따라 충분히 경영을 정상화시킬 수 있다는 나름대로의 합리적인 계산 아래 신○의 이익을 도모한다는 의사로 그 인수자금의 조달을 위하여 이 사건 담보제공에 이른 것으로 볼 여지가 크다는 점과, 피고인이 신○을 인수한 이후에 경영정상화를 위해 노력해 온 일련의 실제 과정을 이유로 삼아, 피고인이 피인수기업인 신○의 자산을 위 금융기관들에게 담보로 제공하였다고 하여 곧바로 피고인에게 신○에 손해를 가하려는 의사가 있었던 것이라고 단정할 수 없다고 판단하였다.

그러나 피고인이 위 금융기관들로부터 대출받은 금원이 신○의 채권자들에 대한 채무변제에 사용되었다고 하더라도, 위 대출은 기본적으로 서류상 회사인 에스엔드케이가 신○의 주식 내지는 경영권을 인수하기 위한 자금을 마련하기 위하여 이루어진 것이므로 위 대출로 인한 직접적인 이득이 신○에게 귀속된다 할 수 없고 에스엔드케이의 이익을 위하여 이루어진 행위라 할 것이며, 피고인이 그 대출을 위하여 정당한 반대급부 등을 제공하지 아니하고 신○의 자산을 위 금융기관들에게 담보로 제공한 것 역시 실질적으로 피고인 또는 에스엔드케이가 신○의 주주로서의 지위 또는 경영권을 취득하려는 개인적인 이익을 위하여 한 행위라고 판단된다. 즉 이 사건에 있어서 피고인에게는 자신이나 에스엔드케이의 이익을 위하여 신○에게 손해를 입힌다는 배임의 고의가 있었다고 인정되고, 피고인이 위 담보 제공 후 신○의 경영 정상화를 위하여 노력하였다는 사정은 위법하게 이루어진 담보제공에 관한 배임의 고의를 부정할 사유가 되지 못한다.

원심은 또한, 이 사건 담보부동산에는 동양현대종금에 대한 담보제공 이전에 이미 254억 원 상당의 근저당권 및 300억 원 상당의 전세권이 설정되어 있었고 가처분등기까지 경료되어 있었는데, 에스엔드케이의 신○ 인수로 인하여 위 근저당권설정등기 등이 모두 말소되었을 뿐만 아니라 신○에 대한 회사정리절차도 종결하게 되어 신○의 변제능력이 더욱 커짐으로써 이 사건 담보부동산을 상실하게 될 위험성은 더욱 감소되었다고 할 수 있고, 실제로 피고인이 그 후 동양현대종금에 대한 위 대출금 채무 중 250억 원을 변제함으로써 이 사건 담보부동산 중 6건의 부동산에 대한 근저당권이 해지되었으며, 채권자인 위 금융기관들의 입장에서도 신○의 경영이 정상화된 이상 그 대출금을 회수할 필요가 없다고 판단하여 현재까지도 계속하여 변제기를 연장하여 주고 있는 점을 보아도 그 담보물이 처분될 위험성은 현저히 감소하였다는 사정을 들어, 위 담보제공으로써 재산상 실해 발생의 위험성이 초래된 것으로 보기도 어렵다고 판단하였다. 그러나 에스엔드케이의 신○ 인수 전에 이 사건 담보부동산에 대하여 마쳐져 있던 근저당권등기, 전세권등기와 가처분등기가 에스엔드케이로부터 납입받은 신주인수대금 등을 포함한 자금으로 관련 채무를 변제함에 따라 말소되었다고 하더라도, 주식회사와 주주는 별개의 법인격을 가진 존재로서 동일인이라 할 수 없음은 앞서 본 바와 같으므로 신○에 납부된 신주인수대금은 신○의 소유라 할 것이고, 또한 위 근저당권등기 등에 관하여 대위변제에 의한 이전등기 등이 이루어지지 아니하고 그대로 말소되었음에 비추어 볼 때에 위 신주인수대금 이외의 나머지 자금에 의한 변제 역시 채무자인 신○ 소유의 자금으로 이루어졌다고 추인된다. 따라서 위 근저당권등기 등이 말소된 후의 담보가치는 전적으로 신○에게 귀속되어야 할 것이므로, 위 신주인수대금을 에스엔드케이가 납부하였다거나 피고인이나 에스엔드케이가 위 채무 변제자금의 형성을 위하여 기여하였다는 사정만으로 위 담보가치를 피고인이나 에스엔드케이가 활용할 수 있는 정당한 반대급부가 제공되었다고 볼 수 없을 뿐만 아니라, 앞서 본 바와 같이 이 사건 담보제공에 의하여 신○에게는 주요자산의 대부분이 위 대출금에 대한 책임재산으로서 환가처분될 수 있는 위험에 처하게 되는 손해를 초래하였다 할 것이며, 이 사건 담보 제공 후에 피고인이 신○의 경영 정상화를 위하여 노력한 결과 위 자산이 환가처분될 위험이 상당히 줄어들었다고 하더라도 이는 양형에 있어서 참작될 사유가 될 수 있음은 별론으로 하고 이 사건 담보제공으로 인한 회사의 위험 내지는 손해의 성립을 부정할 사유는 되지 못한다."

LBO는 대규모의 차입을 수단으로 하고 경영자의 구조조정 능력에 그 성패가 좌우된다. 이 때문에 미국에서는 LBO를 행하였던 회사들이 파산하여 청산이나 정리절차를 밟는 사례가 많다. 이 경우 LBO 당시의 기존 회사채권자들은 파산법상의 사기양도(fraudulent conveyance) 금지법리를 원용하여 청산, 정리절차에서 LBO채권자들보다 우선적인 지위를 주장하게 된다. 또 LBO를 행한 회사가 파산하지 않고 성공적으로 운영되고 있는 경우에도 LBO는 원래 막대한 규모의 외부차입을 이용하여 기존 주주들을 우대하는 조치이기 때문에 회사채권자들은 급격히 약화된 자신들의 위치를 개선하기 위해 사기양도금지를 이유로 소송을 제기하는 경우가 많다. 사기양도금지를 원용한 채권자 또는 파산관리인의 주장이 법원에 의해 인용되는 경우 LBO채권자들의 채권은 무담보채권이 되는 동시에 최후순위가 될 것이고 몇 년 전에 주식을 매각한 LBO회사의 주주들은 경우에 따라 주식매각 대금을 반환해야만 하게 되며 LBO거래에 서비스를 제공하였던 변호사, 회계사, 투자은행들도 그들이 받은 수수료를 반납해야 하는 사태가 발생할 수 있다. 대부분의 유럽국가들도 미국법상의 사기양도금지법리와 비교될 수 있는 법률들을 가지고 있으므로 미국에서의 상황전개는 시차를 두고 유럽에도 영향을 미치게 될 것이며 우리 나라에도 파산법상의 부인권, 민법의 채권자취소권이 있으므로 LOB거래가 발생하게 되면 이 문제가 쟁점화할 가능성이 있다.

LBO과정에서 이루어지는 여러 가지의 거래들 중 가장 문제가 되는 거래는 LBO회사(또는 SPV)와 은행들간의 거래이다. 이 거래에서 LBO회사가 은행으로부터 LBO자금을 차입하는 대가로 행하는 채무상환의무 부담과 그를 위한 담보제공행위가 사기양도에 해당될 수 있다는 것이다. 중요한 구성요소별로 보면 다음과 같다. ① 사해의사(actual intent to hinder, delay, or defraud): LBO회사의 상기 행위는 LBO회사의 현존하는 또는 미래의 채권자들을 사해할 의사를 가지고 행해진 것으로 볼 수 있다. 왜냐하면 미국 판례법상 사해의 의사는 특정 거래의 주변상황에서 추론되는 것이고 반드시 채무자의 실제 의도로부터 증명되어야 하는 것은 아니기 때문이다. 이 특정 거래의 주변상황에는 무엇보다도 그 거래가 행해진 후의 LBO회사 재무상태가 포함되는데 LBO 직후 초래된 회사의 재무상태 악화가 바로 그 LBO에 기인한다면 LBO 당시 사해의 의사가 존재하였었다는 것이 인정될 수 있다. 즉, 법원은 LBO회사가 문제의 거래를 행한 동기보다도 LBO 이후 자신의 재무상태에 관한 동 회사의 인식에 초점을 맞추어 사해의사존재 여부를 결정할 것이다. ② 동등한 가치의 대가(fair consideration): LBO회사가 은행에 대해 부담한 채무변제의무는 그에 상응하는 금전차입의 대가로 발생한 것이므로 아무런 문제가 없는 것처럼 보인다. 그러나 미국의 판례들은 LBO회사가 차입자금을 어떤 용도에 사용하였는지에 주목하여 LBO를 위해 은행으로부터 차입된 자금은 LBO회사의 자기주식취득을 위해 사용되는 것이 보통이므로 따라서 LBO회사의 채무상환의무 부담은 동등한 가치의 대가와 교환으로 이루어졌다고 볼 수 없다는 결론을 내리고 있다.

미국의 Revco 사건에서[30] 법원은 브루클린 법대의 Zaretsky 교수에게 사기양도금지법리의 LBO 적용문제에 관한 보고서를 요청하였던바, 동 교수의 보고서에 의하면 사기양도금지는 사기(fraud)가 전혀 개입되지 않은 통상의 LBO에도 적용된다고 한다. 이러한 결론은 명망 있는 투자은행에 의해 조직되고 유수의 은행들이 참가하는 통상의 LBO에서도 사기양도의 존재가 인정될 수 있다는 의미이기 때문에 미국의 금융계에 큰 충격을 안겨주었다. Revco 사건을 비롯한 최근의 판례들에서 나타나는 몇 가지 중요한 결론은 다음과 같다. ① 사기양도가 인정되면 LBO를 위해 자금을 제공하였던 은행들은 담보권을 상실하는 동시에 최후순위 채권자가 된다(1991년 5월 Meritor Savings Bank 사건 판결[31]). ② 그러나 주식을 매각하였던 LBO회사들의 주주들과 브로커, 기타 금융중개인들은 원칙적으로 아무런 영향을 받지 않는다. 이것은 시장의 안정을 원하는 SEC의 입장이기도 하며 Kaiser Steel Corp. v. Jacobs 사건에서[32] 연방항소법원에 의해 인정되었다. ③ LBO거래의 구조는 사기양도의 인정에 별 영향을 미칠 수 없다. 예컨대 SPV가 설립되어 LBO를 수행하는 경우라 해도 법원은 필요한 경우 그러한 구조적 측면을 무시하고 판단을 행할 것이다. ④ LBO회사가 LBO 당시 지급불능(insolvent)상태에 있었는지를 판단함에 있어서 법원은 그 회사의 현존가치가 아닌 청산가치를 기준으로 채택하고 있다. LBO회사들은 통상 높은 가치의 무형자산 등을 보유하고 있는데 청산가치를 기준으로 한다면 그러한 것들은 가치평가에서 제외되게 되어 회사의 가치가 현저히 저평가되므로 사기양도가 있었던 것으로 인정될 가능성은 극히 높아진다. ⑤ LBO가 있은 후에 새로 회사의 채권자가 된 거래당사자들도 LBO에의 사기양도금지법리의 적용을 주장할 수 있다.

---

30) United States Bankruptcy Court, N.D. Ohio. In re Revco D.S., Inc. et al., Debtors. July 24, 1990. 118 B.R. 468.

31) United States Bankruptcy Court, D. Massachusetts. In re the O'Day Corporation, Debtor. April 16, 1991. As Corrected May 7, 1991. 126 B. R. 370.

32) United States Bankruptcy Court, D. Colorado. In re Kaiser Steel Corporation, Debtor. May 31, 1988. 87 B.R. 154.

5. 이사의 책임과 그 한계

후술하는 바와 같은 이사의 충실의무 위반보다는 이사의 선관의무 위반이 회사나 회사채권자에게는 훨씬 더 큰 규모의 손해를 발생시킨다. 충실의무 위반은 이사의 개인적 이익을 도모하기 위한 것이 보통이므로 회사나 제 3 자에게 발생할 수 있는 손해의 규모에는 한계가 있으나 특히 대규모 회사들의 경우 이사의 선관의무 위반은 회사의 존립을 위태롭게 할 수도 있다. 그러나 이사의 선관의무 위반은 대개의 경우 이사의 사업적 판단이 잘못되었던 경우에 인정되므로 그에 대한 판단이 용이한 것은 아니며, 이른바 경영판단원칙(business judgment rule)의 적용에 의한 이사의 면책이 항상 문제가 된다.[33]

경영판단원칙은 이사가 그 권한의 범위 내에서 신중하고 합리적인 판단을 내리고 그에 의거하여 행동한 경우 그 결과가 회사에 손해를 초래하게 되더라도 이사에게 법적인 책임을 묻지 않는다는 것인데(회사 내부적으로 이사의 직무수행 결과에 대한 책임을 묻는 것은 별론이다) 이는 현대 회사의 경영자들이 소신껏 직무를 수행하는 데 필수적인 원칙인 동시에 자본주의 발달의 큰 뒷받침이 된 원칙이다.[34] 현대의 기업들은 끊임 없는 이노베이션과 경우에 따라서는 모험적인 투자를 성공의 기본조건으로 구사하는데, 회사 경영자들의 사업적 판단이 끊임 없이 사후적인 사법심사를 받게 된다면 그는 발전의 기회를 축소시킴으로써 오히려 회사 주주들의 손해로 귀결될 것이다.[35] 동서양의 기업사를 보면 주위로부터 거의 '미친 짓'으로 평가받는 경영상의 결정이 회사발전의 결정적

33) Block, Barton & Radin, The Business Judgment Rule: Fiduciary Duties of Corporate Directors and Officers(1988) 참조.

34) 후술하는 바와 같이 경영판단원칙을 우리 나라 회사법의 한 원칙으로 인정하는 데는 무리가 없다. 또 사외이사직무수행규준 6.6 참조: "이사는 합리적인 판단에 의거한 결정과 직무수행에 관해서는 사후적인 결과에 대하여 책임을 지지 아니한다."

35) Easterbrook & Fischel, The Economic Structure of Corporate Law 93-94(1991) 참조.

인 계기를 마련한 사례가 무수히 많다. 따라서 회사법의 중요 임무들 중 하나는 선관의무 및 충실의무와 경영판단원칙 사이의 긴장관계를 적절히 조절해 주는 것이다. 그러나 클락 학장이 지적하는 바와 같이 정직한 실책과 과실간의 경계 획정은 쉽지 않은 것이므로[36] 이 긴장관계의 실제 조절은 법원에게는 대단히 어려운 과제이다. 경영판단원칙과 그 외의 이사 책임완화 장치에 대해서는 후술하기로 한다.

Ⅲ. 주식회사 이사의 충실의무

1. 상법의 규정

상법 제382조의3은 이사는 법령과 정관의 규정에 따라 회사를 위하여 그 직무를 충실하게 수행하여야 한다고 규정하고 있다. 상법개정심사보고서에 의하면, 이 규정은 이사가 선관의무를 지고 있고 선관의무에는 충실의무도 포함된다는 학설도 있으나 이를 명확하게 하여 이사는 경영을 위임받은 자로서 회사의 이익을 위해 성실히 그 직무를 수행하여야 한다는 뜻을 명백히 하기 위해 도입되었다고 한다.[37] 따라서 이 규정은 영미법상의 주의의무(fiduciary duty of care)와 구별되는 개념으로서의 충실의무(fiduciary duty of loyalty)를 상정하고 제정된 것으로 보인다.[38]

36) Clark, 위의 책, 123-140면 참조.

37) 상법중개정법률안 심사보고서, 13-14면 참조.

38) 이 두 개념의 명확한 구별에 회의적인 견해도 있다. Easterbrook & Fischel, The Economic Structure of Corporate Law 103(1991) 참조("주어진 보수를 기준으로 하여 약속한 것보다 덜 열심히 일하는 것과—주의의무 위반—주어진 일의 수준에 비추어 약속한 것보다 더 많은 보상을 받는 것과의—충실의무 위반—차이가 무엇인가?"). 그러나 이 두 개념의 명확한 구별론에 입각하여 충실의무는 강화하고 주의의무는 폐지해야 한다는 견해도 있다. Scott, *Corporation Law and the American Law Institute Corporate Governance Project*, 35

그러나 상법 제382조의3은 이사의 선관의무에 대한 상법 제399조 제 1 항과는 달리 해당 의무의 위반에 대한 이사의 손해배상책임에 대해서는 아무런 규정을 두고 있지 않다. 상법개정심사보고서는 이와 관련하여, 충실의무가 매우 추상적이어서 단순한 선언적 규정으로 해석될 우려가 있기 때문에 그 입법취지를 분명히 하기 위해 충실의무 위반에 따른 책임문제도 고려해야 한다는 견해가 있음을 밝히고 있는데,[39] 이사의 충실의무에 관한 위 규정의 위반이 그로 인한 이사의 회사에 대한 손해배상책임을 발생시키는지의 문제는 향후 충실의무의 내용이 구체화되어 가는 과정에서 해석에 의해 정리되게 될 것이다.

한편, 우리 나라 상법상의 위 개별규정들을 충실의무에 관한 규정으로 보는 학설은 그 위반이 손해배상책임을 발생시키는 것으로 보고 있으며,[40] 선관의무 외에 충실의무를 별도로 인정하지 않고, 따라서 위 개별규정들을 선관의무에 관한 규정이라고 보는 학설에 의하면[41] 위 규정 위반은 상법 제399조에 의한 손해배상책임을 발생시키므로, 이사의 충실의무 위반이 손해배상책임을 발생시킨다는 것은 이미 어느 정도 확립된 의견인 것으로 여겨진다.

2. 우리 나라 법상 이사의 충실의무의 내용

주식회사 이사의 충실의무의 구체적인 내용은 앞으로의 연구와 판례에 의해 점진적으로 형성되어 가겠으나, 이사의 충실의무는 개정상법 이전에도 이미 우리 나라 회사법의 한 원칙으로 인정되어 온 바 있으므로 어느 정도는 그 내용의 파악이 가능하다.

이사의 충실의무와 관련되는 우리 나라 상법의 개별규정은 제397

Stanford Law Review 927(1983) 참조.

39) 위 보고서, 14면 참조.

40) 이철송, 회사법강의(제 9 판, 2001), 613면 · 621면 참조.

41) 최기원, 신회사법론(제11대정판, 2001), 614면 참조.

조(경업금지), 제398조(이사와 회사간의 거래), 제388조(이사의 보수) 등이며 증권거래법 제188조(내부자의 단기매매차익반환 등)도 이사의 충실의무에 관한 규정이다. 개정상법이 이사의 충실의무를 명문의 규정으로 도입하기 이전에도 우리 나라의 학설은 이들 개별규정을 넘는 일반적인 원칙으로서의 이사의 충실의무를 인정하는 데 대체로 의견이 일치하였으며[42] 대법원도 같은 태도를 취하였다.[43] 이들 개별규정의 내용을 보면 우리 나라에서도 이사의 충실의무의 내용을 기본적으로 후술하는 미국법상의 충실의무의 그것과 같은 것으로 이해하는 듯하다.

우리 나라에서는 최근까지 이사의 충실의무 위반을 이유로 하는 손해배상청구가 활성화되어 있지 않았을 뿐 아니라 그를 집행하는 데 이용되는 주주대표소송제도가 거의 사장되어 있었기 때문에 이사의 충실의무의 내용이 크게 발전될 기회는 없었다고 할 것이다. 그러나 최근 이사의 충실의무 위반을 이유로 한 소송이 제기되기 시작하고 있으며 주주대표소송도 소수주주의 지위강화와 더불어 점차 활성화되는 추세이므로 앞으로는 법원이 이사의 충실의무 위반문제를 본격적으로 다루게 될 기회가 많아질 것으로 예상된다. 1997년 6월에는 한보철강의 주거래은행이었던 제일은행의 이사들을 상대로 동 은행의 소액주주들이 손해배상을 청구하는 주주대표소송을 제기하여 1998년 7월 승소하기도 하였고 두산음료의 소액주주들이 동사의 OB맥주와의 합병에 반대하며 흡수합병을 결의한 이사회결의의 무효확인을 구하는 대표소송을 제기하기도 하였다. 제일은행 사건은 저자가 아는 범위 내에서는 우리 나라 최초의 주주대표소송이다.[44]

42) 정동윤, 회사법(제 7 판, 2001), 431면 참조.

43) 대법원 1985. 11. 12. 선고 84다카2490 판결.

44) 이태종, 제일은행 경영진에 대한 주주대표소송, BFL 제 2 호(2003), 85면 참조. 일본에서도 주주대표소송은 소송비용을 하향 조정한 1993년 이후 점증하기 시작해서 1994년, 1995년, 1996년, 1997년 말 현재 각각 145건, 174건, 188건, 219건을 기록하였다. 일본에서의 주주대표소송에 관하여는 김건식, 주주대표소송의 활성화와 관련된 몇 가지 문제점—일본의 경험을 참고로 하여—, 서

3. 이사의 회사기회 유용[45)]

거래의 조건이 시장에서의 공정한 거래질서를 훼손하지 않는 내용이라면 거래의 상대방을 선택하는 문제는 계약자유의 원칙이 적용되는 영역이다. 따라서, 회사의 이사가 특정한 거래의 상대방을 선택해서 전속적으로 그 상대와 거래하는 것은 거래 조건을 회사에 최대한 유리하게 구성하려는 노력이 지속적으로 이루어지는 경우 위법하지 않다고 볼 것이다.

이와 관련하여 회사의 이사와 특수관계에 있는 자가 최대주주이거나 경영자로 있는 회사와 전속적으로 거래하는 데서 어떤 문제가 발생할 것인지가 최근 많이 논의된다. 이 경우 상대회사는 대개 계열회사이기도 하다. 이 문제가 회사기회(Corporate Opportunity)의 유용(편취) 차원에서 다루어지는 경우가 많으나 반드시 정확한 접근방법인지는 의문이다. 왜냐하면 회사기회의 유용이란 회사의 이사, 임원, 지배주주가 그러한 지위에 있음으로 인해 알게 된 정보와 회사에 대한 지배력을 이용해서 사업 기회를 개인적인 용도로 전용하는 것이기 때문이다. 즉, 회사가 가져야 할 사업기회를 가로채는 것이다. 어떤 계열회사에 회사의 용역을 몰아준다든지, 거래를 전속적으로 집중시키는 것은 원칙적으로 전술한 계약자유의 원칙 적용 범위 내에 있다.

그러면 이 현상이 왜 문제가 되는가? 그 결과 때문이다. 회사의 전적인 지원하에 상대회사는 급속히 성장하게 되고 따라서 주주들의 가치도 급성장하게 된다. 회사의 입장에서는 원칙적으로 그 때문에 손해를

울대학교 법학 제37권 제2호(1996), 164면; Kawashima & Sakurai, *Shareholder Derivative Litigation in Japan: Law, Practice, and Suggested Reforms,* 33 Stanford Journal of International Law 9(1997) 참조. 최근 일본의 기업법 개정에 관해 일반적으로 권종호, 일본의 기업법제 개정에 관한 연구(코스닥등록법인협의회, 2004) 참조.

45) 일반적으로, 최문희, 기업집단에서의 회사기회유용, 서울대학교 금융법센터 BFL 제19호(2006. 9), 22면 참조.

입을 일은 없다. 어차피 누군가와는 거래를 했을 것이기 때문이다. 상대회사에 대한 지원이 회사에 대한 손해로 연결되면(예컨대, 거래를 분산하는 것이 안전하다) 그로부터 경영판단의 원칙 적용이 문제될 뿐이다. 여기서 특수관계인이 대주주로 있거나 경영자로 있는 회사를 지원했다면 이사가 개인적인 이해관계가 없는 경우가 아니기 때문에 경영판단 원칙의 적용을 받기 어려울 것이고 그로부터 손해배상책임을 지게 될 것이다. 결국, 이 문제는 회사기회의 유용 문제라기보다는 전형적인 충실의무 위반 문제라고 보는 것이 정확할 것이다.

우리 상법상 이사의 충실의무 규정의 하위 규정이라고 볼 수 있는 상법 제397조의 이사의 경업금지 규정과 제398조의 이사의 자기거래 금지 규정은 회사와 이사간의 이해상충(Conflicts of Interest)시 이사는 특정한 행동을 해서는 안 된다는 대원칙의 법률적 표현이다. 이해상충에 관한 법리와 윤리적 원칙들은 영미에서는 판례법으로 발전되어 온 방대한 영역이며 회사법뿐 아니라 변호사, 회계사, 신용평가기관, 투자은행 등의 업무를 규율하는 법역들에 있어서도 그 중요한 기초를 형성하고 있다. 향후 우리도 이해상충에 관한 법규와 판례, 자율규제 규범들을 발전시키는 데 많은 관심을 기울여야 할 것이다.

4. 미국법상 이사의 충실의무와 시사점

가. 미국법상 이사의 충실의무의 적용유형

미국법상 이사의 충실의무의 내용은 회사의 경영진이 회사를 이용하여 사기적이거나 불공정한 거래를 행하는 것과 이익충돌의 가능성이 있는 상황에서 주주들의 이익을 침해하는 것을 금하는 것으로 요약된다. 클락 학장에 의하면 미국 회사법의 절대다수원칙, 이론, 판례들은 이러한 충실의무의 해석이거나 그를 집행하는 데 필요한 절차규칙, 제도적 장치에 불과하며 미국 회사법의 역사는 크게 보면 충실의무 내용의 발전사로 볼 수 있다고 한다.[46] 충실의무는 그만큼 미국 회사법에서 큰 비중을 차지하는 규범이라 하겠다.[47] 미국에서는 충실의무의 위반을 이유로 하는 이사에 대한 손해배상청구가 활성화되어 있으며, 그에 필요한 절차적 장치인 주주대표소송제도가 잘 정비되어 있고 이사의 책임보험 가입도 널리 정착되어 있을 뿐 아니라 변호사들이 성과비례 보수(contingency fee)의 수령을 약정할 수 있어서[48] 이사의 충실의무 위반을 다투는 소송이 많고 그에 따라 관련법리도 고도로 발달되어 있다. 클락 학장은 그의 명저 'Corporate Law' 서문에서 회사법의 핵심을 충실의무를 중심으로 다음과 같이 요약하고 있다.

> "회사법의 대부분은 경영자들이 효율적으로 회사의 사업을 운영하는데 필요한 재량권을 보장해 주는 동시에 그들의 비효율성이나 자기이익 추구를 통제할 수 있는 일련의 실체법원칙과 절차적 장치들로 이루어진다. 바꾸어 말하면, 회사법은 주의의무 및 충실의무와 경영판단원칙간에 존재하는 끊임 없는 긴장관계를 인식하고 그 양 진영간에 최적의 균형이 실현될 수 있도록 부단히 노력하는 그러한 법이다. 후술하는 바와 같이 본서의 내용은 바로 그 주제를 중심으로 전개되게 된다. 이러한 관점에서 볼 때, 회사법의 연구란 복잡하고 정형화된 대규모의 조직에서 관리자들이 행사하고 있는 재량권을 법률이 어떻게 통제하는가를 고찰하는 과정이

---

46) Clark, 위의 책, 34면 참조.

47) 일반적으로 Frankel, *Fiduciary Law,* 71 California Law Review 795 (1983) 참조.

48) 미국에서 주주대표소송의 최대 수혜자는 변호사들이라고 이야기되기도 한다. 판결에까지 이르는 대표소송의 경우 변호사 보수는 상당한 수준에 이른다. 예컨대 In re Equity Funding Corporation, 438 F. Supp. 1303(C.D.Cal. 1977)에서는 6,000만불의 손해배상이 판결되었는데 원고측 변호사는 660만불의 보수를 수령하였으며, In re Warner Communications Securities Litigation, 618 F. Supp. 735(S.D.N.Y. 1985)에서도 원고측 변호사는 438만불 가량의 보수를 지급받은 것으로 나타난다. Vagts, Basic Corporation Law 511(제3판, 1989) 참조. 또 Mowrey, *Attorney Fees in Securities Class Action and Derivative Suits,* 3 Journal of Corporation Law 267(1978) 참조.

며 현대사회의 기타 대규모 조직을 설계하는 데 관심을 갖는 사람들에게도 중요한 사고의 틀을 제공해 주는 것이다. 회사법의 중심적 문제—최적의 경영자통제—는 자본주의를 그 기초로 하는 사회나 사회주의를 그 기초로 하는 사회나를 막론하고 모든 현대사회가 안고 있는 대단히 절실한 문제이다. 모든 형태의 대규모 조직에는 그 조직의 운영과 구성원들의 운명에 큰 영향을 미치는 강한 힘을 보유하고 있으나 그 힘을 자기 자신의 이익을 추구하는 데 사용할 수는 없도록 되어 있는 그러한 사람들(대개 최고경영자들)이 있다. 이것은 주주들이 주인인 회사에뿐 아니라 노동조합, 비영리의료기관, 정부기관, 국영기업체들에게도 마찬가지로 적용된다. 이 문제에 대한 회사법 최대의 개념적 기여(충실의무원칙), 동 개념의 집행에 사용되는 주요 실체법 원칙들, 그리고 일련의 집행 메커니즘(주주대표소송, 위임장에 의한 의결권행사, 적대적 기업인수) 등은 고도로 조직화된 모든 종류의 사회에서 권력을 어떻게 배분하고 통제할 것인가 하는 문제를 대국적으로 생각해 보는 데 필요한 사고의 틀을 제공해 준다."

한편, 클락 학장은 충실의무가 적용되는 사안을 이사의 자기거래,[49] 이사의 보수결정, 이사의 회사 또는 주주재산의 유용, 기타 복합적인 원인에 의한 거래 등의 네 가지로 크게 나누고 있으나,[50] 미국법상 충실의무원칙은 누구도 미리 예측하거나 정형화할 수 없었던 다양한 성격의 상황에 모두 적용되기 위해 마련되어 있는 일반적인 개념이므로 끊임없이 진화되어가는 속성을 가지고 있고, 따라서 그 내용을 일의적으로 확정할 수는 없는 것으로 이해되어 있다.

나. 미국법상 충실의무 내용의 새로운 전개와 시사점

우리 나라에서의 충실의무의 내용은 미국법을 참고로 하여 발전되어 나갈 가능성이 높은 것으로 생각된다. 우리 나라 상법의 규정들 중

49) 김건식, 자기거래와 미국 회사법의 절차적 접근방식, 서울대학교 법학 제35권 제1호(1994), 261면 참조.
50) Clark, 위의 책, ch. 4 참조.

충실의무에 관한 것으로 여겨지는 상기 몇몇 규정들이 미국법상 충실의무의 내용과 그 카테고리에서 유사하기 때문이다. 따라서 충실의무에 관한 개정상법 제382조의3의 규정을 상위 일반규범으로 하고 제397조, 제398조, 제388조 등의 내용을 발전시켜 나가면 될 것이다. 그러나 이들 개별규정에 의해 직접적으로 규율되지 않는 종류의 상황에는 제382조의3이 적용되게 되는데, 그 가장 중요한 것으로 전술한 바와 같이 클락 학장이 들고 있는 "기타 복합적인 원인에 의한 거래"를 들 수 있다.

클락 학장이 미국법상 충실의무의 내용을 대별하면서 전통적으로 법원칙이 발전되어 온 영역이 아닌 다소 새로운 영역이라 해서 "기타"로 분류한 상황은 이사가 회사의 재산을 사용하여 자신의 지위를 보전하려 시도하는 경우이다. 이는 미국에서 1980년대 이후 이른바 적대적 M&A가 성행하기 시작하면서 회사의 경영진이 경영권을 방어하기 위해 회사의 재원을 사용할 뿐 아니라 주주들에게 이익이 되는 거래의 실현을 봉쇄하는 일이 흔히 발생함으로써 회사법의 최대 관심사로 부각된 영역이다. 이사의 충실의무에 관한 미국의 최근 판례법은 이 문제를 중심으로 전개되어 왔는데, 이는 향후 우리 나라에서도 관심의 초점이 될 가능성이 크다고 본다.

회사에 대한 적대적 M&A 시도가 있는 경우 대상회사의 경영진이 취하는 여러 가지 방어조치가 해당 이사들의 충실의무 위반을 구성하는지에 대한 판단은 경영판단원칙을 적용하여 법원이 사법심사를 자제함으로써 경영진의 행동에 넓은 범위의 자유를 보장해 줄 것인지, 아니면 이사의 자기거래에 적용되는 엄격한 원칙을 적용하여 이사들에게 거래의 공정성에 대한 입증책임을 지울 것인지, 그 두 극단적인 입장간의 타협점을 찾는 문제이다. 전자의 기준을 적용한다면 경영진이 취하는 어떠한 방어조치도 충실의무 위반을 발생시키지 않음으로써 법률적으로 허용되게 될 것이고, 후자의 기준을 적용한다면 경영진이 취하는 어떠한 방어조치도 충실의무 위반을 구성함으로써 법률적으로 허용되지 않게

될 것이다.[51)]

순수히 경영판단원칙을 적용함으로써 경영진의 방어조치에 완전한 자유를 인정하려는 미국 판례는 극히 드물다.[52)] 오히려 1964년 델라웨어 주 대법원의 체프 사건(Cheff v. Mathes) 판결은[53)] 경영판단원칙의 적용에 앞서 문제가 된 경영권방어조치의 일차적인 목적이 무엇이었는지를 심사해야 한다는 원칙을 제시하였다. 경영진이 단순히 자신의 지위를 보전하기 위해서가 아니라 적대적인 세력이 계획하고 있는 회사의 운영방향 등에 비추어 적대세력의 회사인수가 기존의 회사 운영방향에 심각한 변화를 초래함으로써 주주들의 손해로 직결되리라는 판단에 의해 방어조치를 취하였다면 그는 경영판단원칙의 적용을 받아 적법하다는 것이 동 판결의 취지이다. 그러나 이 판결은 적대적 인수시도의 대상이 된 회사의 경영진이 합리적인 조사연구를 거쳐 인수시도 세력과의 회사 운영 측면에서의 방향충돌을 발견해 내기만 하면 적절한 방어조치를 취하는 데 아무런 법률적 장애도 없다는 의미를 함축하고 있어서 곧 비판의 대상이 되었다.[54)] 그에 따라 델라웨어 주 대법원은 1985년의 유노칼 사건(Unocal Corp. v. Mesa Petroleum Co.) 판결[55)]과 모랜 사건(Moran v. Household International, Inc.) 판결을[56)] 통해 이른바 중간레벨의 심사기준을 도입하였는데, 이에 의하면 방어조치는 적대세력의 '위협'—회사의 사업방향기조와 효율적인 운영에 대한—정도에 비

51) 이는 시카고학파의 입장이다. Easterbrook & Fischel, *The Proper Role of a Target's Management in Responding to a Tender Offer,* 94 Harvard Law Review 1161(1981) 참조. 경영권방어에 관하여 일반적인 내용은 김화진, M&A와 경영권(제3판, 1999) 참조.

52) 이를 적용한 델라웨어 주 대법원판례가 있다. Pogostin v. Rice, 480 A.2d 619(Del. 1984).

53) 199 A.2d 548(Del. 1964).

54) Gilson, *A Structural Approach to Corporations: The Case Against Defensive Tactics in Tender Offers,* 33 Stanford Law Review 819, 821-831 (1981) 참조.

55) 493 A.2d 946(Del. 1985).

56) 500 A.2d 1346(Del. 1985).

추어 합리적인(reasonable in relation to a threat) 정도의 대응이어야 하며 그와 같은 기준에 부합되는 방어조치는 경영판단원칙의 보호를 받고 그와 같은 기준을 충족시키지 못하는 방어조치에 있어서는 경영진이 그 공정성에 대한 입증책임을 진다. 이는 비례성(proportionality)의 원칙이라고도 불리며 현재 적대적 M&A에 대한 방어조치의 적법성 판단에 적용되는 미국법의 기본원칙으로 이해되어 있다.[57] 이 원칙이 이사의 결정에 의한 회사의 자기주식취득에도 적용됨은 물론이다.[58]

경영판단원칙은 이사의 선관의무 위반문제에 있어서 그를 부정하는 데 원용되는 것이 보통인데, 이와 같이 이사가 회사의 비용으로 자신의 지위를 보전하려는 특수한 상황에서는 경영판단원칙과 충실의무와의 갈등관계가 발생한다. 이는 향후 우리 나라에서 이사의 충실의무의 내용을 발전시켜가는 데 있어서 시사하는 바가 크다고 할 것이다. 이에 관해 상세한 것은 제 5 장에서 다룬다.

---

57) Gilson & Kraakman, *Delaware's Intermediate Standard for Defensive Tactics: Is There Substance to Proportionality Review?*, 44 Business Lawyer 247(1989) 참조. 그러나 이 비례성의 원칙은 파라마운트-타임 사건 판결(Paramount Communications, Inc. v. Time, Inc., 571 A.2d 1140[Del. 1990])에 의해 상당 부분 잠식되었으며 판례가 결과적으로는 단순한 경영판단원칙의 적용론으로 회귀하고 있는 것은 아닌가 하는 우려도 있다. Gilson & Black, The Law and Finance of Corporate Acquisitions 893-895(제 2 판, 1995) 참조. 관련판례에 대한 가장 최근의 분석은 Troy A. Paredes, *The Firm and the Nature of Control: Toward a Theory of Takeover Law,* 29 Journal of Corporation Law 103(2003) 참조. 또 Stephen M. *Bainbridge, Director Primacy in Corporate Takeovers: Preliminary Reflections,* 55 Stanford Law Review 791(2003) 참조.

58) Macey & McChesney, *A Theoretical Analysis of Corporate Greenmail,* 95 Yale Law Journal 13(1985); Note, *Greenmail: Targeted Stock Repurchases and the Management-Entrenchment Hypothesis,* 98 Harvard Law Review 1045(1985) 참조.

5. 이사의 충실의무와 회사채권자의 보호

이사의 충실의무를 규정하고 있는 개정상법 제382조의3은 이사가 "회사를 위하여" 그 직무를 충실히 수행하여야 한다고 하는데, 이 규정이 이사의 회사 및 주주들에 대한 충실의무를 규정하는 것임에는 의심의 여지가 없지만, 회사채권자에 대한 충실의무까지 규정한다고 볼 것인지는 의문이다. 이에 대한 답은 일응 부정적일 것이나 미국의 경우 최근 이사의 회사채권자에 대한 충실의무가 논의되고 있음을 참고로 해야 할 것이다.[59] 미국의 판례들은 일반적으로 이사의 채권자에 대한 충실의무의 인정에 대해 부정적이나 이사의 사기적인 행위가 있었다거나 명백히 법령에 위반한 행위가 있었던 경우, 또 회사가 도산에 직면할 정도로 재정적인 상황이 악화된 경우 등에는 예외적으로 그를 인정하기도 한다.[60] 한편, 부채비율이 높은 회사나 구조조정의 대상이 된 회사 등의 경우 채권단의 요구에 의해 회사의 정관으로 이사의 채권자에 대한 충실의무를 규정하는 경우를 생각해 볼 수 있다. 그러한 정관의 효력, 그로부터 발생하는 이사의 의무의 법적 성질 등에 관하여는 앞으로 별도의 연구가 필요할 것으로 생각된다.

이사의 회사채권자에 대한 충실의무를 인정하는 경우라 해도 채권자들이 이사들을 상대로 소송을 제기할 수 있는 절차적 장치가 없다는 것이 문제이다. 그러나 회사가 도산하고 정리절차나 파산절차에 들어가

---

59) 자세한 것은 윤영신, 사채권자보호에 관한 연구—주주와 사채권자의 이익충돌을 중심으로, 서울대학교 박사학위논문(1997), 237-265면; William T. Allen & Reinier Kraakman, Commentaries and Cases on the Law of Business Organization 138-140(2003); Myron M. Sheinfeld & Judy Harris Pippitt, *Fiduciary Duties of Directors of a Corporation in the Vicinity of Insolvency and After Initiation of a Bankruptcy Case,* 60 Business Lawyer 79(2004) 참조.

60) Kravitt편, Securitization of Financial Assets 14-9(제2판, 1999); Varallo & Finkelstein, *Fiduciary Obligations of Directors of the Financially Troubled Company,* 48 Business Lawyer 239(1992) 참조.

게 되면 관리인에 의한 소송이 가능하며 그를 통해 회복된 재산은 채권자들에게 분배되게 되므로 도산한 회사의 경우에는 채권자들이 이사의 충실의무 위반에 의한 손해배상책임을 물을 수 있는 절차적 장치가 있다고 볼 것이다.[61] 우리 나라의 회사정리법도 법원이 관리인의 신청에 의해 이사의 책임에 기한 손해배상청구권의 사정을 할 수 있도록 하고[62] 사정의 재판에 대해 이의의 소가 제기되지 않는 때에는 사정은 이행을 명한 확정판결과 동일한 효력을 갖도록 하고 있다.[63] 실제로 서울지방법원은 1998년 9월에 이 규정에 의거 한보철강의 관리인이 제출한 사정신청을 받아들여 구 대주주와 임원의 (불법행위로 인한) 손해배상책임을 인정한 바 있다. 그리고 이 사건 사정처분에 있어서 법원은 상법 제399조 제1항에 의한 손해배상책임을 인정하고 있는데, 그 이유는 피신청인들의 회사재산의 횡령이라는 것이므로 법원은 상법 제399조 제1항에 의한 이사의 손해배상책임을 불법행위책임으로 이해하는 듯하다.[64] 이 절차가 도산한 회사의 임원의 충실의무 위반과 관련하여서도 활용될 수 있다면 채권자들이 이사의 충실의무 위반에 대한 책임을 물을 수 있는 장치가 마련된 것으로 볼 수 있게 된다.

6. 내부자거래

상장기업의 이사가 미공개 내부정보를 이용하여 회사의 주식을 거래하는 것은 증권거래법상 내부자거래금지 규정(동법 제188조의2·3)의 규제를 받는 행위이다. 내부자거래에 대한 규제는 증권법 내의 방대한 영역을 형

61) Cheffins, Company Law 538-539(1997) 참조.

62) (구)회사정리법 제72조 참조.

63) (구)회사정리법 제74조 내지 제76조 참조.

64) 대법원은 상법 제399조 제1항에 의한 이사의 책임을 일반불법행위책임이 아닌 위임계약의 불이행으로 인한 책임이라고 보고 있다. 대법원 1985. 6. 25. 선고 84다카1954 판결 참조.

성하므로 여기서 논의할 수는 없다. 그런데 내부자거래행위가 회사법의 규율을 받을 수 있는가? 즉, 회사의 이사가 내부자거래를 한 경우 증권거래법에 의한 제재를 받는 것과는 별도로 회사에 대한 손해배상책임을 지게 되는가? 이사의 내부자거래가 회사에 손해를 발생시키는가?

이사의 내부자거래행위가 회사에 손해를 발생시킬 수 있는 경우는 그리 많지 않을 것이나 상정할 수 없는 것은 아니다. 예컨대 회사가 자기주식을 매입할 계획이 있음을 아는 이사가 시장에서 미리 주식을 매입함으로써 회사의 주가가 상승하고, 회사가 상승한 주가에 자기주식을 매입한다면 해당 이사의 행위가 회사로 하여금 그 행위가 없었더라면 지출하였을 금액보다 더 많은 금액을 지출하게 하였으므로 이사는 회사에 손해를 끼친 것이 된다. 미국에서는 미공개 내부정보가 회사자산의 일부를 구성한다는 것이 통설이다. 이 경우 해당 이사는 회사의 자산을 개인적인 이익을 위해 사용하고 그로써 회사에 손해를 발생시켰으므로 충실의무를 위반한 것이다.

그러나 대부분의 경우 회사의 주가변동이 회사에 손해를 발생시키는 경우는 없을 것이므로 내부자거래행위가 이사의 충실의무 위반을 발생시킨 것으로 볼 수 있는 경우는 드물다고 보아야 한다. 다만, 미국의 판례에는 이사가 내부자거래로 인해 얻은 이익을 부당이득으로 규정하여 회사에 반환하도록 하는 것이 있다.[65] 이는 충실의무를 부담하는 자는 자신의 지위를 자신의 이익을 얻는 데 사용할 수 없다는 보통법원칙에 따른 것인데 그에 의하면 내부자거래로 회사에 실제로 손해가 발생하였는지는 중요치 않게 된다. 또 여기서 법원은 내부자거래가 증권시장에서 회사의 명성을 실추시켜 간접적인 손해를 발생시킬 수도 있다는 이론을 제시하기도 하였는데 이는 다른 법원의 판례에서는 부정되기도 한만큼 설득력 있는 이론은 아니다.[66] 그러나 미국법률가협회(Ameri-

65) Diamond v. Oreamuno, 248 N.E. 2d 910(N.Y. 1969).
66) Clark, 위의 책, 266-267면 참조.

can Law Institute)는 위 부당이득이론을 지지하고 있다.[67]

한 연구에 의하면 미국에서 제기되는 증권관련집단소송의 50% 정도에서 부실공시는 내부자거래 목적을 가진 기업의 임·직원들에 의해 이루어진다고 주장된다 한다. 즉, 내부자들이 위법한 거래를 통해 사익을 얻기 위해 중요한 정보를 공시하지 않거나 허위공시, 부실공시 등을 행한다는 것이다. 부실공시의 또다른 중요 원인은 해당 회사 경영진의 지위보전 시도라고 한다. 미국의 한 자료는 분석대상 회사의 70% 정도가 나쁜 뉴스를 은폐하기 위해 부실공시를 행하였음을 보여준다. 이들 중 25%의 회사는 결국 도산하였는데, 따라서 회사의 부실공시가 주주들에게는 이익이 될 수도 있다는 일부의 시각은 잘못된 것임을 알 수 있다. 주주들은 부실공시의 피해자이다. 부실공시의 또다른 중요 원인은 이른바 낙관주의라고 불리는 것인데, 이는 어느 조직에서나 볼 수 있듯이 상사에 대한 보고에 있어서 좋은 소식은 과장하고 나쁜 소식은 평가절하하는 경향을 말한다. 따라서 기업 내부의 정보는 최고경영자나 임원층에 이르게 되면 상당히 왜곡되어 있을 가능성이 있고 이것이 공시에 대한 결정을 내리는 경영자들로 하여금 특정 정보의 중요성에 대한 판단을 내리는 데 장애를 초래한다는 것이다.[68]

7. 미국법의 수입과 한계

기업의 운영에 관한 내외적 환경이 영미의 자본시장 환경을 닮아가는 이유 때문에 우리 나라를 비롯한 많은 국가들이 이사의 책임과 그 완

---

67) Hanno Merkt, US-amerikanisches Gesellschaftsrecht, 2. Aufl. 482-483 (2006) 참조.

68) 증권시장에서 부실공시가 이루어지는 원인에 관한 상세한 분석은 Adam C. Pritchard, *Markets as Monitors: A Proposal to Replace Class Actions with Exchanges as Securities Fraud Enforcers,* 85 Virginia Law Review 925 (1999) 참조.

화에 관하여도 영미에서 발달된 법리와 실무를 수입하고 있다. 특히 주주대표소송과 증권법상의 집단소송제도는 영미의 기업지배구조가 상대적으로 성공할 수 있었던 중요한 요인으로 여겨지는 경향이 있음을 부인하기 어려울 것이다.

그러나 정작 미국에서의 기업지배구조 문제는 부실공시와 경영자의 셀프-딜링이 아니라 경영자들이 올바른 경영판단을 내리도록 하는 데 초점이 맞추어져 있음을 잊어서는 안 될 것이다. 미국 기업의 경영자들은 이사의 책임법리와 그 집행장치 외에도 엄격한 공시의무, 애널리스트, 회계감사인과 유가증권인수인의 책임법리 등 광범위한 통제 장치하에 있을 뿐 아니라 문화적 배경에 기초하여[69] 몇몇 극단적인 예외를 제외하고는 셀프-딜링 문제를 덜 가지고 있다는 것이 일반적인 평가이다. 더구나 미국의 시장감독당국과 사법부는 회사의 이사들이 공시의무나 충실의무를 위반하는 데 대한 강력한 통제기능을 수행하고 있기도 하다. 미국의 회사법이 특히 대륙법계 국가들의 그것에 비해 강행규범으로서의 성격을 덜 가지는 이유도 사법부의 역할 때문이라고 한다.[70]

이렇게 본다면 영미의 법리를 수입하는 것이 모든 문제를 해결해 줄 수는 없으며 이른바 보충적 제도(complementary institutions)의 정비가 수반되어야 할 것이다.[71] 특히 사외이사들의 경우 법률적 책임보다는 자체 신용이나 명성에 해를 입지 않으려는 동기가 더 강한 임무수행

69) Amir N. Licht, *The Mother of All Path Dependencies: Toward a Cross-Cultural Theory of Corporate Governance Systems,* 26 Delaware Journal of Corporate Law 147(2001) 참조. 아마도 문화적 발전은 우리 나라가 세계 자본시장에서 높은 위치를 차지하기 위한 마지막 관문이 될 것이다. 그리고 역으로 우리 나라 자본시장과 기업금융의 세계화는 우리 나라의 모든 부문이 국제적 정합성을 갖출 정도의 자본주의 차원에서의 문화적 발달을 성취하는 데 도움이 될 것이다.

70) Coffee, *The Mandatory/Enabling Balance in Corporate Law: An Essay on the Judicial Role,* 89 Columbia Law Review 1618(1989).

71) Bernard Black, *The Core Institutions that Support Strong Securities Markets,* 55 Business Lawyer 1565(2000) 참조.

의 동인이 되는 것으로 알려져 있다.[72] 또 자본주의 발전의 일정한 단계에 올라 영미식의 문제가 중요한 것으로 드러나기 시작하는 국가에서는 이사의 책임법리 외에도 후술하는 책임완화 장치도 같이 도입해야 한다.

Ⅳ. 업무집행지시자의 책임

1. 상법의 규정과 배경

1999년 개정으로 도입된 상법 제401조의2 제 1 항은 회사에 대한 자신의 영향력을 이용하여 이사에게 업무집행을 지시한 자(동항 제1호), 이사의 이름으로 직접 업무를 집행한 자(동항 제2호), 이사가 아니면서 명예회장·회장·사장·부사장·전무·상무·이사 기타 회사의 업무를 집행할 권한이 있는 것으로 인정될 만한 명칭을 사용하여 회사의 업무를 집행한 자(동항 제3호) 등은 그 지시하거나 집행한 업무에 관하여 상법 제399조(회사에 대한 책임), 제401조(제 3 자에 대한 책임) 및 제403조(주주의 대표소송)의 적용에 있어서 이를 이사로 본다고 규정하고 있다. 또 이 경우 회사 또는 제 3 자에 대해 손해를 배상할 책임이 있는 이사는 이 규정에 의한 자와 연대하여 그 책임을 지게 된다(제401조의2 제 2 항).

상법개정심사보고서에 의하면 업무집행지시자의 책임에 관한 신설 규정은 사실상의 이사의 책임제도를 도입한 것으로서, 우리 나라의 기업 현실에서 1 인주주 또는 지배주주 등이 배후에서 회사의 경영에 영향력을 행사하면서도 상법상 아무런 책임을 지고 있지 않는 실정이므로 업무에 관여한 자도 그 이사와 연대하여 손해배상책임을 지도록 하기 위

72) Black, Cheffins & Klausner, Outside Director Liability(Working Paper, 2003) 참조.

한 것이라고 한다.[73] 즉, 이 규정은 우리 나라에서 회사의 경영에 대한 지배가 계열회사를 통한 간접적인 지배의 형태를 취하는 경우가 많기 때문에 특정 회사의 이사가 아닌 지배주주(총수)가 기획조정실 등의 조직을 통하여 그 회사의 경영을 지배하는 경우 그러한 지배주주가 동 회사의 상법상의 이사는 아니라 해도 이사와 동일한 차원에서의 선관의무를 지도록 하고, 그를 해태하는 경우에는 이사와 같이 회사에 대해 손해배상책임을 지도록 하기 위해 도입된 것이다.

우리 나라 14대 그룹 소속 상장회사의 내부지분율은 2006년 4월 1일 기준으로 평균 37.65%였는데 총수와 친인척들의 보유 지분율은 평균 6.36%에 그쳤다 하므로 우리 나라의 주요 기업들은 총수, 친인척이 보유한 소규모의 지분과 계열사를 통한 상호지분에 의해 유지되어 왔다고 할 것이다. 이를 의결권 승수로 표시하면 7.47이다. 이렇게 되면 주식회사의 경영이 그 회사의 이사회와 대표이사에 의해 이루어지지 않고 이른바 모기업과 그 모기업의 최고경영자(총수)에 의해 이루어지는 경우가 발생하는데, 모기업의 최고경영자가 계열회사에 일일이 이사로 취임하여 책임을 지는 위치에 있지는 않으므로 회사가 사실상 상법상의 책임이 없는 외부인에 의해 경영되는 결과가 초래되게 된다. 우리 나라에서의 이러한 기업지배구조는 현실적으로는 기획조정실, 비서실, 경영기획실 등의 다양한 명칭을 가지고 있는 특수 상설조직과, 계열사 사장단회의라 불리는 비상설기구에 의해 뒷받침되어 왔는데 IMF 등은 이러한 구조를 재벌의 유지를 위한 것으로 보아 그 해체를 적극 요구한 바 있고, 더 나아가 상법에 사실상 회사의 경영에 영향력을 행사하는 자의 책임이 규정되기에 이른 것이다.

상법의 규정이 기업집단의 총수와 그 직접적인 지휘를 받으나 당해 회사의 이사가 아닌 자의 책임을 규정하기 위해 도입된 것이기는 하나 유럽에서는 사실상의 이사 이론이 책임의 상방향 확장이 아니라 수평적

73) 위 보고서, 15-16면 참조.

내지는 하방향 확장을 위해 있는 것임에 주목하여야 할 것이다. 즉, 이는 등기 이사는 아니지만 그 권한과 실제 역할에 있어서 회사에 손해를 발생시킬 수 있는 위치에 있는 임원들의 경우 등기되어 있는 이사들과 마찬가지의 책임을 지도록 하는 이론이다. 우리 나라에서도 사외이사제도의 도입과 강화 때문에 사외이사에 대한 수요가 폭발적으로 늘어났고 그를 제대로 충족하지 못하는 기업들이 등기 이사의 비중을 줄이는 방법으로 법정 사외이사 비중을 맞추는 경향이 생겨났다고 한다.[74] 이는 거대기업일수록 더 필연적인 경향이 될 수 있을 것이다. 따라서 사실상의 이사 이론은 우리 나라에서도 비등기 고위 임원의 책임을 묻는 장치로 사용될 수 있을 것이다.

2. 문제점과 과제

그러나 사실상의 이사의 책임은 사실상의 이사 개념이 당초부터 명확히 규정하기 어려운 것이므로 법령에 의해 만족스럽게 규율되는 데는 한계가 있다고 할 것이다. 따라서 해석의 중요성이 강조된다. 또 업무의 지시란 사실상의 문제이기 때문에 구체적인 경우에 그러한 업무의 지시가 있었는지를 입증하는 것은 용이하지 않을 것이다. 단순히 지배주주 또는 총수의 위치에 있다는 이유만으로 관계회사 전체에서 발생하는 모든 일에 대해 포괄적으로 책임을 묻기는 어려울 것이기 때문이다. 또 사실상의 이사 개념이 현실적으로 잘 기능하기 위해서는 주주대표소송 등 이사의 손해배상책임을 추궁하는 절차적 장치의 활성화가 전제되어야 한다. 이 때문에 이 규정이 선언적인 의미를 가지는 데 그칠 수도 있다는 우려가 제기되기도 한다. 그리고 기본법인 상법에 정책적인 배경이 강한 이와 같은 특수한 규정을 법령상의 개념도 아닌 명예회장 등등의

---

74) 권종호, 한국형 사외이사제도의 문제점과 그 개선방안에 관한 입법론적 모색, 상장협(2001년 추계호), 117-121면 참조.

구체적인 직함을 나열하면서 도입하는 것이 입법질서상 적절한 것이었는가에 대한 회의론도 있다.[75]

한 비교법적 연구에 의하면 사실상의 이사에 관한 다른 나라의 입법과 해석론의 공통점은 회사의 경영에 대한 사실상의 영향력 행사를 정당한 주주권의 행사로 인정하지 않고 일정한 경우 그로 인한 손해에 대해 손해배상책임을 부과한다는 것이다. 이는 독일의 경우처럼 불법행위책임의 형태로 다루어지기도 하고 영미의 경우처럼 이사에 준하는 책임과 의무를 인정함으로써 행해지기도 한다.[76] 그러나 실제로 미국의 경우 이사 등기제도가 없기 때문에 등기와 관련한 문제는 발생하지 않을 뿐 아니라 사실상의 이사에 대한 책임추궁은 지배주주의 회사에 대한 성실의무 개념에 의해 주로 행해지고 있어서[77] 사실상의 이사 개념이 활용되는 상황은 그다지 많지 않다고 한다.[78] 사실상의 이사 개념 도입에 반대할 이유는 없지만, 해석론으로라도 지배주주의 성실의무를 인정하는 데 관심을 가져야 할 것이다.[79]

실질적으로도 사실상의 이사에 대한 책임추궁은 쉽지 않다. 2004년 11월 19일 서울중앙지방법원 판결은 (주)대우의 소액주주들이 회사의 전 회장을 상대로 전 회장이 1995년부터 1998년까지 계열회사들과의

75) 상법중개정법률안 심사보고서, 16면 참조.

76) 정승욱, 주식회사 지배주주의 법적 책임에 관한 연구—사실상 이사의 법리를 중심으로, 서울대학교 대학원 법학박사학위논문(1998), 120면. 또 Holger Fleischer, *Zur aktienrechtlichen Verantwortlichkeit faktischer Organe,* 49 Die Aktiengesellschaft 517(2004) 참조.

77) Pepper v. Litton, 308 U.S. 295, 306(1939); Jones v. H. F. Ahmanson & Co., 460 P. 2d 464, 471(Cal. 1969) 참조. 또 Henn & Alexander, Laws of Corporations 651-656(제3판, 1983) 참조.

78) 정승욱, 위의 논문, 83면 참조.

79) 독일에서는 1988년 독일연방대법원(BGH)의 이른바 리노티페(Linotype) 판결을 통하여 지배주주의 소수주주에 대한 성실의무 개념이 도입되었다. 김건식, 소수주주의 보호와 지배주주의 성실의무—독일법을 중심으로, 서울대학교 법학 제32권 제3호·제4호(1991), 98면; Lutter, *Die Treupflicht des Aktionärs,* 153 Zeitschrift für das gesamte Handelsrecht und Wirtschaftsrecht 446 (1989) 참조.

부당 내부거래로 회사에 손해를 발생시켰음을 이유로 제기한 주주대표 소송에서 원고 패소 판결을 내렸다. 법원은 상법에 사실상 이사의 책임이 도입된 것이 1998년 12월이기 때문에 그 이전의 시기에 행해진 행위에 대해서는 관련 규정에 의한 책임 추궁이 불가능하며 전 회장이 부당 내부거래에 관여하였다는 입증도 부족하다고 판시하였다.[80]

3. 기업집단의 규제와 회사법

사실상의 이사 개념을 회사법이 도입한 것은 우리 나라의 경우 기업집단에 대한 규제가 경제현실상 대단히 중요한 문제이고 이른바 '총수'의 지휘하에 계열사들을 통한 셀프-딜링이 발생할 가능성이 높다는 인식 때문이다. 그러나 일반적으로 우량한 계열회사가 부실한 계열회사를 지원해 주는 행동에 대한 법률적 평가는 이 분야에서 가장 많은 경험을 가지고 있는 미국의 회사법에서도 최고난도의 문제에 속한다. 미국법에 의하면 지원해 주는 회사의 이사들이 개인적인 이익을 위해 행동하지 않았고 신중한 절차에 의해 합리적으로 판단해서 계열회사를 지원하였다면 그 결정은 통상 경영판단원칙에 의한 보호를 받는다. 동일한 기업군 내에 있는 기업들간에는 고도의 거래관계가 형성되며 그 일방이 도산하는 데 따르는 상대방의 손실이 대단히 큰 경우가 많다. 경영진은 이 손실과 지원비용을 비교해 보아야 한다. 삼성전자 사건 서울고등법원 판결도 이와 유사한 내용이다("… 당시의 이사들이 위 결정에 관하여 개인

80) 좋은기업지배구조연구소 이슈리포트(2004. 11. 23). 미국법상 이사진에 포함되지 않은 고위 임원들의 법률적 책임에 관하여 Lyman Johnson, Recalling Why Corporate Officers are Fiduciaries(Working Paper, June 2004) 참조. 고위 임원들에게도 경영판단의 원칙이 적용되는가에 대한 논쟁이 있다. Lyman Johnson, *Corporate Officers and the Business Judgment Rule,* 60 Business Lawyer 439(2005)(부정론); Lawrence Hamermesh & A. Gilchrist Sparks Ⅲ, *Corporate Officers and the Business Judgment Rule: A Reply to Professor Johnson,* 60 Business Lawyer 865(2005)(긍정론).

적인 이해관계가 있었다거나…"). 즉, 이 문제에 대한 법률적 평가는 중립적일 가능성이 높기 때문에 산업정책적인 고려만 남게 된다.

우리 나라에서 기업집단에 대한 규제와 기업지배구조의 개선문제는 종종 혼동되고 있으나 이들은 사실 별개의 문제이며 우리 경제, 산업정책도 이 점에 유의해서 마련되어야 할 것이다.[81] 복잡한 피라미드와 순환출자로 구성된 기업집단에 속하는 기업들에서 셀프-딜링이 발생하기 쉬운 것은 사실이고 이들 기업집단에 대해서는 소유와 지배의 괴리로 인해 적대적 M&A를 포함한 외부통제 장치가 잘 작동하지 못한다는 것도 사실이지만 셀프-딜링의 발생가능성을 제거하기 위해 기업집단의 소유구조를 지주회사를 포함하여 단순한 형태로 바꾸는 규제는 아직 충분한 연구에 의해 뒷받침되고 있지는 않다는 생각이 든다. 그리고 이 문제에는 고도로 정치적인 고려가 작용한다는 점도 부인할 수 없을 것이다.[82]

기업집단에 대한 규제는 독점금지법에 의한 것이 지금까지의 세계적인 추세인 것으로 알려져 있으나 회사법에 의한 규제도 기업지배구조 문제가 부각되면서 차츰 정비되고 있다. 예컨대 이태리는 민법전 중 회사편을 전면 개편하여 2004년 1월 1일자로 시행하고 있는데 여기에는

81) 김화진, 지주회사제도가 성공하려면, 한국경제(2003년 12월 20일) 시론.

82) 김화진, '의결권승수' 유용한가?, 한국경제(2003년 10월 3일) 시론. 기업집단이 모종의 효율성을 가지고 있다는 것은 누구나 추측하고 있지만 체계적인 경제학적 분석은 아직 나오지 않고 있다. 반면, 특히 최근에 들어 전세계적으로 이러한 기업집단의 지배구조에 대해 정치적 압력이 급증하고 있어서 이태리, 타이완, 인도, 남아프리카공화국 등을 포함한 세계 각국이 이를 규제하기 위한 입법조치를 진행하고 있는 것으로 보고되어 있고 스웨덴, 캐나다의 기업들은 대주주의 직접 지분율 증가나 지주회사로의 개편을 통해 자발적으로 규제에 대비하고 있다 한다. Lucian A. Bebchuk, Reinier Kraakman & George G. Triantis, *Stock Pyramids, Cross-Ownership, and Dual Class Equity,* in Concentrated Corporate Ownership 295(Randall K. Morck ed., 2000) 참조. 가족기업의 지배구조에 관하여 European Corporate Governance Institute가 FT.com과 같이 진행하는 프로젝트에 대하여는 ECGI의 웹 사이트에 소개된 관련자료 참조. 특히 Randall Morck 편, The History of Corporate Ownership: The Rise and Fall of Great Business Families(2003) 참조.

사업상의 결정을 좌우하는 모회사의 자회사 소수주주와 채권자에 대한 책임규정이 포함된다. 또 해당 자회사는 모회사와의 관계에 관한 광범위한 공시의무를 지게 되었으며 재무제표나 상업등기부에도 모회사에 관한 중요한 사항들이 포함되어야 하고 자회사의 이사회는 모회사와의 거래내역을 주주들에게 보고하여야 한다. 이 법은 더 나아가 모회사에 일정한 변화가 발생한 경우 자회사의 소수주주로 하여금 회사에 주식의 매수를 청구할 수 있도록 하고 있어서 이태리 기업들의 지배구조와 M&A 거래에 미치는 영향이 상당히 클 것으로 전망되고 있다.[83]

> **증권거래법 제191조의19(주권상장법인 및 코스닥상장법인의 주요주주 등 이해관계자와의 거래)** ① 주권상장법인 또는 코스닥상장법인은 당해 법인의 주요주주(그의 특수관계인을 포함한다)·이사(상법 제401조의2 제1항 각호의 1에 해당하는 자를 포함한다. 이하 이 항에서 같다) 또는 감사(감사위원회의 위원을 포함한다. 이하 이 항에서 같다)를 상대방으로 하거나 그를 위하여 제1호 각목의 1에 해당하는 행위를 하여서는 아니된다. 다만, 제2호 각목의 1에 해당하는 경우에는 그러하지 아니하다.
>
> 1. 금지행위
>   가. 금전·유가증권·실물자산·무체재산권 등 경제적 가치가 있는 재산을 대여하는 행위
>   나. 부동산·동산·유가증권 그 밖의 재산을 담보로 제공하는 행위
>   다. 채무의 이행을 보증하는 행위
> 2. 금지행위의 예외
>   가. 복리후생을 위한 이사 또는 감사에 대한 금전대여 등으로서 대통령령이 정하는 행위

83) Cleary Gottlieb, European M&A Report 9-11(Feb. 2004); Guido Ferrarini, Paolo Giudici & Mario Stella Richter, *Company Law Reform in Italy: Real Progress?*, 69 Rabels Zeitschrift für ausländisches und internationales Privatrecht 658(2005) 참조.

나. 다른 금융관련법령에서 허용한 신용공여

다. 그 밖의 금전대여 등 대통령령이 정하는 행위

② 주권상장법인 또는 협회등록법인 중 대통령령이 정하는 법인은 당해 법인의 최대주주(그의 특수관계인을 포함한다) 및 특수관계인과 다음 각호의 1에 해당하는 거래(제 1 항의 규정에 의하여 금지되는 거래를 제외한다)를 하고자 하는 경우에는 이사회의 승인을 얻어야 하며, 그 승인결의 후 최초로 소집되는 정기주주총회에 당해 거래와 관련하여 대통령령이 정하는 사항을 보고하여야 한다.

1. 단일의 거래규모가 자산총액 또는 매출총액을 기준으로 대통령령이 정하는 규모 이상인 거래
2. 당해 사업연도중에 특정인과 당해 거래를 포함한 거래총액이 대통령령이 정하는 규모 이상이 되는 경우의 당해 거래

③ 제 2 항의 규정에 불구하고 당해 법인의 영위업종에 따른 일상적인 거래 등 다음 각호의 1에 해당하는 거래는 이사회의 승인을 얻지 아니하고 이를 할 수 있으며, 제 2 호에 해당하는 거래에 대해서는 그 거래내용을 주주총회에 보고하지 아니할 수 있다.

1. 당해 법인이 금융기관인 경우 독점규제및공정거래에관한법률 제11조의2 제 4 항의 규정에 의하여 약관에 따라 정형화된 거래로서 대통령령이 정하는 기준에 해당하는 거래
2. 이사회에서 거래총액을 승인하고 그 승인된 금액의 범위 안에서 이행하는 거래

V. 이사회구조론과 이사의 의무

1. 사외이사의 책임과 의무[84)]

사외이사, 비상임이사 등도 회사의 이사임에는 내부이사와 다를 바

84) 일반적으로 김교창, 사외이사의 역할 · 책임 및 행동기준, 인권과 정의(1998.

없으므로 사외이사, 비상임이사 등에도 상법상 이사의 책임과 의무에 관한 규정 등이 모두 적용된다. 이에 대해 대법원은 "주식회사의 업무집행을 담당하지 아니한 평이사는 이사회의 일원으로서 이사회를 통하여 대표이사를 비롯한 업무담당이사의 업무집행을 감시하는 것이 통상적이긴 하나 평이사의 임무는 단지 이사회에 상정된 의안에 대하여 찬부의 의사표시를 하는 데에 그치지 않으며 대표이사를 비롯한 업무담당이사의 전반적인 업무집행을 감시할 수 있는 것이므로, 업무담당이사의 업무집행이 위법하다고 의심할 만한 사유가 있음에도 불구하고 평이사가 감시의무를 위반하여 이를 방치한 때에는 이로 말미암아 회사가 입은 손해에 대하여 배상책임을 면할 수 없다고 할 것이다"라고 한 바 있다.[85] 또 등기부상 회사의 이사로 나타나지만 회사의 업무에는 전혀 참가하지 않는 이른바 명의상의 이사를 들 수 있는데 이들도 상법상 이사의 책임과 의무를 부담함에는 의문의 여지가 없다. 사외이사 또는 명의상의 이사는 이사로서의 책임을 부담하지 않는다는 특약을 회사와 체결하는 경우가 많지만 그러한 특약은 무효이다.[86] 다만, 구미에서 널리 행해지고 있는 것처럼 사외이사가 업무집행과 관련하여 손해배상책임을 추궁당하

---

7), 9면 참조. 비교법적인 연구로 Bernard Black, Brian Cheffins and Michael Klausner, *Outside Director Liability,* 58 Stanford Law Review 1055 (2006); Bernard Black and Brian Cheffins, *Outside Director Liability Across Countries,* 84 Texas Law Review 1385(2006) 참조.

85) 대법원 1985. 6. 25. 선고 84다카1954 판결. 평석으로는 양승규, 이사의 감독의무 위반과 회사에 대한 책임, 민사판례연구 Ⅷ(1986), 206면 참조. 이 책의 여러 곳에서 인용하는 삼성전자 사건에서 당시 59인의 이사들 중 이사회에 참석한 이사는 32인이었는데 원고들은 사외이사들을 모두 제외한 8인에 대해서만 소송을 제기하였고 이사회에 참석하지 않은 이사 1인에 대해서도 소송을 제기하였다.

86) 최기원, 신회사법론(제11대정판, 2001), 643-644면. 상법 제399조상의 이사의 회사에 대한 책임은 총주주의 동의로 면제할 수 있으나(상법 제400조) 불법행위책임은 그 대상에서 제외된다. 위의 책, 555면 참조. 또 대법원 1989. 1. 31. 선고 87누760 판결 및 최동식, 이사의 회사에 대한 손해배상책임의 면제, 상사판례연구 제 1 권(최기원 외 편, 1996), 624면 참조.

는 경우 그것이 본인의 악의나 중과실에 의하지 않고 단지 이사의 지위를 보유함에서 비롯된다면 회사가 그로부터 발생하는 비용과 부담을 모두 보전(indemnify)하도록 한다는 특약은 원칙적으로 유효하다고 볼 것이다.[87] 그러나 미국, 호주, 영국, 캐나다, 프랑스, 독일, 일본 등 7개국을 비교한 한 연구에 의하면 사외이사들이 업무집행 과정에서 소송을 당해 손해배상책임을 지고 그를 개인재산으로 이행하는 경우는 극히 드물다고 한다.[88]

사외이사제도는 운영하기에 따라서는 여러 가지의 좋은 기능을 발휘할 수 있는 제도이다. 우선 사외이사들은 의결대상 사안에 대해 내부이사들보다 덜 친숙하기 때문에 중요한 사안일수록 신중하게 의안을 검토하게 되며 사외이사의 이러한 태도는 내부이사 및 회사의 기타 임·직원들에게 긍정적인 영향을 미칠 수 있다.[89] 이는 이사의 일반적인 선관의무의 강화로 연결된다. 특정 사안에 대한 이사들의 선관의무 준수 여부는 그것이 이사회 단위로 행해지는 경우 자연스럽게 사외이사의 행위를 기준으로 판단될 가능성이 높기 때문이다.

또 사외이사의 존재 자체가 이사회의 기능을 강화하게 된다. 종래 우리 나라 회사의 이사회는 통상 회의의 개최도 없이 결의하고 의사록을 작성하여 항상 맡겨두는 인감을 사용하여 그에 날인하는 형태로 운

87) 미국의 경우 회사들은 이사의 책임에 대한 보전을 약속하든지 아니면 이사의 책임보험료를 부담하고 있다. 그러나 책임보전 약정이 있다고 해서 이사가 보험을 포함한 다른 혜택을 받을 수 없는 것은 아니며, 미국에서는 책임보전이 허용되지 않는 일정한 경우에도 회사들이 이사에게 책임보험을 제공할 수 있다고 한다. Easterbrook & Fischel, 위의 책, 105면(1991) 참조. 또 김건식 · 최문희, 이사의 배상책임보험, 상장협(2002년 춘계호) 참조.

88) Bernard Black, Brian Cheffins & Michael Klausner, *Liability Risk for Outside Directors: A Cross-Border Analysis,* 10 European Financial Management(2004).

89) 사외이사직무수행규준 1.3: "이사회의 중요한 업무 중 하나는 이사의 활동을 감독하는 것이다. 사외이사는 이사회의 구성원으로서 이사회의 감독기능이 활성화되도록 기여하여야 하고, 특히 상근이사의 업무집행이 적정하게 이루어질 수 있도록 감시할 의무가 있다."

영되어 왔는데 사외이사들이 다수 이사회에 포함되는 경우 물리적인 회합이 불가피해지기 때문이다. 그리고 일단 회의를 개최하게 되면 심도에 관계 없이 일정한 수준의 토의도 이루어지게 되므로 이사회가 본래의 형태를 갖추게 될 것이다.

한편, 사외이사들의 경우에는 충실의무를 위반할 수 있는 상황에 상대적으로 덜 노출되게 된다. 사외이사들은 회사의 일상적인 업무에 관하여 이사회를 통하지 않고는 권한을 행사하지 않기 때문이다. 또 사외이사들은 이사회의 결의에 있어서 개인적인 이해관계를 가지는 일이 비교적 적으므로 내부이사들의 충실의무 준수에 대한 담보기능을 수행할 수도 있을 것이며 사외이사의 경영통제 기능이란 바로 이를 가리키는 것으로 이해된다. 최근 우리 나라에서 사외이사제도가 활성화됨에 따라 해당 회사와의 거래관계에 관한 민원이 주로 사외이사들에게 집중되고 있다고 하는데,[90] 이는 기업경영의 투명성 제고에 있어서는 긍정적인 측면을 가지는 것으로 해석되어야 할 것이며 내부이사들의 충실의무 준수 압력을 높이는 계기가 될 수도 있을 것이다.

한편, 사외이사제도는 기업의 투자결정을 포함한 제반 의사결정을 보다 신중하게 하는 역할을 한다는 것이 세계 M&A 시장의 최근 동향에서 나타난다고 한다. 미국을 포함한 국제 M&A 시장의 회복세가 과거의 기록에 비해 완만하게 진행되고 있는 데는 그간 변화한 기업지배구조가 한 요인이라는 분석이 있다. 전세계적으로 기업지배구조의 개선이 진행중이며 사외이사제도의 확산이 그 중요 부분을 차지하고 있고 사외이사들은 고도로 전문적이고 모험성이 강한 M&A 거래에 대해 상대적으로 소극적인 태도를 취하고 있다는 관측이 있으며 사외이사들을 포함, 기업의 이사진들이 M&A 거래에 대해 전략적 측면과 효과에 대해 과거보다 더 신중하고 장기간의 검토를 행하는 경향도 발생하였다고

---

90) 사외이사에 관한 좌담회, 인권과 정의(1998. 7), 28면 · 33면 참조.

한다.[91] 우리 나라에서도 사외이사제도의 확산과 이사의 법적 책임의식 고양으로 인해 대규모 투자인 M&A에 대한 이사회의 검토가 더 신중하고 깊이 있어지는 현상이 발생할 것이다. 이는 M&A 거래의 진행속도를 느리게 할 수 있고 M&A에 관한 의사결정을 보수화시킬 수도 있다. 그러나 그러한 경향은 지나치게 모험적이고 외형성장 위주의 동기에서 행해지는 M&A를 감소시키게 될 것이므로 긍정적으로 평가해야 할 것이다. 개정 증권거래법은(제191조의16 제1항) 자산총액이 2조원 이상인 대규모법인은 2004년 7월 1일부터 이사총수의 과반수(현재 2분의 1 이상)를 사외이사로 두도록 하였다. 2002년 말 기준 자산총액 2조원 이상인 기업은 상장법인 82개사, 당시 등록법인 2개사인 것으로 알려졌는데 삼성전자, POSCO, SK(주) 등은 개정법의 발효를 기다리지 않고 사외이사를 이사총수의 과반수로 하는 지배구조를 정비하기도 했다.[92] SK는 최근에 비상장 계열사들에도 사외이사 과반수 제도를 도입하였다. 사외이사들의 독립성이 강화되고 경영자들의 보수가 주식과 연계되게 되면 M&A의 성부에 대한 결정권을 사실상 사외이사들이 갖게 될 가능성도 있다. 이는 미국에서 이미 나타나고 있는 현상이며 적대적 M&A의 경우 작동하는 황금낙하산제도의 확산도 그에 기여할 것이다.

2. 미국 월드컴 사건

미국에서도 사외이사들에 대한 책임추궁은 법률적으로 쉬운 일이 아니어서 사외이사들이 주주대표소송이나 증권소송에서 손해배상책임을 지는 일은 매우 드문 일이었으나 제 1 장에서 간략히 언급한 월드컴

---

91) 김화진, 국내외 M&A 시장의 현황과 문제(2004. 2); 사외이사가 회사 부실 막았다, 매일경제(2004년 2월 24일자) 참조.

92) 삼성전자 이사회 사외이사가 더 많다, 한국경제(2004년 2월 6일자), 15면; 포스코 지배구조개선안 이사회 통과, 한국경제(2004년 2월 21일자), 9면 등 참조.

(WorldCom: 이 회사는 회사정리절차를 거쳐 MCI라는 이름으로 새로 났다) 사건이 여기에 큰 변화를 일으켰다. 월드컴의 대규모 회계부정을 이유로 New York State Common Retirement Fund가 대표당사자가 되어 1999년 4월에서 2002년 6월 사이에 월드컴의 증권을 취득한 투자자들을 위해 제기된 증권집단소송에서 월드컴의 전 사외이사 10인은 총 5,400만불을 배상하기로 하는 화해안에 동의하였다. 여기에는 임원책임보험이 커버하지 않는 1,800만불이 포함되며 이 액수는 위 이사 10인의 개인재산의 약 20%에 해당한다고 한다.[93]

그러나, 이 집단소송의 다른 피고들인 J. P. Morgan Chase, 도이치은행, Bank of America 등은 이사들의 이와 같은 화해는 증권회사들의 손해배상 금액에 부정적인 영향을 미칠 가능성이 있다 해서 반대하였고 법원은 위 화해안의 승인을 거부하였다. 이에 따라 사외이사들은 더 큰 손해배상책임을 부담하였다.

국내에서는 주주대표소송시에 사외이사를 피고에 포함시키는 경우는 경영권 분쟁이 발생한 경우 외에는 찾아볼 수 없었으나 2006년 8월 17일자 서울남부지방법원 판결은(2003가합 1176) 우리 나라에서는 최초로 사외이사들도 회사에 발생한 손해를 배상할 것을 명하고 있다. 그러나 여기서 피고 사외이사 2인은 회사에 손해를 발생시킨 거래에 있어서 아무런 개인적인 이해관계가 없었다는 점 등이 고려되어 손해배상액을 전체의 5%로 감경받았다. 우리 상법상 이사들은 연대책임을 지기 때문에 이 사건에서도 가장 큰 책임을 부담하였던 회사의 대주주 이사들이 책임을 전부 이행함으로써 사외이사들은 사실상 책임을 지지 않았던 것으로 알려진다.

93) Wall Street Journal, Jan. 6, 2005, A3.

[증권집단소송과 기관투자자]

증권집단소송에서 기관투자자가 대표당사자의 역할을 하게 되면[94] 집단소송이 무분별하게 남용되는 것을 어느 정도 방지할 수 있을 것으로 보이고 원고가 변호사에 의해 통제되는 불합리한 결과가 발생하는 것도 막을 수 있을 것이다. 미국법상 확립된 대표당사자의 적격에 관한 판단기준을 우리가 차용하는 데 무리가 없을 것으로 보인다. 우리 법상 미국법과 같은 추정 조항은 없으나 위와 같은 취지를 감안하여 기관투자자에게 대표당사자 지위를 우선적으로 부여하는 것이 바람직할 것이다. 기관투자자는 전문성을 갖추고 있을 뿐 아니라 대체로 유가증권 발행인들과 다면적인 관계를 유지하고 있기 때문에 소송이 발생하기 전의 화해가능성이 높을 것이고, 소송이 발생하는 경우에도 당사자간 상호 만족스러운 화해의 가능성을 높여줄 수 있을 것이다. 기관투자자는 화해의 내용에 금전, 비금전 배상보다 피고의 기업지배구조의 개선약속이 포함되도록 하는 데 일반 투자자들보다 상대적으로

94) "대표당사자"라 함은 법원의 허가를 받아 총원을 위하여 증권관련집단소송 절차를 수행하는 1인 또는 수인의 구성원을 말한다(증권관련집단소송법 제2조 제4호). 대표당사자가 되기를 원하는 구성원은 경력과 신청의 취지를 기재한 신청서에 법 제9조 제2항의 문서를 첨부하여 법원에 제출하여야 한다(법 제10조 제3항). 법원은 공고일부터 50일 내에 소제기자와 대표당사자 선임신청을 한 구성원 중 법 제11조의 요건을 갖춘 자로서 총원의 이익을 대표하기에 가장 적합한 자를 결정으로 대표당사자로 선임한다(법 제10조 제4항). 대표당사자는 그 증권관련집단소송으로 인하여 얻을 수 있는 경제적 이익이 가장 큰 자 등 총원의 이익을 공정하고 적절히 대표할 수 있는 구성원이어야 하고(법 제11조 제1항), 최근 3년간 3건 이상의 증권관련집단소송에 대표당사자로 관여하지 않았어야 한다. 대표당사자는 직접 집단소송에 참여하지 않는 구성원의 소송담당자로서 그들의 이익을 대변하는 기능을 수행하여야 하므로 총원의 이익을 공정하고 적절히 대표할 수 있는 구성원이어야 함은 당연하다. 다만, 어떠한 구성원이 총원의 이익을 공정하고 적절히 대표할 수 있는 자인지 여부는 구체적인 사정을 종합하여야 판단할 수 있을 것인바, 증권관련집단소송법은 그 일응의 기준으로 "경제적 이익이 가장 큰 자"를 제시하고 있다. 미국의 증권소송개혁법이 가장 큰 경제적 이해관계를 가지는 자를 대표원고가 될 수 있는 최적 원고로 추정함에 반하여 우리 증권관련집단소송법에서는 이러한 추정규정이 없으나, 우리 증권관련집단소송 실무에서도 경제적 이익이 가장 큰 자가 대표당사자로 선임될 가능성이 매우 높다.

큰 인센티브를 가진다. 따라서 기관투자자의 대표당사자 역할은 증권집단소송의 정책적 취지(경영자통제를 위한 가장 강력한 외부통제 법률메커니즘)를 살리는 결과가 도출되는 데 도움이 될 것이다.

반면, 연기금의 기업지배구조 참여문제에서 일반적으로 발생하는 문제와 마찬가지로, 기관투자자들 자체의 지배구조가 정비되고 비정치적인 집단소송 참여 가이드라인이 정비되어야 할 필요가 있다. 그렇지 못한 경우 지배구조에 대한 가장 강력한 법적인 통제 장치인 집단소송이 기관들로 하여금 일반 기업지배구조에 대한 과도한 영향력을 보유하게 해서 기업들의 지배구조 정비비용의 상승, 경쟁력 저하를 발생시킬 위험이 있다. 우리 나라에서는 미국에서와는 달리 연기금의 기관투자자로서의 역할이 아직 미미하기 때문에 기관들이 집단소송에서 차지하는 비중이 최소한 당분간은 그다지 크지 않을 수도 있으나 소송비용의 지출에 익숙하고 국내기업에 투자한 규모가 큰 외국계 기관투자자들 중에서 적극적으로 대표당사자의 역할을 할 기관이 나타날 가능성은 항상 있을 것이다. 특히, 최근에 들어서는 펀드 매니저들이 포트폴리오 회사의 기업지배구조에 적극적으로 참여할 것을 종용, 교육받고 있으며 그 결과가 펀드 매니저에 대한 평가에도 반영되고 있는 추세이다.

[센던트 사건]

미국에서는 1995년의 증권소송개혁법 제정 이후에는 기관투자자들의 대표당사자로서의 역할이 활발해지고 있는데 대표적인 사례는 역사상 최대 금액인 28억 3,200만불로 화해가 성립된 2000년의 센던트 사건(In re Cendant Corp. Litigation)이다. 이 사건에서는 거대 기관투자자들인 California Public Employees' Retirement System, New York State Common Retirement Fund, New York City Pension Funds 등 3개 기관들이 대표당사자로서 소송을 수행하였다.

Cendant는 델라웨어 주에서 설립되고 뉴저지 주와 코네티컷 주에 본부를 둔 소비자제품 및 서비스 할인회사이다. Avis, Days Inn, 라마다호텔, Century 21 등의 브랜드를 보유하고 있다. 원고들의 주장에 의하면 Cendant의 전신인 CUC의 22개 부서들 중 17개 부서가 사기행위에 연루되어 1995년 5월 31일부터 1998년 8월 28일까지 CUC의 매출을 약 5억불 과대계상하였다. 이 액수는 동 기간 동안 CUC 매출의 약 3분의 1을 초과하는 것이었다. 원고측 주장에 의하면 CUC의 외부감사인이었던 Ernst & Young도 수억불 규모의 계정에 관해 다각도로 GAAP를 위반하였으며 Cendant의 핵심 임원들에게도 내부자거래 혐의가 있다. 1998년 4월 15일, Cendant는 1997년도의 수익규모와 주당수익률을 수정하겠다고 공시하면서 수익의 규모가 약 1억에서 1억 1,500만불 하향 조정될 수 있고 주당수익률도 11% 내지 13% 감소될 수 있다고 발표하였다. 다음 날인 4월 16일, Cendant의 주가는 전날의 35불 대에서 17불 대로 폭락하였다. Cendant의 시가총액이 하루만에 140억불 하락한 것이다. 1998년 9월 29일 Cendant는 수정재무제표를 SEC에 제출하였는데 그에 의하면 Cendant는 위 기간 동안 매출액을 24% 과대계상하였고 주당수익률도 130% 과다 산정하였다.

이 사건은 화해로 종결되었는데 화해금액은 총 32억불로 손해배상청구금액의 약 40%였다. 그 중 Ernst & Young 이 3억 3,500만불을 부담하였다. 분배신청자(주주 및 사채권자) 총수는 약 12만명이었으며 장기간의 준비를 거쳐 2003년 3월 31일 화해금액의 분배가 집행되었다. 변호사 보수는 화해금액의 8.275%인 2억 6,200만불로 결정되었다. 화해안에는 Cendant의 기업지배구조 개선에 관한 합의가 포함되었는데 그 내용은 증권집단소송 역사상 가장 강력하고 포괄적인 것으로 평가된다.

3. 이사의 이사회 참석의무

이사회의 결의에 있어서 이의를 한 기재가 의사록에 없는 이사는 결의에 찬성한 것으로 추정된다.[95] 그러나 결의에 불참한 이사의 경우

95) 상법 제399조 제3항. 또 사외이사직무수행규준 6.5 참조: "이사회에서의 결의의 찬성 혹은 반대는 이사회의사록으로 추정한다."

결의에 찬성할 수가 없으므로 결의에의 불참은 이사의 법적 책임을 발생시키지 않는 수단이 된다. 이 때문에 민감하고 부담스러운 결의가 있는 이사회에 특히 사외이사들이 참석하지 않으려 하는 경향도 있다고 한다. 2004년 들어 1월 1일부터 2월 12일까지 금융감독원에 사외이사 활동 기록을 공시한 86개 거래소, 코스닥기업을 살펴본 결과, 사외이사의 이사회 출석률이 50%도 안 되는 상장회사가 33군데나 달했다는 보고도 있었다.

원칙적으로 이사의 이사회 불참은 회사와 그 이사간의 다른 차원에서의 문제를 발생시키는 것은 별론으로 하고 법적 책임을 발생시키지는 않는다. 다만, 상습적인 이사회 불참은 해임사유가 될 것이다. 미국의 유명한 판례인 Barnes v. Andrews 사건 판결[96]은 태만하고 무능한 이사에게 법적 책임을 묻기 위해서는 해당 이사의 행위와 손해간에 상관관계가 있음이 입증되어야 한다고 하면서 해당 이사가 열심히 일하였다면 회사에 손해가 발생하지 않았을 것임이 입증되어야 한다고(이는 사실상 불가능할 것이다) 판시한 바 있다. 기권이나 중립의 표명은 상법 제399조 제3항이 말하는 이의로 해석해야 할 것이다.[97]

한편, 주식회사의 이사는 불참한 이사회가 회사에 손해를 발생시키는 결의를 하였다 해도 불참 자체를 임무해태로 보아 결의에 찬성한 이사들과 함께 연대하여 책임을 부담한다고 볼 수는 없으나 다른 이사들이 부당한 결의를 한다는 사실을 알고 있었거나 알 수 있었음에도 불구하고 이사회에 참석하여 그를 시정하려는 노력을 하지 않았음이 입증된다면 그로부터 해당 이사에게는 법률적 책임이 발생할 수도 있을 것이다.[98]

---

96) 298 F. Suppl. 614(S.D.N.Y. 1924).

97) 이철송, 회사법강의(제12판, 2005), 546면.

98) 삼성전자 사건 1심 판결내용 참조. 한편, 이사는 부당한 반대에 대해서도 법률적 책임을 지게 되는 수가 있다. 사외이사직무수행규준 6.4 참조: "회사가 적극적으로 권리행사를 하거나 어떠한 조치를 취하여야 함에도 불구하고 합리적이지 못한 이유로 반대하는 견해가 다수라서 결의가 이루어지지 못하고, 따라서 권리행사 등이 지연 또는 방해된 경우 반대한 이사도 연대하여 손해배상책임을 진다."

4. 이원적 이사회제도

가. 유럽의 현황

미국식의 사외이사제도와 비교될 만한 것으로 독일의 이른바 2원적 이사회제도를 들 수 있다. 여기서는 주주총회가 선임한 감사위원들로 구성되는 감사회(Aufsichtsrat)가[99] 경영위원회(Vorstand)를 구성, 감독한다. 독일에서 기업의 최고경영진이라 함은 경영위원회의 구성원들을 가리킨다. 독일에서 이 제도에 의한 회사의 운영은 사실상 모든 주식회사(AG)와 500인 이상을 고용하는 유한회사(GmbH)에 강제적이다.

그러나 최소한 독일에서는 이 제도가 오래 전부터 실패한 제도로 이해되어 있음이 주목된다. 감사회가 경영위원회를 통제하기보다는 경영위원회가 감사회를 실질적으로 조종하고 있는 현실 때문이다.[100] 경영위원회의 구성원은 감사회의 구성원이 될 수 없음에도 불구하고[101] 거래은행이 선임한 감사위원과 경영위원회간의 긴밀한 관계, 감사위원의 선임에 있어서의 경영위원회의 영향력 등이 그 주요 원인으로 이야기되고 있는데,[102] 이러한 문제점들은 결국 미국식의 사외이사제도에서 나

99) Thomas J. Andre, Jr., *Some Reflections on German Corporate Governance: A Glimpse at German Supervisory Boards,* 70 Tulane Law Review 1819(1996) 참조.

100) Esser, *Bank Power in West Germany Revised,* 13 West European Politics 17, 27(1990) 참조.

101) Aktiengesetz 제105조 참조.

102) Roth, *Supervision of Corporate Management: The "Outside" Director and the German Experience,* 51 North Carolina Law Review 1369, 1380-1381(1973) 참조. 특히 독일에서는 회사와 거래은행과의 관계가 주식의 소유 등을 통해 다원적으로 형성되어 있으며 이는 독일의 산업구조 및 회사지배구조가 가지는 두드러진 특성이다. Hwa-Jin Kim, *Markets, Financial Institutions, and Corporate Governance: Perspectives from Germany,* 26 Georgetown Journal of Law & Policy in International Business 371(1995); Theodor Baums & Kenneth E. Scott, Taking Shareholder Protection Seriously? Corporate Governance in the United States and Germany(ECGI Working Paper, 2003) 참조. 독일의 현황에 관해 자세한 것은 김화진, 독일의 기업금융과 자본시장의 최근 변화, 서울대학교 법학 제43권 제 2 호(2002), 28면 참조.

타나는 초기적 문제점들과 같은 성격의 것들이라 할 것이다. 독일에서는 이러한 현실과 관련하여 감사회에 경영위원회에 대한 보다 많은 정보요구권을 부여하는 방향으로 제도개선논의가 이루어지고 있는데, 이는 사외이사제도가 갖는 문제점을 해결하기 위해 사외이사들과 내부이사들을 구조적으로 분리하는 것이 어떤가 하는 최근의 일부 논의에 있어서 그 시사하는 바가 크다.

한편, 독일의 주식회사법은 이사(여기서 이사라 함은 감사회 구성원과 경영위원회 구성원 양자를 모두 가리킨다)의 주의의무를 법정하고 있으나[103] 충실의무에 관한 명문의 규정은 두고 있지 않다.[104] 또 독일에서는 우리 나라의 경우와 비슷하게 이사의 손해배상책임에 관한 법리가 별로 발달되어 있지 않다. 독일 주식회사법은 주주대표소송제도를 두고 있지 않으며 이사에 대한 책임추궁 절차를 우리 나라 주주대표소송의 경우에 있어서보다 더 까다롭게 규정하고 있다. 독일에서는 이사에 대한 책임추궁이 회사에 의해 행해지는데 그 여부는 주주총회에서의 과반수의 다수에 의한 결의로 한다(그러나 회사발행주식총수의 10% 이상을 해당 주주총회일로부터 3개월 이전에 취득하여 계속 보유하고 있는 주주는 이사에 대한 책임추궁이 주주총회에 의해 부결되더라도 회사로 하여금 그를 행하도록 요구할 수 있다).[105] 이 때문에 독일에서 이사의 의무 위반에 대한 회사의 책임추궁은 별로 이루어지지 않고 있는 실정이라 한다.[106]

독일의 2원적 이사회는 회사의 설립이 국가의 특허주의에서 준칙주의로 전환된 1870년에 기원한다. 독일에서 회사의 설립은 종래 각

103) Aktiengesetz 제93조 및 제116조.

104) Willi Joachim, *The Liability of Supervisory Board Directors in Germany*, 25 International Lawyer 41(1991) 참조.

105) Aktiengesetz 제147조 제1항.

106) York Schnorbus, *Tracking Stock in Germany: Is German Corporate Law Flexible Enough to Adopt American Financial Innovations?*, 22 University of Pennsylvania Journal of International Economic Law 541, 616(2001) 참조.

주 정부의 특허 사항이었으며 철도회사와 무역회사들이 각각 1838년의 철도법과 1843년의 프러시아 주식법에 의해 설립된 바 있다. 그 후 1861년에 이르러 관세동맹의 일부로서 각 주간에 일반 상법의 제정이 합의되었는데 이는 프러시아 주식법을 모델로 한 것이었다. 특허주의는 회사의 채권자들과 공익보호의 차원에서 견지되었고 경영위원회는 회사를 법률적으로 대표하며 주주와 국가에 대한 책임을 지는 기관으로 설정되었다. 그러나 이러한 상황은 회사설립의 준칙주의를 채택한 1870년의 상법개정으로 변화되었다. 감사위원회는 국가의 특허부여가 수행하던 역할을 대체한다는 차원에서 도입되었다. 즉, 감사위원회는 단순히 주주들의 경영에 대한 감독 장치의 차원을 넘어 공익기능을 수행하기 위해 도입되었던 것이다. 주주총회, 감사위원회, 경영위원회 3자간의 관계가 당시 명확히 설정된 것은 아니었으나 감사위원회는 주주들이 소수의 대표를 선임하여 회사의 경영을 감독하도록 하던 실제의 관행을 제도화한 것으로도 평가된다. 한편, 2원적 이사회제도의 원조는 독일인 것으로 널리 알려져 있으나 프랑스는 이를 1856년에 도입한 바 있다. 프랑스는 2원적 이사회 제도를 1867년 상법에 규정하였는데 이는 1940년 비시정부에 의해 폐기되었다가 1966년에 다시 선택사항으로 부활하였다. 그러나 2원적 이사회는 프랑스에서 현재 그다지 널리 채택되고 있지 않아서 프랑스 회사 전체의 2% 미만, SBF 120 편입회사의 18%만이 그를 채택하고 있다 한다.[107] 프랑스 외에 벨기에가 2원적 이사회 제도를 선택사항으로 하고 있다. 2원적 이사회는 독일, 스위스, 오스트리아, 네덜란드, 스칸디나비아 제국이 채택하고 있으며 이태리, 스페인, 포르투갈, 그리스, 영국, 아일랜드 등은 1원적 이사회 제도를 채택하고 있다.

---

107) Lauren J. Aste, *Reforming French Corporate Governance: A Return to the Two-Tier Board?*, 32 George Washington Journal of International Law and Economics 1(1999) 참조. 또 James A. Fanto, *The Role of Corporate Law in French Corporate Governance*, 31 Cornell International Law Journal 31(1998) 참조. 유럽국가 전체의 현황에 관하여는 Eddy Wymeersch, *A Status Report on Corporate Governance Rules and Practices in Some Continental European States*, in Comparative Corporate Governance: The State of the Art and Emerging Research 1045(Klaus J. Hopt 외 공편, 1998) 참조.

나. 도이치은행의 경영구조 개편

한편, 도이치은행은 2002년 1월 경영구조를 혁신적으로 개편하였다.[108] 새 경영구조에 의하면 경영위원회의 규모는 축소되고 경영위원회 의장이 미국식의 CEO에 가까운 지위를 갖게 된다. 경영위원회 위원들을 포함하는 이른바 Group Executive Committee가 구성되어 고위임원들이 각 사업 분야별로 책임경영을 하는 체제도 같이 도입되었다. 이는 미국 기업들의 경영구조에 상당히 근접한 모습이다. 이러한 모델은 독일 내에서 활발한 논쟁을 불러일으켰는데 새로운 경영구조가 독일의 현행법에 저촉되지 않는 것으로 보는 견해가 우세하다고 한다. 독일 주식법(제76조 제1항 및 제77조 제1항)에 의하면 경영위원회는 회의체 기구로서 집단적으로 의사결정을 하도록 되어 있다. 이를 "Kollegialprinzip"이라고 한다. 이에 의하면 위원장이 단독으로 의사결정을 하는 것은 불허되고 다른 위원들에게 업무에 관한 지시권한을 갖지 않는다. 이 원칙은 나치시대 주식법의 "Führerprinzip"을 탈피하기 위해 도입된 것이었다. 위원회의 규모를 줄이고 위원이 아닌 고위 임원들로 구성된 위원회를 만든 것은 이러한 법원칙에서 오는 한계를 극복해 보려는 시도이며 자본시장 세계화의 시대에 국제적인 투자자들에게 독일기업의 경영책임 구조를 명확히 전달할 필요에 의한 것이다. 독일의 노동계도 협상의 상대가 분명해진다는 점에서 이러한 움직임에 찬성하고 있다.

도이치은행의 경영구조 개편은 영미의 이사회제도를 도입하는 문제가 끊임 없이 논의되어 오기는 했지만 노동계의 반대로 실현되지 못하

108) *Ackermann: Die Deutsche Bank braucht eine starke Spitze,* Frankfurter Allgemeine Zeitung(2001년 11월 26일자) 18 참조. 이에 관하여 일반적으로 Jan von Hein, *Vom Vorstandsvorsitzenden zum CEO?,* 166 Zeitschrift für das gesamte Handelsrecht und Wirtschaftsrecht 464(2002) 참조. 또 *Die neue Führungsstruktur ist erlaubt,* Frankfurter Allgemeine Zeitung(2002년 8월 2일자) 14 참조.

고 있는 독일의 기업실무가 기능적으로 영미의 모델에 접근해 감을 보여주고 있다. 독일의 이원적 이사회제도와 영미의 이사회제도의 차이점은 영미의 이사회에는 CEO를 포함한 내부이사들이 참여한다는 것이다. 그러나 이 한 가지 차이를 제외하면 기능적으로 두 모델간의 차이점은 거의 없다. 도이치은행의 경우처럼 경영위원회의 규모를 줄이고 영미의 기업에서와 같이 고위 임원(officer)들로 구성된 실질적인 경영위원회를 두면 CEO가 이사회에 소속되지 않는다는 점만 다를 뿐이다. 또 영미의 이사회에서 사외이사들의 비중이 증가하고 전원이 사외이사인 감사위원회를 두면 독일식의 이원적 이사회제도와 내용이 사실상 같아진다. 이 때문에 한스만-크라크만은 양 제도간에 수렴현상이 발생하고 있다고 보고 있다.[109] 독일의 기업지배구조 모범규준도 양 제도가 실질적으로 수렴한다는 표현을 쓰고 있으며 양 제도 다 성공적일 수 있다고 한다.

[도이치은행 경영진][110]

1. 감 사 회

- Dr. Rolf-E. Breuer: 감사회 의장, 전 회장
- Heidrun Förster: 감사회 부의장, 종업원 대표
- Dr. Karl-Hermann Baumann: 지멘스 감사회 의장
- Dr. Karl-Gerhard Eick: 도이치텔레콤 부회장
- Klaus Funk: 종업원 대표
- Ulrich Hartmann: E. ON 감사회 의장
- Sabine Horn: 종업원 대표
- Rolf Hunck: 종업원 대표
- Sir Peter Job
- Prof. Dr. Hennig Kagermann: SAP 감사위 의장 겸 회장
- Ulrich Kaufmann: 종업원 대표

---

109) Henry Hansmann & Reinier Kraakman, *The End of History for Corporate Law,* 89 Georgetown Law Journal 439, 456(2001).

110) 도이치은행 웹 사이트(2005) 참조.

- Prof. Dr. Paul Kirchhof: 하이델베르크대학 교수
- Henriette Mark: 종업원 대표
- Margret Mönig-Raane: Unified Services Union 부사장
- Dr. Michael Otto: 오토 회장
- Gabriele Platscher: 종업원 대표
- Karin Ruck: 종업원 대표
- Tilman Todenhöfer: Robert Bosch Industrietreuhand 회장
- Dr. Jürgen Weber: 루프트한자 감사회 의장
- Albrecht Woeste: Henkel 주주위원회 의장
- Leo Wunderlich: 종업원 대표

2. 경영위원회
- Josef Ackermann: 회장(Spokesman)
- Clemens Börsig
- Tessen von Heydebreck
- Hermann-Josef Lamberti

3. Group Executive Committee
- Josef Ackermann: 의장
- Clemens Börsig: CFO, CRO, 회계 및 조세, 투자자관리
- Michael Cohrs: 글로벌 뱅킹
- Jürgen Fitschen: 글로벌 오퍼레이션
- Tessen von Heydebreck: CAO, 인사, 법무, 준법, 감사, 문화사업
- Tom Hughes: 사바티컬
- Anshu Jain: 글로벌 마켓
- Hermann-Josef Lamberti: COO, 원가 및 구매, IT, 설비
- Rainer Neske: 고객관리
- Kevin Parker: 자산관리
- Pierre de Weck: 개인자산관리

5. 미국 회계개혁법과 이사의 법률적 책임[111)]

미국의 회계개혁법은[112)] 감사위원회의 도입을 사실상 강제하고 있으나 공개기업 이사의 법적 책임에 관한 특별한 규정을 두고 있지는 않다. 따라서 부실공시로 인한 이사의 법적 책임에 관하여는 33년 증권법과 34년 증권거래법의 법리가 변화 없이 적용되며 이사들이 상당한 주의를 다하였음을 입증하여 면책받을 수 있는 것도 마찬가지이다. 그러나 잠재적으로는 감사위원회 위원인 이사들의 책임이 중하여졌기 때문에 그로부터 이사들이 책임을 추궁당할 수 있는 가능성도 높아진 것으로 볼 수 있을 것이다. 그리고 회계개혁법은 감사위원회에 공급되는 정보의 양을 증가시키고 있기 때문에 회사 내에서 보다 많은 서류가 생산되게 할 것이다. 여기서 이사들을 상대로 하여 증권법에 의한 소송이 제기되는 경우 원고들이 유리한 증거를 보다 많이 확보할 수 있게 된다. 반면, CEO/CFO 인증서제도 도입으로 인해 회사의 회계와 공시가 보다 충실히 행해지는 경우 문제발생의 빈도가 감소하게 되어 이사들이 소송을 당하게 될 가능성이 줄어들 것이기도 하다.[113)] 우리 나라 기업들을 포함하여 미국의 증권시장에 진출한 외국기업들의 이사들은 이 법에 의한 추가적인 책임부담위험에 노출되게 되나 아직 외국기업들의 경영진과 이사회에 어떤 방식으로 법률적 책임이 물어질 것인지에 대해서는 확실

111) Black, Cheffins and Klausner, 위의 논문, 25-26면.

112) Larry E. Ribstein, International Implications of Sarbanes-Oxley: Raising the Rent on U.S. Law(Working Paper, April 2003); Haidan Li et al., Market Reaction to Events Surrounding the Sarbanes-Oxley Act of 2002: Overall and as a Function of Earnings Management and Audit Committee Effectiveness(Working Paper, November 2003) 참조.

113) 일반적으로 회계개혁법이 미국 기업의 지배구조에 미치는 영향은 그리 크지 않을 것이라는 연구가 있다: Lawrence A. Cunningham, *The Sarbanes-Oxley Yawn: Heavy Rhetoric, Light Reform(And It Might Just Work)*, 36 University of Connecticut Law Review 915(2003). 우리 나라에서의 최근 회계제도개혁에 관하여는 권대영, 회계제도 선진화 등 관련법률 개정내용, BFL 제3호(2004), 113면 참조.

한 전망이 어려운 상황으로 이해되어 있다.

회계개혁법은 동법 적용대상 기업의 CEO/CFO가 재무제표의 진실성을 담보하도록 하는 장치로서 인증서제출(Certification)[114)]제도를 도입하고 있다. 이에 의하면 동법 적용대상 기업들은 재무제표가 포함된 정기보고서를 제출할 때 그 내용의 진실성에 관한 CEO/CFO의 서명 외에도 별도의 인증서를 작성하여 제출하여야 한다. 이 의무는 외국기업들에게도 마찬가지로 적용된다. 이 제도의 도입에 의해 CEO/CFO들은 더 이상 부하 임·직원들의 과실을 들어 면책을 구할 수 없게 되었다.

[SOX에 의한 인증서]

1. Section 906에 의한 인증서

회계개혁법 Section 906에 의하면 동법 적용대상 기업의 CEO와 CFO 또는 그와 동일한 위치에 있는 임원은 재무제표가 포함되어 있는 SEC에 제출하는 정기 보고서가(10-K, 10-Q, 20-F 등) 1934년법 Section 13(a) 또는 Section 15(d)가 부과하는 요건을 모두(여기서는 중요성(materiality) 기준이 적용되지 않는다) 충족하고 있으며 당해 보고서에 포함된 정보들이 증권발행회사의 재무상황과 사업의 성과를 그 모든 중요한 측면에서 정확하게 반영하고 있음을 인증하여야 한다. 여기서 인증서가 커버하는 범위는 재무제표에 국한되지 않는 것으로 보는 것이 안전하다고 한다. 이 규정에 의한 인증서의 위치에 대해 정해진 규칙은 없으나 2004년에 제출된 인증서의 경우 각 보고서의 부록(Exhibit)으로 제출되었다.

이 Section 906에 의한 인증서에는 형사처벌이 규정되어 있다. 인증서가 커버하는 보고서의 내용이 위법함을 알면서 인증서를 작성하여 제출한 경우 100만불 이하의 벌금 또는 10년 이하의 징역에 처하며 허위의 사실이 포함된 보고서를 작성하여 그 위법성을 알면서 인증

114) 이는 '확인 · 검토 및 서명'으로 번역하는 것이 더 정확할 것이나 편의상 인증이라는 번역을 사용하였다. 권대영, 회계제도 선진화 등 관련법률 개정내용, BFL 제 3 호(2004), 113-114면 참조.

서를 제출한 경우 500만불 이하의 벌금 또는 20년 이하의 징역에 처하게 된다.[115] 이 Section 906은 회계개혁법의 발효와 동시에 발효하였고 미국 증권시장에 진출한 우리 나라 기업들도 그에 따른 의무를 이행하고 있다.[116]

2. Section 302에 의한 인증서

회계개혁법 Section 302와 그에 의거하여 제정된 SEC 규칙은 위 Section 906의 내용에 비해 보다 상세한 규정을 두어 CEO/CFO의 인증서 제출의무를 도입하고 있다. 이 규정 위반에 대한 제재는 민사책임이며 이 규정은 2002년 8월 29일자로 발효하였다. 이 규정은 역시 외국회사에게도 적용되는데 종래 미국의 포춘 1000 기업에 적용되던 1회성 인증서(one-time certification) 제출의무를 확대한 것이다. 이 규정에 의하면 인증서는 다음과 같은 내용을 포함하여야 한다.[117]

(1) 당해 보고서는 서명인이 아는 범위 내에서는 그 보고서가 작성된 상황에 비추어 중요한 사실에 대한 잘못된 기재를 포함하고 있지 않으며 중요한 사실을 누락하고 있지도 않다는 것
(2) 서명인이 아는 범위 내에서 당해 보고서에 포함된 정보들이 증권발행회사의 재무상황과 사업의 성과를 그 모든 중요한 측면에서 정확하게 반영하고 있다는 것
(3) 발행회사의 CEO/CFO는 내부통제시스템을 도입하고 유지할 책임을 지며 서명인은 그러한 시스템을 회사에 대한 중요한 정보가 자신에게 전달되도록 설계하였고 지난 90일 이내에 그 시스템의 기능을 평가하여 그 결과를 당해 보고서에 기재하였다는 것

---

115) Geraldine Moohr, *An Enron Lesson: The Modest Role of Criminal Law in Preventing Corporate Crime,* 55 Florida Law Review 937(2003) 참조.

116) 동법의 내용을 글로벌 베스트 프랙티스로 보는 경우 최근의 증권거래법 개정으로(제8조 제4항) 우리 나라에도 공시서류에 대한 대표이사 등의 확인 및 서명제도가 도입되어 우리 법도 국제적 정합성을 갖추게 되었다. 이에 대해 자세한 것은 권대영, 위의 논문, 114-115면.

117) Section 302(a).

이 규정에 의한 인증서의 위치에 대해 초기에 다소의 혼란이 있었으나 2004년에 제출된 인증서의 경우 Section 906에 의한 인증서와 마찬가지로 각 보고서의 부록(Exhibit)으로 제출되었다. 2003년의 경우 Section 302에 의한 인증서는 각 보고서의 서명 페이지 바로 다음에 첨부된 바 있다.

이 규정과 관련하여 흥미 있는 것은 동법 Section 302(b)이다. 이 Section 302(b)는 동법 적용대상인 회사가 설립지를 미국 밖으로 이전하거나 사무소의 위치를 미국 밖으로 변경하는 것은 위 인증서 제출의무에 아무런 영향도 미치지 않는다고 명시하고 있다. 이 규정의 배경은 확실치 않으나 상술한 Rule 3b-4의 내용과 인증서 제출의무가 외국기업에게도 부과된다는 점 등을 생각해 보면 단순한 주의적 규정인 것으로 보인다.[118]

Ⅵ. 이사의 증권거래법상 책임

1. 부실공시에 대한 이사의 책임

유가증권신고서, 사업설명서, 사업보고서, 반기보고서, 분기보고서의 허위기재 또는 기재누락인 경우, 증권거래법 제14조 제 1 항 및 제186조의5는, 당해 주권상장법인 이외에도 ① 유가증권신고서, 사업보

118) 기업지배구조나 공시의무와 관련한 가장 유리한 규제를 선택하기 위한 회사설립지의 이전은 최근 특히 EU를 중심으로 집중적인 논의의 대상이 되어 있다. Eddy Wymeersch, The Transfer of the Company's Seat in European Company Law(ECGI Working Paper, March 2003); Stephan Rammeloo, Corporations in Private International Law: A European Perspective (2001); Martin Veit & Joachim Wichert, *Unternehmerische Mitbestimmung bei europäischen Kapitalgesellschaften mit Verwaltungssitz in Deutschland nach 'Überseering' und 'Inspire Art'*, 49 Die Aktiengesellschaft 14(2004) 참조. 일반적으로 Lucian A. Bebchuk & Alma Cohen, Firms' Decision Where to Incorporate(Working Paper, October 2002) 참조.

고서, 반기보고서, 분기보고서 제출 당시 당해 법인의 이사, ② 상법 제401조의2 제 1 항의 각호의 1에 해당하는 자(업무집행지시자 등)로서 당해 공시서류의 작성을 지시하거나 집행한 자도 손해배상책임을 부담하도록 규정하고 있고, 이러한 책임의 성격은 부진정연대책임관계인 것으로 해석되고 있다.

후술하는 경영판단의 법칙은 이사가 경영적인 판단에 따라 주의의무를 다해 업무를 수행한 경우 그 결과가 잘못되었다고 하더라도 이에 대한 법률적 책임을 추궁하지 못한다는 것인데, 통상 부실공시에 관한 이사의 고의·과실이 문제된 경우에 적용되는 법칙은 아니지만, 부실공시의 내용이 회계처리기준의 차이로 말미암은 것인 경우에는 이러한 경영판단의 법칙을 원용할 여지가 있다. 예컨대 2004. 6. 15. 개최된 증권관련집단소송 모의재판(재판장 전 대법관 정귀호 변호사)에서는, 피고회사가 기업회계기준과 달리 개발비를 당기에 비용처리하지 않고 무형자산으로 이연한 것이 문제되었는데 재판부는 이를 경영판단으로 보아 이에 관하여는 원고측이 피고회사에 대하여 부실공시책임을 물을 수 없다고 한 바 있다.

집단소송법은 민사소송법의 특별법이므로 형사처벌의 가중 등 형사특례를 두고 있지는 않다. 그러나 증권집단소송의 제기로 인해 당해 회사에 세인의 이목이 집중되고 이에 대한 감독당국의 검사 및 조사가 강화된다면 관련 임원의 형사책임 문제가 불거질 가능성이 많다. 특히 최근 분식회계 등에 대한 법원의 태도는 매우 강경한 것으로 분석되고 있다. 현행법상 집단소송의 대상이 되는 부실공시, 미공개정보이용행위, 시세조종과 관련한 회사 임·직원에 대한 형사처벌 법규는 다음의 표와 같다.

그러나 민사책임과 달리 형사책임을 묻기 위해서는 해당 임원 개개인의 고의가 입증되어야 한다. 예컨대 유가증권신고서, 사업설명서, 사업보고서, 반기보고서, 분기보고서의 중요한 사항에 관하여 이를 '고의

부실공시	· 증권거래법 제207조의3(5년 이하의 징역 또는 3천만원 이하의 벌금) · 주식회사의외부감사에관한법률 제20조(상동. 다만, 행위유형에 따라 다른 법정형도 정해져 있음) * 과태료: 상법 제635조
미공개정보 이용행위 및 시세조종행위	· 증권거래법(10년 이하의 징역 또는 2천만원 이하의 벌금. 이익액이 5억원 이상인 때에는 가중처벌함)
관련범죄: 배임, 사기, 문서위조 등	· 형법 제355조(횡령 · 배임), 제356조(업무상 횡령 · 배임), 제347조(사기), 제231조(사문서 위조), 제234조(위조사문서행사) · 특정경제범죄가중처벌등에관한법률 제3조(배임 등의 이득액이 5억원 이상 50억원 미만인 때에는 3년 이상의 징역, 이득액이 50억원 이상인 때에는 무기 또는 5년 이상의 징역)

로' 허위기재하거나 누락한 자(증권거래법 제207조의3 제2호), 위 서류가 '잘못된 것임을 알면서도' 서명을 한 대표이사 또는 신고업무 담당이사(증권거래법 제207조의3 제2의2호)가 형사처벌의 대상이 될 것이다. 특히 분식회계와 관련한 형사사건에서는 임원들이 당해 분식사실을 알았는지 여부가 쟁점이 될 것이므로 내부통제시스템을 완비하고, 독립적인 외부감사인에 의한 엄격한 회계감사가 이루어졌으며, 그 이외에 관련전문가들의 철저한 검증을 거쳐 모든 절차가 진행되었다는 점에 관한 자료를 사전에 충분히 확보하여 만일의 사태에 대비하는 것이 최선의 방안일 것이다.

증권집단소송제도는 크게 두 가지의 목표를 가지고 있다. 첫째는, 기업의 부실공시로 인해 잘못 형성된 주가에 주식을 사고 팔아 손해를 본 투자자를 구제하는 것이다. 둘째는, 잠재적으로 막대한 금액의 손해배상책임 때문에 기업들이 부실공시를 하지 않도록 조심하게 하는 것이다. 즉, 증권집단소송은 피해자의 권리구제를 위한 사법적인 제도인 동시에 기업의 지배구조와 공시관행을 개선하게 하는 정책적인 도구이다. 그러나 잠시만 생각해 보아도 첫 번째 목표의 달성은 쉽지 않은 것임을 알 수 있다. 증권집단소송은 미국의 경험에 비추어 보면 수년씩 소요되는 긴 절차이다. 회사의 임원이 승진, 실적, 스톡옵션, 보너스 등의 이유로 부실공시를 하고 그것이 드러나 주가가 하락하고 집단소송이 발생한 경우를 생각해 보자. 만일 주주의 25%가 원고가 되었다면 손해배상은 결국 회사가 하는 것이므로 이 주주들은 회사 가치 하락의 25%는 스스로 분담하는 셈이 된다. 또 패소나 화해로 주가가 추가적으로 하락하면 그 부담도 원고인 주주들이 고스란히 안게 된다. 반면, 소송이 종결된 시점에서 주주가 아닌 원고는 손실도 분담하지 않고 주가하락으로 손해도 입지 않는다. 나아가, 문제를 일으킨 장본인인 임원은 대개의 경우 소송에서 피고가 되지도 않는다. 자력이 부족하기 때문이다. 또 증권집단소송은 소송허가절차 단계가 주 전장인데 여기서 피고가 지게 되면 보통 화해로 들어간다. 그래서 판결보다는 화해로 소송이 끝나는 경우가 압도적으로 많다. 당연한 일이지만, 손해금액에 비해 화해금액은 대단히 작으며 약 10%에 달한다는 보고가 있다. 화해금의 분배신청을 하지 않는 주주가 많기 때문에 분배신청을 한 원고들이 화해금을 다 나누어 가지고 끝나게 된다. 이 두 측면을 보면 증권집단소송제도가 피해자의 권리구제라는 본래의 기능을 하기는 대단히 어려움을 알 수 있다.

2. 증권거래법상 책임의 분할론

증권거래법상 이사의 책임은 부진정연대책임인 것으로 이해되어 있다. 대법원은 공동불법행위로 인한 손해배상의 범위는 피해자에 대한 관계에서 가해자 전원의 행위를 전체적으로 함께 평가해서 정해야 하고 일부 가해자가 고의가 없거나 경미한 과실만 있더라도 책임범위를 제한할 수 없다는 입장을 취한다. 이에 대하여 소송에서 우리와 비슷한 불법행위법 체계를 갖고 있는 일본의 이른바 “할합적 인과관계론(割合的 因

果關係論)"을 적극적으로 원용할 필요가 있다. 일본의 법원은 의무위반이 행해진 기간이 장기이고 그 기간 동안 손해발생에 기여한 행위가 다수인 경우, 전체 의무위반 기간 중 이사의 지위에 있었던 기간과 손해에 기여한 모든 행위 중 각 이사가 어느 행위와 관련이 있는지를 고려하여 각 이사의 책임액을 결정한다(다만, 일본 사례는 부실공시에 대한 것이 아니라 주로 주주대표소송에 관한 것임). 집단소송과정에서 이사의 부실공시 관련책임이 문제되었을 때, 미국의 1995년 증권소송개혁법상의 비례적 책임(proportional liability)제도(고의에 기한 행위가 아닌 이상 자기의 과실분에 비례한 책임만을 부담하도록 하는 법제)를 인용하면서 아울러 과거분식에 관한 기여관계 또는 인과관계가 별로 없음을 적절하게 주장한다면, 일본에서와 같이 분할책임이 인정될 가능성도 있다고 할 것이다.

과거의 회계분식이 반영된 공시로 인해 회사가 아닌 이사를 상대로 집단소송이 발생하는 경우, 회계분식을 최초로 행함으로써 직접적인 책임이 있지만 퇴임하였거나 법적 책임의 시효가 완성된 분식 당시의 이사는 상대적으로 책임추궁 대상에서 용이하게 제외되는 반면, 회계분식을 직접 행하지 않은 현재의 이사는 현직에 있다는 이유로 중한 책임을 지게 되어 형평에 맞지 않은 결과가 발생한다. 현재의 이사는 과거의 회계분식 사실을 발견한 경우 그를 수정하여 진실에 부합하는 공시를 해야 할 의무가 있고 그를 행하지 않은 경우 책임을 면하기 어려울 것이나 실제로 분식을 행한 이사의 책임보다 중한 책임을 부담하게 하는 것은 부당하며 과거 이사의 책임과의 형평성에도 문제가 있다. 현재의 이사는 과거의 회계분식이 공표되는 경우 회사에 미칠 영향 등을 고려하여 행동한다는 점도 감안하여야 할 것이다. 따라서 과거 회계분식으로 인해 집단소송이 발생하는 경우 현재 이사에 대해서는 그 책임을 면제 또는 경감해 주는 조치가 필요하다. 원고측의 과실을 인정하여 상계를 인정하는 판결이기는 하지만 최근 법원의 판결도 같은 방향인 것으로 보인다 (서울중앙지방법원 2004. 11. 19. 선고 2002가합79725 판결(제22민사부)).

"…이 사건 대출 당시 분식회계가 우리 나라 재벌의 오랜 관행으로서 상장기업들 대부분이 사업보고서를 부실하게 만든 사실을 인정할 수 있는바, 위 인정사실에 의하면 원고 은행으로서도 우리 나라 재벌의 경우 분식회계가 만연해 있는 데다가 이 사건 대출 당시 대우자동차에 대한 자금사정이나 재무상태에 문제가 있다는 사정, 특히 금융감독위원회의 기업어음 발행한도 규제조치에 따라 대우자동차가 기업어음을 발행하기 어려운 상태에 직면해 있다는 점도 이를 어느 정도 인식하고 있었음에도 불구하고 막연히 대우자동차의 재무구조가 개선되리라고 전망하고서 그 정상화를 위해 무모하게 이 사건 대출을 한 과실이 있다 할 것이고, 이러한 원고 은행의 과실은 위 피고 김○○, 강○○, 김○○, 김○○, 김○○의 책임을 면제할 정도에는 이르지는 않는다고 할 것이지만 이 사건 손해발생의 한 원인은 되었다고 할 것이므로 각 그 손해액을 산정함에 있어 이를 참작하여 피고 김○○, 강○○, 김○○, 김○○, 김○○의 책임을 20%로 제한함이 상당하다."

[회계분식]

증권(집단)소송의 대상이 되는 허위기재 또는 기재누락은 증권거래법 제14조 제 1 항의 문언에도 불구하고 중요한 사항에 대한 허위기재 또는 기재누락이라는 것이 확립된 해석이다. 대법원판례는 중요한 정보란 "합리적인 투자자라면 그 정보의 중대성과 사실이 발생할 개연성을 비교평가하여 판단할 경우 유가증권의 거래에 관한 의사를 결정함에 있어서 중요한 가치를 지닌다고 생각하는 정보"를 말한다고 한다 (대법원 1995. 6. 30. 선고 94도2792 판결).

"분식회계" 또는 "회계분식"이라는 용어가 널리 사용되고 있으나 이는 법령상의 용어가 아니므로 정의되어 있지 않다. 실제로는 주식회사의외부감사에관한법률에 의해 제정된 금감위의 외부감사및회계등에관한규정 내에 있는 감리관련 규정과 증권관련집단소송법 부칙 제 4 항이[119] 분식회계를 정의하고 있는 것으로 이해되어 있다. 대다수 증권

119) 증권관련집단소송법 부칙 제 4 항(과거 회계처리기준 위반에 대한 적용특례) 부칙 제 2 항 및 제 3 항의 규정에 불구하고 손해배상청구의 원인이 된 행위가 다음 각호에 해당하는 경우에는 이 법을 적용하지 아니한다.

집단소송의 대상이 될 회계분식이 명확히 정의되어 있지 않고 현행 법령상으로는 증권거래법이 설정하고 있는 중요성 기준을 반영하는 범위로 조정되어 있지도 않다는 문제가 발생한다. 즉, 모든 "회계처리기준 위반" 또는 모든 "회계처리기준을 위반한 금액 등의 과대계상, 과소계상 또는 누락"이 집단소송의 대상이 될 수 있다. 물론, 법원은 실제 소송에서 중요성 기준을 적용하여 판단할 것이다. 그러나 법원이 중요성 판단을 소송허가 단계에서 할 가능성은 낮아 보이므로 피고로서는 패소와 거의 같은 파급효과를 가지는 본안소송으로의 진행을 막기 어려운 문제를 안게 된다.

따라서 회계관련 법령에 증권거래법상의 중요성 기준을 반영하는 작업이 필수적으로 요청된다. 고의적이고 의도적인 회계분식만 소송의 대상으로 하는 방안이 있다. 이 방안은 재계에서는 환영할지 모르겠으나 지나치게 소송의 대상을 축소하는 결과를 가져올 것이고 증권거래법상의 손해배상책임제도의 구조와 잘 맞지 않는다는 문제도 가지고 있다. 미국에서 활용되고 있는 "Rule Book 어프로치"로 안전항(Safe Harbor)을 마련해 주는 방안이 현재로서는 유력하게 검토될 수 있을 것이다. 이는 상세한 가이드라인을 설정하고 그에 부합하는 내용의 회계처리에 대해서는 감독당국에서 문제삼지 않도록 하는 메커니즘이다. 우리 나라에서도 기업회계기준서가 정비되고 있으므로 그 준수에 일정한 행정적 효과를 부여하는 방안을 고려해 볼 수 있을 것이다. 이는 기업회계의 투명성을 제고하고 문제발생 가능성을 줄일 것이므로 증권집단소송의 도입취지와도 일치하는 효과를 가져올 것이다.

---

1. 이 법 시행일 전에 결산일이 도래한 사업연도의 재무제표에 회계처리기준(주식회사의외부감사에관한법률 제13조의 규정에 따른 기준을 말한다)을 위반하여 금액 등의 과대계상, 과소계상 또는 누락이 있을 것
2. 제 1 항의 규정의 금액 등이 이 법 시행 후 재무제표 작성시 그대로 반영되어 변동이 없거나 과대계상된 금액 등의 감소, 과소계상된 금액 등의 증가 또는 누락된 금액 등의 계상 등 실질에 맞는 방향으로 이루어질 것

Ⅶ. 이사 책임완화론

1. 이사 책임완화의 필요성

우리 경제가 지금 가장 필요로 하는 것으로 여러 가지가 있겠지만 그 중 중요한 것으로 '기업의 창의적이고 진취적인 경영자들'을 들 수 있을 것이다. 창의적이고 진취적이라 함은 사람들이 보기에 모험적인 사업에 투자하거나 남들이 가지 않는 영역을 앞서 개척하거나 해서 경제 전체의 규모와 부가가치를 높인다는 뜻도 포함한다. 다른 나라에서의 예를 들자면 빌 게이츠나 스티브 잡스, 오래 거슬러가면 헨리 포드 같은 사람들이다. 이들이 얼마나 많은 사람들의 인생을 풍부하고 편안하게 했는가에 대해서는 두말이 필요 없다. 우리에게도 이런 기업인들이 필요한 것이다.

그런데 사업이란 요술과도 같은 것이다. 동서고금을 막론하고 주위에서 거의 '미친 짓'이라고 보는 '베팅'(도박을 말하는 것은 물론 아니다)을 해서 성공한 기업을 일구어 낸 사례는 무수히 보고되어 있다. 멀리 갈 것 없이 삼성전자의 반도체 사업진출을 생각해 보면 된다. 기업의 경영이나 사업이란 통속적인 잣대로 그 성부를 예측하기 어렵고 사실 그런 잣대도 없는 것이다. 첨단의 기술과 경영기법의 시대에는 기업의 경영과 이노베이션이란 고도의 전문성을 내포하는 것이기도 하다. 또 사업의 성공에는 수만 가지의 요소로 이루어진 환경적 뒷받침, 즉, '운'도 따라주어야 한다. 오죽하면 많은 기업인들이 무속인들의 의견을 참고하기까지 하겠는가?

그런데 이런 기업활동의 타당성을 의회에서 만들고 사법부가 집행하는 법률이 판가름할 수 있을까? 특히 우리 나라를 포함한 많은 대륙법계 국가들의 법관은 사회경험이나 다른 분야에서의 이렇다 할 경험이 없이 일정한 수준의 법률지식을 갖추면 통과하는 시험과 그에 이은 실무교육을 통해 배출되는데 과연 법관들이 고도로 전문적이고 경제적인 지식과 경험이 요구되는 기업의 경영에 관한 문제에 대해 판단할 수 있을까? 미국 역사상 기업의 경영자들에게 가장 큰 영향을 미친 판결들 중 1위로 꼽히는 1919년 미시간 주 대법원판결(Dodge v. Ford Motor Co.)은 "법관은 비즈니스 전문가가 아니다(The judges are not business experts)"라는 유명한 문구를 포함하고 있다.[120)]

요즘 금융기관이나 회사가 망하면 그를 경영한 경영자들과 이사들이 손해를 본 투자자들로부터 개인적으로 책임을 지라는 소송을 많이 당한다. 망하지는 않더라도 주가가 떨어지거나 사업실적이 크게 나빠지거나 하면 그런 일이 종종 일어난다. IMF 사태를 겪으면서 시중에는 "금융기관의 임원이 되면 재산을 배우자 명의로 이전해 놓고 봐야 한다"는 농담 아닌 농담이 돌게 되었다. 대기업의 이사나 임원이 좋기만 한 자리라고 여겨지던 시대는 오래 전에 지나간 것 같기도 하다. 제일은행 사건에서는 이사들에게 400억원대, 삼성전자 사건에서는 이사들에게 900억원대의 손해배상 판결이 1심에서 각각 내려진 바 있다. 이제 회사가 잘못되면 경영자와 이사들이 개인적으로 파산할 수도 있는 시대이고 증권관련집단소송제도도 도입되었다.[121)]

잘못한 사람, 책임질 사람이 응분의 책임을 지는 것은 당연한 일이다. 그런데 여기서 '빈대 잡기 위해 초가산간 태우는' 격인 경향이 생겨나지 않을까? 기업을 경영하는 사람들이 법적 책임이 두려워 몸을 사리고 금융기관의 임원들이 창의적이고 진취적인 사업을 지원하기보다는 아파트 담보 가계대출을 선호하고 기업활동에 나름대로의 전문적인 지식과 경험, 사회적인 네트워크를 동원해 큰 도움을 주어야 할 사외이사

120) 170 N.W. 668, 685(Mich. 1919).

121) 증권집단소송과 이사의 책임에 관하여 일반적으로 Coffee, *Class Action Accountability: Reconciling Exit, Voice, and Loyalty in Representative Litigation*, 100 Columbia Law Review 370(2000) 참조.

의 자리에 유능한 인사들이 가는 것을 꺼리게 되면 투자자, 종업원, 채권자, 지역 사회, 국가경제 전체가 십분 발휘할 수 있는 잠재력을 사장시키게 되지는 않을까? 자본주의 시장경제의 종주국 격인 미국에서 왜 '경영판단의 원칙'이 거의 만병통치약처럼 여겨지고 있는지 이제 본격적으로 관심을 가져 볼 필요는 없을까?

우리 나라에서 경영자통제와 책임논의가 과거 일부 우리 나라 기업들의 잘못된 경영관행과 그로 인한 국가경제에의 해악이라는 지울 수 없는 그림자 때문에 지나치게 '경영자 때리기'(bashing)로 흐르는 점은 우려할 일이다. 여기서 경영자 책임완화론의 소개가 필요하게 된다. 경영자 책임완화론은 기업경영의 효율성과 그로 인한 성과를 높이는 데 목적을 두고 있으며 역설적이지만 경영자들의 책임 있는 경영을 더 장려하는 결과를 가져오는 것이다.

특히 우리 나라 기업들에게는 아직 생소한 내부통제시스템의 도입과 정비를 통한 이사의 책임완화론에 관심을 기울일 필요가 있다. 내부통제시스템과 준법감시제도는 이미 금융회사들의 경우에는 관련 법에 의해 도입되어 활용되고 있으며 금융감독당국은 그에 일정한 행정적 효과를 부여하고 있다. 아래에서는 내부통제시스템과 준법감시제도가 금융회사들뿐 아니라 일반 기업 전체에 대해 가질 수 있는 의미를 생각해 보고 나아가 미국의 사례를 들어 그 사법상의 효과에 대해서도 논의해 본다. 점차 하나로 통합되어 가고 있는 글로벌 자본시장에서는 약 200개 이상으로 나뉘어져 있는 개별 국가가 만드는 법과 제도가 시장참가자들에게 만족스러운 스탠더드가 되기 어렵다. 오히려 선도기업들이 만들어내고 서로 주고 받으며 다른 기업들이 벤치마킹하는 베스트 프랙티스(Best Practice)가 기업가치를 높이고 자본시장의 윤리수준을 담보하게 되는데 내부통제시스템은 그 핵심적인 위치를 차지한다.

2. 경영판단의 원칙

가. 내 용

미국에서 경영판단의 원칙(Business Judgment Rule)은[122] 법원이 이사 및 임원의 사업적 판단에 대한 사후적 타당성 심사를 자제한다는 원칙으로 이해되기도 하고[123] 사업적 판단에 대한 이사 및 임원의 법적 책임을 면제해 주는 원칙으로 이해되기도 한다. 그러나 경영판단의 원칙을 어떻게 이해하든 이는 이사, 임원들의 법적 책임을 완화해 주는 작용을 하게 된다. 다만, 이는 기업의 실적 악화나 이른바 '사고발생'시 사후적으로 이사의 책임을 완화해 주는 장치이며 주로 소송절차에서 등장하게 된다.[124]

전술한 바와 같이 경영판단의 원칙은 이사가 그 권한의 범위 내에서 신중하고 합리적인 판단을 내리고 그에 의거하여 행동한 경우 그 결과가 회사에 손해를 초래하게 되더라도 이사에게 법적인 책임을 묻지 않는다는 것인데 이는 현대 회사의 경영자들이 소신껏 직무를 수행하는데 필수적인 원칙인 동시에 자본주의 발달의 큰 뒷받침이 된 원칙이다. 현대의 기업들은 끊임 없는 이노베이션과 경우에 따라서는 모험적인 투자를 성공의 기본조건으로 구사하는데, 회사경영자들의 사업적 판단이

122) 일반적으로 Stephen M. Bainbridge, The Business Judgment Rule as Abstention Doctrine(Working Paper, July 2003); Stephen M. Bainbridge, *Precommitment Strategies in Corporate Law: The Case of Dead Hand and No Hand Pills,* 29 Journal of Corporation Law 1(2003) 참조.

123) Ronald J. Gilson, *A Structural Approach to Corporations: The Case Against Defensive Tactics and Tender Offers,* 33 Stanford Law Review 819, 823(1981).

124) Block, Radin & Rosenzweig, *The Role of the Business Judgment Rule in Shareholder Litigation at the Turn of the Decade,* 45 Business Lawyer 469(1990) 참조. 독일에서의 논의로 Walter G. Paefgen, *Dogmatische Grundlagen, Anwendungsbereich und Formulierung einer Business Judgment Rule im künftigen UMAG,* 49 Die Aktiengesellschaft 245(2004) 참조.

끊임 없이 사법심사를 받게 된다면 그는 회사발전의 기회를 축소시킴으로써 오히려 회사 주주들의 손해로 귀결될 것이다. 앞에서 언급한 바와 같이 동서양의 기업사를 보면 주위로부터 거의 '미친 짓'으로 평가받는 경영상의 결정이 회사발전의 결정적인 계기를 마련한 사례가 무수히 많다. 백사장 사진 한 장을 들고 와서 지원을 요청하는 정주영 회장에게 대출을 결정한 외국 금융기관 임원의 결정을 어떻게 이해할 것인가?

경영판단의 원칙은 미국에서 판례를 통해 발전되어 온 것이며 이 원칙이 적용되기 위해서는 세 가지의 요건이 충족되어야 한다. 즉, 이사는 ① 선의(good faith)로 행동하였어야 하며,[125] ② 합리적인 수준의 정보에 입각하여 행동하였어야 하며,[126] ③ 자신의 행동이 회사의 이익에 부합하는 것이라고 믿었어야 한다.[127] 미국의 경우 이 경영판단의 원칙은 기업경영자들에게는 전가의 보도이고 만병통치약처럼 여겨진다. 이사의 주의의무 위반이 법정에서 인정되는 경우는 극히 드물며 적대적 M&A와 관련하여 발생하는 공방의 경우를 제외하면 이사회의 결정이 경영판단의 원칙의 보호를 받을 수 없는 경우는 거의 없다고 보고되어 있다.[128] 다만, 이사회 결의가 아닌 이사의 임·직원에 대한 감시의무 해태로 인해 발생하는 주의의무 위반 사안에서는 성격상 경영판단의 원칙이 적용될 수 없으므로 이는 미국 기업의 경영자, 이사들에게는 골치아픈 문제로 남아 있었다.

125) Henry R. Horsey, *The Duty of Care Component of the Delaware Business Judgment Rule,* 19 Delaware Journal of Corporate Law 971(1994) 참조.

126) 시간의 부족은 어떤 경우에도 면책사유가 될 수 없다고 한 스위스 대법원의 판결이 있다. 또 전문가의 조언을 신뢰한 결정도 언제나 면책대상이 되지는 않는다는 스위스 대법원의 판결이 있다. Lutter & Krieger, 위의 책, 318면 참조.

127) *Corporate Director's Guidebook— 1994 Edition,* 49 Business Lawyer 1243, 1254(1994).

128) Joseph Bishop, *Sitting Ducks and Decoy Ducks: New Trends in the Indemnification of Corporate Directors and Officers,* 77 Yale Law Journal 1078(1968) 참조. 이 논문은 이사가 셀프-딜링 없이 과실에 의한 책임을 추궁당한 판례를 찾는 것은 건초더미에서 바늘을 찾는 것과 같다고 보고한다.

셀프-딜링의 요소는 없었으나 이사들의 과실의 정도가 대단히 중하여 법원이 이사들의 악의(bad faith)를 인정한 최근의 두 판례가 있다. In re Walt Disney Co. Derivative Litigation, 825 A. 2d. 275(Del. Ch. 2003)에서는 1년도 채 근무하지 않은 한 임원에게 회사가 1억 4천만불의 퇴직보수를 지불한 것이 문제되었는데 여기서 법원은 이사들이 해당 고용계약을 제대로 검토하지 않았음이 입증된다면 그로부터 악의가 인정되어 이사의 주의의무 위반으로 인한 법률적 책임의 면제를 규정한 회사정관의 보호를 받을 수 없다고 하였다. 델라웨어 주 회사법 Section 102(b)(7)은 악의에 의한 이사의 행위 등을 포함한 몇몇 예외를 제외하고 정관으로 이사의 책임을 감면할 수 있도록 하고 있다. 또 In re Abbott Laboratories Derivative Shareholders Litigation, 325 F. 3d. 795(7th Cir. 2003)에서는 회사가 생산시설의 문제점을 지적하는 FDA의 반복적인 경고를 무시하다가 1억 5천만불의 벌금부과와 함께 시설 가동중지명령을 받은 것이 문제되었으며 여기서도 마찬가지로 법원은 이사들의 중과실이 입증된다면 그는 악의에 의한 행위로 해석될 수 있다는 견해를 표명하였다.[129)]

여기서 한 가지 주의해야 할 것은 마치 도사와 같이 사업상의 결정을 내리고 경영판단의 원칙을 들어 그 결과에 대한 법적 책임을 면할 수는 없다는 점이다. 미국 기업의 이사들에게 가장 큰 영향을 미친 판결 2위로 선정된 바 있는 트랜스 유니언 사건(Smith v. Van Gorkom)에서는[130)] 모두 M&A에는 도사급인 이 회사의 이사들이 CEO가 제시하는 합병안을 이사회에 나와 비로소 접하였고 약 20분 남짓한 시간에 걸쳐

129) Black, Cheffins & Klausner, 위의 논문, 8-10면; Ferrara & Bramble, *Good Faith? Good Luck!*, Directors & Boards 8-9(Winter 2004) 참조.

130) 이 판결에 대한 새로운 조명으로 Lynn A. Stout, *In Praise of Procedure: An Economic and Behavorial Defense of Smith v. Van Gorkom and the Business Judgment Rule,* 96 Northwestern University Law Review 675 (2002); Charles M. Elson & Robert B. Thompson, *Van Gorkom's Legacy: The Limits of Judicially Enforced Constraints and the Promise of Proprietary Incentives,* 96 Northwestern University Law Review 579(2002) 참조.

그 내용을 보고받고 결정한 것이 문제가 되었다. 합병계약서 자체는 CEO 밴 고춤이 오페라를 감상하면서 사인되었다. 합병가격이 주식시가에 50%의 프리미엄을 붙인 것이라 누구도 주주들에게 해로운 딜이라는 생각을 하지 않았으며 이 회사의 주주들은 나중에 이 딜을 승인하기까지 하였다. 그러나 여기서 델라웨어 주 법원은 이사들이 주의의무를 위반하였다고 판결하고 이사들에게 2,300만불이 넘는 손해배상을 명하였다. 이사들이 가입하고 있던 책임보험은 1,000만불을 한도로 하고 있어서 이사들은 개인적으로 엄청난 손해배상책임을 지게 되었다. 이 판결은 미국 기업의 이사회가 사업상의 결정을 내리는 절차를 정비하게 하는 계기가 되었다. 즉, 아무리 결과가 좋아도 이사들은 신중한 판단을 내리는 절차를 거쳐야 한다. 주주 100%가 만족하지 않는 한 언제든지 소송은 발생할 수 있다. 이 절차에는 자료의 사전검토, 이사들간의 토의, 외부의 전문가에 대한 자문의뢰 등이 포함된다. 이러한 절차를 거치기만 하면 (위 판결을 거꾸로 해석하면) 주주들의 대다수가 원하고 주식의 시장가격에 50%의 프리미엄이 붙은 M&A 딜을 이사회가 거부하더라도 이사들은 경영판단의 원칙으로 보호받게 된다. 실제로 미국에서는 타임(Time)의 이사회가 200불을 제시한 파라마운트(Paramount)를 거부하고 100불을 제시한 워너(Warner)와 합병하기로 결의한 일이 있는데 이사들에게는 경영판단의 원칙에 의한 보호가 인정된 바 있다.

나. 우 리 법

경영판단의 원칙을 우리 나라 회사법의 한 원칙으로 인정하는 데 별 무리가 없을 것이다.[131] 최근의 대법원판례들도 피고들이 경영판단의

131) 독일 회사법은 미국 회사법의 경영판단 원칙과 같은 원칙을 아직 도입하지 않고 있다. 다만, 많은 전문가들이 독일연방법원(BGH)의 1997년 4월 21일자 'ARAG 사건' 판결(135 BGHZ 244)이 독일에서 경영판단 원칙을 도입한 것이라고 생각하고 있다 한다. York Schnorbus, *Tracking Stock in Germany: Is German Corporate Law Flexible Enough to Adopt American Financial In-*

원칙을 내세워 방어하는 데 대한 판단을 하면서 '경영판단' 개념을 자주 사용하고 있다. 예컨대 2002년 6월 14일자 대법원판결은(2001다 52407)[132] 다음과 같이 판시하고 있다:

> "금융기관의 임원은 소속 금융기관에 대하여 선량한 관리자의 주의의무를 지므로, 그 의무를 충실히 한 때에야 임원으로서의 임무를 다한 것으로 된다고 할 것이지만, 금융기관이 그 임원을 상대로 대출과 관련된 임무해태를 내세워 채무불이행으로 인한 손해배상책임을 물음에 있어서는 임원이 한 대출이 결과적으로 회수곤란 또는 회수불능으로 되었다고 하더라도 그것만으로 바로 대출결정을 내린 임원에게 그러한 미회수금손해 등의 결과가 전혀 발생하지 않도록 하여야 할 책임을 물어 그러한 대출결정을 내린 임원의 판단이 선량한 관리자로서의 주의의무 내지 충실의무를 위반한 것이라고 단정할 수 없고, 대출과 관련된 경영판단을 함에 있어서 통상의 합리적인 금융기관 임원으로서 그 상황에서 합당한 정보를 가지고 적합한 절차에 따라 회사의 최대이익을 위하여 신의성실에 따라 대출심사를 한 것이라면 그 의사결정 과정에 현저한 불합리가 없는 한 그 임원의 경영판단은 허용되는 재량의 범위 내의 것으로서 회사에 대한 선량한 관리자의 주의의무 내지 충실의무를 다한 것으로 볼 것이며, 금융기관의 임원이 위와 같은 선량한 관리자의 주의의무에 위반하여 자신의 임무를 해태하였는지의 여부는 그 대출결정에 통상의 대출담당 임원으로서 간과해서는 안 될 잘못이 있는지의 여부를 대출의 조건과 내용, 규모, 변제계획, 담보의 유무와 내용, 채무자의 재산 및 경영상황, 성장가능성 등 여러 가지 사항에 비추어 종합적으로 판정해야 한다."[133]

novations?, 22 University of Pennsylvania Journal of International Economic Law 541, 612-614(2001); Theodor Baums ed., Bericht der Regierungskommission Corporate Governance 107-108(2001); Norbert Horn, *Die Haftung des Vorstandes der AG nach §93 AktG und die Pflichten des Aufsichtsrats,* 18 Zeitschrift für Wirtschaftsrecht 1129 (1997) 참조.

132) 이태종, 앞의 논문 참조.

133) 대법원 2002. 8. 23. 선고 2002다2195 판결은 보다 직접적인 표현을 사용하고 있다: "… 경영판단의 원칙에 관한 법리오해 등의 위법이 없다." 또 이주흥, 최근 중요 회사법 판례동향, 인권과 정의(2004. 2), 15면 · 32-33면 참조.

또 세간의 이목을 집중시킨 바 있는 2003년 11월 20일자 서울고등법원판결(삼성전자 주주대표소송 2002나6595)에서도 법원은 "회사의 이사는 법령 또는 정관 소정의 목적 범위 내에서 회사의 경영에 관한 판단을 할 재량권을 가지고 있고, 또한 기업의 경영은 다소의 모험과 이에 수반되는 위험성이 필수적으로 수반되는 것이므로 이사가 업무를 집행함에 있어 기업인으로서 요구되는 합리적인 선택범위 내에서 판단하고 성실히 업무를 집행하였다면 그의 행동이 결과적으로 회사에 손해를 입게 하였다고 할지라도 이사에게 책임을 물을 수는 없다 할 것이다(실패한 경영판단에 대해서까지 법적 책임을 물을 경우 경영의 위축을 초래하게 되어 결과적으로 경영자가 의욕적인 경영활동을 수행할 수 없게 될 것이다). 따라서 이사가 회사의 업무를 집행함에 있어서 선관주의 의무를 위반하였는지 여부는 그의 기초가 되는 사실인정 및 의사결정에서 통상의 기업인으로서 간과할 수 없는 과오를 범하고 그것이 자신에게 부여된 재량권의 범위를 일탈한 것인지 여부에 의하여 판단되어야 할 것이고, 그 재량권의 일탈 여부를 판단함에 있어서는 그 업무집행의 목적, 판단에 이르게 된 경위, 사적인 이해관계가 게재되어 있었는지 여부, 판단의 기초가 된 자료나 정보의 취득 여부, 그 업무집행의 결과 등을 종합적으로 고려하여 당해 이사 개인에게 손해배상책임을 지우는 것이 합당한지 여부를 결정하여야 할 것이다"라고 하여 경영판단의 원칙을 정면으로 인정하는 모습을 보이고 있다. 문제가 된 이천전기 인수 이사회 결의에 대해 법원은 다음과 같이 판시하였다:

> "삼성전자의 경영진이 이천전기를 인수하기 1년 전부터 미리 실무자로 하여금 중전사업에의 참여 필요성, 사업성에 관하여 검토하게 하고 이천전기의 재무구조 개선안, 향후 손익전망, 경영방침 등에 관하여 구체적으로 보고를 하게 한 점, 인수가격 결정을 위하여 수차례 협상과정을 거쳤던 점, 이사회 결의에 참석한 이사들은 실무자들이 작성한 '삼성전자의 중전사업 참여방안', '이천전기 재무구조개선안' 등의 자료를 검토하는 한

편, 피고 최○○으로부터 삼성전자가 중전사업에 참여할 필요성이 있고, 신규법인의 설립보다는 기존업체인 이천전기의 인수가 유리하며, 유상증자 및 단기차입금의 장기저리자금으로의 전환 등을 통하여 재무구조를 개선하고, 삼성전자의 경영인력을 투입하여 사업구조를 재편하는 등의 조치를 취한다면 조만간 흑자 전환이 가능할 것으로 판단된다는 설명을 들은 다음 이천전기의 인수가 삼성전자의 이익에 합치된다고 신뢰하여 인수결의를 하였던 사정 등에 비추어 보면, 당시의 이사들이 이천전기의 인수결정을 함에 있어서 통상의 기업인으로서 간과할 수 없는 과오를 저질렀다거나 그 인수결정이 그 당시의 상황에서 경영판단의 재량권 범위를 넘는 것으로서 현저히 잘못된 것이라고 보기는 어렵다고 할 것이다. 더욱이 이천전기 인수 이후에 발생한 I.M.F관리체제라는 예상하기 어려웠던 상황변화로 이천전기의 재무구조가 급속히 악화됨으로써 결과적으로 삼성전자에게 손해를 입게 하였다고 하더라도, 당시의 이사들이 위 결정에 관하여 개인적인 이해관계가 있었다거나 그 결정으로 인하여 회사가 손해를 입을 것이라는 점을 알고 있었다는 등의 특별한 사정이 없는 한, 사후에 그러한 사유가 발생하였다는 점만으로 위 이사들에게 그 손해배상책임을 부담하게 할 수는 없다."

1심 판결인 2001년 12월 27일 수원지방법원 판결(98가합22553)은 이 부분에 대해 다음과 같이 판시하였었다:

"이천전기의 인수에 따른 위험성의 정도가 통상적으로 감수할 수 있는 범위를 이미 훨씬 넘어서고 있는 사정이었으므로, 피고들이 주장하는 바와 같이 삼성전자가 중전사업을 삼성전자의 중장기 사업전략의 일환으로 삼기로 결정하고, 전문인력 부족, 시장개척, 기술도입 및 제품개발 소요기간 단축을 위하여 기존업체를 인수하는 것이 최적의 방법이라고 판단하여 이천전기를 인수하기로 하였다 하더라도, 위에서 본 바와 같은 이천전기의 비정상적인 재무상황에 비추어 마땅히 이사들은 이천전기의 자금상황 등 중요 재무상황을 보고받고, 필요한 경우 관련자료를 제출할 것을 요구하여 검토하는 한편, 중장기 전략사업으로서의 이천전기의 인수가 삼성전자에게 어느 정도 이익이 될 것인가의 여부와 그에 따른 위험성의 정도를 면밀히 검토하였어야 할 것이다. 그럼에도 불구하고 이천전기 인수를 위한 1997. 3. 14. 이사회에 참석한 삼성전자의 대표이사이던 피고(중략)은 삼성전자에서 제출한 별지 5. '중전사업 참여방안'이라는 자료만을 참조한 후에 참석한 이사 전원의 찬성으로 1시간만에 삼성전자가 이천전기를 인수하기로 하는 결의를 하였다. 당시 참조된 위 '중전사업 참여방안'에는 중전사업 인수의 필요성과 추진방법에 관하여는 기재되어 있었으나, 이천전기의 재무구조, 이천전기를 인수하는 것이 신규업체를 설립하는 것보다 어느 정도의 이익이 있는지 그에 대한 근거, 삼성전자가 이천전기를 인수하여 경영을 정상화시킬 수 있을 때까지 부담하여야 할 투자비용, 그로 인하여 삼성전자가 장래 얻게 될 예상수익, 인수에 따라 예상되는 위험성의 정도 등에 관하여는 전혀 언급이 없었다. 뿐만 아니라 이사회의 개최에 앞서 이사들에게 이와 같은 제반 사정에 대한 자료가 미리 배포되었음을 인정할 자료도 없다. 이와 같이 이천전기의 인수에 있어 이사들에 의하여 반드시 신중히 검토되지 아니하면 안 될 제반 사정에 대하여 이사들이 사전검토를 하지 아니하였을 뿐만 아니라 개최된 이사회에서 그에 대한 자료를 제시받지도 아니한 채 1시간 동안에 이루어진 토의만으로 위에서 본 바와 같은 비정상적인 재무구조를 보이고 있는 이천전기의 인수를 결정함으로써 참석 이사들이 삼성전자의 이익을 위하여 충분한 정보에 기하여 합리적인 통찰력을 다하여 적절한 판단을 하였다고는 도저히 말할 수 없다(가사 이사회 개최 후에 그와 같은 자료를 이사들이 제시받았다 하더라도 이천전기의 비정상적인 재무구조 등에 비추어 합리적인 판단을 위한 충분한 검토를 다한 끝에 인수결의를 하였다고 할 수는 없다 할 것이다). 따라서 위 인수결의는 경영판단으로서 보호될 수도 없다. 결국 인수결의에 참석한 이사들은 선량한 관리자로서의 주의의무를 다하지 아니한 채 인수결의를 함으로써 임무를 해태하였다고 하지 않을 수 없다."

결국 이 사건에서 1심 법원과 2심 법원은 사실관계에 대해 상이한 판단을 하였을 뿐 아니라 우리 나라 회사의 이사들이 경영상의 결정을 내리는 메커니즘에 대한 이해와 평가도 달리한 것으로 보인다. 대법원은 2005년 10월 28일자 판결(2003다69638)을 통해 위 서울고등법원 판결을 확인하였다.

대법원 2005. 10. 28. 선고 2003다69638 판결 손해배상(기): "이 사가 회사의 자산을 인수함에 있어서 그 인수 여부나 거래가액을 결정하는 데에 필요한 정보를 합리적인 정도로 수집하여 충분히 검토를 한 다음 회사의 이익에 합당한 상당성 있는 판단을 하였다면 회사에 대하여 선량한 관리자의 주의의무를 다한 것이라고 할 것이다. 위 법리와 기록에 비추어 살펴보면, 원심의 사실인정과 이천전기주식의 인수결정과 관련하여 삼○전자 이사들에 대하여 손해배상책임이 있다는 원고들의 주장을 배척한 원심판단은 정당하고, 거기에 부대상고이유로 주장하는 채증법칙 위배로 인한 사실오인 및 경영판단의 원칙에 관한 법리오해 등의 위법은 없다."

다. 기업집단과 경영판단

한편, 서울고등법원은 손해배상청구소송 피고들의 손해배상액수를 결정함에 있어서 피고의 책임이 경영실패 책임인지를 고려하면서 피고의 행동이 피고가 이사로 있는 회사가 속한 기업집단 전체를 의식한 것이었음을 지적하고 있다(2003나69203, 2005년 4월 20일 판결):

"… 피고들의 행위가 전적으로 개인의 이익을 위한 것으로 보기는 어렵고 전체적으로 그룹 전체의 위기상황을 타개하려는 의도가 없지 않은 점, 기업의 경영이라는 것이 상업 세계에서 불확실한 이윤 기회를 긍정적으로 평가하고 투자하는 요소를 포함하지 않을 수 없고 이러한 특징은 기업경영의 투명성, 정보의 공개, 소수자의 보호 등에 의하여 제한되고 있으며, 경영자는 결국 그럼에도 불구하고 나타나는 경영실패에 대한 책임을 감수하게 되는바 위 피고들의 책임 또한 그러한 경영실패의 책임의 성질을 띠고 있다고 볼 수 있는 점 …"

이 문제는 우리 나라에 있어서 경영자의 위법한 사익추구가 기업집단 내의 계열회사를 이용하는 형태로 나타나는 경우가 많기 때문에 대단히 중요한 의미를 가진다. 이사는 자신이 이사로 있는 회사의 이익만을 위하여야 하는가? 아니면, 자신이 이사로 있는 회사가 소속된 기업집단 전체의 이익을 고려해서 행동해야 하는가? 위 판결에서는 법관이 기업집단 전체가 하나의 사업 운영 단위처럼 작동한다는 점을 인식하고 있음을 엿 볼 수 있다.[134)]

법률이 이른바 '그룹경영'의 동기하에서 행해진 개별 기업 이사들의 행동을 어떻게 평가해야 할 것인지에 대해서는 이상과 같이 극히 초기적인 몇 가지 단서 외에는 도움이 될 만한 방향 제시가 발견되지 않고 있다. 그러나, 한 가지 확실한 것은 이른바 그룹경영을 위해 내려진 주력 기업 경영자의 결정은 그 결과로 주력 기업이 큰 손해를 입는다거나 도산하는 경우가 아니라면 법률적인 문제로 등장하지 않는다는 것이다.[135)]

---

134) 지난 6월 말에 발생한 학교급식사업 문제는 흥미있는 소재이다. 당시 해당 업체의 늦장대응이 언론으로부터 많은 비판을 받은 바 있는데 일부 언론과 시민단체들은 왜 해당 회사뿐 아니라 해당 회사가 소속된 '그룹차원에서 사태를 수습하지 않느냐'고 목소리를 높였다. 필자도 그에 동의하지만 만일 기업집단 내 개별 회사 단위의 책임과 독립경영을 주창하던 의견이 그와 같은 비판을 하였다면 대단히 모순적인 태도가 아닐 수 없다. 어쨌든 당시의 사태로 학교급식사업을 하던 회사는 물론이고 그 회사가 소속된 그룹 전체가 이미지 타격을 입고 주가의 하락을 경험하였다. 식품회사 이미지 타격: 위기의 CJ그룹, 조선일보(2006. 6. 26)(CJ푸드시스템 지분의 59.6%를 보유하고 있는 CJ(주)의 주가가 사태 이후 10% 가량 하락하였다는 보도). 기업집단은 법률적으로는 전혀 독립된 사업체들의 그룹일 수는 있어도 시장과 소비자들은 경우에 따라서는 그룹을 하나의 사업단위로 인식한다. 이는 그룹 전체가 브랜드를 공유할 경우 더 명확하게 드러나는 현상이다. 2003년에도 당시 SK글로벌의 대규모 분식회계가 드러나자 SK그룹 계열사들의 주가가 전반적으로 하락하였다. 특히 SK(주)의 주가 하락은 소버린의 적대적 인수 시도를 촉발시키는 계기가 되었다. 이른바 'SK사태'의 근원적인 시발점은 SK그룹의 계열회사들 중 하나인 SK증권을 그룹차원에서 구하기 위한 일련의 조치였다. 송옥렬, SK사건 일지: 법적 쟁점의 정리, 서울대학교 금융법센터 BFL 제 3 호(2004), 23면 참조.

135) 2003년 5월에 법정관리가 결정되었던 SK글로벌이 회생하게 된 것도 SK(주)를 포함한 그룹 계열사들의 지원에 의해서였다. 정부나 채권단 모두 그를 요구하였는데, 만일 이와는 정반대로 SK글로벌이 어떤 계열회사를 회생시키기 위해 대규모의 지원을 했다면 채권단들은 이사들의 책임을 물었을 것이라고 추측해도 틀리지 않을 것이다. 실제로 당시 SK(주)의 주주들이었던 소버린과 허미스 등은 SK(주)의 출자전환에 대해 반대하였다. 당시 상황에 대하여 전성인, SK글로벌의 가상적 회사정리 신청과 관련한 제논점, 서울대학교 금융법센터 BFL 제 3 호(2004), 47면 참조.

간혹 여론의 관심 대상이 될만한 기업집단이 시민단체의 표적이 되는 수는 있어도 현재 무수한 그룹경영상의 결정들이 내려지고 있고 집행되고 있으리라고 짐작하는 데 큰 오류가 있을 것 같지 않다. 그리고, 그룹경영 차원에서 내려진 결정과 그 집행이 문제가 되어 주력 기업과 관련 계열사의 경영자들이 법률적 책임을 진 사례들은 그러한 결정들이 순수한 사업상의 결정이 아니라 상당히 위법성이 높은 부수적인 결정들을 수반하는 것들이었다는 어느 정도의 공통점을 가지고 있는 것으로 보인다. 그런 사례들은 거의가 경영진(이사)의 형사책임을 묻는 것들이기 때문에 회사법적인 측면에서 어느 정도의 함의를 발견할 수 있을지는 명확하지 않으나 주주대표소송의 형태를 취하였더라도 결과는 크게 다르지 않았을 것이다.

법령의 목적상 공정거래법 등은 기업집단의 경제적 편익에 대해 별 관심이 없는 동시에 기업집단이 발생시키는 사회적 비용에 그 초점을 맞추는 반면, 회사법을 해석하는 판례는 기업집단이 가지는 경제적 편익을 고려하는 것 같은 인상을 준다. 회사법은 기업집단에 포함되어 있는 법률행위 주체들의 행동을 법률적으로 평가하는 도구이기 때문에 이는 자연스러운 현상이라 할 것이다.[136] 공정거래법이 명료하게 간접적으로 보여주고 있듯이 경제적 현실은 기업집단 단위의 사업적 결정과 거래이다. 이는 부인하기 어렵다. 따라서, 회사법의 내용이 기업집단을 의식하는 방향으로 좀더 풍부해질 필요가 있다. '기업'집단에 대한 규제에 있어서 가장 큰 역할을 수행해 주어야 할 회사법은 개별 기업을 기초 단위로 형성되어 왔고 개별 기업을 넘는 경제적 실체에는 적용되지 않기 때문에 기업집단을 둘러싸고 발생하는 법률적 문제들을 평가하는 기준으로서는 아직 많은 결함(내지는 발달의 여지)을 가지고 있다.[137]

---

136) 물론, 기업집단에 소속된 행위 주체들의 행동을 평가하는 또 다른 규범인 형법을 해석하는 판례는 상당히 다른 태도를 취하고 있다. 예컨대, 이철송, 자본거래와 임원의 형사책임, 인권과 정의(2006. 7), 96면 참조.

137) 송옥렬, 기업집단 부당내부거래 규제의 법정책적 이해, 서울대학교 법학 제46

3. 디즈니 판결[138)]

헐리우드 역사상 박스오피스 기록 4위인 ET를 제치고 3위를 기록한 영화는 애니메이션인 '슈렉2'다. 디즈니 출신인 드림웍스(Dreamworks) 제프리 카첸버그의 작품이다. 애플의 스티브 잡스 회장이 루카스필름의 컴퓨터그래픽 사업부를 인수해서 성장시킨 픽사도 디즈니 출신이 주류를 이뤘고 디즈니는 픽사와 합작으로 역대 박스오피스 13위를 기록한 '니모를 찾아서'라는 전혀 새로운 형태의 애니메이션을 탄생시켰다. 디즈니는 시가총액 기준으로 세계 79위 기업에 '불과'하지만 미국인들은 물론이고 세계인의 심성에 지대한 영향을 미치는 미국식 문화 컨텐츠를 제조하는 대표적인 회사다. 재능으로 넘치고 고도로 창의적인 인재들을 배출하는 사관학교이기도 하다.

그러나, 디즈니는 James B. Stewart, Disney War(2005)에서 잘 그려져 있듯이, 항상 주식시장에서의 저평가와 적대적 M&A 위협, 기업지배구조의 낙후성 등으로 어려움을 겪어 온 역사를 가지고 있기도 하다.

얼마 전 22년의 장기집권을 마치고 퇴임한 마이클 아이스너(Michael Eisner) 전 회장은 1995년에 프랭크 웰즈 사장이 헬리콥터 사고로 사망하고 자신이 갑작스런 심장 수술을 받게 되는 등의 악재를 겪은 후, 마이클 오비츠(Michael Ovitz)를 사장으로 영입한다. 아이스너 회장과 25년 지기였던 오비츠는 헐리웃 최대의 에이전시(Creative Artist Agency)를 경영하면서 약 1,400명의 일급 배우, 감독, 작가, 뮤지션을 관리했던 인물이다. 즉, 영화와 음악에 관계된 미국 최대의 거물이었다. 회사가 이런 사람을 영입하려면 얼마만한 대가를 지불해야 할까? 이 경

권 제1호(2005), 227면.

138) In re the Walt Disney Company Derivative Litigation, August 9, 2005(Court of Chancery of the State of Delaware); Lucian Bebchuk, *The Disney Verdict and the Protection of Investors,* Financial Times, August 12, 2005; 서울대학교 금융법센터 BFL 제15호(2006), 100면.

우는 연봉 2,360만 달러에 퇴직보상금 1억 4,000만 달러였다. 오비츠는 불과 1년 2개월 만에 아이스너에 의해 해임되었고 디즈니 사장직에서 물러나면서 천문학적인 퇴직금을 수령했다. 이 때문에 회사의 주주들이 아이스너 회장과 회사의 이사들을 상대로 8년간에 걸친 소송을 벌였다. 이 소송에서는 총 9,360 페이지의 증인신문 조서가 작성되었고 1,033건의 서증이 제출되었으며 수천 페이지의 준비서면 등이 제출되었다. 판결문 자체도 180 페이지에 이른다.

결과는 주주들의 패소. 회사의 이사들이 개인적인 이익을 추구함이 없이 선의로(good faith)[139] 합리적인 수준의 정보에 입각하여 자신의 행동이 회사의 이익에 부합하는 것으로 믿으면서 적절한 절차를 거쳐 내린 사업상의 결정은 나중에 그 결과 때문에 법률적 책임의 발생 원인이 될 수 없다는 '경영판단의 원칙(Business Judgment Rule)'이 그대로 적용된 것이다. 이 원칙에 의하면 이사가 경영에 관해 내린 결정은 사안을 숙지하고 신중한 판단에 의해 내린 것으로 추정되므로, 이사의 책임을 묻고자 하는 주주들이 이러한 추정을 번복할만한 사실을 입증하여야 한다.

미국 델라웨어 주 1심 법원은 2005년 8월 9일 디즈니의 이사회가 오비츠에 대한 처우를 결정함에 있어서 실책을 범하였음은 인정하였으나 그것이 법률적인 책임을 발생시킬 정도는 아니었다고 판결하였다. 여기서 법원은 '베스트 프랙티스(Best Practice)'와 법원칙 사이에는 어느 정도의 간격이 있음을 지적하였다. 베스트 프랙티스는 이상적인 기업지배구조를 위한 희망사항이기는 하나, '최소한의 요구사항(minimum requirement)'이라 할 수 있는 '법(the law)'은 아니므로, 베스트 프랙티스가 이사의 책임 여부를 따지는 기준일 수는 없다는 것이다(Best practices

139) Christopher M. Bruner, "Good Faith," State of Mind, and the Outer Boundaries of Director Liability in Corporate Law(Working Paper, October 2005); Melvin Eisenberg, *The Duty of Good Faith in Corporate Law,* 31 Delaware Journal of Corporate Law 1(2006).

"do not define standards of liability"). 또한 법원은 이사의 의무위반 여부는 이사회의 활동을 전체로서 평가하기보다는 이사 개개인의 행위를 평가하여 판단하여야 한다는 기준을 제시하면서, 이 사건에서 아이스너, 이사회의 구성원인 개별이사 및 오비츠의 행위에 의무위반이 있는지를 검토한다.

이 사건의 담당 판사인 챈들러(William Chandler) 판사는 판결의 곳곳에서 이 사건에 관련된 디즈니 경영진과 이사회의 결정이 잘못된 것이었음을 지적하고 있다("[T]here are many aspects of defendants' conduct that fell significantly short of the best practices of ideal corporate governance"). 챈들러 판사는 이 사건 피고들의 행동에서 주식회사의 이사들이 향후 해서는 안될 일들이 무엇인지를 배울 수 있을 것이라고까지 말하고 있다. 이사회의 독립성 부족이나 오비츠에 대한 보수의 적정성을 검토한 외부의 전문가 의견이 보상위원회 위원 전원에게 회람되지 않은 점, 이사들이 관련 자료를 25분 만에 읽고 오비츠에 대한 보수를 승인한 점 등이 그에 포함된다. 더구나 1995년 9월 26일의 이사회 승인은 8월 14일에 회사와 오비츠가 계약서에 서명하고 언론에 공표한 지 1개월 이상이 지난 시점에 이루어졌다. 법원은 위와 같이 아이스너가 이사회에 충분한 정보를 전달하지 않은 점, 사전 언론 공표를 함으로써 이사회로 하여금 오비츠의 고용 및 보수조건에 대하여 승인하도록 부담을 느끼게 한 점 등은 아이스너가 CEO로서의 권한 범위를 넘어선 것이라고 지적하였다. 그러나 결론은 아이스너가 델리웨어 주 법을 위반한 것은 아니라는 것이다. 아이스너가 외부전문가의 의견을 수렴하고 개별 이사들 및 보수위원회 구성원들과 오비츠의 고용에 관하여 의견을 나눈 점, 보수위원회가 오비츠의 보수조건을 검토하고 외부 전문가의 의견을 받은 후에 오비츠의 고용계약을 승인한 점 등에 비추어, 아이스너 및 이사회의 의사결정에 있어 충분한 검토를 게을리한 중과실도 없다고 보았다.

나아가 법원은 오비츠가 해임된 경위에 이사들의 의무위반이 있는지도 검토한다. 오비츠의 취임 후 아이스너와 오비츠의 관계는 점점 악화되었고, 아이스너는 오비츠의 해임발표가 있기 몇 달 전부터 개별적으로 이사들과 오비츠의 거취에 대하여 논의하였다. 디즈니의 내부변호사 리트백(Litvack)은 정당한 사유로 오비츠를 해임시킬 수는 없다고 결정한다. 그러나 이러한 결정에 법률적 검토나 외부전문가의 의견이 뒷받침되지는 않았다.

오비츠의 해임은 아이스너 단독의 전격 결정에 의해 이루어졌고, 이로 인하여 오비츠는 고용계약에서 정한 퇴직위로금('No Fault Termination Payment')을 수령하게 된다. 이사회는 오비츠가 야기한 해임사유가 있는지 여부('for cause' or 'without cause') 및 퇴직위로금 지급의 타당성에 관하여 어떠한 논의도 한 바 없었다. 그러나 법원은 디즈니의 정관상 이사회가 오비츠의 해임 여부를 논의하거나 승인하여야 할 의무를 지지 아니하고, 오비츠를 포함한 모든 임원의 해임권은 전적으로 아이스너에게 있으므로, 이사회가 아이스너의 의사결정에 관여하거나 이의제기를 하지 않은 것이 선관주의의무를 위반한 것이 아니라고 보았다. 아이스너의 오비츠 해임결정에 대하여도, 아이스너가 그 결정의 기초가 된 모든 정보를 숙지하고, 전문가의 자문을 구하여, 사적인 이해관계 없이, 회사에 최선이라고 생각하는 방식으로 경영상의 판단을 한 것이므로, 이러한 점에 악의나 선관주의의무 위반은 없다고 판단하였다. 막대한 퇴직위로금을 수령한 오비츠 역시 그가 자신의 해임에 있어 어떠한 원인을 제공한 바가 없으므로, 고용계약에 따른 퇴직보상금을 수령할 권리가 있고, 이것이 회사에 대한 '충실의무(duty of loyalty)' 위반은 아니라고 하였다.

챈들러 판사는 이 판결이 디즈니에서 이루어진 일들이 문제가 없는 것이라는 취지로 해석될 수 없음을 누차 강조하고 있다. 이 정도였기 때문에 판결이 내려지기 전 전문가들 사이에서는 20년 전의 밴 고콤 판결

(Smith v. Van Gorkom, 488 A. 2d 858(Del. 1985)) 이후 처음으로 경영판단 원칙의 적용이 배제되는 것이 아닌가 하는 추측이 나오기도 했던 것이다.

법원은 디즈니의 이사들에게 과실이 있었음(negligent)을 인정하였다. 그러나, 다른 부류의 전문직 종사자들에게는 법률적 책임을 발생시키기에 충분한 이 통상적인 과실(ordinary negligence)이 주식회사 이사들의 법률적 책임을 발생시키기에는 충분치 않다는 것이다. 이사들에게 경영판단으로 인한 법률적 책임을 물을 수 있기 위해서는 이사들에게 중과실(gross negligence)이 있었음이 인정되어야 한다. 이사들에게 중대한 과실이 없었고 그것이 아무리 잘못된 믿음이었다 하더라도 이사들이 회사의 이익을 위해 행동한다고 믿었던 한 이사들은 경영판단 원칙의 보호를 받는다는 것이 델라웨어 주의 확고한 판례법이다. 이 사건 판결을 논평한 한 변호사는 이사들이 사악(evil)하지 않은 한, 아무리 바보 같은(stupid) 결정을 내리더라도 그에 대해 법률적 책임을 지는 일은 없게 될 것이라고 말하기도 했다.

상술한 바와 같이 우리 나라에서도 연전에 삼성전자 사건 판결을 통해 법원이 경영판단의 원칙을 정면으로 도입한 바 있다(대법원 2005. 10. 28. 선고 2003다69638 판결; 서울고등법원 2003. 11. 20. 선고 2002나6595 판결). 우리 나라에서 그 원칙의 내용이 어떻게 발전되어 갈 것인지는 아직 두고 볼 일이지만 결국 미국의 사례가 많이 참고될 가능성이 높다고 본다면 이번 판결이 우리에게 가지는 의미도 상당하다고 보아야 할 것이다. 글로벌 시장에서의 고급 인재 스카웃을 위한 고액의 보수, 적대적 M&A 시대 거액의 퇴직보상금 등등은 우리에게도 차츰 피부에 와 닿는 이슈들이고 이에 대한 법률적 평가 원칙의 확립이 시급하다.

4. 경영판단의 원칙과 기업가치의 평가

위 삼성전자 사건 판결에서 대법원은 비상장주식을 상속세법에 의해서만 평가할 수는 없다고 하면서 다음과 같이 판시하였는데 이 판결은 기업의 실무에서 가장 어려운 문제들 중 하나인 비상장주식의 평가에 관하여 중요한 법률적 기준을 제시하고 있다:

대법원 2005. 10. 28. 선고 2003다69638 판결 손해배상(기): "회사가 소유하는 자산을 매각하는 때에는 처분이익을 극대화하거나 처분손실을 극소화하는 방향으로 거래가격을 결정하여야 할 것이므로 비상장주식을 매도하는 경우에 있어서 객관적 교환가치가 적정하게 반영된 정상적인 거래의 실례가 있는 경우에는 그 거래가격을 시가로 보아 주식의 가액을 평가하여야 할 것이나, 그러한 거래사례가 없는 경우에는 비상장주식의 평가에 관하여 보편적으로 인정되는 방법(순자산가치방식, 수익가치방식, 유사업종비교방식 등)에 의하여 평가한 가액을 토대로, 당해 거래의 특수성을 고려하여 객관적 교환가치를 반영한 적정거래가액을 결정하여야 할 것인바, 회사가 소유하고 있는 비상장주식을 매도하는 업무를 담당하는 이사들이 당해 거래의 목적, 거래 당시 당해 비상장법인의 상황, 당해 업종의 특성 및 보편적으로 인정되는 평가방법에 의하여 주가를 평가한 결과 등 당해 거래에 있어서 적정한 거래가액을 도출하기 위한 합당한 정보를 가지고 회사의 최대이익을 위하여 거래가액을 결정하였고, 그러한 거래가액이 당해 거래의 특수성을 고려하더라도 객관적으로 현저히 불합리하지 않을 정도로 상당성이 있다면 선량한 관리자의 주의의무를 다한 것으로 볼 수 있을 것이나, 그러한 합리성과 상당성을 결여하여 회사가 소유하던 비상장주식을 적정가액보다 훨씬 낮은 가액에 매도함으로써 회사에게 손해를 끼쳤다면 그로 인한 회사의 손해를 배상할 책임이 있다고 할 것이다.

기록에 의하면, 삼○전자가 보유하던 삼□종합화학 주식회사(이하 '삼□종합화학'이라 함)의 주식(이하 '삼□종합화학 주식'이라 함)을 1주당 2,600원에 판시 삼성건설과 삼성항공에 매도한 이 사건 거래는 삼□종합화학의 총 발행주식의 40%를 초과하는 2,000만 주를 대상으로 하는 것이고 그 장부가액이 2,000억 원(삼○전자 전체 자산의 2.2%)에 달하는 것임에도 당시 삼○전자의 대표이사 또는 이사이던 피고 2 등은 적정한 매각방법이나 거래가액에 관하여 전문가에게 조언을 구한 바가 없고, 당시 시행되던 상속세법 시행령에 의하여 평가한 삼□종합화학 주식의 가치가 6년에 걸쳐 21,755,567주를 취득해 온 가액의 1/4 정도밖에 되지 않을 뿐만 아니라, 같은 시행령에 의하여 산정한 1주당 순자산가액의 1/2밖에 되지 않음에도 다른 평가방법에 의한 적정 거래가액의 산정에 관하여 고려한 바가 전혀 없으며, 당시 삼○전자는 삼□종합화학의 총 발행주식의 47.29%에 해당하는 21,755,567주를 소유하고 있어서 지배주주의 지위에 있었는데 이 사건 거래에 의하여 2,000만 주를 처분함으로써 지배주주로서의 지위를 잃게 되는 사정에 있었음에도 지배주주의 지위를 잃는 데에 따른 득실은 물론 이를 고려한 적절한 거래가액에 관한 검토도 전혀 없었고, 대차대조표상으로도 삼□종합화학의 매출액, 순손실액의 규모 등 경영상태가 개선되고 있는 상황임에도 이에 대한 고려가 전혀 없었으며, 1993.6.경 한솔제지와 삼성전관의 거래가격이 1주당 6,600원이라는 실례도 고려하지 않은 사정을 알 수 있는바, 이에 비추어 보면 피고 2 등은 삼○전자가 보유하던 삼□종합화학 주식 2,000만 주를 매각하는 결의를 함에 있어서 그 적정거래가액을 결정하기 위한 합리적인 정보를 가지고 회사의 최대의 이익이 되도록 결정하였다고 보기 어려울 뿐만 아니라, 이 사건 거래의 매매가격으로 결정한 1주당 2,600원은 삼○전자가 장기간 삼□종합화학 주식을 취득해 온 가액, 판시 한솔제지와 삼성전관의 거래사례, 삼□종합화학의 대차대조표상 주당 순자산가치 등과 비교하여 보더라도 현저히 불합리하여 상당성도 인정되지 아니하므로 선량한 관리자의 주의의무를 다하였다고 할 수 없다 할 것이고, 피고 2 등이 주장하는 이 사건 거래에 있어서의 특수한 사정을 고려하더라도 이 사건 삼□종합화학 주식의 거래가액을 결정함에 있어서 합리적이고 상당한 경영판단을 한 것으로 볼 수 없으므로, 결국 위 피고들은 판시와 같은 삼□종합화학 주식의 매도로 인하여 삼○전자가 입게 된 손해를 배상할 책임이 있다고 할 것이다. 같은 취지의 원심판단은 정당하고, 거기에 상고이유로 주장하는 피고 2 등의 임무해태에 관한 채증법칙 위배로 인한 사실오인 및 이사의 임무해태로 인한 손해배상책임에 관한 법리오해 등의 위법이 없다.

… 비상장주식의 거래에 있어서 그에 관한 객관적 교환가치가 적정하게 반영된 정상적인 거래의 실례가 있는 경우에는 그 거래가격을 시가로 보아 가액을 평가하여야 할 것이나, 만약 그러한 거래사례가 없는 경우에는 보편적으로 인정되는 여러 평가방법들을 고려하여 당해 거래의 목적, 거래 당시 당해 비상장법인의 상황, 당해 업종의 특성 등 제반 사정을 종합적으로 고려하여 주식의 적정거래가액을 산정하여야 할 것이다. 기록에 의하면, 삼□종합화학은 1994. 12. 31. 기준 대차대조표에 의한 주당 순자산가치{(자산총액－부채총액)/총발행주식수}가 5,733원이고, 주당 수익가치(당기순이익/총발행주식수)가 －404원이며, 1994. 12. 1.을 기준으로 건물의 가액을 과세시가표준액으로 하여 당시 시행된 상속세법 시행령에 따라 산정한 주당 순자산가액이 4,723원이고, 건물의 가액을 장부가로 수정하여 당시 시행된 상속세법 시행령에 따라 산정한 주당 순자산가액이 5,745원이며, 유사업종의 기업과의 비교를 통한 주식의 상대적 가치는 산정된 바가 없는 사정, 1994. 12.경 삼□종합화학의 자산은 대부분 토지, 구축물, 기계장치, 건물의 고정자산으로 구성되어 있는데(1994. 12. 31. 기준 대차대조표상으로 고정자산/자산총계는 1,234,940, 753,000원/1,492,798,304,000원이다), 대차대조표상의 구축물, 기계장치, 건물 등 자산의 가액은 취득원가에서 감가상각을 한 액수이어서 시가에 가까운 금액이라고 할 수 있으나 토지의 가액은 시가에 미달하므로(안진회계법인도 삼□종합화학의 순자산가액을 평가함에 있어서 토지에 관하여 실거래가액, 감정가 및 개별공시지가에 의하여 대차대조표상의 가액을 증액하여 수정하였다), 삼□종합화학의 자산을 시가로 재평가하여 순자산가액을 산정한다면 대차대조표에 의한 순자산가액을 상회할 것으로 보이는 사정, 삼□종합화학은 1988. 5. 19. 주원료인 나프타를 분해하여 에틸렌, 프로필렌, C4 유분 등의 기초유분과 SM, EG 등의 화성제품, 그리고 HDPE, LDPE, PP 등의 합성수지에 이르기까지 수직계열화에 의한 일괄생산체제를 갖추어 전자, 자동차, 항공, 섬유, 의약 등의 관련업계에서 필요로 하는 고품질의 원료를 공급할 목적으로 설립되어, 1989. 11. 대산종합유화단지 건설을 시작으로, JETTY 공사완료 및 시험가동(1991. 2), 각 PLANT별 시운전(1991. 8), 8개 공장의 준공식 및 상업

생산 시작(1991. 9), 복합수지공장 준공(1993. 6) 등의 과정을 거쳤고, 본격적으로 사업을 개시한 1991. 9.경부터 1994. 12.경까지 매출액과 매출총이익의 증가에도 불구하고 대규모 시설투자에 따른 감가상각비와 금융비용부담으로 적자를 기록하여 왔으나, 1994년 이후 석유화학제품의 수요증가와 판매단가의 상승으로 1995년에는 수익성이 상당 정도 호전될 것으로 전망되기도 한 사정, 삼○전자와 삼성건설 및 삼성항공 사이에 삼□종합화학 주식의 매매가격을 정함에 있어서 삼□종합화학이 본격적으로 사업을 개시한 이래 3년간 적자를 본 사정은 매매가격을 정함에 있어서 고려되지 않은 사정을 알 수 있다. 원심이 인정한 사실과 위와 같은 사정을 종합하면, 삼□종합화학에 대한 지배주식을 대상으로 한 이 사건 거래에 있어서 장부상 가액을 기초로 주당 순자산가액을 산정한 결과에 의하여 적정거래가액을 산정한 원심의 조치는 정당한 것으로 수긍이 가고, 거기에 상고이유로 주장하는 채증법칙 위배로 인한 사실오인 및 비상장주식의 평가방법에 관한 법리오해 등의 위법이 없다.

… 기록에 의하면, 이 사건 거래 당시 삼□종합화학 주식을 1주당 2,600원으로 평가한 것은 당시 시행되던 상속세법 시행령에 근거한 것이기는 하지만 위 가액은 같은 시행령에 의하여 산정한 1주당 순자산가액의 1/2에 기초한 것으로서, 이 사건 거래 시점으로부터 불과 몇 개월 전이었다면 같은 시행령에 의하여 산정하더라도 삼□종합화학 주식의 1주당 가치는 위 가액의 배액으로 평가될 수 있었던 사정을 알 수 있는바, 위와 같은 사정과 판시 한솔제지와 삼성전관의 거래사례, 삼□종합화학의 대차대조표상 주당 순자산가치 등에 비추어 볼 때 삼□종합화학 주식의 매매가격을 주당 2,600원으로 하는 것이 현저히 낮은 가액이라는 점은 쉽게 알 수 있었다고 할 것인데, 그럼에도 피고 2 등이 삼□종합화학 주식의 매도에 따른 삼○전자의 손익을 제대로 따져보지 않은 채 당시 시행되던 상속세법 시행령만에 근거하여 주식의 가치를 평가하여 거래가액을 결정하기에 이른 것은 삼성그룹 계열사 사이의 거래에 있어서 입게 되는 삼○전자의 손해를 묵인 내지는 감수하였던 것이라 할 것인바, 이사들의 이러한 행위는 상법 제450조에 의하여 책임이 해제될 수 없는 부정행위에 해당된다고 할 것이다.

… 손해배상액의 산정에 있어 손익상계를 허용하기 위하여는 손해배

상책임의 원인이 되는 행위로 인하여 피해자가 새로운 이득을 얻었고, 그 이득과 손해배상책임의 원인인 행위 사이에 상당인과관계가 있어야 할 것인바, 삼○전자가 삼□종합화학 주식을 싼 가격에 매도함으로써 법인세를 절감한 사정이 있다고 하더라도 이는 과세관청이 법인세를 부과하지 않음에 따른 것이고 이로써 이 사건 거래로 인한 삼○전자의 손해가 직접 전보된다고 할 수는 없는 것이어서 피고 2 등의 임무해태행위와 사이에 법률상 상당인과관계가 있다고 할 수 없으므로 위 피고들의 공제주장을 배척한 원심의 조치는 정당하고 거기에 손익상계에 관한 법리오해 등의 위법은 없다."

한편, 서울고등법원은 특별한 사정이 있는 경우 주식의 매각가액이 이와 같은 기준에 의하지 않고 달리 결정될 수 있는 여지를 인정하면서 이 사건 피고들이 주장한 법인세법상의 부당행위계산부인 대상이 될 가능성에 대해 판단하였는데 법원에 의하면 영리법인인 삼성전자가 그 자신의 이익을 앞세우지 않고 전혀 별개의 법인인 매수인들이 부당하게 고가로 해당 주식을 취득한 데 대해 부당행위계산부인의 대상이 되는 불이익을 받지 않도록 고려하여야 할 의무까지 부담하지는 않으며 법인세법의 규정이 상속세법에 따라 평가된 가액에 따른 거래를 강제하는 것은 아니라고 보고 상속세법에 따라 평가된 가액이 아니라 해도 그것이 적정한 평가 위에서 거래가 이루어진 것이라면 이후 부당행위계산부인 문제가 거론되더라도 거래당사자에게 특별한 문제가 생기지 않는다고 판시하였다.[140]

이 판결을 기업(주식)가치평가에 있어서 경영판단을 적용하라는 것으로 해석할 수 있을 것인가? M&A의 맥락에서 이사의 의무와 책임문제는 바로 기업가치의 평가문제와 결부되어 나타난다. 특정한 가격에 의한 이사회의 합병결의가 선관의무에 대한 위반을 구성하는 경우는 언제인가? 이 문제는 특히 합병결의 후에 주가가 하락하게 되면 더 민감한

140) SK사건과 관련한 분석으로 박종현 · 천경훈, 비상장주식의 그룹내부거래시 주식의 평가와 법적 책임문제, BFL 제 3 호(2004), 35면 참조.

이슈로 등장한다. 여기서 이사들이 어떤 근거에 의해 가격에 대한 결정을 내려야 하는지가 항상 문제되는데 미국 델라웨어 주의 판례법은 경영판단원칙의 고수와 같은 맥락에서 이사회에 의한 기업의 "내재가치(intrinsic value)"[141] 평가가 중요한 기준이 된다는 입장을 취하고 있다. 즉, 기업의 가치는 이사들이 가장 잘 평가할 수 있는 위치에 있고, 시장 가격을 기초로 한 주주들의 판단은 그에 우선할 수 없다는 것이다. 이는 다르게 표현하면 이사들이 주의의무를 위반한 경우 주주총회가 해당 거래를 승인하더라도 이사의 주의의무 위반은 그로써 치유될 수 없으며 이 때문에 최소한 M&A의 맥락에서는 상술한 트랜스 유니언 사건과 같은 상황이 아닌 한 이사회가 경영판단원칙에 의해 거의 절대적으로 보호받게 된다는 것이다.

이 문제는 이사회와 주주간의 권한배분에 있어서 이사회에 경도되어 있는 델라웨어 판례법의 전통적인 입장과[142] M&A의 성사 여부는 최종적으로는 주주들이 결정하게 해 주는 것이 바람직하며, 따라서 경영진의 방어조치를 경영판단원칙으로 보호해 주는 데는 한계가 있어야 한다는 미국 회사법학계의 주류적인 입장과의 차이를 잘 보여주고 있다. 후자에 의하면 기업의 가치평가가 내재적인 가치를 발견하는 데 그 목적을 두어야 하는 것은 사실이지만, 기업의 내재가치의 발견이란 필히 주관적인 요소를 가지고 있는 것이므로 그를 절대적인 기준으로 채택하게 되면 이사회에 편중된 권한을 부여하게 되는 문제점이 있게 된다. 따라서 불완전하기는 하지만 주식의 시장가치를 주로 반영한 회사의 "외형적 가치(visible value)"를 주주들이 판단하게 하는 것이 법률적인 원

141) Smith v. Van Gorkom, 488 A. 2d 858, 877-878(Del. 1985) 참조. 여기서 법원은 내재적 가치의 평가기준은 와인버거 판결에 나타난 원칙이라고 하였다. Weinberger v. UOP, Inc., 457 A. 2d 701(Del. 1983) 참조. 또 Note, *Using Capital Cash Flows to Value Dissenters' Shares in Appraisal Proceedings,* 111 Harvard Law Review 2099(1998) 참조.

142) Strine, *Categorical Confusion: Deal Protection Measures in Stock-for-Stock Merger Agreements,* 56 Business Lawyer 919(2001) 참조.

칙으로서는 더 타당하다고 한다. 실제로 유럽의 많은 나라들이 기업인수의 향배를 이사회가 아닌 주주들이 결정하게 하고 있다. 주주들은 기업의 내재적 가치를 잘 파악할 수 있는 위치에 있지 못하므로 주식의 시장가격과 M&A의 와중에서 시장에 등장하는 여러 가지 종류의 가격기준에 의해 의사결정을 내리게 된다. 이는 이론적으로는 "불충분한 정보에 의하기는 하지만 편견이 없는 주주들의 결정이 보다 풍부한 정보에 의하기는 하지만 편견이 개재된 이사회의 결정보다 낫다"는 것으로 표현되기도 한다.[143)]

그러나 주주들의 승인이 주식의 가치평가에 대한 이사들의 책임을 면제해 주는 것으로 해석하기는 어려울 것으로 생각된다. 이는 상법이 회사의 합병이나 분할, 영업양도 등의 경우에 주주총회의 최종적인 승인을 요구하는 것과는 별개의 문제이다. 따라서 주식의 가치평가에 있어서도 이사회는 상술한 경영판단의 원칙이 적용되는 데 필요한 제반 조건을 갖추어야 할 것이며 그러한 조건을 갖추는 한(거래에 반대한) 주주들이 사후적으로 결과에 대한 이사들의 법률적 책임을 물을 수 없다고 보아야 할 것이다. 한편, 이사들의 충실의무, 주의의무 준수에 가장 핵심적인 요소는 관련법령과 정관규정의 준수이다. 따라서 주식의 가치평가에 있어서도 그 객관적 합리성 당부를 떠나 관련 실정법이 그를 규율하고 있다면 이사들로서는 그를 준수하는 범위 내에서 판단을 내리려 노력해야 할 것인데 이런 측면에서 보면 위 판결이 업계에서 잘 이해되지

---

143) Black & Kraakman, 위의 논문, 560면. 또 Black & Kraakman, *A Self-Enforcing Model of Corporate Law,* 109 Harvard Law Review 1911, 1960-1963(1996) 참조. 투자은행의 fairness opinion은 상기 트랜스 유니언 사건 판결 이후 이사의 주의의무 이행에 있어서 상당히 중요한 위치를 차지하게 되었다. 이 사건 판결에서 법원은 이사들의 주의의무 위반을 인정하면서 이사들이 투자은행의 fairness opinion도 받아보지 않고 결정을 내린 데 대해 비판하였다. 그러나 학자들은 투자은행들의 관행에 비추어 fairness opinion에 대해 대체로 회의적인 시각을 가지고 있다. Black & Kraakman, 위의 논문, 555-557면; Bebchuk & Kahan, *Fairness Opinions: How Fair Are They and What Can Be Done About It?,* 1989 Duke Law Journal 27 참조.

못하고 있는 이유를 알 수 있다.

5. 이사의 범죄행위와 경영판단의 원칙

우리 나라에서는 회사의 경영자들과 이사들이 위법한 행위, 나아가 범죄에 해당하는 행위를 '회사를 위해' 또는 CEO의 묵시적인 지시나 CEO의 의중을 헤아리는 차원에서, 또는 실적이나 충성 경쟁의 와중에서 감행하는 사례가 많았다. 그러나, 회사의 이익을 도모하는 행위라 해도 위법한 행위나 범죄를 수단으로 할 수는 없으며 그러한 행위를 보호하는 어떠한 법원칙도 존재하지 않는다. 대법원은 위 삼성전자 사건 판결에서 다음과 같이 말하고 있다:

> 대법원 2005. 10. 28. 선고 2003다69638 판결 손해배상(기): "상법 제399조는 이사가 법령에 위반한 행위를 한 경우에 회사에 대하여 손해배상책임을 지도록 규정하고 있는바, 이사가 회사에 대하여 손해배상책임을 지는 사유가 되는 법령에 위반한 행위는 이사로서 임무를 수행함에 있어서 준수하여야 할 의무를 개별적으로 규정하고 있는 상법 등의 제 규정과 회사가 기업활동을 함에 있어서 준수하여야 할 제 규정을 위반한 경우가 이에 해당된다고 할 것이고, 이사가 임무를 수행함에 있어서 위와 같은 법령에 위반한 행위를 한 때에는 그 행위 자체가 회사에 대하여 채무불이행에 해당되므로 이로 인하여 회사에 손해가 발생한 이상, 특별한 사정이 없는 한 손해배상책임을 면할 수는 없다 할 것이며, 위와 같은 법령에 위반한 행위에 대하여는 이사가 임무를 수행함에 있어서 선관주의의무를 위반하여 임무해태로 인한 손해배상책임이 문제되는 경우에 고려될 수 있는 경영판단의 원칙은 적용될 여지가 없다고 할 것이다(대법원 2005. 7. 15. 선고 2004다34929 판결 참조). 회사가 기업활동을 함에 있어서 형법상의 범죄를 수단으로 하여서는 안 되므로 뇌물 공여를 금지하는 형법규정은 회사가 기업활동을 함에 있어서 준수하여야 할 것으로서 이사가 회사의 업무를 집행하면서 회사의 자금으로서 뇌물을 공여하였다면 이는 상법 제399조에서 규정하고 있는 법령에 위반된 행위에 해당된다고 할 것이고 이로 인하여 회사가 입은 뇌물액 상

당의 손해를 배상할 책임이 있다고 할 것이다. 위 법리와 기록에 비추어 살펴보면, 원심이 판시와 같은 사실을 인정한 다음, 이에 의하면 삼○전자 주식회사(이하 '삼○전자 '라고 함)의 이사인 피고 1이 삼○전자에서 자금을 인출하여 당시 대통령이었던 노태우에게 뇌물공여를 함으로써 삼○전자에게 손해를 입게 하였으니 이에 대하여 배상책임이 있다고 판단한 것은 정당하고, 거기에 상고이유로 주장하는 바와 같은 채증법칙 위배로 인한 사실오인이나 상법 제399조 및 경영판단의 원칙 등에 관한 법리오해 등의 위법이 없다."

6. 현행법상 이사의 책임감면 장치[144)]

가. 이사의 책임면제

미국 대기업들의 절반 이상이 법률상의 본부를 두고 있는 델라웨어주 회사법은 회사가 정관에 규정을 두면 이사의 주의의무 위반으로 인한 책임이 면제될 수 있게 하고 있다. 이 제도는 위 트랜스 유니언 사건을 계기로 도입된 것이다. 우리 나라에는 이런 제도가 아직 없다. 그러나 상법은 총 주주의 동의가 있으면 이사의 책임이 사후적으로 면제될 수 있게 하고 있다.

상장기업의 경우 총 주주의 동의를 얻는다는 것은 사실상 불가능하기 때문에 이 제도는 대기업의 이사들에게는 별 소용이 없는 제도이다. 이와 같은 이유에서 총 주주의 동의를 요건으로 할 것이 아니라 특별결의를 요건으로 하자는 주장도 있다(일본에서는 2001년 상법이 개정되어서 이사의 책임을 특별결의로 감면하거나 정관의 규정으로 감면할 수 있다). 이사가 개인적 이익을 취하는 충실의무 위반의 경우에는 책임을 면제해줄 이유가 없지만 주의의무 위반의 경우에는 주주들의 특별결의로 책임

144) 정호열 외, 이사의 손해배상책임과 제한에 관한 연구(한국상장회사협의회, 2003); 김상규·이형규, 이사의 책임강화에 따른 대응방안에 관한 연구(코스닥등록법인협의회, 2002) 참조. 해외 동향은 최문희, 이사의 책임제한제도에 관한 입법동향, 기업지배구조리뷰(2006. 8), 31면 참조.

을 면제해 주는 것이 불합리한 것이 아니라는 주장이다. 2000년 6월 국제전문가팀이 작성해서 법무부에 제출한 상법개정안에는 회사가 정관으로 이사가 받는 총 보수의 일정배수(예컨대 5배)를 주의의무 위반으로 인한 책임의 상한으로 정할 수 있게 하자는 제안이 포함된 바도 있다.[145)]

나. 손해의 공평부담의 원칙

삼성전자 사건에 관한 서울고등법원의 2003년 11월 20일자 판결은 이사들이 삼성종합화학 주식을 매각하면서 회사에 손해를 발생시켰으므로 그 손해를 배상하라고 하면서 다음과 같이 이사들의 책임을 제한하고 있다:

> "이사와 회사와는 위임관계에 있고, 위임인인 회사가 수임인인 이사의 업무수행과 관련하여 행하여진 행위로 인하여 직접 손해를 입게 된 경우에 있어서, 회사는 그 사업의 성격과 규모, 시설의 현황, 이사의 업무내용과 회사의 배려 정도, 기타 제반 사정에 비추어 손해의 공평한 분담이라는 견지에서 신의칙상 상당하다고 인정되는 한도 내에서만 이사에 대하여 손해배상을 구하는 것이 상당하다 할 것인바, 삼성전자가 1995년도 경영전략을 수립함에 있어 호황을 이어가던 반도체 사업에 2조 3,496억원에 달하는 신규 투자자금을 확보할 필요가 있었고, 독점규제및공정거래에관한법률의 개정으로 인하여 타법인 출자한도액이 자기자본의 40%에서 25%로 축소되는 관계로 신규 기업투자의 여지를 확보할 필요성이 있었으며, 실제로 1995년에 삼성중공업 등 관계회사 주식취득에 3,246억원, 해외법인 출자금에 3,280억원, 기타의 타법인 주식취득 및 출자금에 2,390억원을 출자하는 등 이 사건의 삼성종합화학 주식의 처분 당시 삼성전자가 보유중이던 주식을 처분하여야 할 만한 사정이 일부 존재하였던 점, 비상장법인의 주식은 거래의 제한성으로 인하여 매수처를 찾기가 쉽

145) Bernard Black et al., *Corporate Governance in Korea at the Millennium: Enhancing International Competitiveness,* 26 Journal of Corporate Law 537(2001).

지 않았던 상황에서 삼성계열회사가 삼성종합화학의 주식을 매수하게 되자 매매가격 협상과정에서 상속세법시행령의 규정에 따른 비상장주식의 평가방법에 따른 가액을 매매가격으로 결정하게 되었고, 구체적인 주식가액의 산정을 외부 회계법인에 의뢰한 다음, 그 자료를 이사회에 상정하게 된 사정, 위 회계법인이 제공한 자료에 따른 위 주식의 평가액이 당시의 적정가액이라 보여지는 주당 순자산가치에 미달하고 있기는 하지만 상속세법시행령의 규정에 따라 계산된 것인 점, 비상장법인 주식의 가격에는 객관적인 자산가치 외에 다른 요소도 고려될 사정이 있을 수 있는 점, 삼성전자가 위 주식 매각으로 인하여 단기적인 처분손실을 입었지만 그 이후 반도체 부문에서 많은 수익을 얻었던 점, 당시 이사회의 구성원들인 피고들은 삼성전자의 핵심 경영진으로서 그 이후 삼성전자의 이윤창출에 많은 기여를 하게 된 점 등을 종합하여 보면, 손해의 공평부담의 원칙상 이사회에 참석하여 위 주식처분의 결의에 찬성한 피고들의 손해배상책임은 위 총 손해액의 약 20% 가량인 120억원으로 제한함이 상당하다 할 것이다."

대법원도 이 판결을 확인하였다:

대법원 2005. 10. 28. 선고 2003다69638 판결 손해배상(기): "이사가 법령 또는 정관에 위반한 행위를 하거나 그 임무를 해태함으로써 회사에 대하여 손해를 배상할 책임이 있는 경우에 그 손해배상의 범위를 정함에 있어서는, 당해 사업의 내용과 성격, 당해 이사의 임무위반의 경위 및 임무위반행위의 태양, 회사의 손해 발생 및 확대에 관여된 객관적인 사정이나 그 정도, 평소 이사의 회사에 대한 공헌도, 임무위반행위로 인한 당해 이사의 이득 유무, 회사의 조직체계의 흠결 유무나 위험관리체제의 구축 여부 등 제반 사정을 참작하여 손해분담의 공평이라는 손해배상제도의 이념에 비추어 그 손해배상액을 제한할 수 있다 할 것이다(대법원 2004. 12. 10. 선고 2002다60467·60474 판결 참조). 위 법리와 기록에 비추어 살펴보면, 원심이 판시와 같은 사정을 종합하여 피고들의 손해배상책임을 제한한 조치는 수긍이 가고, 거기에 부대상고이유로 주장하는 이사의 손해배상책임의 제한에 관한 법리오해 등의 위법이 없다."

주주대표소송은 피고 이사의 행위가 회사에 손해를 발생시켰다 해서 회사에 그를 배상하게 하라고 제기되는 소송이다. 따라서 해당 이사가 회사에 손해를 발생하게 한 행위를 제외하고는 그간 회사에 큰 기여를 한 이사라면 손해배상액의 산정에 이를 고려할 수 있다는 것이 위 판결의 취지이다. 실제로 많은 경영자들이 회사에 기여한 대가로 받는 보수는 한정적인데 회사에 대해 지는 법률적 책임은 한도가 없다는 데 대해 잘 이해하지 못하는 경우가 많다. 위 판결은 그를 부분적으로 설명해 준다. 우리 나라에서 최초로 사외이사들의 손해배상책임을 인정한 것으로 유명한 2006년 8월 17일자 서울남부지방법원의 판결도 같은 취지를 포함하고 있다:

> "이 사건 소송은 이사가 임무를 위반함으로써 회사에 손해를 끼칠 경우, 자의로 소송을 제기하지 않는 회사를 대신하여 일정한 자격을 갖춘 주주들이 이사를 상대로 소송을 제기한 이른바 주주대표소송인데, 이사와 회사와는 위임관계에 있고 위임인인 회사가 수임인인 이사의 업무수행과 관련하여 행하여진 행위로 인하여 직접 손해를 입게 된 경우에 있어서, 회사는 그 사업의 성격과 규모, 사업의 시행경위, 이사의 업무내용과 회사의 배려 정도, 이사의 임무위반의 태양, 이사의 회사에 대한 공헌도, 기타 제반사정에 비추어 손해의 공평한 분담이라는 견지에서 신의칙상 상당하다고 인정되는 한도 내에서만 이사에 대하여 손해배상을 구하는 것이 상당하다 할 것이다. 엘□화학이 순환출자구조 정리, 주력업종 중심의 수직계열화와 업종전문화를 통한 지배구조 개선 등을 위해 엘지정유와 엘지유통의 주식을 매입하여야 했는바 이와 같은 엘지그룹 지배구조 조정 과정에서 이 사건 주식을 매각할 필요성이 있었던 사실은 위에서 본 바와 같고, 위와 같은 그룹 차원의 구조조정으로 인해 엘□화학의 전체적인 가치도 상승되었으리라 보이는 점, 이 사건 주식을 매도한 대금으로 엘지정유와 엘지유통 주식을 매입하였는바 엘지정유와 엘지유통 주식 취득으로 인해 이익을 얻었다고 못 볼 바 아닌 점, 비록 피고들에게 임무해태는 있었으나 구 상속세법에 정한 보충적 평가방법에 의하여 산정한 주식가치보다도 더 높은 가격으로 매도하려고 한 점, 피고 강○○, 성○○, 조○○,

이○○, 장○○은 개인적인 이해관계가 없었던 점(특히 피고 이○○, 장○○은 사외이사로서 아무런 직접적인 이해관계도 없어 보인다), 피고들은 당시 엘□화학의 경영진으로서 엘□화학의 이윤창출에 많은 기여를 한 점 등을 종합하여 보면, 손해의 공평부담의 원칙상 피고들의 손해배상 책임 중… 피고 강○○, 성○○, 조○○는 약 10%인 6,000,000,000원, 피고 이○○, 장○○은 약 5%인 3,000,000,000원으로 각 제한함이 상당하다 할 것이다."

다. 이사에 대한 회사의 손해보전

아무리 잘못한 것이 없어도 일단 소송을 당하게 되면 그 피해란 말할 필요도 없이 막심한 것이다. 정신적 고통은 별론으로 하더라도 시간적인 손실이 발생하게 되고 명예가 실추되게 되며 소송비용이 들어가게 된다. 이런 손해는 통상 소송에서 이기게 되어도 회복할 길이 없다.

이사가 충실의무나 주의의무를 위반했다 해서 소송을 당하고 결국에는 승소하는 경우 그로부터 발생한 비용을 일정한 범위 내에서 보전해 주는 것이 이사에 대한 손해보전제도(Indemnification)이다.[146] 이는 회사의 수임인으로서의 이사가 회사로부터 위임받은 사무를 처리하는 과정에서 과실 없이 손해를 입은 때에 해당하는 것으로 해석되어 수임인인 이사는 위임인인 회사에 대해 그 비용의 상환을 청구할 수 있다는 민법의 해당 규정에 근거를 가진다. 손해보전은 회사와 이사간의 계약에 의하지만 정관에 이를 규정하는 회사도 있다. 그리고 이사 개개인은 자력이 충분치 않은 경우가 많고 소송이 장기에 걸치는 경우가 많음을 감안해서 회사가 소송비용을 선급해 주는 것도 많이 활용되고 있다. 물론 선급지원의 경우 이사가 패소하게 되면 회사에 해당 금액을 반환하여야 한다.

미국 델라웨어 주 회사법 Section 145(e)는 이사가 증권법 규정에

---

146) Joseph F. Johnston, Jr., *Corporate Indemnification and Liability Insurance for Directors and Officers,* 33 Business Lawyer 1993(1978).

의해 직접 소송을 당하거나 주주대표소송을 당하는 경우 회사가 그 소송비용을 지원할 수(may) 있다고 규정하는데 거의 모든 회사들이 이 규정을 정관에 수용하면서 이사가 선의로 행동하였고 그 행위가 회사의 최선의 이익에 기여하거나 반하지 않는 것으로 합리적으로 믿는 방식으로 행동하였다면 회사가 소송비용을 지원하여야(shall) 한다는 것으로 변환하여 운용하고 있다고 한다.[147] 이에 근거하여 증권법상의 원인에 의한 소송에 있어서는 비용과 손해배상금을 회사가 지원하며 대표소송의 경우 소송비용(만)을 지원하게 된다. 미국에서는 현실적으로 이사가 선의에 의해 행동한 경우 거의 언제나 이 규정의 혜택을 받고 있으며 이사 전원이 피고인 경우는 물론이고 이사회는 동료 이사가 소송으로 인한 재정적 부담을 지게 되는 경우 거의 언제나 그를 지원해 준다고 한다.

라. 임원책임보험[148]

이사가 직무상의 행위와 관련하여 소송을 당하고 패소하여 손해배상책임을 부담하는 경우 그를 커버해 주는 것이 임원책임보험이다. 소송비용도 커버됨은 물론이다. 의도적인 위법행위, 사기 등 이른바 면책사유에 해당하지 않는 한 모두 보험에 부칠 수 있다. 보험료는 회사가 납부하고 '보험사고'가 발생하는 경우 회사가 보험금을 수령하기 때문에 임원책임보험료는 이사의 보수의 일부라고 해석되고 있다. 이 경우 주주총회의 승인대상인 임원보수의 한도에 산입되어야 할 것이다.[149]

2002년 초를 기준으로 우리 나라 전체 상장·등록기업의 약 20%

147) Black, Cheffins & Klausner, 위의 논문, 10-12면.

148) 미국 기업들을 위한 실무자료로 Ty R. Sagalow, Directors and Officers Liability Insurance: A Director's Guide(National Association of Corporate Directors, 2000) 참조. 도산한 회사 이사들에 대한 임원책임보험 커버에 관하여 Black, Cheffins & Klausner, 위의 논문, 26-35면 참조.

149) 그러나 보험료가 소득세의 과세대상이 아니라는 독일 니더작센주 조세당국의 결정이 있다. Lutter & Krieger, 위의 책, 328-329면 참조.

가 이사를 위해 책임보험에 가입하고 있는데 보상한도액은 수십억원에서 천억원까지 다양하다. 가장 많은 계약실적을 보유하고 있다는 삼성화재의 경우 최고 1,000억원까지 배상해 주는 상품도 판매한다고 한다.[150)] 임원책임보험의 문제점은 경우에 따라 보험료가 회사에 부담스러울 수 있다는 것이다. 특히 주주대표소송이 앞으로 더 늘어나거나 증권관련집단소송제도가 도입되거나 하면 보험료는 더 올라갈 것이 분명하다. 이 때문에 주주총회 특별결의나 정관의 규정에 의한 이사의 책임감면제도를 도입하거나 회사에 의한 손해보전을 더 활성화해야 한다는 의견이 많다.

임원책임보험은 미국 기업들의 경우 대단히 광범위하게 활용되고 있으며 2002년의 한 조사에 의하면 500명 이상의 주주가 있는 회사의 약 98%가 임원책임보험에 가입하고 있는 것으로 나타났다. 상술한 손해보전제도와 책임보험의 차이는 회사가 도산한 경우에 가장 크게 나타난다. 도산한 회사의 임원들은 회사로부터의 지원을 거의 기대할 수 없으므로 그 경우 책임보험에 의존해야만 한다. 또 델라웨어 주 회사법은 상술한 바와 같이 대표소송의 경우 손해배상금의 지원을 금하고 있으나 임원책임보험은 그러한 제한을 알지 못한다는 중요한 차이도 있다.[151)]

1985년의 트랜스 유니언 판결 이후 보험회사들은 임원책임보험료를 대폭 인상하였는데 델라웨어 주도 회사법을 개정하여 이사들이 재정적인 이해관계를 가지고 있지 않거나 그 밖에 충실의무를 위반한 바 없는 거래에서 회사에 발생한 손실에 대해서는 이사들을 면책하기로 하는 정관규정을 허용해 주기로 하였다.[152)] 그 후 1995년까지 약 40개의 주가 델라웨어의 선례를 따라 이사들을 주의의무 위반책임에서 면제하는 정관을 허용하게 되었다. 델라웨어 주에서 그러한 정관을 보유한

150) 미국 엔론의 경우 도산 후 총 약 500억불 규모의 소송이 여러 피고들을 상대로 제기되었다. 그러나 엔론의 임원책임보험은 4억 5천만불을 한도로 하였다고 한다. Black, Cheffins & Klausner, 위의 논문, 34면 참조.

151) Black, Cheffins & Klausner, 위의 논문, 12-13면 참조.

152) Delaware General Corporation Law, Section 102(b)(7).

회사는 1990년 기준으로 약 90%를 상회하였다 한다. 그러나 흥미 있는 사실은 이러한 법률의 개정이 임원책임보험료의 인하로는 연결되지는 않았다는 것이다.[153] 또 주주대표소송이나 증권집단소송 전문변호사들도 그러한 법률의 개정에 반대하지 않았다고 한다. 기관투자자들도 그러한 법률의 개정에 반대하지 않았는데 그 이유는 기관투자자들은 이사들이 위험회피적인 성향을 띠는 것을 좋아하지 않기 때문이라고 한다.[154]

7. 내부통제시스템을 통한 이사의 책임완화론

가. 내부통제시스템의 의미

기업의 내부통제시스템이란 기업의 재무보고, 준법, 사업 및 운영상의 효율성 확보 등 세 가지 측면이 잘 기능하도록 설치·관리되는 시스템을 말한다. 내부통제시스템은 종래 첫 번째 측면을 강조하는 것이었는데 최근 세 번째, 나아가 두 번째 측면까지 포함되는 것으로 실무와 정책차원에서 널리 이해되고 있다.

내부통제의 정의는 맥락에 따라 다양하게 내려져 왔다. SEC는 회계개혁법(Sarbanes-Oxley Act: SOX) Section 404의 집행규칙을 제정하면서 "internal controls and procedures for financial reporting"이라는 개념을 사용하고 있으며 내부통제의 개념 규정을 둘러싼 혼란에 대해 직접 지적하고 있다. 한편, SEC는 1985년에 출범하였던 Treadway Commission과 그 결과로 조직되었던 COSO(Committee of Sponsoring Organizations)가 1992년에 처음 발표한 보고서를 언급하면서 내부통제는 COSO 보고서상의 체제에 따르면 무난할 것이라는 코멘트를 한 바 있다. 최근 정부의 정책자료나 전문기관의

153) Roberta Romano, *Corporate Governance in the Aftermath of the Insurance Crisis,* 39 Emory Law Journal 1160(1990) 참조.

154) Allen & Kraakman, Commentaries and Cases on the Law of Business Organization 255(2003).

보고서에서는 사외이사제도나 감사위원회제도 같은 기업지배구조상의 기업내부적 통제장치를 M&A와 같은 외부통제장치에 대하는 개념으로서의 내부통제장치개념으로 쓰기도 하는 데 넓은 의미에서는 그러한 제도들도 내부통제장치의 범주에 포함될 수 있지만 원래 내부통제제도의 개념은 그보다는 훨씬 좁은 기술적인 것이다.[155]

내부통제시스템의 필요성은 이사가 직접 회사의 구석구석까지 감시할 수는 없기 때문에 정보의 흐름과 임·직원들의 업무수행을 체계적으로 파악해서 효과적인 감시를 가능하게 하는데 있다.[156] 회사의 임·직원들이 부실공시를 하거나 분식회계를 함으로써 주가가 하락하고 시장감독당국의 제재를 받음으로써 손해가 발생하는 것을 방지하고 회사의 임·직원들이 위법한 행위를 함으로써 양벌규정에 의해 회사가 제재를 받아 손해가 발생하는 것을 방지하며 회사 임·직원들의 업무상의 부주의 또는 판단미숙을(예컨대 파생금융상품 거래상의 실책이나 환율예측의 실패) 통해 회사에 손해가 발생하는 것을 시스템을 통해 방지하자는 것이다. 즉, 내부통제시스템이란 쉽게 말하면 효과적인 모니터 장치로서 회사 내부의 업무프로세스를 정비하고 업무에서 발생하는 제반 정보의 흐름을 원활하게 해서 회사에 손해가 발생할 수 있는 여러 가지 위험으로부터 회사를 사전에 차단하는 기능을 하는 것이다. 이로부터 이사의 법적 책임이 문제될 수 있는 각종 사고가 미연에 방지되며 나아가 시스템 자체에 일정한 법적 효과를 부여하면 시스템의 설치와 정비를 촉진하는

155) Ralph C. Ferrara & John M. Czajka, *COSO: The Rise of the Phoenix?*, 27-4 Directors & Boards 12(2003) 참조. 또 한국개발연구원, 시장개혁추진을 위한 평가지표 개발 및 측정(2003. 9); 서울대학교 경제연구소, 출자총액제한제도의 바람직한 개선방향(2003. 9) 참조. 또 한국기업지배구조개선지원센터, 출자총액제한제도 개선안에 대한 의견서(2003. 10) 참조.

156) 독일에서의 논의는 Christoph E. Hauschka, *Corporate Compliance—Unternehmensorganisatorische Ansätze zur Erfüllung der Pflichten von Vorständen und Geschäftsführern,* 49 Die Aktiengesellschaft 461(2004) 참조.

효과도 가져오게 된다.

효과적인 내부통제시스템은 크게 ① 커뮤니케이션(communication)-윤리강령이나 컴플라이언스규칙 등의 임·직원들에 대한 전달, ② 교육(education)-의무적인 참가를 요구하는 임·직원들에 대한 주기적인 윤리교육, ③ 절차(procedures for compliance)의 정비-컴플라이언스 절차의 서면화 등 세 가지 요소를 갖추어야 한다.[157]

나. 내부회계관리제도

내부회계관리제도는 회계와 재무보고에 대한 내부통제시스템이다. 이는 재무정보와 같은 산출물이 아니라 그 산출물을 만들어내는 일련의 활동으로 구성된 생산과정을 의미하며 산출물인 재무정보에 대한 신뢰성만을 평가, 공시하였던 기존의 재무보고 모형과는 달리 이는 산출물뿐 아니라 그 생성과정을 평가하고 그 결과도 공시하는 것이다.[158] 내부회계관리제도는 2001년 9월에 발효된 한시법인 기업구조조정촉진법 내에 있다가 2003년 말 회계개혁법률들이 국회를 통과하면서 외감법에 도입되었다. 또 한국기업지배구조개선지원센터의 내부통제기준위원회는 금융감독원, 한국공인회계사회, 한국상장회사협의회, 코스닥등록법인협의회 등의 의뢰를 받아 2005년 1월에 내부회계관리제도 모범규준을 제정하였다.

[주식회사의외부감사에관한법률]

제2조의2(내부회계관리제도의 운영 등) ① 회사는 신뢰할 수 있는 회계정보의 작성 및 공시를 위하여 다음 각호의 사항이 포함된 내부회계관리규정과 이를 관리·운영하는 조직(이하 "내부회계관리제도"라 한다)을 갖추어야 한다.

157) AIMR Standards of Practice Caesebook 48-49(1996).

158) 서정우, 내부회계관리제도 모범규준의 활용, 기업지배구조리뷰(2005. 1-2), 7면 참조.

1. 회계정보(회계정보의 기초가 되는 거래에 관한 정보를 포함한다. 이하 이 조에서 같다)의 식별, 측정, 분류, 기록 및 보고방법에 관한 사항
2. 회계정보의 오류를 통제하고 이를 수정하는 방법에 관한 사항
3. 회계정보에 대한 정기적인 점검 및 조정 등 내부검증에 관한 사항
4. 회계정보를 기록, 보관하는 장부(자기테이프, 디스켓 그 밖의 정보보존장치를 포함한다)의 관리방법과 위조, 변조, 훼손 및 파기의 방지를 위한 통제절차에 관한 사항
5. 회계정보의 작성 및 공시와 관련한 임원·직원의 업무분장과 책임에 관한 사항
6. 그 밖에 신뢰할 수 있는 회계정보의 작성 및 공시를 위하여 필요한 사항으로서 대통령령이 정하는 사항

② 회사는 내부회계관리제도에 의하지 아니하고 회계정보를 작성하거나 내부회계관리제도에 의하여 작성된 회계정보를 위조, 변조, 훼손 및 파기하여서는 아니된다.

③ 회사의 대표자는 내부회계관리제도의 관리·운영을 책임지며, 이를 담당하는 상근이사(담당하는 이사가 없는 경우에는 당해 이사의 업무를 집행하는 자를 말한다) 1인을 내부회계관리자(이하 "내부회계관리자"라 한다)로 지정하여야 한다.

④ 내부회계관리자는 매 반기마다 이사회 및 감사(감사위원회를 포함한다. 이하 같다)에게 당해 회사의 내부회계관리제도의 운영실태를 보고하여야 한다.

⑤ 회사의 감사는 내부회계관리제도의 운영실태를 평가하여 이사회에 매 사업연도마다 보고하고 그 평가보고서를 당해 회사의 본점에 5년간 비치하여야 한다. 이 경우 내부회계관리제도의 관리·운영에 대하여 시정의견이 있는 경우에는 이를 포함하여 보고하여야 한다.

⑥ (생 략)

제 2 조의3(감사인의 내부회계관리제도에 대한 검토) ① 감사인이 감사업무를 수행하는 경우에는 제 2 조의2에서 정한 사항의 준수 여부 및 내부회계관리제도의 운영실태에 관한 보고내용을 검토하여야

한다.

② 감사인은 제 1 항의 규정에 의한 검토결과에 대한 종합의견을 제 7 조의2 의 규정에 의한 감사보고서에 표명하여야 한다.

다. 미국 연방양형지침

내부통제시스템이 이사의 책임과 관련하여 법적인 의미를 갖게 된 것은 1991년 미국이 연방양형지침(Federal Sentencing Guidelines)을 제정하면서부터였는데[159] 이 지침에 의하면 내부통제시스템이 잘 정비되고 관리되어 왔다는 것을 입증하는 기업에게는 임·직원의 범죄행위에서 발생하는 회사의 형사책임을 최고 95%까지 감면해 준다. 미국에서는 회사에 대한 벌금의 액수가 경우에 따라서는 거액이기 때문에 회사는 임·직원의 위법행위 때문에 사실상 사형선고에 해당하는 규모의 벌금형을 받을 수도 있다. 2000년의 경우 미국에서는 255개 기업이 형사소추되어 그 중 78%가 벌금형을 선고받았으며 벌금의 평균액수는 약 600만불에 이르렀다고 한다.[160]

연방양형지침은 회사가 법의 위반을 방지하고 적발해 내는 효과적인 프로그램을 마련하기 위해 적정한 조치를 취하였다는 것을 알리는데 필요한 절차에 대해 규정하고 있으며 준법감시 프로그램이 갖추어야 할 요소들을 다음과 같이 규정한다.[161]

---

159) 미국연방 Sentencing Commission의 웹 사이트 참조: http://www.ussc.gov.

160) 우리 나라에서도 약 300개의 법률이 양벌규정을 가지고 있다. 양벌규정에 의해 '법인'이 처벌을 받는다고는 하지만 법인이 처벌받는 과정에서 수사기관에 소환되거나 조사를 받고 법정에 다녀야 하는 등 사실상의 고초를 겪는 것은 임·직원들이다.

161) 일반적으로 Charles J. Walsh, *Corporate Compliance Programs as a Defense to Criminal Liability: Can a Corporation Save Its Soul?*, 47 Rutgers Law Review 605(1995); Michael Goldsmith & Chad W. King, *Policing Corporate Crime: The Dilemma of Internal Compliance Programs*, 50 Vanderbilt Law Review 1(1997); Kevin B. Huff, *The Role of Corporate Compliance Programs in Determining Corporate Criminal Liability: A Sug-*

(1) 범죄행위의 위험을 합리적으로 충분히 감소시킬 수 있는 기준과 절차를 마련할 것
(2) 해당 조직체의 고위직 인사 중에서 준법 여부를 감독할 개인을 선임할 것
(3) 해당 조직체가 알고 있기로(또는 알아야 하기로) 불법행위에 연루될 만한 성향이 있는 개인에 대하여는 많은 재량권을 부여하지 않을 것
(4) 훈련프로그램 또는 관련내용의 책자화를 통하여(위 1에 있는) 기준과 절차를 종업원 및 대리인들에게 주지시킬 것
(5) 감시와 감사시스템을 통하여 그와 같은 기준을 준수하도록 노력할 것
(6) 종업원과 대리인들이 회사 내 다른 사람들의 범죄행위를 보복을 두려워하지 않고 고발할 수 있는 시스템을 마련할 것
(7) 법 위반을 적발할 책임이 있는 개인이 이를 하지 못하였을 때 필요에 따라 그를 제재할 수 있는 적정한 절차를 마련할 것
(8) 어떤 위법행위를 적발한 후 추가의 위법행위에 대해 대처하고 그를 방지할 수 있는 모든 적절한 조치를 취할 것

라. 델라웨어 주 법원 판례: 캐어마크

이러한 정책은 1996년 델라웨어 주 법원이 캐어마크 사건에서 채택하여 민사책임의 영역으로까지 확장되게 되었다.[162] 즉, 회사가 내부통제시스템을 잘 정비하고 관리하여 왔다는 것이 입증되면 이사들이 임·직원의 행위로 인해 회사에 손해가 발생했을 때 그에 대한 감시의무의 해태라는 혐의에서 벗어날 수 있다는 것이다.

---

gested Approach, 96 Columbia Law Review 1252(1996); Ilene H. Nagel & Winthrop M. Swenson, *The Federal Sentencing Guidelines for Corporations: Their Development, Theoretical Underpinnings, and Some Thoughts about Their Future,* 71 Washington University Law Quareterly 205 (1993); Molly E. Joseph, *Organizational Sentencing,* 35 American Criminal Law Review 1017(1998) 참조.

162) In Re: Caremark International, Inc. Derivative Litigation, 698 A. 2d 959(Del. 1996). 이 사건에 관하여는 Stephen F. Funk, *In Re Caremark International Inc. Derivative Litigation: Director Behavior, Shareholder Protection, and Corporate Legal Compliance,* 22 Delaware Journal of Corporate Law 311(1997) 참조.

이 사건은 의료서비스 회사인 캐어마크(Caremark)라는 회사의 부장급 이하의 일부 직원들이 환자유치를 위해 병원과 의사들에게 불법적인 커미션을 지불한 사건인데 이 때문에 회사가 장기간 조사를 받고 2억 5천만불이라는 거액의 벌금 및 보상금을 물었다. 이에 따라 이 회사의 주주들은 이사들이 해당 직원들에 대한 준법감시를 제대로 하지 못하였기 때문에 회사가 이런 거액의 벌금을 물게 되었다 하여 이사들이 회사에 같은 금액의 손해를 배상할 것을 요구하며 주주대표소송을 제기하였다. 즉, 이 사건의 사실관계는 어느 나라 어느 기업에서도 발생할 수 있는 평범하지만 중대한 내용의 것이다.

이 사건은 실제로 당사자간의 화해로 종결되었는데 주주대표소송에서 원고측은 화해에 대한 별 인센티브를 갖지 못하기 때문에 사실상 피고인 이사들이 승소하였다고 보면 된다. 화해안을 승인하면서 델라웨어주 법원은 이 사건에서 원고가 승소할 가능성이 대단히 낮다고 하면서 캐어마크사가 다음과 같은 요소들을 포함한 내부통제시스템을 직원들의 문제의 위법행위가 발생하기 이전에 이미 갖추고 있었음을 지적하였다.

(1) 규제사항에 대한 준수정책을 포함한 종업원 행동강령
(2) 종업원 행동강령의 검토 및 개정절차
(3) 규제대상인 활동을 검토하고 승인할 임원의 지정
(4) 준법감시 임원
(5) 사업과 윤리정책의 준수를 위한 내부감사 계획의 수립
(6) 준법감시 문제에 관한 종업원들에 대한 지속적인 훈련

화해과정에서 캐어마크사는 869,500달러의 변호사 비용을 부담하였으며 준법감시시스템을 개선할 의무를 지게 되었으나 이사들은 법적 책임이 없는 것으로 종결되었다.

이는 이사회결의와 관련한 주의의무 위반 사건에서 이사들이 문제가 된 이사회 결의를 내림에 있어서 최대한 신중하게 그 내용을 검토하고 서로 토의하였으며 외부의 전문가에게도 자문을 구하는 등 최선을

다했다는 증거가 제시되면 경영판단의 원칙이 적용되는 것과 마찬가지의 논리를 감시의무 차원에서 도입한 것으로 이해하면 된다. 캐어마크사의 이사회는 윤리위원회(Audit & Ethics Committee)를 통해 지속적으로 임·직원들의 부정행위를 방지하기 위한 다양한 노력을 기울였으며 컴플라이언스 핸드북을 외부전문가의 조력을 받아 제작하고 임·직원들에게 배포, 교육하였다. 법원은 캐어마크의 이사회가 이 사건에서 문제된 직원들의 부정행위를 인지하지 못하였던 것은 인정되나 이사의 법률적 책임발생의 요건인 주의의무 위반은 그 한 요소인 선의(good faith)의 결여가 입증되어야 하고 그러한 선의의 부재는 임·직원들에 대한 감독이 체계적으로 이루어지지 않은 그러한 경우("only a sustained and systematic failure of the board to exercise oversight")에만 인정될 수 있다고 하였다. 이 사건 판결은 주주대표소송에서 내려진 것이지만 이사의 책임을 묻는 증권(집단)소송에서도 선례로서의 역할을 할 수 있을 것이다.

마. 우리 나라에서의 활용가능성

미국 판례가 인정한 이 원칙을 우리 나라에 도입할 수 있을까? 긍정적으로 보아야 할 것이다. 우선, 이사의 이사회결의와 관련한 주의의무 위반이 쟁점이 되는 소송에서는 이사들이 해당 사안에 대해 신중한 결정을 거쳤는가 하는 절차상의 측면에 초점을 맞추어 긍정적으로 판단되는 경우 경영판단의 원칙을 적용, 이사의 책임을 부인하면 되지만 임·직원에 대한 감시의무를 제대로 이행했는지에 대해서는 어떠한 기준을 발견하기 어려울 뿐 아니라 사실상의 확인이 거의 불가능할 수도 있다. 이를 내부통제기준을 도입해서 제대로 작동하는지 정기적으로 체크했는가의 기술적인 요건으로 대체하면 법적인 확실성이 담보될 수 있을 것이다.

이사들의 입장에서도 이 원칙이 인정된다면 내부통제장치의 구축과

가동에 보다 많은 관심을 기울이게 되어 결과적으로 위법, 위험한 행위의 발생가능성을 줄일 수 있게 된다. 이는 이사회 결의와는 달리 이사들이 직접적으로 통제할 수 없는 영역에서 발생한 손해에 대해 책임을 지는 정도를 감소시킬 수 있을 것이다. 이러한 근거에서 내부통제시스템의 구축과 가동에 일정한 법률적 효과를 부여하는 데 별다른 문제가 없다고 본다. 특히 증권관련집단소송제도가 도입되었으므로 이에 대한 필요성은 더 절실해질 것이다. 현재 부실공시로 인한 손해배상책임문제에 있어서 해당 회사, 이사, 외부감사, 증권회사 등은 '상당한 주의'를 다하였음을 입증하면 면책될 수 있는데 여기서 소개한 내부통제시스템을 활용하여 그 입증을 시도할 수 있을 것이다.

[증권거래법 개정제안]

증권거래법 제14조는 다음과 같다:

제14조(허위기재등으로 인한 배상책임) ① 유가증권신고서와 제12조의 규정에 의한 사업설명서(예비사업설명서 및 간이사업설명서를 포함한다. 이하 이 조에서 같다) 중 허위의 기재 또는 표시가 있거나 중요한 사항이 기재 또는 표시되지 아니함으로써 유가증권의 취득자가 손해를 입은 때에는 다음 각호의 자는 그 손해에 관하여 배상의 책임을 진다. 다만, 배상의 책임을 질 자가 상당한 주의를 하였음에도 불구하고 이를 알 수 없었음을 증명하거나 그 유가증권의 취득자가 취득의 청약시에 그 사실을 안 때에는 그러하지 아니하다….

내부통제장치의 설치와 운영을 이 규정에 반영하는 방법으로 제14조 제1항 본문 단서의 말미에 다음과 같은 규정을 추가하는 것을 고려해 볼 수 있을 것이다: "제8조 제4항의 규정에 의한 대통령령이 정하는 사항을 증명하는 경우 상당한 주의를 다한 것으로 본다." 즉, 증권거래법을 개정하면 위 제14조는 다음과 같다:

제14조(허위기재등으로 인한 배상책임) ① 유가증권신고서와 제12조의 규정에 의한 사업설명서(예비사업설명서 및 간이사업설명서를

> 포함한다. 이하 이 조에서 같다) 중 허위의 기재 또는 표시가 있거나 중요한 사항이 기재 또는 표시되지 아니함으로써 유가증권의 취득자가 손해를 입은 때에는 다음 각호의 자는 그 손해에 관하여 배상의 책임을 진다. 다만, 배상의 책임을 질 자가 상당한 주의를 하였음에도 불구하고 이를 알 수 없었음을 증명하거나 그 유가증권의 취득자가 취득의 청약시에 그 사실을 안 때에는 그러하지 아니하다. 제 8 조 제 4 항의 규정에 의한 대통령령이 정하는 사항을 증명하는 경우 상당한 주의를 다한 것으로 본다 ….[163)]

사법적인 효력을 발생시키지는 않지만 사실상 이사의 책임을 감소시켜주는 것으로 공정거래위원회가 마련해서 운영하고 있는 자율준수프로그램을 참고로 할 수 있을 것이다. 공정거래위원회의 자율준수프로그램에 의하면 자율준수프로그램 운영업체가 우발적으로 경쟁법을 위반했을 경우 두 단계에 걸친 제재수준 경감신청이 가능하다. 이에 의하면 자율준수프로그램을 실질적으로 도입하여 운용하는 경우 과징금의 20% 범위 내 감경, 공표명령의 1단계 하향조정, 검찰고발면제가 가능하며, 나아가 사건착수 이전에 위법행위를 자진시정하고 위반책임자를 제재조치한 경우 과징금의 50% 범위 내 감경, 공표명령 면제, 검찰고발 면제

---

163) 증권거래법 제 8 조(모집 또는 매출의 신고) ① 제 1 항의 규정에 의하여 신고서를 제출하는 경우 신고 당시 발행인의 대표이사 및 신고업무를 담당하는 이사(담당하는 이사가 없는 경우 당해 이사의 업무를 집행하는 자를 말한다. 이하 이 조에서 같다)는 당해 신고서의 기재사항 중 투자판단 또는 유가증권의 가치에 영향을 미칠 수 있는 것 등 대통령령이 정하는 중요한 사항의 기재 또는 표시의 누락이나 허위의 기재 또는 표시가 있지 아니하다는 사실 등 대통령령이 정하는 사항을 확인 · 검토하고 이에 각각 서명하여야 한다.

증권거래법시행령 제 5 조의8(신고서에 대한 대표이사 등의 확인 · 검토 등) ① 법 제 8 조 제 4 항에서 대통령령이 정하는 사항이라 함은 다음 각호에 해당하는 사항을 말한다 ….

3. 주식회사의외부감사에관한법률 제 2 조에 의한 외부감사대상 법인인 경우에는 동법 제 2 조의2 및 제 2 조의3의 규정에 따라 내부회계관리제도가 운영되고 있다는 사실.

가 가능하다.[164]

내부통제시스템이 이사의 책임에 미치는 법률효과는 위와 같이 증권거래법을 개정하지 않는 한 소송이 발생해서 법원의 판례가 나와야 비로소 확인될 수 있기 때문에 공정거래위원회의 선례를 따라 시장감독당국이 그를 장려하고 일정한 행정상의 효과를 부여하는 방안이 먼저 검토되고 시행되어야 할 것이다. 증권거래법과 은행법, 보험업법 등에 의한 준법감시제도가 모델이 될 수도 있을 것이다. 아직 금융관련 법령들이 규정하고 있는 내부통제제도, 준법감시제도가 발생시키는 행정적 효과가 분명한 것은 아니지만 예컨대 보험업법은 위 공정거래위원회의 자율준수프로그램이 발생시키는 것과 유사한 효과를 규정하고 있다. 동법에 의하면 효과적인 내부통제기준을 정하고 이를 엄격하게 준수하고 있다고 인정되는 보험회사에 대하여는 그 업무 및 자산상황에 관한 금융감독원의 검사의 생략, 검사기간의 단축 또는 동법에 의한 명령을 위반하여 건전한 보험업을 운영하지 못할 우려가 있다고 인정하는 경우에 취해지는 제재를 감면할 수 있다고 규정하고 있다.[165] 또 금융감독원은 내부통제가 취약한 증권관계금융회사에 대해서는 영업용순자본비율 산정시에 위험치 가중 등의 불이익을 부과하는 방안을 강구하고 있다고 알려지며 내부통제 체크리스트를 제시하고 체크리스트대로 실질적인 점검이 이루어졌는 데도 불구하고 사고 발생시에는 면책 또는 책임경감을 추진하고 있는 것으로도 알려진다.[166]

보험업법 제17조(내부통제기준 등) ① 보험회사는 법령을 준수하고 자산운용을 건전하게 하며 보험계약자를 보호하기 위하여 그 임원

164) 공정거래위원회, 자율준수프로그램 설명자료(2002).

165) 보험업법 제17조 제8항. 은행법이나 증권거래법에 이에 상응하는 규정이 없는 것은 각 업종의 특성에서 유래하는 특단의 사정이 있어서가 아니라 금융관련 법령들이 통합되어 있지 못한 데서 그 이유를 찾을 수 있을 것으로 보인다.

166) 금융감독원 보도자료(2003년 2월 5일자) 참조(증권관계금융회사 감사회의 개최).

및 직원이 직무를 수행함에 있어서 따라야 할 기본적인 절차와 기준(이하 "내부통제기준"이라 한다)을 정하여야 한다.
② 보험회사는 내부통제기준의 준수 여부를 점검하고, 내부통제기준을 위반하는 경우 이를 조사하여 감사 또는 감사위원회에 보고하는 자(이하 "준법감시인"이라 한다)를 1인 이상 두어야 한다.
③, ④, ⑤, ⑥ (생 략)
⑦ 보험회사는 준법감시인이었던 자에 대하여 당해 직무수행과 관련한 사유로 부당한 인사상의 불이익을 주어서는 아니된다.
⑧ 금융감독위원회는 효과적인 내부통제기준을 정하고 이를 엄격하게 준수하고 있다고 인정하는 보험회사에 대하여는 제133조의 규정에 의한 검사의 생략, 검사기간의 단축 또는 제134조의 규정에 의한 제재를 감면할 수 있다.
⑨ (생 략)

미국의 SEC도 증권관련법령 위반 사건에 있어서 내부통제시스템의 정비 여부를 중요한 고려사항으로 감안하겠다는 입장을 취함으로써 상술한 연방양형지침이나 캐어마크 판결과 보조를 같이하고 있다.[167] SEC는 2002년에 공개한 한 보고서에서 Seaboard라는 회사의 사례에 대해 언급하고 있는데 이 회사의 일부 직원들이 5년간의 기간에 걸쳐 회계부정을 행하였음에도 불구하고 회사의 내부감사가 그 사실의 발견 즉시 관련 임원을 통해 감사위원회와 전체 이사회에 보고하였고 경영진은 관련자에 대해 엄중한 문책을 집행하였으며 재무제표를 수정하는 등

167) Dana H. Freyer & Rebecca S. Walker, *How the SEC Will Credit Compliance Programs in Enforcement Decisions,* Corporate Compliance Institute 2003(Vol. 1) 873(2003); SEC, Report of Investigation Pursuant to Section 21(a) of the Securities Exchange Act of 1934 and Commission Statement on the Relationship of Cooperation to Agency Enforcement Decisions(Release No. 44969, Oct. 23, 2001) 참조. 일반적으로는 Kirk S. Jordan & Joseph E. Murphy, *Compliance Programs: What the Government Really Wants,* Corporate Compliance Institute 2003(Vol. 2) 749(2003) 참조.

체계적이고 신속한 시정조치가 있었으므로 동사에 대한 제재를 취하지 않기로 했다고 보고하고 있다.

금융기관이 아닌 일반기업들의 내부통제 기준설치와 모범적인 운영에 대해 어떤 행정적인 효과를 부여할 수 있을지가 의문일 수도 있지만, 특히 증권관련집단소송제도가 도입되었으므로 부실공시 및 회계분식의 영역에서는 그러한 효과의 부여가 충분히 가능할 것으로 보인다. 이러한 지침이 준비되면 각 기업들은 그를 참고로 하여 내부통제시스템을 도입 내지 정비할 수 있게 되고 준법매뉴얼을 제작하여 활용할 수 있을 것이다. 이는 국내외의 (기관)투자자들에게 긍정적인 평가를 받을 수 있는 근거가 되어 해당 기업들의 가치를 높여주게 된다.

위에서 소개한 미국의 판례가 초래한 한 가지 역설적인 결과는 내부통제시스템에 일정한 법률적 효과를 부여하기로 해서 기업들이 앞다투어 그를 구축하기 시작함으로써 사외이사의 주의의무 위반 발생가능성이 다소 높아졌다는 것이다. 즉, 그러한 시스템이 구축되면 이사들이 회사의 업무와 임·직원들의 행위에 대해 보다 많은 정보를 얻게 되므로 우리 기준으로 치면 위법행위를 '알았거나 알 수 있었을' 가능성이 높아지기 때문이다. 그러나 사외이사의 감시책임이 내부이사 수준으로 강화되는 것을 "부작용"이라고 부를 수는 없을 것이다. 사외이사들에게 내부통제시스템을 통해 보다 많은 정보가 공급되는 것은 사외이사의 확충을 통한 기업지배구조의 개선과 투명경영, 책임경영 등의 명제와 일치하는 것이기 때문이다. 그리고 무엇보다도 사외이사들이 감시의무의 이행과 관련하여 가지고 있던 법률적 불확실성에서 해방되는 효과를 기대할 수 있을 것이다.

[기업지배구조에 인센티브를][168)]

공정거래위원회가 최근 시장개혁 3개년 로드맵을 내놓았다. 출자총액제한제도는 유지하되, 내부자율규제 장치가 잘 정비된 기업들에는 인센티브를 부여한다는 내용이 새로 포함됐다. 출자총액제한제도 자체의 폐지를 주장하는 사람들에게는 만족스럽지 않겠지만 내부자율규제 장치의 중요성을 반영했다는 점에서는 환영할 만하다. 사실 외국에서는 기업조직의 복잡성을 들어 내부자율규제 장치를 잘 운영하고 있는 기업에 대해서는 정책적 인센티브가 주어질 뿐 아니라 경영진을 면책해 주는 판례까지 있다.

1994년에 미국에서 의료서비스 회사 캐어마크(Caremark)의 부장급 이하 직원 몇 사람이 회사정책을 무시하고 환자유치를 위해 병원과 의사들에게 불법적인 커미션을 주다 적발된 일이 있는데 관련법상의 양벌규정 때문에 이들은 물론 회사도 무려 3천억원의 벌금을 물었다. 그러자 주주들이 직원들을 제대로 감독하지 못한 책임을 들어 이사들을 상대로 같은 액수를 물어내라는 소송을 제기하였다. 2년간 지속된 이 소송에서 원고 주주들은 사실상 패소하였다. 이유는 회사가 평소에 내부통제시스템을 갖추어 모범적으로 정비·운영해 왔다는 사실을 성공적으로 입증하였기 때문이다.

1996년에 미국 델라웨어 주 법원이 내린 이 판결의 담당판사는 윌리엄 알렌 판사였는데 지금은 뉴욕대학 법대 교수로 있다. 미국에서 최고의 명성을 가진 법관들 중 한 사람이다. 이 판결은 미국 연방양형지침을 민사책임의 영역에 도입한 것으로서 큰 의미를 가진다. 즉, 회사가 임·직원의 행위로 처벌될 때 잘 정비된 내부통제시스템이 가동되고 있었다면 벌금의 95%까지 감면해 준다는 내용을 포함한다. 이 판결 직후 개최된 한 세미나의 자료가 무려 1천 페이지가 넘었던 것을 보면 이 판결이 미국기업들에 미친 파장의 크기를 쉽게 짐작할 수 있다. 법원의 판결은 사건이 있어야 비로소 가능한 것이지만 우리도 미국의 이런 사례를 참고로 해 볼 만하다. 즉, 정부에서 소유구조뿐 아니라 내부통제 장치를 포함한 기업지배구조 전반과 관련한 인센티브 시

168) 김화진, 기업지배구조에 인센티브를, 한국경제(2003년 11월 5일) 시론.

스템을 구체적으로 도입하는 것이 필요하다.

출자총액제한제도를 주장하는 공정위의 기본 생각은 우리 나라에서 적대적 M&A를 대표로 하는 외부통제시스템이 기업의 소유구조 때문에 잘 작동하지 않는다는 데 있다. 그러나 소유구조의 인위적인 변경에 따르는 비용을 생각해 보면 다른 정책의 연구도 마찬가지로 절실하다 할 것이다. 이렇게 본다면 소유-지배 괴리도가 높더라도 내부통제 장치를 포함한 다른 지표가 좋은 기업은 우대받아야 할 것이다. 내부통제자율규제는 정책적인 함의도 가진다. 내부통제시스템의 정비는 부실공시나 회계분식 같은 사고발생의 위험을 아예 줄여준다. 법적책임의 감면을 통해 경영진을 지원하는 효과를 가질 뿐 아니라 내부통제 장치를 공시해서 글로벌 투자자들이 평가하는 기업가치를 높일 수도 있다. 기업지배구조의 개선이 기업의 가치를 높인다는 것은 단순한 정치적 구호가 아니다. 오랜 기간 동안 경제학자들의 치밀한 연구를 통해 실증적으로 검증된 명제다. 엔론 사건 이후 대대적으로 전개되고 있는 미국의 기업회계와 지배구조개혁 움직임에서 내부통제시스템은 핵심적인 위치를 차지하고 있다. 그러나 정작 그 배경에 있는 엄청난 인센티브는 외부 관찰자들의 눈에 잘 띄지 않는 경우가 많다. 정책이란 언제나 우선순위의 선택문제다. 효과와 비용을 같이 감안해야 한다. 기업들이 규제가 지나치다 해서 애로사항을 토로한다면 인센티브가 포함된 자율규제에 맡겨보는 것도 현재 우리 경제상황에서 한 대안이 될 것이다. 인센티브가 없는 개혁드라이브는 잘못하면 경제 전체의 피로도만 높일 가능성이 있다는 데 유의해야 할 것이다.

바. 준법매뉴얼의 작성 및 사용

회사 내부에서 내부통제시스템이 사용되고 지속적으로 정비되고 있다는 사실을 대내외에 알림으로써 시스템의 효율을 높이는 데 준법매뉴얼(Compliance Manual)이 활용된다. 이는 주로 경영진과 이사의 업무수행에 참고하기 위해 작성되나 반드시 그에 한정되어 사용될 이유는 없을 것이고 오히려 내부통제시스템에 관련되는 모든 임·직원들뿐 아니라 시스템의 적용대상이 되는 모든 부서와 임·직원에게 제공될 필요가 있다고 하겠다. 그러나 물론 주 사용자는 이사들과 준법감시부서, 감사부서 등이 될 것이다.

이 매뉴얼은 내부통제시스템이 어떤 법적 효과를 부여받을 경우 그를 향유하기 위한 가장 용이한 입증자료가 된다. 그렇지는 않더라도 이사의 책임을 묻는 소송이 제기된 경우 그 책임을 완화하는 데 도움이 되어줄 수 있는 자료이다. 따라서 매뉴얼의 후미에 매뉴얼의 개정 · 보완에 관한 일지 기록과 매뉴얼의 배포현황에 관한 기록 등을 갖추도록 하는 것이 좋다. 또 매뉴얼에 대한 내부 교육실적을 정리해서 포함시켜야 할 것이다. 매뉴얼에 포함되어야 할 주요 내용은 위 캐어마크 사건에서 제시된 것들을 기준으로 편성하면 될 것이다. 주로 다음과 같은 내용을 포함하도록 해야 한다.[169)]

(1) 최고경영자의 준법경영, 내부통제시스템 실천선언
(2) 임·직원 윤리강령
(3) 내부통제시스템에 대한 개관
(4) 담당임원과 부서에 관한 소개
(5) 준법사항의 세부내용과 사례
(6) 준법사항 위반시 법령과 내부규칙에 의한 제재조치의 내용
(7) 제재 및 조사기록, 통계
(8) 준법사항 위반에 대한 제보, 보고, 조사절차
(9) 임·직원 교육프로그램의 소개
(10) 회사의 정관, 각 위원회 규칙 등 주요 내부규칙
(11) 주요 법령과 판례
(12) 감독기관에서 발표하는 주요 보도자료 등 참고자료
(13) 매뉴얼 수령확인서 및 준수확약서
(14) 제반 서식
(15) 매뉴얼 업-데이트 기록

169) A Manual for Developing and Implementing a Business Ethics and Compliance Program(Ethics & Compliance Strategies, 2002) 참조.

나아가 매뉴얼이 교육자료로서의 가치를 더할 수 있게 하려면 국내외 타기업의 모범사례 등도 포함시키는 것이 좋으며 매뉴얼은 최소한 분기마다 개정되고 보완되어야 할 것이다. 상장 · 등록기업의 경우 그를 거래소와 인터넷을 통해 공시하는 것도 좋은 전략이 된다. 회사 내부적으로도 주기적으로 이-메일이나 인트라넷을 통해 임·직원들에 대해 준법 문제에 대한 주의를 환기하고 그에 대한 기록을 보관하도록 해야 한다. 준법매뉴얼은 그 잠재적 효과를 잘 이해하고 있는 전문가들의 도움을 받아 제작하는 것이 필수적이며 회계법인이 내부통제시스템을 구축하는 것과 병행하여 준비하는 것이 효율적일 것이다. 실제로 뉴욕증권거래소에 진출해 있는 우리 나라 기업들과 그를 준비 중인 우리 나라 기업들은 미국의 회계개혁법에 의한 내부통제시스템 구축요건을 이행하기 위한 조치의 일환으로 재무보고에 관한 내부통제시스템을 구축하고 있는 것으로 알려져 있다. 여기에 준법감시시스템을 같이 준비하고 그 일환으로 준법매뉴얼을 제작한다면 보다 효과적인 내부통제시스템의 마련이 가능할 것이다.

> 내부통제와 관련해서 필자가 항상 연상하는 예는 외국출장을 가게 되면 머무르게 되는 고급호텔 종업원들의 업무방식이다. 룸서비스 담당직원들은 매일 손님들이 묵는 방을 체크하는데 전체를 보면서 여기저기 정리하는 방식을 쓰지 않고 체크리스트를 가지고 순서대로 하나씩 점검해 가는 방법을 쓰는 것을 알 수 있다. 그 항목은 호텔의 수준에 따라 수십 개에 이른다. 이렇게 리스트를 쓰게 되면 점검할 것을 빠뜨리는 일이 없게 되고 점검 속도도 빨라진다. 리스트를 잘 만들기만 하면 나무만 보고 숲은 못보는 경우조차 방지할 수가 있다. 내부통제시스템은 수백 개의 점검항목에 대한 정기적인 점검작업을 포함한다. 절차 전체가 극히 기술적이고 '비정치적'이기 때문에, 그리고 그 절차와 결과에 대한 조치내용이 사전에 합의되고 공표되어 있기 때문에 그 결과에 대해 누구도 이의를 제기할 수 없게 된다. 내부통제의

개념에 사외이사제도나 감사위원회 같은 것을 포함해서 넓게 이해한다는 경우 그 운영결과에 따라 공정거래법상의 인센티브를 부여한다면, 그것은 쉽게 표현하면 '대단히 비싸고 정교한' 장치를 구축해서 실행하는 경우에 한해야 할 것이다. 기업에 대한 지배력을 가진 사람이나 이사회 구성원들의 의사에 따라 쉽게 그 기능이 좌우될 수 있는 정도의 장치는 인센티브를 부여하기 위한 정책수단의 지표로서 의미가 거의 없다. 대단히 비싸고 정교한 장치란 전문가들의 도움을 받아 준비한 일련의 체크리스트와 그 활용절차, 결과의 공표절차, 자체 평가기법, 상술한 준법매뉴얼, 이 모든 것들을 지원하는 컴퓨터 소프트웨어 등을 포함해야 할 것이다. 사람이 처리하는 업무의 부분을 기계가 하는 부분에 비해 축소하고 종이서류를 전산화된 서류로 바꾸는 작업이 이의 기초이다. 공상과학적으로 표현하자면 불법 내부거래가 발생하는 경우 인트라넷을 통해 관련 임·직원들의 컴퓨터 스크린에 경고 메시지가 뜨도록 하는 것을 상상해 볼 수 있다. 그리고 문제가 있는 내용의 메시지가 회사내외에 유통되는 경우 사이버 폴리스가 그를 포착해서 조사하는 것도 가능할 것이다. 실제로 이런 기법들은 구미의 대기업들이 이미 상당 수준으로 도입해서 활용하고 있는 것으로 알려진다.

사. 미국 회계개혁법과 내부통제[170)]

SOX 적용대상 기업들은 연차보고서에 내부통제에 관한 보고서(internal control report)를 포함시켜야 한다. CEO/CFO 인증서에도 내부통제시스템의 설치와 기능평가에 대한 내용이 포함되어야 한다. 여기서

170) SEC Rule: Management's Report on Internal Control over Financial Reporting and Certification of Disclosure in Exchange Act Periodic Reports(2003년 8월 14일 발효). 또 Robert E. Rosen, *Risk Management and Corporate Governance: The Case of Enron,* 35 Connecticut Law Review 1157(2003) 참조. 회계개혁법에 대하여 일반적으로 김화진, 미국의 회계개혁법률이 우리 나라 기업들에 미치는 효과, 서울대학교 금융법센터 BFL 제5호(2004. 5), 65면; 금융감독원, 미국에서의 기업지배구조 개선동향(2004. 10); Roberta Romano, *The Sarbanes-Oxley Act and the Making of Quack Corporate Governance*, 114 Yale Law Journal 1521(2005) 참조.

"내부통제"는 "내부회계통제"에 국한된다는 것이 현재 미국 로펌들의 의견인 것으로 보이나 원래 내부통제 장치에는 임·직원의 직무집행이 법령 및 정관에 적합하게 행해질 수 있도록 확보하기 위한 체제, 즉 준법감시체제뿐 아니라 각종 위험관리체계가 포함되는 것으로 이해되어 있다. 위 보고서에는 회사의 재무에 관한 사항의 공시에 적용되는 적절한 내부통제시스템과 절차가 마련되고 유지되는지의 여부에 관한 경영진의 책임이 기재되어야 하며 내부통제시스템의 유효성에 대해 최근 회계연도 종료 시점을 기준으로 한 평가가 기재되어야 한다. 이 평가는 회사의 경영진이 수행하나 외부감사인은 그 평가에 대한 의견을 발급하여야 하고 외부감사의 의견발급에 필요한 사항은 이사회가 결정한다. 내부통제에 관한 제반의무는 외국기업들의 경우 2005년 4월 15일 또는 그 이후에 종료되는 회계연도부터 적용된다. 따라서 외국기업들의 경우 2006년 초에 제출되는 2005년 연차보고서에 이를 처음으로 반영하게 된다.

미국 시장에 진출하는 우리 나라 기업들은 내부통제시스템과 준법감시기구를 잘 활용함으로써 이사의 법적 책임완화에 활용할 수 있을 것으로 생각되며 국내에서 소송에 제기되는 경우라 해도 우리 법원에 이를 주장해 보아야 할 것이다. 특히 상술한 바와 같이 SEC는 증권관련법령 위반 사건에 있어서 내부통제시스템의 정비 여부를 중요한 고려사항으로 감안하겠다는 입장을 취함으로써 연방양형지침이나 캐어마크 판결과 보조를 같이하고 있는데, 이는 미국 시장에 진출한 외국기업들에게는 대단히 중요한 의미를 가지며 우리 감독당국도 이를 연구해서 참고해야 할 것이다.

한편, SOX는 기업 내부통제 장치의 효과를 높이기 위해 회사의 회계부정이나 위법한 내부거래, 증권사기 등에 대해 제보를 하고 그를 이유로 해고되거나 불이익을 받은 회사 직원들이 소송을 제기할 수 있는 장치를 마련하고 있다.[171] 여기서 제보(whistleblowing)라 함은 해당

171) Sections 301, 806 & 1107. 동법은 변호사들에 대해서도 유사한 제보의무

정보를 연방시장감독기관이나 수사기관, 의원, 회사 내부의 감사담당 임·직원 등에게 제공하거나 진행중 또는 진행될 소송에 참가하는 것을 말한다. 해당 직원들을 위한 권리구제 수단은 복직, 급여의 소급적 보전, 변호사 비용 및 소송비용의 지불 등을 포함한다. 그러나 해당 직원은 연방법원에 소송을 제기하기 전에 노동부에 이의를 신청하고 180일간의 대기기간을 거쳐 그 기간 동안 노동부가 필요한 조치를 취하지 않는 경우에만 소송을 제기할 수 있다. 상술한 바와 같이 감사위원회는 내부자 제보의 관리에 필요한 절차를 정비하여야 하며 NYSE, 나스닥상장규정은 상장기업들이 위법, 비윤리적인 행위에 대한 내부자들의 제보를 권장하는 것을 내용으로 하는 항목을 회사의 윤리규정에 설치하도록 하고 있다.

이 법 적용대상 외국기업들은 그 CEO, 재무담당 임원, 회계담당 임원 등이 준수해야 할 윤리강령(code of ethics)을 제정하여 2004년에 제출되는 연차보고서와 분기보고서를 통해 공시하여야 하며 그렇게 하지 않는 경우 그 이유를 공시하여야 한다.[172] 윤리강령은 정직하고 윤리적인 행동, 완전하고 공정하며 적절하고 이해하기 쉬운 공시, 법령의 준수 등을 촉진할 수 있는 내용을 포함하여야 한다. SEC의 규칙은 명시하고 있지 않으나 이 윤리강령의 제정과 준수에 관한 감독책임은 이사회가 부담하여야 할 것으로 여겨지며 관련 내부규정에 의해 감사위원회에 권한과 책임이 위임될 수도 있을 것이다.

를 부과하고 있다. Section 307 참조. 이 규정은 회사의 내부 변호사뿐 아니라 외부 변호사들에게도 적용되며 제보의무는 변호사가 회사를 위해 제공하는 업무의 범위에 한정되지도 않는다. Steve Priest & Jeffrey M. Kaplan, Caremark, *Sarbanes-Oxley, and the Corporate Audit Committee's New Role in Whistleblower Protection,* Corporate Compliance Institute 2003(Vol. 2) 133 (2003) 참조.

172) Section 406.

아. 재무정보시스템의 설계와 설치

내부통제시스템의 설치를 위해 기업들은 회계법인의 조력을 받게 된다. 그러나 SOX는 기업과 외부감사인간의 관계를 재정립하여 외부감사인의 독립성을 강화하기 위한 일련의 규정을 포함하고 있다. 동법은 외부감사회사가 감사대상 기업에 제공할 수 없는 8가지의 업무를 열거하고 PCAOB가 추가적인 카테고리의 금지업무를 규정할 수 있도록 하고 있다. PCAOB는 사안에 따라 외부감사의 독립성 유지에 장애가 발생한다고 판단되는 경우 SEC의 승인을 얻어 동법에 열거된 업무 이외의 업무도 금지업무로 지정할 수 있다. 동법이 명시하고 있는 8가지의 업무는 다음과 같다.[173] 이 법 적용대상 기업들의 감사위원회는 외부감사인의 감사업무와 외부감사인이 수행할 수 있는 비감사업무를 사전에 승인하여야 한다.[174]

(1) 회계기록 및 재무제표와 관련된 부기
(2) 재무정보시스템의 설계와 설치
(3) 감정 및 평가 서비스, 기업가치평가에 대한 의견 작성, 현물출자에 대한 평가
(4) 보험계리(actuarial) 서비스
(5) 내부감사업무 아웃소싱 서비스

173) Section 201. 이 조항은 1934년법 Section 10A(g)로 신설되었다. SEC의 관련규칙은 2003년 5월 6일자로 발효하였다: Strengthening the Commission's Requirements Regarding Auditor Independence(Release No. 33-8183). 이 규칙의 해석은 실무에서는 대단히 중요한 의미를 가지고 있다. 참고자료로 Ernst & Young, Corporate Reform: The New SEC Auditor Independence Rules(2003). 이 규칙의 제정 전에 미국 공인회계사협회(AICPA)가 SEC에 제출한 의견서도 좋은 참고자료이다. 영국 공인회계사협회의 웹 사이트가 다양한 정보를 잘 정리해서 제공한다: http://www.icaew.co.uk/library 참조. 일반적으로 OICU-IOSCO, Principles of Auditor Independence and the Role of Corporate Governance in Monitoring an Auditor's Independence(October 2002) 참조.

174) Section 201-202.

(6) 경영관리 및 인사관리
(7) 증권회사업무, 투자자문, 투자금융 서비스
(8) 감사업무와 무관한 법무 또는 기타 전문서비스

외부감사가 회계감사기간 동안 또는 외부감사인으로 선임되어 있는 기간 동안 피감법인인 회사에게 위와 같은 회계감사 이외의 서비스를 제공하는 경우 그 독립성을 인정받을 수 없다. 그러나 외부감사회사들은 세무관련 서비스[175] 등을 포함하여 회계개혁법이 금지하지 않고 PCAOB가 금지하지도 않는 업무를 해당 회사 감사위원회의 사전승인을 얻어 수행할 수 있다.

내부통제시스템의 구축과 관련한 서비스가 SEC의 규칙에서 금지하는 서비스에 해당하는지를 판단하는 것은 쉬운 일이 아니지만 SEC가 외부감사의 독립성을 제고하기 위해 설정한 다음 기본 3원칙을 상기해 보면 판단에 도움을 받을 수 있다:

(1) 외부감사는 피감법인의 경영을 담당하는 역할을 수행할 수 없다.[176]
(2) 외부감사는 자기자신의 업무결과를 감사할 수 없다.
(3) 외부감사는 피감법인을 변호하는 역할을 수행할 수 없다.

우선, 재무정보시스템의 설계와 설치는 허용되지 않는다. 단, 이와 관련한 서비스 제공의 결과가 외부감사의 회사재무제표 감사의 범위에 포함되지 않는 것으로 보는 것이 합리적인 경우에는 해당 서비스의 제

175) 그러나 Linda M. Beale, *Developments May Lead SEC to Ban Certain Tax Services Under Sarbanes-Oxley Independence Rules,* 16 Journal of Taxation of Financial Institutions(May-June 2003) 참조.

176) 회사에 따라서는 여러 가지 이유에서 일부 업무에 있어 외부감사의 사실상의 지배를 받는 경우가 있을 수 있다. 또 전문성의 부족 등을 이유로 경영진이 외부감사의 권고내용을 그대로 집행하도록 하는 일도 발생한다. 한편, 회사가 외부감사의 지배를 받지 않을 정도로 규모가 크고 임·직원들이 전문성을 갖추고 있더라도 엔론의 사례에서 보듯이 내부통제 장치가 없으면 핵심적인 인물이 외부감사와 결탁하여 내부거래를 자행하는 경우도 있다. SOX는 이러한 경우들을 상정하여 그를 방지하려고 하는 것이다.

공이 허용된다. 재무정보시스템의 설계와 설치라 함은 첫째, 직접 또는 간접으로 피감법인의 정보시스템을 운용하거나 운용을 감독하거나 피감법인의 사내 네트워크를 관리하는 것, 둘째, 피감법인 재무제표 작성의 기초가 되는 데이터를 취합하거나 포괄적으로 보아 재무제표 및 다른 재무정보시스템에 중대한 의미를 갖는 정보를 생성하는 하드웨어시스템 또는 소프트웨어시스템을 설계하거나 설치(implementation)하는 것 등을 포함한다. 외부감사는 피감법인의 감사위원회가 사전에 승인하는 경우 피감법인의 재무제표나 회계자료와는 무관한 하드웨어 또는 소프트웨어를 구축하는 서비스를 피감법인에게 제공할 수 있다.

여기서 중대한 의미를 갖는 정보라 함은 해당 정보가 피감법인의 재무제표에 증권법상의 중요성 개념을 적용할 수 있는 내용이라고 보는 데 무리가 없는 정보이다. 그러나 시스템이 생성한 특정 정보가 피감법인의 재무제표에 중대한 의미를 갖는지의 여부는 피감법인의 재무제표가 작성되기 전에는 최종적으로 판단될 수 없기 때문에 외부감사와 피감법인은 해당 정보의 일반적인 성질과 산출물을 평가해야만 한다. SEC는 통합ERP(Enterprise Resource Planning)의 설계를 예시하면서 이 시스템은 피감법인의 재무보고 시스템의 기초가 되는 것이기 때문에 외부감사가 그에 관한 서비스를 제공할 수 없다고 해설한다.

고객의 재무제표에 영향을 미치는 재무정보시스템의 설계와 설치는 외부감사로 하여금 피감법인의 경영을 담당하는 역할을 수행하도록 하는 결과를 발생시킬 수 있을 뿐 아니라 자신의 업무결과를 감사하는 결과를 초래하거나 자신이 구축한 내부통제시스템의 효율성을 스스로 인증하는 결과를 발생시킬 가능성이 있다. 예컨대 외부감사가 재무정보를 생성하는 컴퓨터시스템을 고객인 피감법인을 위해 설계 또는 설치하였는데 그 시스템이 부정확한 데이터를 생성한다면 외부감사는 스스로의 업무결과에 기초하여 회계감사를 행해야만 하는 위치에 있게 되는 것이다. 투자자들은 이러한 경우 외부감사가 스스로 설계 또는 설치한 정보수집시스템의 효율성에 대해 의심을 가지고 필요한 경우 그를 시정하려는 노력을 기울이지 않을 것으로 믿게 된다. 즉, 이 경우 외부감사는 독립성을 보유하고 있다고 평가받을 수 없게 된다.

그러나 SEC의 규칙은 외부감사가 피감법인의 재무정보시스템이 설계・설치・운용되는 어느 단계에서이든 그를 내부적으로 통제하는 기능을 평가하고 경영진에게 필요한 권고를 제공하는 것을 금지하지는 않는다. 이는 해당 시스템의 설계・설치・운용이 회계감사 과정의 일부를 구성하든 인증서비스의 일부를 구성하든 마찬가지이다. 또 SEC의 규칙은 외부감사가 피감법인의 내부통제에 관련된 사안에서 외부감사가 아닌 다른 서비스 제공자가 설계하고 설치하는 시스템에 관해 경영진이나 해당 서비스 제공자에게 자문을 제공하는 것을 금지하지 않는다.

이렇게 보면, 특정 서비스가 허용되는 업무의 범위에 포함되는지, 아니면 SEC 규칙이 금지하는 업무의 범위에 포함되는지는 서비스계약의 내용보다는 계약의 실질적인 이행이 어떻게 이루어지는지를 보아 판단될 수 있을 것이다. 피감법인이 외부감사의 자문내용을 그대로 집행함으로써 집행의 주체는 자신이나 사실상 외부감사가 시스템을 계획, 설치하는 것과 동일한 경우 이는 금지되는 것으로 보아야 할 것이지만, 반대로 피감법인이 독자적으로 전문적인 인력과 지식을 보유하고 외부감사가 자문하는 내용을 검토한 후 그 채택 여부에 대한 독자적인 결정을 내리며 자문내용 중 채택된 부분의 집행이 적절히 이루어지는지를 효과적으로 감독하는 등의 경우 이는 외부감사가 SEC 규칙이 허용하는 성질의 자문을 행한 것이므로 허용되는 것으로 볼 것이다. 즉, 시스템의 설계 및 설치 서비스와 그에 필요한 개선안의 제공 등 자문을 제공하는 서비스의 차이는 일률적으로 판단될 수 있는 성질의 것이라기보다는 계약당사자들의 계약체결과 이행이 어떻게 이루어지는지를 실질적으로 감안하여 판단되어야 할 성질의 것이다. 따라서 허용 여부의 판단에는 피감법인의 관련업무를 담당하는 임·직원들의 수나 전문성도 중요한 참고요인이 될 것이다.

외부감사는 상시이든 일시적이든 피감법인의 이사, 임원 또는 직원의 기능을 수행할 수 없다. 또 외부감사는 피감법인의 경영과 관련된 여하한 의사결정, 감독, 상시 감시 등의 기능을 담당할 수 없다. 이 규칙의 해석에 있어서 가장 어려운 문제는 위에서 언급한 재무정보시스템의 설계와 설치이다. 재무정보시스템의 설치와 설계는 원칙적으로 외부감사로 하여금 회사의 경영관리 기능을 수행하도록 하는 결과를 초래할 수 있으므로 다른 이유에서와는 별개로 금지업무에 포함된다. 그러나 SEC는 외부감사가 피감법인의 내부 회계와 리스크관리 시스템을 평가하고 그 개선을 위한 권고를 제공하는 등의 서비스는 외부감사의 독립성을 해하지 않는 것으로 보고 있다. 외부감사는 GAAS에 의거하여 회계감사를 수행함에 있어서 피감법인의 내부통제시스템을 이해할 필요가 있다. 이러한 맥락에서 외부감사는 피감법인의 감사위원회나 경영진에게 피감법인의 내부통제시스템이 개선되거나 더 효과적이 될 수 있는 방안에 관해 진단하고 평가하며 권고하는 역할을 맡는 경우가 흔히 있게 된다. 그 결과로 피감법인의 내부통제시스템이 개선된다면 그것은 일반투자자들에 대한 재무보고를 개선시킬 뿐 아니라 회계감사의 질을 향상시키는 데 도움이 된다. 이와 같은 이유에서 SEC는 외부감사가 피감법인의 내부통제 장치 및 리스크 관리시스템을 진단하고 그 설계와 설치에 관해 경영진에게 개선안을 권고하는 것을 장려하는 정책을 계속 유지하기로 하였다.

그러나 시스템의 설계와 설치에 관한 평가나 권고를 행하는 것과 시스템을 설계 · 설치하는 것은 근본적으로 다른 서비스이기 때문에 상술한 바와 같이 시스템을 설계 · 설치하는 것은 허용되지 않는다. 즉, 시스템의 설계와 설치는 외부감사가 스스로의 업무결과에 기초하여 회계감사를 수행하게 되는 결과를 초래할 수 있기 때문에 위 항목에서 금지되고 있을 뿐 아니라 외부감사가 피감법인의 경영기능을 수행하도록 하는 결과를 초래하기 때문에도 허용되지 않는다.

엔론의 외부감사는 아더 앤더슨(Arthur Andersen)이었는데 널리 알려지기로는 엔론 사건의 여파로 몰락하게 되었다는 것이다.[177] 그러나 아더 앤더슨의 몰락은 엔론 사건 한 가지로만 설명되기에는 석연치 않은 점이 많다는 것이 전문가들의 분석이다. 아더 앤더슨은 무려 2,300개나 되는 기업의 감사를 담당하였고 엔론이 대형 고객이기는 하였으나 2001년 아더 앤더슨의 총매출액 90억불의 1/90에 불과한 1억불 정도의 수입을 엔론으로부터 얻게 될 것으로 예상하였다고 한다. 즉, 엔론이 아더 앤더슨에게 갖는 중요성은 일반이 인식하는 것만큼은 큰 것이 아니었고 아더 앤더슨이라는 회계법인이 법인 자체의 존망을 걸만큼 위험을 감수할 이유는 전혀 없었다는 것이다. 여기서 컬럼비아 법대 카피 교수가 이야기하는 '케이트 키퍼의 총체적 부실'(the collective failure of the gatekeepers) 논리가 설득력을 얻는다.[178] 이에 의하면 1990년대 전반을 통하여 기업회계의 공격성은 증가해 왔고 회계법인, 애널리스트, 신용평가기관 등 그 누구도 이를 문제삼지 않았다는 것이다. 이 때문에 부실은 곳곳에서 누적되어 왔으며 엔론은 그 피크에 올라 노출된 대표적인 스캔들일 뿐이라는 것이다. 엔론 사건의 대규모성에 가려지기는 했어도 최근 회계부정 사건이 발생한 기업은 한두군데가 아니며 심지어는 핵심 블루칩 IBM마저 구설수에 오르기도 하였다. 아더 앤더슨 자체도 엔론 이외의 다수 기업들의 회계부정 사건에 연루된 바 있다. 동 교수의 분석에 의하면 이러한 문제점은 게이트 키퍼들의 내부통제시스템 기능저하에 그 이유를 두고 있다. 즉, 아더 앤더슨의 그 누구도 위험을 부담할 의사가 없었으나 개개 기업인 고객을 절대적으로 의식하는 개별 파트너들의 업무수행을 통제하는 장치가 제대로 기능하지 않았다는 것이다.[179]

177) 엔론과 아더 앤더슨 스토리는 Kathleen F. Brickey, *Andersen's Fall from Grace,* 81 Washington University Law Quarterly 917(2003) 참조.

178) John C. Coffee, Jr., Understanding Enron: It's About the Gatekeepers, Stupid(Working Paper, July 2002) 참조.

179) 이는 로펌들에게는 특별히 경종을 울리는 분석이다. 왜냐하면 회계법인이나 투자은행들의 경우에 비해 로펌들의 내부통제 장치는 지극히 원시적인 수준이거

8. 이사 책임완화론의 정책적 의의

이사 책임완화론의 포커스는 사실상 경영판단의 원칙과 내부통제시스템에 있다. 이사의 책임을 완화해 주는 다른 장치들은 기술적인 성격이 크지만 이 두 가지 장치는 기업 내부의 프로세스 개선과 그로 인한 기업가치의 제고와 직결된다. 경영판단의 원칙은 이사회 결의와 관련한 주의의무, 내부통제시스템은 이사의 감시의무와 관련한 주의의무에 있어서 이사의 책임을 완화시켜 주는 데 필요할 뿐 아니라 그에 그치지 않고 해당 기업의 지배구조를 개선함으로써 시장에서의 평가에 반영되어 주가에 긍정적으로 작용한다.

그리고 두 가지 장치 공히 기업의 외부전문가들의 역할을 제고시켜 주는 효과를 발생시킨다. 경영판단원칙의 보호를 받기 위해 필요한 의사결정 과정은 객관적인 외부의 시각이 반영된 자료를 참고로 해야 하기 때문이며 내부통제시스템의 설계와 운영 또한 대다수 기업들의 경우 외부전문가들의 도움을 필요로 하는 일이기 때문이다. 여기서 외부의 전문가들이란 회계법인, 로펌, 투자은행 등 이른바 '게이트 키퍼'(Gatekeeper)라 불리는 그룹이다.[180] 이들은 경제학 개념으로는 '리피트 플레이어'(Repeat Player)들이며 '신용중개인'(Reputational Intermediary)들이다. 즉, 그 전문성과 신용을 기반으로 사업을 영위하고 있기 때문에 고객의 능력은 물론이고 많은 경우 신용까지 보완해 준다. 미국에서 벤처기업의 IPO가 성공하느냐의 여부는 누가 주간사이고 어떤 회계법인이

나 아예 존재하지도 않기 때문이다. 일반적으로 Jeffrey I. Snyder, *Regulation of Lawyer Conduct Under Sarbanes-Oxley: Minimizing Law-Firm Liability by Encouraging Adoption of Qualified Legal Compliance Committees,* 24 Review of Litigation 223(2005) 참조.

180) Barbara A. Banoff, *Gatekeeper Liability Under Section 11 of the Securities Act of 1933: So Why Isn't the Grass Growing on Wall Street?,* 55 Administrative Law Review 267(2003); John C. Coffee, Jr., Understanding Enron: It's About the Gatekeepers, Stupid(Working Paper, July 2002).

감사이며 어느 로펌이 법률의견을 발급했는가에 크게 좌우된다는 말이 여기서 나옴을 상기해 보면 된다. 특히 내부통제시스템에 관하여는 우리 나라 기업들에게 축적된 경험과 정보가 별로 없다는 점을 생각해 보면 그에 필요한 전문적인 노하우와 경험을 가진 전문가 그룹의 역할이 중요해질 것임을 쉽게 알 수 있다.

우리 경제는 이른바 '오너경영'을 벗어나 '전문경영인경영'을 지향하고 있다. 그러나 그간 오너경영의 문제가 워낙 많이 논의되어 왔기 때문에 그 대표적인 강점은 흔히들 쉽게 잊는다. 사업적인 결정에 대한 책임의식과(우리 나라 대기업의 오너들은 지분율은 그다지 높지 않을지 몰라도 금융기관에 대한 개인보증을 통해 거의 회사와 운명공동체이다) 신속하고 효율적인 결단능력이다. 역사상 '위원회'가 이렇다 할 업적을 낸 것이 없다고 말하듯이 기업의 의사결정을 이사회에만 맡겨 놓는 경우 비효율적이 되기 쉽고 순발력이 떨어지기 쉽다.[181] 그러나 어차피 전문경영인과 이사회 위주의 지배구조로 간다고 하면 이사들의 책임완화 장치를 개발해서 그 단점을 보완해 주어야 할 것이다.

Ⅷ. 이사의 법률적 책임과 기업지배구조

이 장에서는 상장기업 이사의 의무와 책임에 관한 최근의 논의를 일반적으로 정리하고 내부통제를 통한 이사 책임완화론을 중점적으로

---

181) 저자는 최근에 외국의 유수한 대기업을 상대로 일을 한 일이 있다. 우리측 기업은 기업지배구조상의 문제를 의식하여 제반 절차와 법률적 요건을 갖추기 위해 많은 시간을 들여 노력하였는데 상대측 외국기업은 그런 문제가 상대적으로 없는 나라의 기업인 이유로 대표자가 이사회로부터 전권을 위임받아 신속하고 과감한 결정을 내리는 것을 보았다. 그 기업은 공개기업이었으나 대주주 가족이 2/3 이상의 지분을 가진 그런 기업이었다. 기업지배구조 차원의 문제가 없는 경제에서는 소유가 집중된 기업이 경쟁력상의 우위를 가지고 있지 않은가 하고 생각해 보는 계기가 되었다.

살펴보았다. 그를 통해 IMF 사태 이후 강화되어 온 이사의 법적 책임의식, 법적 책임추궁의식이[182] 거액의 손해배상 판결로 나타나고 동시에 경영판단원칙이 정면으로 인정되는 등 우리 나라 회사법이 큰 변화를 겪고 있음을 잘 알 수 있다. 우리 나라의 기업활동 현실이 영미식의 시장환경에서 이루어지고 자금조달이 국제화되다 보니 회사법과 실무의 영미화도 빠르게 진행되고 있는 것으로 보인다. 이러한 추세와 증권관련 집단소송제도의 도입은 영미의 법학계와 법조계에서도 가장 어려운 영역으로 여기지고 있는 바로 그 영역으로 우리가 첫발을 내딛었음을 의미하기도 한다. 위에서 상세히 소개된 최근의 판결들은 대부분 하급심 판결들이기는 하지만 사법부가 변화된 시장과 기업의 지배구조를 규율하는 법원칙의 발견과 적용에 대단히 적극적임을 보여주고 있으며 법관과 변호사들의 공부와 사고의 방향이 시대의 변화에 따라 고도로 변화되고 있음도 알 수 있게 해 준다. 그러나 서두에서도 언급한 바와 같이 우리가 영미의 법리와 제도를 도입함에 있어서는 그 발달배경을 스터디하여 부분적이고 불균형한 도입이 되지 않도록 애써야 할 것인데 이사의 책임완화 장치들에 보다 많은 관심이 기울여져야 할 것이다. 이 글에서 강조한 바와 같이 기업지배구조의 개선에 있어서 사법부가 차지하는 비중은 일반이 생각하는 것보다 대단히 큰 것이며 이것은 이사 책임완화론의 전개에 있어서도 마찬가지이다.

이사의 의무와 책임을 의식한 이사회 실무에 있어서도 글로벌 경제시대의 우리 기업들은 우리 나라의 법과 제도가 요구하는 바를 충실히 이행하는 데 그쳐서는 안 될 것이다. 왜냐하면 우리 나라 기업을 평가하는 것은 주로 외국의 글로벌 투자자들이며 이들은 평가 대상인 우리 나

182) Hwa-Jin Kim, *Taking International Soft Law Seriously: Its Implications for Global Convergence in Corporate Governance,* 1 Journal of Korean Law 1(2001); Hwa-Jin Kim, *Living with the IMF: A New Approach to Corporate Governance and Regulation of Financial Institutions in Korea,* 17 Berkeley Journal of International Law 61(1999) 참조.

라의 기업이 우리 나라의 법과 제도에 충실하다는 사실만으로는 최상의 점수를 주지 않는다. 이들은 글로벌한 활동의 결과로 보다 수준 높은 비교기준을 가지고 있다. 따라서 우리 기업들은 우리의 법과 제도를 넘어서는 글로벌 시장에서의 베스트 프랙티스를 찾아 그를 수입·적용해야 한다.[183] 이로써 기업의 가치를 높이고 경쟁의 우위에 설 수 있다. 법과 제도가 요구하는 수준만 따라가는 것은 필요하지만 충분한 것은 아니며, 특히 우리 나라를 포함한 아시아 국가들의 정부, 의회는 여러 가지 이유에서 시장을 리드하는 역할을 해 주지는 못하고 있다. 기업간의 경쟁은 우수한 실무의 경쟁일 수도 있으며 선도적인 기업일수록 정부의 힘이 미치지 못하는 선을 넘어 우수한 실무를 통해 시장의 수준을 높여 주어야 할 것이다.[184]

또 이 장에서 소개한 내부통제 장치의 정비를 통한 이사의 책임완화 방안은 우리 법이 요구하지도 않고 있고 실행한다 해도 그 법적 효과를 인정받아 이사의 책임완화에 실제로 도움이 될 지 알 수 없는 처방이라고 생각될 수 있다. 그러나 여기서 소개한 방안은 소송이 발생해서 법원이 이사의 책임을 완화하는 데 참고가 되고 안 되고의 문제를 넘어서는 것이다. 즉, 실행하는 경우 글로벌 투자자들이 주도하는 국제시장에서 '가산점'을 받게 된다. 공시와 IR, 홍보 등이 그 실행수단이다. 이것이 바로 베스트 프랙티스의 효용이다. 이제 지구상의 시장은 하나이다. 그러나 법과 제도의 제정과 집행은 아직도 약 200개로 나누어진 국가별로 이루어진다. 여기서 이른바 'Regulatory Arbitrage'[185]의 가능성이

183) Hwa-Jin Kim, *Toward the "Best Practice" Model in a Globalizing Market: Recent Developments in Korean Corporate Governance,* 2 Journal of Corporate Law Studies 345(2002).

184) 베스트 프랙티스는 세계 어디에서나 발견할 수 있으나 주로 구미에서 찾을 수 있는데 우리 나라 기업들이 베스트 프랙티스를 수입해서 실천하는 가장 효과적인 방법은 미국 증권시장 직접진출이다. Hwa-Jin Kim, *Cross-Listing of Korean Companies on Foreign Exchanges: Law and Policy,* 3 Journal of Korean Law 1(2003).

185) Amir N. Licht, *Regulatory Arbitrage for Real: International Securities*

발생한다. 이사회의 실무도 이를 고려해서 정비되어야 할 것이다.

최근의 대규모 경영권분쟁에서 공통적으로 나타난 현상은 공격·방어측 공히 기업지배구조의 개선을 통한 투명경영과 기업가치제고 노력을 표방하여 주주들의 표심을 얻으려 노력하였다는 것이다. 이는 우리나라에서 이제 투자자들이 M&A가 무엇을 위한 제도인지를 잘 알게 되었음을 보여주는 증거이며 기업의 경영자들도 지배구조의 개선이 가지는 의미를 실감하게 된 것으로 보인다. 일반적으로 훌륭한 지배구조는 경영판단원칙의 표방을 효과적이게 하고 이사의 책임도 완화할 것이다. 향후 상장기업 이사의 법률적 책임논의와 그 완화 장치의 개발·정비는 기업지배구조 및 M&A와 연계되어서도 중요한 의미를 가지게 될 것으로 예상된다.

Regulation in a World of Interacting Securities Markets, 38 Virginia Journal of International Law 563(1998) 참조.

제 5 장

경영권 이동과 이사회

이론상, 기업의 경영진은 이사회가 구성한다. 따라서 회사의 경영권은 이사회에서 과반수를 차지하는 측이 장악한다. 이사회는 기업이 '평화시에' 움직이는 핵심을 구성하기도 하지만 경영권 분쟁이 발생하거나 적대적 M&A가 시도되는 경우 회사의 운명을 좌우하는 위치에 놓이게 된다. 평시의 이사의 선임과 해임, 경영권 분쟁 발생시의 이사의 선임과 해임은 모두 주주총회에서 이루어진다. 따라서 주주총회의 운영과 의결권의 행사에 관한 제도가 큰 실질적·법률적 중요성을 가진다. 의결권의 행사에 관한 여러 가지 메커니즘은 이사의 선임 외의 다른 사안에서도 중요성을 갖지만 현대 주식회사의 의사결정 기구인 이사회, 즉 기업의 흥망성쇠에 관한 최종적인 결정권을 가지는 기구의 구성인 이사의 선임에 관해서 가장 큰 의의를 가지고 있다. 또 이사의 선임이라는 결과를 향한 다양한 이해관계의 조정과 권력투쟁의 산물로 주주의 의결권 행사에 관한 여러 가지 변형된 제도가 있으며 이는 경영권 분쟁과 적대적 M&A에서 그 진가를 발휘한다.

Ⅰ. 이사의 선임과 해임

1. 이사의 선임과 해임

이사는 자격이 있는 후보들 중에서 주주총회에서의 과반수 투표로 선임한다. 사외이사의 자격은 증권거래법과 정관에서 규정되는 것이 보통이다. 그러나 내부이사의 자격에 대해서는 법령상 일반적인 제한이 없다. 내부이사의 자격에 제한을 두게 되면 경우에 따라서는 적대적인 세력이 이사후보를 내세우기가 곤란해질 가능성이 있다. 특히 적대적 인수의 성공 후 회사의 경영에 반드시 필요한 인사가 자격제한 규정에 저촉되는 경우 정관을 개정하지 않는 한 인수 후의 경영이 난관에 부딪히게 될 것이다. 정관으로 이사의 자격을 제한하는 것은 그 내용이 사회질서에 반하지 않는 한 유효한 것으로 해석되고 있다. 국적, 일정한 분야에서의 경력 등을 요구하는 것을 생각해 볼 수 있을 것이고 경쟁업체에서의 근무경력을 결격사유로 규정할 수도 있을 것이다. 그러나 이사의 자격제한 규정은 양날의 칼과 같은 것이다. 현 경영진에게 불편으로 작용할 가능성에도 항상 유의해야 한다. 한편, 최근에는 금융산업의 외국자본에 의한 지배문제와 관련하여 은행의 이사진을 과반수 내국인으로 법제화하려는 움직임이 있었다.[1)]

1) 자본의 국적을 형식적으로 따져보면 결국 법인의 국적이 그 법인을 통제하는 권력을 가진 개인의 국적에 의해 궁극적으로 결정됨을 알 수 있다. 따라서 "자본에 국적이 없으나 자본의 핵심 경영진은 철저하게 국적을 따른다. 자본에 국적이 없다는 말은 강대국 자본들이 만들어 낸 허구에 불과하다"는 비판이 일응 타당할 수도 있을 것이다. 그런데 문제는 자본의 핵심 경영진이 따른다는 국적과 해당국에 대한 로열티이다. 국적 개념은 외교적 보호권, 허가를 얻지 않고 취업을 할 권리 등의 향유와 그 대가인 충성의무의 규정에 있어서 중요한 의미를 갖는데 충성의무는 병역의무를 제외하면 이렇다 할 것이 없다. 즉, 개인과 그에게 국적을 부여한 주권국가간의 연계고리는 특히 세계화된 라이프 스타일을 향유하는 개인들에게는 고도로 관념적이고 감정적인 것이지 실질적인 것이 아님에 유의해야 할 것이다. 김화진, 국제법은 언제, 왜 지켜지는가?—준법문제의 경제학적 어프로치와 신용이론에 관한 에세이, 서울대학교 법학 제45권 제3호

사외이사의 자격에 관하여는 제 2 장에서 논의한 바와 같이 증권거래법에 상세한 규정이 두어져 있다. 그러나 내부이사의 자격에 관하여는 법령에 특별한 규정이 없으며 일반적으로 회사의 정관들은 파산자, 금치산 또는 한정치산자, 금고 이상의 형의 선고가 확정된 자 등을 이사의 결원을 규정하면서 이사의 자격이 없는 것으로 하고 있을 뿐이다. 2004년 말에 SK(주)의 외국인 대주주 소버린은 2005년의 정기주총을 앞둔 2005년 2월 28일까지 "이사가 형사범죄로 기소(약식명령 청구 제외)된 경우 기소된 사건에 관한 형의 선고가 확정될 때까지 이사로서의 직무수행이 정지된다"는 규정을 정관에 신설하기 위한 임시주주총회의 소집을 법원에 신청한 적이 있다. 이에 대해 법원은 신청을 기각하면서 소수주주권의 남용 여부에 관해서는 다음과 같이 판단하였다(서울중앙지법 2004. 12. 15. 결정 2004비합347(제50민사부)).

> "… 사실상 사건본인 회사의 1대 단일 대주주에 해당하는 소버린이 설령 사건본인 회사의 경영권을 장악하려는 시도를 한다거나 또는 이와는 반대로 경영권 위협을 빌미로 주가상승을 비합리적인 정도로 견인한 후 이를 되팔거나 사건본인 회사로 하여금 고가로 그 주식을 매수하게 하는 수법으로 고도의 수익을 올리려는 의도를 가지고 있다고 하더라도 위와 같은 사정만으로 이 사건 신청 자체가 권리남용에 해당한다고 보기는 어렵다고 할 것이다. … 주식회사의 정관의 내용은 그것이 사회질서에 반하지 않는 한 유효한 것으로 시인되어야 할 뿐만 아니라, 주권상장법인이나 그 임원에 대한 사회적인 기대, 역할 등에 비추어 볼 때 별지 목록 기재 안건과 같이 범죄의 경중이나 내용 · 집행의 유예나 종료 여부 등 일체의 사정을 고려하지 아니한 채 이사의 자격을 제한하는 것이 다소 무리한 감은 없지 않다 하더라도(사망이나 파산의 경우는 해석상으로 당연히 이사 자격을 인정하기 어렵다고 할 것이다) 그 내용 자체로 위법하다고 보기 어렵고, 주주총회가 현실로 개최되어 주주들의 의결을 거치기 전에는 그것이 주주들의 일반적 이익에 반한다고 단정할 수도 없으므로 의안의 현실적 부당성이 그 안건의 결의를 위한 주주총회의 개최 자체를 거부할 사유가 된다고 보기 어려우며 …."

(2004), 212면; 김화진, 외국인의 적대적 M&A를 특별히 규제해야 하는가?, 상장협(2005년 춘계호), 159면 참조.

2. 집중투표제

미국 회사법에서는 이사선임을 위한 주주총회에서의 투표에서 의결권 있는 주식에 선임될 이사의 수만큼 복수의결권을 인정하는 이른바 누적투표제(cumulative voting system)가 인정되고 있다.[2] 그러나 우리 나라의 구 상법은 이에 관한 규정을 가지고 있지 않았으며, 또 1주 1의결권원칙을 천명하고 있기 때문에 우리 나라에서는 누적투표제가 인정되지 않는 것으로 이해되었었다. 상법이 규정하고 있지 않기 때문에 금지된다는 논리에는 문제가 있다고 본다면 누적투표제는 1주 1의결권의 원칙에 반하기 때문에 인정되지 않았다고 보아야 할 것이다.

누적투표제에 대하여는 미국에서도 찬반의 양론이 있는데 이는 소유와 경영이 잘 분리된 미국 회사의 지배구조에 미치는 영향이 대단히 큰 문제이기 때문에 일부 주에서는 주헌법에 그를 강제하는 규정을 두고 있기도 하다. 미국에서 누적투표제에 대한 반대의견은 주로 누적투표제가 이사회의 분열을 초래하여 경영진과 이사회 사이의 원활한 협조관계를 해칠 수 있다는 점을 그 논거로 하며, 반면 찬성론은 누적투표제가 소수주주들의 대표를 이사회에 진출시킬 수 있게 하므로 이사회가 소수주주들의 이익에 크게 반하는 결정을 내리는 것을 견제할 수 있다는 점, 이사들의 충실의무 위반 가능성을 줄여 준다는 점, 주로 외부이사인 중립적 이사들이 다수의견에 쉽게 동조하는 것을 방지해 준다는 점 등을 그 장점으로 들고 있다.[3]

2) 미국의 대다수 주들은 회사가 누적투표제를 채택하는 것을 허용하고 있으며 몇몇 주들은 누적투표제의 채택을 강제하고 있다. 이에 관한 현황은 Gordon, *Institutions as Relational Investors: A New Look at Cumulative Voting,* 94 Columbia Law Review 124(1994) 참조.

3) 그러나 클락 학장은 이러한 찬반논리의 실질적 설득력은 객관적으로 비교평가하기가 대단히 어려우며 누적투표제 채택의 효과는 회사마다, 경우에 따라(이는 기업경영환경과 문화가 상이한 각 나라마다를 포함하는 것으로 해석되어야 할 것이다) 각각 다르게 나타날 수 있으므로 일반적인 결론을 내리는 것은 큰 의미가 없다고 본다. Clark, Corporate Law 363-364(1986) 참조.

우리 나라의 기업들은 그 소유와 경영이 아직 잘 분리되어 있지 않고 대주주의 독단적인 회사경영 현상이 두드러지므로 현행 이사회제도의 결함을 보완하는 의미에서도 누적투표제의 도입이 바람직하다는 의견이 많았다. 또 우리 나라에서는 주주대표소송이 활성화되어 있지 않은 등 소수주주의 이익을 보호해 주는 제도적 장치가 미비하였으므로 누적투표제가 소수주주의 이익을 보호하는 데 도움이 될 수도 있을 것으로 여겨진다. 상법은 1998년의 개정을 통해 명문으로 누적(집중)누표제를 도입하였다(제382조 의2).

상법은 집중투표제를 도입하면서 그를 정관의 규정으로 배제할 수 있도록 하였기 때문에 현재 대다수의 상장회사들이 정관에 집중투표제를 배제하는 규정을 보유하고 있다. 이 때문에 아직 우리 나라에서는 집중투표제가 활성화되지 못하고 있으며 실제로 집중투표제를 운영하는데 필요한 실무도 발달되지 못하고 있다. 주주총회의 운영실무에서는 주주총회 의안의 상정과 결의방법, 특별법에 의한 의결권의 제한이나 상법에 의한 의결권의 상한 등이 맞물려 대단히 복잡한 문제가 다수 등장하는데 주주제안과 집중투표제까지 가미되면 그 복잡성의 정도가 더 심해진다. 이에 대한 원칙들이 잘 정리되어 주주총회가 지나치게 비용이 많이 드는 행사가 되는 것을 방지해 주어야 할 것이다.

> 집중투표제를 정관에서 배제하지 않아 채택한 경우라 해도 이는 이사를 2인 이상 선임하는 경우에만 적용된다. 각 주주들이 가진 의결권의 수에 선임할 이사의 수를 곱한 수가 실제의 의결권의 수가 되고 그 행사의 결과 다수의 득표를 한 이사의 순서대로 이사의 선임이 이루어지게 된다(상법 제382조 의2 제4항). 그러나 회사측, 즉 기존의 대주주측에서 제안한 이사후보들에 대해서만 표결을 하는 것은 소수주주들에게는 아무런 의미가 없으므로 집중투표제의 실시에는 반드시 소수주주들이 추천하는 이사후보가 필요하고 통상 회사측에서 자발적으로 그 제안을 수용하지는 않을 것이기 때문에 소수주주들은 주주제안권의 행사를 통해

이사후보를 추천하게 된다. 한편, 1대 주주와 2대 주주간의 지분 차이가 크지 않고 경영권분쟁이 있는 회사가 집중투표제를 채택하고 있다면 이는 대단히 위험한 상황을 초래할 수 있다. 실제로 집중투표제는 소액주주들의 이익을 보호하기 위한 장치이지만 '소액주주'로 보기 어려운 주요 주주들이 그를 경영권분쟁시에 활용하거나 아니면 무슨 이유에서이든 1대 주주가 선임한 경영진을 압박하기 위한 장치로 사용하는 경우 집중투표제는 회사의 경영에(따라서 소액주주들의 이익에) 해로운 장치가 될 수도 있다.

집중투표제의 채택 여부는 자발적인 지배구조 개선노력의 상징적인 위치를 차지하며 경영권분쟁이 있는 경우에도 논란의 핵심이다. 국내에서는 KT, 포스코, SK텔레콤 등이 집중투표제를 도입하고 있고 정부의 시장개혁로드맵상 인센티브 부여도 집중투표제의 채택을 평가기준의 한 항목으로 하고 있어 앞으로 집중투표제의 채택은 점차 확산될 것으로 예상된다. 상장회사들의 경우 집중투표를 청구할 수 있는 소수주주 요건은 1%이며 집중투표제를 배제하기 위한 정관변경의 경우 주주별 3%의 의결권 상한이 적용된다(증권거래법 제191조의18 참조). 집중투표제를 정관으로 배제하지 않고 있는 회사의 경우 적대세력이 집중투표를 통해 자기측 이사를 선임하고자 해도 주주총회에서 이사를 1인만 선임하는 경우라면 집중투표제의 의의가 없어진다. 따라서 집중투표제가 채택되어 있는 회사의 경우 적대세력은 우선 이사를 2인 선임할 것을 제안하면서 자기측 후보를 제안하게 될 것이다.

이러한 경우 회사측에서는 이사회에서 이사 1인 선임의 건을 별개의 의안으로 상정하면서 별도의 이사후보를 추천하는 방법을 고려하게 된다. 원래 이론상 이사 선임의 의안은 선임되는 이사별로 별개의 의안으로 보아야 하지만 보통 주주총회 운영의 관례상 수명의 이사 선임의 의안을 일괄 상정하여 일괄 표결하는 형태로 처리해 온 것뿐이다. 따라서 이사 2인 선임을 위한 주주제안에 대하여 이사회가 이사 1인 선임의 의안을 상정하는 경우 이는 주주제안과는 별개의 의안으로 보아야 할 것이다. 이러한 경우 누구를 이사로 선임할 것인가를 논하기 전에 이사 1인을 선임할 것인가, 아니면 이사 2인을 선임할 것인가 여부부터 결정하는 것이 논리적 순서가 될 것이므로, 주주총회에서 의장이 직권으로 의안을 분리하여 먼저 몇 명의 이사를 선임할 것인가를 표결에 부친 다음, 이사 2인을 선임하는 안이 가결되는 경우 집중투표의 방법으로 복수의 후보자 중 이사 2인을 선임하는 표결을 진행하는 형식으로 의사를 진행할 수 있다.

이사 1인 선임이라는 별개의 의안은 실질적으로는 주주제안을 수정하는 수정동의안과 비슷한 효과를 가지므로, 의장은 두 개의 의안을 일괄 상정하여 심의한 다음, 몇 명의 이사를 선임할 것인가에 대한 표결과, 누구를 이사로 선임할 것인가에 대한 표결로 의안을 분리하여 표결에 부칠 수 있다 할 것이다. 상장회사표준주주총회운영규정도 그 제19조 제2항에서 "의장은 효율적인 심의를 위하여 복수의 의안을 일괄하여 상정할 수도 있고 1개의 의안을 분할하여 상정할 수도 있다"라고 규정하고 있다.

상법 제382조의2(집중투표) ① 2인 이상의 이사의 선임을 목적으로 하는 총회의 소집이 있을 때에는 의결권 없는 주식을 제외한 발행주식총수의 100분의 3 이상에 해당하는 주식을 가진 주주는 정관에서 달리 정하는 경우를 제외하고는 회사에 대하여 집중투표의 방법으로 이사를 선임할 것을 청구할 수 있다.
② 제1항의 청구는 회일의 7일 전까지 서면으로 이를 하여야 한다.
③ 제1항의 청구가 있는 경우에 이사의 선임결의에 관하여 각 주주는 1주마다 선임할 이사의 수와 동일한 수의 의결권을 가지며, 그 의결권은 이사후보자 1인 또는 수인에게 집중하여 투표하는 방법으로 행사할 수 있다.
④ 제3항의 규정에 의한 투표의 방법으로 이사를 선임하는 경우에

는 투표의 최다수를 얻은 자부터 순차적으로 이사에 선임되는 것으로 한다.

⑤ 제1항의 청구가 있는 경우에는 의장은 의결에 앞서 그러한 청구가 있다는 취지를 알려야 한다.

⑥ 제2항의 서면은 총회가 종결될 때까지 이를 본점에 비치하고 주주로 하여금 영업시간 내에 열람할 수 있게 하여야 한다.

증권거래법 제191조의18(집중투표에 관한 특례) ① 2인 이상의 이사의 선임을 목적으로 하는 주주총회의 소집이 있는 때에는 상법 제382조의2 제1항의 규정에 불구하고 제191조의16 제1항 단서의 규정에 의한 주권상장법인 또는 코스닥상장법인의 의결권 없는 주식을 제외한 발행주식총수의 100분의 1 이상에 해당하는 주식을 가진 주주는 정관에서 달리 정하는 경우를 제외하고는 당해 법인에 대하여 집중투표의 방법으로 이사를 선임할 것을 청구할 수 있다.

② 제1항의 규정에 의한 주권상장법인 또는 코스닥상장법인이 정관에서 집중투표를 배제하고자 하거나 그 배제된 정관을 변경하고자 하는 경우 의결권 없는 주식을 제외한 발행주식총수의 100분의 3(정관으로 그 비율을 더 낮게 정한 경우에는 그 비율로 한다)을 초과하는 수의 주식을 가진 주주는 그 초과하는 주식에 관하여 의결권을 행사하지 못한다.

③ 제1항의 규정에 의한 주권상장법인 또는 코스닥상장법인은 제2항의 규정에 의한 집중투표의 배제 여부에 관한 정관의 변경을 주주총회의 목적 사항으로 하는 의안을 상정하고자 하는 경우에는 그 밖의 사항의 정관의 변경에 관한 다른 의안과 별도로 상정하여 의결하여야 한다.

집중투표제는 소수주주의 권익을 보호하기 위해 고안되고 도입된 장치이지만 경영권 방어에 도움이 되는 경우가 있다. 지배주주나 현경영진이 주주총회에서의 의결권의 과반수 이상을 확보하지 못한 상황에서는 정관에서 집중투표제를 배제하지 않고 있는 경우 2인 이상의 이사를 선임하면서 집중투표제를 실시할 수 있으므로 적대세력이 일시에 많은 수의 이사를 선임하는 것을 제한할 수 있고, 따라서 지분이 부족함에도 불구하고 경영권 방어에 필요한 이사의 수를 확보할 수 있게 되어 시간을 벌 수 있다. 이는 집중투표제의 고안 취지와 정반대 방향의 결과를 발생시키는 사례가 될 것이다. 최근 국내에서 실제로 이에 해당하는 일이 발생한 것으로 알려진다.

3. 적대적 M&A와 이사 선임을 위한 주주제안

적대세력이 회사의 경영권을 인수하려고 하는 경우 이사회의 반 수 이상을 자기측 인사들로 구성하여 이사회의 의결권을 장악하고 대표이사를 선임하고자 할 것인데 이사는 주주총회에서 보통결의로 선임하므로 적대세력이 자기측 이사를 선임하기 위해서는 주주총회에서 이사후보들에 대한 표결을 시도하여 이사별로 다수를 득표하여야 한다. 그러나 주주총회의 의제와 의안은 회사에서 준비하여 상정하므로 적대세력측은 자기측 이사후보들에 대한 선임결의가 이루어지도록 소수주주권인 주주제안권을 사용할 필요가 있다. 따라서 주주제안제도는 적대적 M&A나 경영권분쟁에서 고도의 중요성을 갖는다.

상법 제363조의2에 의하면 의결권 없는 주식을 제외한 발행주식총수의 3% 이상에 해당하는 주식을 가진 주주는 주주총회에서 일정한 사항을 목적 사항으로 할 것을 회사에 대해 제안할 수 있으며 이 경우 그 내용이 법령 또는 정관에 위반되지 않으면 회사는 그를 주주총회의 목적 사항으로 하여야 한다. 증권거래법 제191조의14도 같은 내용을 규정하고 있는데, 다만 주주제안권 행사요건을 6월 전부터 계속하여 의결권 있는 발행주식총수의 0.5%를 보유하고 있어야 하는 것으로 규정하고 있다. 6월 전부터 계속이라 함은 주주총회 6주 전의 주주제안권행사 시점 현재 과거 6월간 계속하여 소정의 지분을 보유하고 있어야 한다는 의미이다. 증권거래법시행령 제84조의21 제2항은 정기주주총회의 경우 직전 연도 정기주주총회일에 해당하는 당해 연도 해당일 6주 전까지 서면에 의하여 주주제안을 하여야 한다고 규정하고 있다.

> 증권거래법 제191조의14(주주제안) ① 6월 전부터 계속하여 주권상장법인 또는 코스닥상정법인의 의결권 있는 발행주식총수의 1천분의 10(대통령령이 정하는 법인의 경우에는 1천분의 5) 이상에 해당하는 주식을 대통령령이 정하는 바에 의하여 보유한 자는 이사에 대하여 대통령령이 정하는 바에 따라 일정한 사항을 주주총회의 목적사항으로 할 것을 제안(이하 "주주제안"이라 한다)할 수 있다.
> ② 제1항의 규정에 의하여 주주제안을 하는 자는 대통령령이 정하는 바에 따라 주주총회의 목적으로 할 사항에 추가하여 그가 제출하는 의안의 요령을 상법 제363조의 규정에 의한 통지와 공고에 기재할 것을 이사에게 청구할 수 있다.
> ③ 이사회는 주주제안의 내용이 법령 또는 정관에 위반되는 경우 기타 대통령령이 정하는 경우를 제외하고는 이를 주주총회의 목적사항으로 상정하여야 하며, 주주제안한 자의 요청이 있는 경우에는 주주총회에서 당해 의안을 설명할 수 있는 기회를 주어야 한다.

상장법인의 주주가 증권거래법상의 주주제안권 행사요건을 갖추지 못한 경우 상법상의 권리를 행사할 수 있는가? 이에 대해서는 증권거래법상의 주주제안권은 상법에 의한 주주제안권 행사요건을 상장회사의 경우 완화해 주기 위한 것이므로, 증권거래법과 별도로 상법에 의한 주주제안권의 행사가 가능하고, 주주는 상법에 근거한 소수주주권인 주주제안권을 행사할 수 있다는 해석이 가능하나, 주주제안권 행사규정과 유사한 법문구조를 가지고 있는 상법과 증권거래법의 소수주주의 주주총회소집청구권 규정과 관련하여 한 하급심 판례는 상장회사의 소수주주는 상법에 의한 권리를 행사할 수 없다고 판시한 바 있다.[4] 상법 제

4) 서울지법 2002비합23 판결; 서울지법 2002비합50 판결. 이에 대해 조민제·김영심, 소수주주권 행사에 관한 상법과 증권거래법상의 특례규정의 관계, 법조(2004.1), 178면 참조.

363조의2 제 1 항은 발행주식총수의 3% 이상에 해당하는 주식을 가진 주주는 회의의 목적 사항과 소집의 이유를 기재한 서면을 이사회에 제출하여 임시주주총회의 소집을 청구할 수 있다고 규정하고 있는 반면 증권거래법 제191조의13 제 5 항은 6월 전부터 계속하여 주권상장법인 또는 협회등록법인의 발행주식총수의 3%(대통령령이 정하는 법인의 경우에는 1.5%) 이상에 해당하는 주식을 대통령령이 정하는 바에 의하여 보유한 자는 상법 제366조 및 제467조에서 규정하는 주주의 권리를 행사할 수 있다고 규정하고 있는데 위 판례는 이러한 경우 증권거래법 규정은 상법에 규정된 바와 동일한 내용에 있어서 상법에 대한 특별법의 관계에 있다고 하여, 상장법인의 경우에는 증권거래법에 의해서만 주주총회소집을 청구할 수 있다고 판시한 것이다.

그러나 증권거래법이 상법의 특별법이기는 하지만 소수주주에게 주주권의 행사를 불리하게 하는 방향으로 해석되는 것은 곤란하므로 증권거래법상의 보유요건을 충족하지 못한 경우에도 상법에 의한 주주제안권을 행사할 수 있다고 보는 것이 합리적일 것이다. 위 하급심 판례의 경우 소수주주권 행사의 지분율 요건이 상법과 증권거래법에 기본적으로 동일하다. 그러나 주주제안권의 경우 증권거래법이 상법보다 훨씬 더 완화된 지분율 요건을 규정하고 있다. 따라서 판례의 취지를 이 경우에도 같이 적용할 수 있을지는 의문이라 할 것이다.

예컨대 이사를 선임하자는 안 등 주주총회의 목적 사항을 제안하는 것을 의제제안이라고 부르고 나아가 그와 같은 목적 사항에 관해 의안의 요령, 즉 특정인을 이사로 선임하자는 것과 같이 구체적인 결의안을 제출하는 것을 의안제안이라고 부른다. 만일 주주에게 의제제안권만 인정되고 의안제안권은 인정되지 않는다면 적대세력측은 이사를 선임하자는 뜻의 제안만 할 수 있고 후보를 내세울 수는 없게 되므로 주주제안권과 집중투표를 활용하여 자기측 이사를 선임하는 것이 어려워진다. 상법은 그 제363조의2 제 2 항에서 주주제안을 하는 주주가 회의의 목적으로 할 사항에 추가하여 당해 주주가 제출하는 의안의 요령을 주총소집통지와 공고에 기재할 것을 청구할 수 있다고 명시적으로 규정하여 주주의 의안제안권을 인정하고 있다. 그러나 증권거래법은 주주제안권에 대한 제191조의14에서 상법의 그와 같은 규정에 해당하는 규정을 가지고 있지 않아서 상장회사의 경우에는 주주가 의제만 제안할 수 있고 의안을 제안할 수는 없는 것인지가 문제된다. 상장회사 주주의 의안제안권 부정론은 상법과 증권거래법이 특정한 사안에 관해 각각 한 조문으로 규정하면서 그 내용을 약간 달리 하고 있기 때문에 상법 제363조의2와 증권거래법 제191조의14는 상법과 증권거래법이 일반법과 특별법의 관계에 있으므로 상호 배척하는 관계에 있는 것으로 해석되어야 한다는 것이다. 그러나 특별법인 증권거래법에 규정이 없는 부분에 대하여는 일반법인 상법이 적용되어야 한다는 시각이 있을 수 있고, 다음으로는 상장회사의 소수주주에게 비상장회사의 소수주주보다 더 좁은 범위의 소수주주권을 인정하는 것은 증권거래법이 소수주주권에 관해 일반적으로 상법보다 모든 요건을 완화하고 있는 것에 비추어 보아도 균형이 맞지 않는다는 지적이 있을 수 있을 것이다. 나아가 증권거래법 제191조의14는 그 제 2 항에서 주주제안한 자의 요청이 있는 경우에는 주주총회에서 당해 의안을 설명할 수 있는 기회를 주어야 한다고 규정하고 있는데 이 규정이 주주의 의안제안권을 인정하는 것으로 해석될 여지도 없지 않다. 그리고 증권거래법상의 주주제안권에 관한 규정은 1997년에 도입되었는데 상법의 주주제안권에 관한 규정은 1998년에 도입되었다는 사실에 비추어 보면, 주주제안권의 내용에 관해 증권거래법이 상장회사의 주주들에게 비상장회사의 주주들에게 보다 좁은 범위의 권리를 행사하도록 제한적으로 규정하고 있다는 해석은 부자연스럽다.

한편, 회사측에서 주주제안을 거부하거나 거부할 것으로 예상하여 적대세력측에서 자기측 이사후보를 주총일 당일에 제안하는 것을 생각해 볼 수 있다. 이에 관해 증권거래법이 상장법인 등이 주주총회 소집통지 또는 공고를 함에 있어 회의의 목적 사항이 이사의 선임에 관한 사항인 경우에는, 이사후보자의 성명 · 약력 · 추천인 그 밖의 대통령령이 정하는 후보자에 관한 사항을 통지 또는 공고하도록 하고 있어서(증권거래법 제191조의10 제 2 항) 주주가 총회 당일 수정동의로서 이사후보를 추천하는 것은 불가능하다고 해석하는 견해가 있을 수 있는데[5] 이 견해는 그 근거로서 만일 동 규정이 이사회에서 이사후보자를 추천하는 경우에만 적용되고 주주가 주주총회 회의장에서 추천하는 경우에는 적용되지 않는 것으로 해석한다면, 군소주주뿐만 아니라 이사회를 지배하는 대주주도 굳이 이사회를 통하여 미리 소집통지서에 이사후보자의 인적사항 등을 기재하는 절차를 밟을 필요가 없이 직접 회의장에서 이사후보를 추천하면 되기 때문에 동 규정이 사문화될 수 있다는 점을 들고 있다. 하급심 판례 중에도 이사후보자에 관한 사항을 미리 통지, 공고하지 않은 채 이루어진 주주총회에서의 이사 선임결의는 특별한 사정이 없는 한 주주총회의 소집절차 또는 결의방법이 법령 또는 정관에 위반된 것으로서 취소되어야 할 것이라고 하면서 당해 결의가 의결권 있는 주식총수의 69.2%에 해당하는 주주들의 찬성으로 이루어졌고 재의결하더라도 동일인이 이사에 선임될 가능성이 높음을 이유로 재량기각을 구한 회사의 주장을 배척한 것이 있다(서울중앙지법 2004. 3. 18. 선고 2003가합56996(제29민사부: 주주총회결의취소); 법률신문 2004년 4월 15일자, 11면).

반면 주주들은 회사의 주주총회 소집통지 또는 공고에 의해 비로소 주주총회의 목적 사항을 알 수 있는 것이 현실이고, 주주총회에서 선임될 이사의 수나 이사후보자의 인적 사항 등에 대해서도 그 때 비로소 알게 되므로 소수주주에게 이사후보의 추천을 소집통지 또는 공고가 이루어지기 전인 총회 6주 전에 하도록 요구하는 것은 무리이며, 이렇게 하는 것은 주주의 제안권을 지나치게 제한하는 결과가 된다는 견해가 있을 수 있다. 이에 의하면 증권거래법이 이사후보자의 인적 사항 등을 사전에 미리 공시하게 한 규정은 회사측에서 이사후보자로 제시하는 자에

5) 한국상장회사협의회, 사외이사 선임제도 개선방안에 관한 연구(2002. 5), 12면 참조.

대하여 사전에 공시하도록 하게 한 취지이며, 소수주주가 총회장에서 이사후보를 동의로서 제안하는 것을 금지하는 것은 아니라고 해석된다. 이와 관련한 판례는 없는 것으로 보이므로 경영권분쟁 상태에 있는 회사의 입장에서는 부정론에 따라 모든 일정을 진행하게 될 가능성이 있다. 따라서 만일 주총에서 그와 같이 주주제안권을 행사하는 주주가 있다면 의장이 직권으로 그 위법함을 이유로 거부하게 된다. 한편, 주주총회의 수정동의는 상정된 의안의 동일성을 변경하지 않는 범위 내에서만 인정되므로, 주총의 공고나 통지에서 단순히 "이사 선임의 건"이라고 하면서 이사후보를 의제로 설명하는 방식이 아니라, "이사 A의 선임의 건," "사외이사 B의 선임의 건" 등으로 별개의 의안으로 삼는 방법도 고려할 수 있다.

4. 회사의 주주제안거부

회사가 적법하게 이행된 주주제안의 내용을 부당하게 처리하면(주주제안을 무시하여 주총소집통지서에도 기재하지 않고 의제로 상정하지도 않은 경우) 주주총회 결의의 효력에 대해서는 다툴 수 없으나 이사에게 손해배상을 청구할 수 있다는 것이 통설적인 견해이다.[6] 그러나 '이사 선임의 안' 등과 같이 의제는 주총에 상정되었으나 주주가 제안한 이사후보를 주총소집통지서에 기재하지 않고 주총에서 경영진이 추천한 후보가 이사로 선임되는 경우 그와 같은 주총결의는 취소소송의 대상이 될 가능성이 있다. 따라서 적대세력이 자기측 인사들을 이사로 선임하자는 내용의 의안을 주주제안을 통해 회사에 제출하였으나 그를 반영하지 않은 주총소집통지서가 발송되면 적대세력은 법원에 주총개최금지가처분 신청 등 법적인 조치를 취할 수도 있을 것이다. 그러나 정기주주총회의 경우 상법 제365조에 근거하여 반드시 개최하여야 하고, 또한 현재 법

6) 이철송, 회사법강의(제12판, 2005), 412면 참조.

원의 실무는 주주총회개최금지가처분에 대해서 그 주주총회의 개최가 위법함이 명백한 경우 등에 한하여 극히 예외적으로 주주총회개최금지가처분을 인용하고 있으므로 그 인용가능성은 높지 않을 것이다.

증권거래법의 규정에 의하면 회사는 증권거래법시행령 제84조의21 제 3 항이 정하는 일정한 경우(주주총회의 의결사항이 아닌 사항, 주주총회에서 부결된 내용과 동일한 의안을 부결된 날부터 3년 내에 다시 제안하는 경우, 주주개인의 고충에 관한 사항, 합병 · 영업양수 또는 양도 및 제 3 자에 대한 신주발행에 관한 사항, 증권거래법 제191조의13에서 규정하는 소수주주권에 관한 사항, 임기중에 있는 임원의 해임에 관한 사항, 회사가 실현할 수 없는 사항, 주주총회의 의안으로 상정할 실익이 없거나 부적합한 사항 또는 제안이유가 명백히 허위이거나 특정인의 명예를 훼손하는 사항 등) 외에는 어떤 이유로든 주총에 주주제안을 상정하지 않을 수 없다.

다음으로 이사에 대한 위법행위유지의 소의 제기를 상정할 수 있다. 그러나 주주제안을 받아들이지 않는 것이 회사에 회복할 수 없는 손해를 발생시킨다고 보기도 어려우므로 그는 인정되지 않을 것이며 결국 회사가 주주제안을 거부한 경우 그를 효과적으로 다투는 방법은 의제제안거부의 경우는 임시주총소집신청, 의안거부인 경우에는 대응 의안의 결의취소청구 정도일 것이다. 또한 새롭게 선임된 이사에 대한 이사직무집행정지가처분신청도 제기할 수 있다. 한편, 주주제안을 거부한 후 회사측 이사 선임의 안건만을 주주총회에 상정하여 이사가 선임된 경우 주주총회의 하자가 치유된 것으로 볼 수 있지 않는가라는 의문이 제기될 수 있으나, 주주제안을 받아들였을 경우에도 반드시 동일한 결과가 나온다고 보기 어려우므로 단순히 회사측 이사가 선임되었다는 이유만으로 주주총회의 결의 및 절차상의 하자가 치유되었다거나 그 정당성이 인정되었다고 하기는 어려울 것이다.

5. 감사위원회위원인 사외이사

가. 주주제안

주주제안을 통하여 단순한 "사외이사"의 선임이 아닌 "감사위원회위원인 사외이사"의 선임을 신청할 수 있는가? 이는 "감사위원회위원인 사외이사"의 선임이 주주총회 결의사항인지의 문제이다. 감사위원회는 상법 제415조의2의 규정에 의한 이사회 내의 위원회로서 상법상 감사위원은 정관에 다른 정함이 없는 한 이사회의 결의로 선임된다. 따라서 상법에 의할 경우 사외이사가 감사위원회위원으로 선임될 것인지 여부는 이사회에서 정할 사항이고, 결국 감사위원회위원으로 임명할 것인지 여부는 주주총회의 권한 외의 사항에 해당한다고 할 수 있다. 그러나 증권거래법 제191조의17 제2항 및 동법 제54조의6 제6항은 "상법 제409조 제2항 및 제3항의 규정(주주총회에서 감사 선임을 할 경우 의결권 제한에 관한 규정)은 감사위원회의 위원이 되는 사외이사의 선임에 관하여 이를 준용한다"고 규정하고 있는데, 이 규정에 의하면 증권거래법의 적용을 받는 회사에 있어서 감사위원회위원이 되는 사외이사는 주주총회에서 선임해야 한다는 결론이 가능하다. 후술하는 바와 같이 현재 증권거래법상 일반 이사와 사외이사, 그리고 감사위원회위원이 되는 사외이사의 각 주주총회의 결의요건에 차이가 있는데, 결국 이러한 결의요건의 충족 여부를 심사하기 위해서는 각각 별도의 추천을 통해 사외이사를 선임할 수밖에 없고, 따라서 "감사위원회위원이 되는 사외이사"의 경우 주주총회에서 선임되는 것이 타당하다고 볼 수 있을 것이다. 이것은 상장회사들의 지배적인 실무이기도 하다.

또 반드시 감사위원회를 설치하여야 하는 상장법인이 아닌 법인이 감사위원회를 채택한 경우, 감사위원회의 설치를 위하여 상법상 요건만 구비하면 되는지, 그렇지 않으면 증권거래법상 요건을 구비하여야 하는지가 문제된다. 상법상 요건만 구비하여도 된다면 위 상법의 해석이 적용될 것이나 증권거래법상 요건도 구비하여야 한다면 위 증권거래법의 해석이 적용될 것이다. 이와 관련하여 직접적인 판례는 없는 것으로 보이고, 학설 중에는 자산총액이 2조원에 미치지 못하는 상장기업이 감사위원회를 설치하고자 하는 경우에는 감사위원회에 관한 증권거래법의 규정이 적용되지 않고 상법의 규정에 따라 감사위원회를 설치하면 족하다는 견해가 있다.[7] 반면 2002년 8월 20일자 재경부 유권해석(사이버민원)은 자산규모 1천억원 미만인 상장법인의 경우는 상법상 요건만 충족하면 족하고, 자산규모 1천억원 이상인 상장법인의 경우는 증권거래법에 의한 감사위원회를 설치하여야 한다고 한다.

결국 상법상 요건만 구비하면 족하다는 견해에 의할 때에는 감사위원회위원 선임문제는 이사회에서 결정할 문제이므로 "감사위원회위원인 사외이사 선임"을 청구하는 것은 정당하지 못하고, 다만 "사외이사 선임"의 주주제안으로 수용하는 것이 합리적이라는 결론이 된다. 물론 "감사위원회위원인 사외이사의 선임"이라는 주주제안 자체의 부적절함을 근거로 이를 완전히 받아들이지 않는 것도 일응 가능해 보이나, 주주권의 존중이라는 입장에서 볼 때, 최소한 "사외이사"의 선임 신청으로 주주제안을 선해하는 것이 합리적일 것이다. 반면 재경부 유권해석의 입장에 의할 경우 자산 1천억원 이상의 상장법인은 결국 증권거래법의 적용을 받게 되고, 또한 감사위원회위원인 사외이사도 주주총회에서 선임하여야 한다는 견해에 따를 때에는 결국 "감사위원회위원인 사외이사"의 선임청구는 정당한 주주제안으로 볼 수 있을 것이다.

최근 소수주주들의 세력이 강하거나 경영권분쟁이 있는 회사들의 경우 감사나 감사 선임에 있어서 대주주측의 의결권이 제한되는 것을 활용하여 감사나 감사위원회 후보를 주주제안을 통해 선임하려는 시도가 많이 발견된다. 그러나 이러한 움직임이 바람직한 것인지는 의문이

7) 김정수, 현대증권법원론(2002), 423면 참조.

다. 집중투표제도를 통한 이사의 선임도 마찬가지이다. 이사나 감사는 특정 주주의 이익을 대변하는 주식회사의 기관이 아니며 회사와 주주 전체의 이익을 위해 업무를 수행하여야 하는 것인데 특정 주주에 의해 무리한 절차를 통해 선임되는 경우 과연 어느 정도 업무수행의 객관성이 보장될지 의문이며 분쟁을 통해 분쟁의 일부로 선임된 이사나 감사가 회사 내에서 원활하게 업무를 수행할 여건을 보장받을 수 있을지도 불분명하다. 이는 갈등을 증폭시키는 요인이 될 가능성이 더 높아 보인다. 집중투표제에 반대하거나 감사 선임에 있어서 의결권제한을 폐지하자고 하는 의견은 이런 생각에 기초하고 있다.

나. 선임방법

증권거래법이 대주주의 의결권을 제한하면서 감사위원회 위원의 선임, 해임은 당연히 주주총회에서 해야 한다는 것처럼 규정하고 있는데서 실무상의 어려운 문제들이 발생한다. 이에 관해 현재 세 종류의 실무가 있는 것으로 파악된다.[8] (1) 주주총회에 감사위원회 위원의 선임 및 해임 권한이 있는 것으로 보고 감사위원인 이사는 다른 이사와 분리하여 선임: 이 방법에 의하면 이사 선임의 안건은 분리되어서 '일반이사 선임의 건'과 '감사위원 선임의 건'이 각각 상정되고 후자의 안건에는 대주주의 의결권 제한이 적용되는 투표가 이루어진다. (2) 이사선임의 건에서 필요한 수의 이사를 선임하고 새로 선임된 이사와 기존 이사들 중에서 후보를 정하여 별개의 안건으로 감사위원 선임의 건을 상정하고 감사위원을 선임. (3) 이사선임의 건에서 필요한 수의 이사를 선임하고 선임된 이사들 중 감사위원을 선임하는 결의를 하지 않고 감사위원으로 선임될 수 있는 자격을 부여하는 결의만을 행함: 이 방법에 의하면 이사회에서 다시 감사위원 선임 결의를 해야 한다. 그러나, (2)와 (3)에 의하면 경영권을 보유한 회사의 입장에서는 대주주 의결권 제한에서 발

8) 서울대학교 금융법센터 BFL 第13호(2005. 9) '감사위원회의 법과 실무' 좌담회 기록 중 해당(고창현 변호사 발언) 부분(9-11)을 정리한 것임.

생하는 부담이 사실상 소멸된다는 문제가 있다. 이는 입법 취지와 상반되는 결과를 초래한다.[9)]

한편, (1)의 방법에 의하면 집중투표를 실시하는 경우 부당한 결과를 발생시키는 문제가 있다. 이사의 선임을 두 그룹으로 분리하여 실시하는 것은 집중투표제의 기초를 부인하는 것이기 때문이다. 그러나, 회사의 입장에서는 법률의 구조 전체가 혼란스러운 상황에서는 가장 유리한 결과를 예상할 수 있는 방법을 채택하는 결정을 하기 마련이다. 따라서, 집중투표를 실시하는 주주총회에서는 감사위원회 위원인 사외이사를 선임할 것을 주주제안하면서 그를 특정하지 않는 경우 예기치 못한 불이익을 입을 수 있다. 회사가 주주제안을 일반 사외이사 선임을 위한 주주제안으로 취급하여 안건을 분리시키고 감사위원 후보를 제안하지 않은 것으로 받아들일 수 있기 때문이다. 실제로 이 문제는 2006년 KT&G의 정기주주총회에서 쟁점이 되었으며 법원은 감사위원 후보임을 특정하지 않은 칼-아이칸측의 주주제안을 일반 사외이사 후보 제안으로 취급한 회사측의 손을 들어 주었다. 그 결과, 칼-아이칸측은 의결권의 수로는 2인의 사외이사를 선임할 수 있었음에도 불구하고 1인의 사외이사만을 선임하는 데 그친 바 있다.

> 대전지방법원 제10민사부 결정(2006카합242 주주총회결의금지가처분): "종래 주권상장법인들의 주주총회 운영 실무는 ① 감사위원회 위원이 되는 사외이사를 다른 사외이사들과 분리하여 주주총회에서 뽑는 방식(이하 '분리선출 방식'이라 한다)과 ② 감사위원회 위원이 될 사외이사를 포함하여 이사후보 전체를 대상으로 이사선임결의를 하고 나서 선임된 이사 중에서 대주주 의결권 제한규정을 적용하여 감사위원을 뽑는 방식

9) 위 좌담회 기록 11-12 참조(강선희 변호사: SK 주주총회에서는 소버린이 사내이사, 사외이사, 감사위원이 되는 사내이사, 감사위원이 되는 사외이사 등 4가지의 주주제안을 했으며 회사측에서는 감사위원이 되는 사외이사, 감사위원이 아닌 사외이사, 사외이사 아닌 이사 등 3 건으로 안건을 나누었다고 설명하고 있음).

(이하 '일괄선출 방식'이라 한다)으로 나뉘어져 운영되고 있는 실정이다. … 결국 이 문제는 입법적으로 해결되어야 할 성질의 것이지만, 이 법원은 다음과 같은 이유로 현행 상법 및 증권거래법의 해석 상 위 두 가지 방식이 주주총회의 결의 방법으로 모두 가능하고 그 가운데 어느 방식을 취할 것인지에 대한 결정권한은 별도의 주주제안이 없는 이상 이사회에 있다는 입장을 취하고자 한다. 첫째로, 분리선출 방식에 의할 경우 소수주주의 집중투표에 의한 이사선임청구권이 약화된다고 하더라도 상법 및 증권거래법상 집중투표제는 정관에 의해 배제될 수 있는 성질의 것이라는 점…, 소수주주들로서는 사외이사의 선임방법에 관하여 일괄선출 방식을 택하도록 제안할 수 있을 것이라는 점 등에 비추어 보면, 분리선출 방식이 소수주주의 의결권 또는 집중투표제의 취지를 현저하게 침해한다고 보기 어렵다. 둘째로, 일괄선출 방식에 의할 경우 제 1 단계의 사외이사 선임결의에서 대주주가 지지하는 후보들이 대부분 사외이사로 선임될 가능성이 큰 것은 사실이지만, 제 2 단계 감사위원회 위원의 선임결의에서 상법상 대주주 의결권 제한규정을 적용하여 감사위원회 위원을 선임하는 이상 이를 법률에 위반된 것이라고 보기 어렵다."

다. 의결권 제한

상법은 감사 또는 감사위원회위원을 선임하는 경우 각 주주별로 3%라는 의결권 행사 상한을 규정하고 있으나 증권거래법은 사외이사가 아닌 감사위원회위원의 선임에 있어서 최대주주의 경우 특수관계인들과 합산하여 의결권 행사를 제한하고 있다. 이 때문에 지난 SK주총의 경우 소버린은 펀드를 여러 개로 쪼개어 각 2.99%씩 보유하게 하고 최대한 의결권을 행사한 반면 최대주주측은 단일 주주로 취급됨으로써 의결권 행사에 제약을 받은 바 있다. 이 문제는 공시제도와 반드시 직접적인 관련을 갖는 것은 아니지만 개선을 요하는 것으로 보인다. 우선 증권거래법의 취지는 상장 대기업들의 경우 최대주주측에서 감사위원회위원을 선임하는 것을 어렵게 하여 소수주주들을 보호하자는 것이다. 그러나 이 제도가 권리보호의 목적으로 하는 소수주주가 아니라 잠재적으로 경영권을 인수할 가능성이 있는 주요주주, 특히 해외의 거대 금융자본을 배경으로 하는 펀드들도 제약을 받지 않게 되어 심히 부당한 결과를 초래하는 문제가 노정되었다. 소버린의 사례에서 보듯이 외국인 투자자들은 임의로 펀드를 설립하여 지분을 분산시킬 수 있는 행동의 자유를 누리는 반면 우리 나라의 주주들은 특수관계인까지 합산하는 제약을 받을 뿐 아니라 그렇지 않은 경우에도 출자총액제한제도 때문에 우호적인 제3자가 지분분산에 협조해 줄 수 있는 여지도 희박하다. 이 역시 일종의 역차별에 해당된다고 볼 수 있을 것이다. 감사위원회위원의 선임에 있어서 일부 주주의 의결권을 제한하는 취지가 소수주주의 보호이므로 이 문제에 관한 한 최대주주와 주요주주의 차이는 큰 의미가 없다고 할 것이다. 예컨대 증권거래법상 별도의 공시의무를 지는 10% 이상 보유 주요주주의 경우에도 최대주주와 마찬가지로 특수관계인 지분까지 합산하여 의결권을 제한하는 것을 검토해 볼 수 있을 것이다.[10]

증권거래법에 따르면, 감사위원회 위원인 사내이사 선임시에는 최대주주가 그 특수관계인 등과 함께 소유하고 있는 주식의 합계가 의결권 있는 발행주식 총수의 3%를 초과하는 경우 그 초과분에 대해 의결권이 제한될 뿐 최대주주 외의 주주들에 대해서는 의결권 제한이 없다. 반면, 감사위원인 사외이사 선임시에는 의결권 없는 주식을 제외한 발행주식 총수의 3%를 초과하는 수의 주식을 가진 주주만이 그 초과분에 대해 의결권을 행사할 수 없다(동법 제191조의17, 제54조의6 제6항; 상법 제409조 제2항). 이 때문에 보유주식을 100% 자회사인 몇 개 회사에 분산 매각하여 각 3% 이하의 주식을 보유하도록 조정한 사례에서도 그 특별관계자 그룹이 보유하는 총 주식비율은 변함이 없기 때문에 주식 대량보유상황변동보

10) 최대주주: "당해 회사의 주주로서 의결권 있는 발행주식총수를 기준으로 본인 및 그의 특수관계인이 소유하는 주식의 수가 가장 많은 경우 당해 본인." 증권거래법 제54조의5 제4항 제2호. 주요주주: "누구의 명의로 하든지 자기의 계산으로 의결권 있는 발행주식총수 또는 출자총액의 100분의 10 이상의 주식 또는 출자증권을 소유한 자와 대통령령이 정하는 자." 증권거래법 제188조 제1항.

고의무가 없다는 것이 금감원의 실무였으나 대량보유자 혼자서 주식을 보유하는 경우와 특별관계자들이 분산해서 주식을 보유하는 경우 주가에 미치는 영향이 다르다는 이유로 이러한 경우에도 주식 대량보유상황변동보고의무가 있다는 견해가 가능할 것이다.

Ⅱ. 이사의 임기와 시차임기이사회

이사들의 임기를 조정하여 매년 일부의 이사만이 임기만료되도록 이사회를 구성해 두면 유사시에도 이사회가 완전히 넘어가는 것을 막을 수 있다. 임기중인 이사의 해임에는 주주총회의 특별결의가 필요하기 때문에 임기중인 이사의 해임은 용이하지 않기 때문이다. 또 주주총회에서 특별결의로 해임하더라도 정당한 이유가 없었던 경우에는 회사에 손해배상책임이 발생한다.[11] 이러한 시차임기이사회(staggered board)는 이사들이 순차적으로 교체되기 때문에 이사회 업무의 연속성을 보장해 주므로 바람직한 제도라는 명분이 있다. 물론 적대적 M&A의 경우 잔존이사들이 새로운 대주주하에서 임기가 보장되어 있다 하더라도 어느 정도 저항할 수 있을지는 미지수라 하겠으며, 또 시차임기이사회는 인수의 속도를 느리게 할 뿐 근본적으로 봉쇄할 수는 없는 제도이다.

회사의 정관이 이사의 수를 단순히 3인 이상이라고만 규정하고 있다면 적대세력이 회사를 인수하여 다수의 신규이사들을 선임하는 경우 잔존이사들의 비중이 낮아질 수 있으므로 시차임기제의 효용이 없어질 수 있다. 이와 관련하여 실무에서는 시차임기제를 규정하는 정관이 이사

11) 상법 제385조 제 1 항. 물론 이 경우 손해배상책임은 잔여임기 동안의 보수액으로 한정된다는 것이 판례이므로 손해배상책임 발생가능성은 그다지 큰 장애요인이 되지 못할 것이다. 이철송, 회사법강의(제12판, 2005), 521면 참조.

수의 상한을 정하지 않고 있는 경우 그를 사실상 이사 수의 상한을 정하고 있는 것으로 해석할 것인지의 문제가 발생하는 경우가 있는데 그 점을 명확히 하기 위해 이사 수의 상한을 함께 정하는 것이 좋을 것이다. 정관변경으로 이사 수의 상한을 정한다면 정관의 추가적 변경을 통해서만 이사의 수를 늘릴 수가 있고 그러한 정관의 변경에는 주주총회에서 2/3(또는 3/4)의 다수가 필요하므로 외부세력의 이사회 장악에는 제동이 걸리게 된다.

시차임기이사회제도의 발상지인 미국에서는 이 장치가 널리 사용되고 있을 뿐 아니라 매사추세츠 주는 주의 법률로 매사추세츠 주에서 설립된 모든 회사에 시차임기이사제를 채택하도록 강제하고 있다. 실증적 연구에 의하면 미국에서는 시차임기이사회제도가 효과적인 경영권 방어장치라고 한다.[12] 1988년에서 1992년 사이에 IPO를 행한 1,019개 미국 기업들 중 34.7%가 시차임기이사회제도를 채택하였다.[13] 한편, 최근 미국에서는 기관투자자들이 시차임기이사회가 적대적 M&A를 어렵게 하기 때문에 반대하는 일이 증가하여 시차임기이사회의 채택이 차츰 감소하고 있다고 한다. 그러나 IPO시 시차임기이사회의 채택은 여전히 널리 행해지고 있는데[14] IPO시에도 주요 투자자들은 기관투자자들이므로 이는 이해하기 어려운(puzzling) 현상으로 여겨지고 있다.[15]

---

12) Lucian Bebchuk, John Coats Ⅳ & Guhan Subramanian, *The Powerful Antitakeover Force of Staggered Boards: Theory, Evidence, and Policy,* 54 Stanford Law Review 887(2002). 매사추세츠 주는 펜실베니아, 오하이오 주와 함께 극단적인 내용의 반기업인수법을 보유하고 있는 주로 유명하다. Robert Daines, *Does Delaware Law Improve Firm Value?,* 62 Journal of Financial Economics 525(2001) 참조.

13) Laura Field, Control Considerations of Newly Public Firms: The Implementation of Antitakeover Provisions and Dual Class Shares Before the IPO 35(Working Paper, 1999) 참조.

14) Robert Daines & Michael Klausner, *Do IPO Charters Maximize Firm Value? Anti-Takeover Provisions in IPOs,* 17 Journal of Law & Economics 83(2001).

15) Allen & Kraakman, Commentaries and Cases on the Law of Busi-

Ⅲ. 의결권의 행사에 관한 변형제도와 의결권의 제한

1. 주주별 의결권 상한

정관으로 동일인에 의한 회사주식 소유의 상한을 정하고 그를 초과하는 부분에 대하여는 의결권이 없는 것으로 할 수 있는가? 소유의 상한을 정하지는 않더라도 주주별로 행사할 수 있는 의결권의 상한을 정관으로 도입할 수 있는가? 예컨대 한 사람의 주주가 행사할 수 있는 의결권의 상한을 그 보유주식의 수에 관계 없이 5%로 정해 둔다면 회사에 지배주주가 출현하는 것은 불가능해지고 소유와 경영이 자연스럽게 분리되게 될 것이다. 이러한 장치는 따라서 현재 지배주주가 존재하지 않는 회사들의 전문경영진에 의해 도입되어 경영권을 보호하는 효과적인 장치로 사용될 수 있다.

가. 주주의 의결권을 제한하고 있는 현행법의 제 규정

동일인(특별관계자 포함)에 의한 주식소유의 상한, 상한초과부분에 대한 의결권의 제한 등은 상법을 비롯한 여러 법률에서 그 예를 찾아볼 수 있다. 이러한 규정들은 회사경영권의 안정 또는 특정 집단의 회사지배를 방지하기 위해 마련된 것들이다.[16)]

상법상 감사 선임결의에 있어서 동일주주의 의결권은 3%를 상한으

---

ness Organization 101(2003).

16) 의결권의 제한은 특정 업종의 회사를 그 대상으로 하는 것들과 일반적인 것 등 여러 가지 유형이 있는데 법률에 의한 주식취득 금지와 의결권의 제한은 일단 회사의 경영권 확보경쟁이 발생하면 인수희망자측, 경영권 방어측 양자에게 공히 대단히 중요한 의미를 가진다. 그를 원용하여 상대측의 회사지분을 하향 조정할 수 있을 뿐 아니라 법규 위반에 따르는 관할관청의 제재를 이끌어냄으로써 유리한 위치를 차지할 수 있기 때문이다. 특히 인수희망자측에서는 기존 대주주들의 이른바 위장분산지분을 찾아내기 위한 노력을 기울이는 것이 보통이다. 우리법상의 각종 의결권제한에 대해 자세한 내용은 최규윤, 주주의 의결권행사 제한제도에 대한 고찰, 상장협(2002년 춘계호) 참조.

로 제한되고 있으며(제409조 제2항) 회사는 이 비율을 정관으로 더 낮게 정할 수 있다(제409조 제3항). 회사, 모회사 및 자회사 또는 자회사가 다른 회사의 발행주식총수의 10%를 초과하는 주식을 가지고 있는 경우 그 다른 회사가 가지고 있는 회사 또는 모회사의 주식은 의결권이 없다(제369조 제3항). 1997년 3월 31일에 폐지된 구 증권거래법 제200조도 상장법인 지분의 10% 이상의 취득을 원칙적으로 금지하고 위법하게 취득한 10% 이상 부분에 대하여는 의결권이 없는 것으로 규정한 바 있다. 은행법은 동일인의 금융기관 주식취득을 4%로 제한하는 원칙규정을 가지고 있으며 이 한도를 초과하여 취득한 주식에 대하여는 의결권을 인정하지 않는다(제15조 제1항, 제16조 제1항).

상법 제369조 제3항에 의하면 회사가 다른 회사 지분의 10분의 1을 초과하는 주식을 가지고 있는 경우 그 다른 회사가 보유하는 회사의 주식에는 의결권이 없다. 따라서 적대적 인수를 시도하는 자가 회사이고 대상회사의 일정지분을 취득한 경우, 대상회사는 상대방 지분의 10% 이상을 취득함으로써 인수시도자가 보유하고 있는 지분에서 의결권을 박탈할 수 있다. 우리 나라에서는 2004년 에스텍이 동성화학의 적대적 인수시도에 당면해서 동성화학 지분의 10% 이상을 매입, 의결권을 소멸시킴으로써 경영권방어에 성공한 사례가 있다. 한편, 공격자 주식의 취득전략이 한 단계 진전되면 그를 반격이라고 부른다. 극단적인 경우 인수 대상회사는 인수시도자의 주식에 대한 공개매수를 시도할 수 있다. 이는 컴퓨터게임의 이름을 따 팩맨(Pac Man)전략이라고도 불린다. 역사상 가장 유명한 팩맨 사례는 1982년에 발생한 Cities Service-Mesa Petroleum과 Martin Marietta-Bendix간의 적대적 인수전이었다. 양측의 공개매수가 모두 성공하면 결과적으로 두 회사가 주식을 상호 보유하게 된다. 경영권은 상대측의 주주총회를 먼저 개최해서 이사회를 구성하는 측이 장악하게 될 가능성이 높다.

나. 외 국 법

정관으로 주주의 의결권을 일반적으로 제한할 수 있도록 하는 대표적인 입법례는 독일에서 찾을 수 있다.[17] 독일 주식법(Aktiengesetz)은 최근 개정되기 전의 제134조 제 1 항에서 회사가 정관으로 주주의 의결권을 제한하는 것을 허용한 바 있다. 이 규정에 근거하여 다수의 독일 회사들이 주주별 의결권을 5% 또는 10%로 제한하는 정관을 채택하였는데 여기에는 독일을 대표하는 굴지의 회사들인 BASF, 바이어(Bayer), 페바(Veba), 만네스만(Mannesmann), 도이치은행 등이 포함되었다.[18] 독일 회사들이 그러한 의결권제한 장치를 도입한 이유는 원래 오일달러에 의한 아랍인들의 지분취득을 방지하는 데 있었으나 1980년대에 들어서는 적대적 M&A에 대비한 경영권보호에 있었던 것으로 알려져 있다.[19] 이러한 주주별 의결권 상한설정은 회사설립시의 정관작성에 의해서 뿐 아니라 정관의 변경에 의해서도 가능하며 나아가 예컨대 10%의 상한을 설정하는 경우 그를 위한 정관변경시 10%를 초과하는 지분을 보유한 주주가 존재하는 경우에도 그러한 정관변경은 허용된다는 것이 독일 판례의 태도였다.[20]

미국에서도 다수의 회사들이 주주별 의결권의 상한을 정하는 정관을 채택하고 있는 것으로 알려져 있다. 주주별 의결권 상한설정은 동종 주식보유 주주간의 평등대우 원칙에 어긋난다는 이유에서 문제가 되기

17) 독일에서는 학자들간에 이 규정에 대한 찬반론이 대립하였다. 폐지론은 Adams, *Höchststimmrechte, Mehrfachstimmrechte und sonstige wundersame Hindernisse auf dem Markt für Unternehmenskontrolle,* 35 Die Aktiengesellschaft 63(1990); Baums, *Höchststimmrechte,* 35 Die Aktiengesellschaft 221(1990) 참조. 유지론은 Schneider, *Gesetzliches Verbot für Stimmrechtsbeschränkungen bei der Aktiengesellschaft?,* 35 Die Aktiengesellschaft 56 (1990) 참조.

18) Werner, Probleme "feindlicher" Übernahmeangebote im Aktienrecht 20(1989) 참조.

19) Maier-Reimer, *Protection Against Hostile Takeovers in Germany: Banks and Limitations on Voting Rights,* in European Takeovers 242, 247-249 (Hopt & Wymeersch 공편, 1992); Stoll, *Rechtliche Aspekte von "feindlichen" Übernahmen von Aktiengesellschaften,* 44 Betriebs-Berater 301, 304-305(1989) 참조.

20) Schmidt, Gesellschaftsrecht 713(제 2 판, 1991) 참조.

도 하였지만 델라웨어 주 대법원은 1977년 베이커 사건(Providence & Worcester Co. v. Baker) 판결에서 보유주식의 수에 근거한 주주간 차별대우는 동종주식간의 차별대우로 볼 수 없다는 이유에서 그를 승인한 바 있다.[21]

2. 복수의결권주식

상법은 의결권이 없는 우선주식은 인정하고 있으나 의결권이 없는 보통주식이나 복수의결권주식은 인정하지 않는다. 상법 제369조 제 1 항이 규정하고 있는 1주 1의결권의 원칙은 정관의 규정으로 배제할 수 없는 강행법규로 이해되고 있다. 따라서 복수의결권주식을 발행하기 위해서는 상법의 개정 또는 증권거래법 기타 특별법상의 근거 마련이 필요하다.

복수의결권주식이 가장 많이 활용되는 나라는 다름 아닌 미국이다. 바이아콤(Viacom)을 포함한 약 200개 정도의 상장회사들이 이를 채택하고 있다.[22] 미국 기업들은 특히 IPO시부터 다른 경영권방어 장치와 함께 복수의결권주식을 활용하는 것으로 나타난다. 한 연구에 의하면 1988년에서 1992년 사이에 IPO를 한 1,019개의 기업들 중 47%가 각종 경영권방어 장치를 마련하였고 5%가 복수의결권주식을 발행하였다

21) 378 A. d 121(Del. 1977). 또 Lipton, *Corporate Governance in the Age of Finance Corporatism,* 136 University of Pennsylvania Law Review 1, 28(1987) 참조: 베이커는 피고회사의 의결권 있는 단일 종류의 주식 중 28%를 보유하였는데 회사의 정관에 의하면 이 회사주식을 50주 이하로 보유하는 주주들은 주당 1개의 의결권을 행사할 수 있고 51주 이상을 보유하는 경우에는 20주당 1개의 의결권만이 인정되며 발행주식총수의 1/4 이상의 수에 해당하는 의결권은 인정되지 않는다는 것이었다. 따라서 베이커는 28%의 지분을 보유하고도 총 의결권의 3%만 보유하였다. 이 사건에서 원고 베이커는 종류가 다른 주식간 의결권의 차별은 인정되어도 동종주식간 의결권에 관한 차별은 인정될 수 없다는 주장을 제기하였었다.

22) Paul Gompers et al., Incentives vs. Control: An Analysis of U.S. Dual-Class Companies(Working Paper, January 2004) 참조.

고 한다.[23] 또다른 연구에 의하면 1994년에서 1997년 사이에 IPO를 한 310개 기업들 중 6.4%가 복수의결권주식을 발행하였다 한다.[24] 화제의 IPO를 행한 구글(Google)도 복수의결권주식 발행을 결정했다. 다만, 미국의 증권거래소들이 복수의결권주식의 상장을 거부하였기 때문에[25] 상장회사들의 경우 그 활용이 제한되었었는데 증권거래소들이 중요 상장회사들의 압력 때문에 1주 1의결권원칙을 포기하여 이제는 복수의결권주식들도 자유롭게 상장거래된다(뉴욕증권거래소는 지금은 복수의결권주식의 신규 상장을 허용하지 않고 있다). 미국에서는 상장회사들이 복수의결권주식을 발행하여 회사자본구조를 재편성하기도 한다. 이른바 황금주식(Golden Share)도 일종의 복수의결권주식이다.

SEC는 1988년 7월에 SEC Rule 19c-4의 제정을 통해 미국 각지의 증권거래소와 OTC 시장으로 하여금 주주의 의결권을 박탈 또는 제한하는 내용의 보통주 상장을 금지하는 상장규칙을 채택하도록 한 바 있다. 차등의결권주식의 발행을 통한 회사의 자본구조재편은 연기금 등 회사경영자들과의 관계가 밀접하고 대개의 경우 경영자들에 대한 관계에서 그 위치가 취약한 특정 대주주들에 대한 경영진의 압력행사에 의해 행해질 가능성이 있을 뿐 아니라 일반 주주들도 의결권의 상실과 교환으로 고율의 배당을 약속받는다든지 아니면 저율배당의 위협 등에 의해 부당한 압력을 받아 그와 같은 자본구조재편에 응할 가능성이 있음이 우려되었기 때문이다. 이 규칙은 차등의결권주식의 발행에 의한 회사의 자본구조재편 그 자체를 금하고 있지는 않으나 사

23) Field, 위의 논문 참조.

24) Robert Daines & Michael Klausner, *Do IPO Charters Maximize Firm Value? Antitakeover Protection in IPOs,* 17 Journal of Law, Economics and Organization 83(2001). IPO시 설치되는 경영권보호 장치에 대한 기관투자자들의 태도에 대해서는 Michael Klausner, *Institutional Shareholders, Private Equity, and Antitakeover Protection at the IPO Stages,* 152 University of Pennsylvania Law Review 755(2003) 참조.

25) Daniel Fischel, *Organized Exchanges and the Regulation of Dual Class Common Stock,* 54 University of Chicago Law Review 119(1987) 참조.

실상 불가능하게 하는 효과를 가지는 것은 분명하다고 하겠다. 그러나 이 SEC Rule 19c-4는 1990년 미연방DC항소법원의 Business Roundtable v. SEC, 905 F. 2d 406(D.C. Cir. 1990) 사건 판결에서 SEC의 권한 외 법규제정이라는 이유로 무효화되었다.[26)]

복수의결권주식의 경제학적 효율성에 대해서는 아직 충분한 연구가 이루어져 있지 않다. 흔히 뉴욕타임즈(복수의결권주식을 창업자 가족이 보유)의 예를 들어 회사의 정책이 선명한 컬러를 필요로 하는 기업의 경우 대단히 효율적이라는 이야기들을 하고 있으며 IPO 시장의 가격결정 기능이 효율적이라는 사실을 원용하여 IPO 시장에서 복수의결권주식이 많이 등장함을 언급하는 정도이다.[27)]

복수의결권주식은 유럽에서도 널리 활용되고 있다. 예컨대 스웨덴의 에릭슨(Ericsson) 같은 회사는 다른 주식의 1,000배의 의결권을 보유한 주식을 발행하고 있다.[28)] 한 연구에 의하면 약 20% 정도의 유럽 회사들이 복수의결권주식을 발행하고 있으며 소수주주들의 권리가 잘 보호되고 있다고 일반적으로 여겨지는 영국에서도 복수의결권주식이 흔하다고 한다.[29)] 이태리는 최근의 회사법 개정을 통해 1주 1의결권원칙

26) Ronald Gilson, *Evaluating Dual Class Common Stock: The Relevance of Substitutes,* 73 Virginia Law Review 897(1987); Jeffrey Gordon, *Ties That Bond: Dual Class Common Stock and the Problem of Shareholder Choice,* 76 California Law Review 1(1988) 참조.

27) William Allen & Reinier Kraakman, Commentaries and Cases on the Law of Business Organization 205-206(2003).

28) 스웨덴 학자들의 연구가 있다. Niclas Hagelin et al., Dual Class Shares and Risk Management(Working Paper, February 2004); Ying Hong Chen, Owner Control and Firm Performance: A Cross-sectional Study of Swedish Listed Firms with Dual Class of Shares(Working Paper, May 2004). 이태리 학자의 연구로는 Marco Bigelli, Dual Class Stock Unifications and Shareholders' Expropriation(Working Paper, February 2004) 참조.

29) Morten Bennedsen & Kaspar Nielsen, The Impact of a Break-Through Rule on European Firms(Working Paper, 2003).

은 유지하되 특정 사안에서는 의결권이 없는 주식의 발행을 인정하기로 하였다. 즉, 어떤 종류의 주식은 이사선임에 관한 의결권이 없다든지 어떤 종류의 주식은 의결권이 없으나 회사의 EBIDTA가 일정한 기준 아래로 떨어지는 경우 의결권이 발생한다든지 하는 것들이다.[30]

그러나 유럽에서는 전반적으로 1주1의결권원칙을 강화하는 방향으로 입법이 진행되는 추세인데 이는 M&A 시장을 활성화시키려는 EU의 전통적인 정책의 영향을 받은 것이다. 최근의 한 연구는 보통의 의결권을 가진 주식을 예컨대 75% 정도 취득하면 회사의 지배구조를 변경시킬 수 있는 절대적인 권리를 인정하자는 안(이른바 'break-through rule')도 제시한 바 있는데 이에 대해서는 학자들의 의견이 회의적이다. 복수의결권주식을 폐지하게 되면 가족기업들이 결국 계열회사간 순환출자나 피라미드형 구조를 형성하여 경영권을 유지하려고 할 것이기 때문에 그 실효성에도 의문이 있다고 한다. 더구나 IPO에 있어서는 차등의결권제도를 포함한 경영권안정 장치가 잘 갖추어지지 않으면 종업원들이 IPO 직후에 시장에서 주식을 처분하는 데 제약이 발생하여 IPO 자체가 어려워지는 일도 있을 것이다.[31]

1주1의결권제도가 기업지배구조 차원에서는 우수한 제도라는 것이 세계적으로 전문가들의 일치된 의견인 것 같으나 기업들이 필요에 따라 차등의결권제도를 선택할 수 있게 해 주는 것도 좋을 것이다. 차등의결권제도는 대주주들이 과도하게 회사에 자본을 투자하거나 무리하게 경영권을 유지하려고 시도하는 것을 방지해 주고 유상증자를 쉽게 해 준다. 그리고 기존의 대기업들은 이 제도의 영향을 별로 받지 않겠으나

30) Toffoletto & Montironi, *Italy Reforms Company Law*, in: IFLR Mergers and Acquisitions 2004(2004) 137 참조.

31) Lucian Bebchuk & Oliver Hart, *A Threat to Dual-Class Shares*, Financial Times(May 31, 2002) 참조. 또 John Coats Ⅳ, Ownership, Takeovers and EU Law: How Contestable Should EU Corporations Be? (ECGI Working Paper, July 2003) 참조(미국과의 비교연구).

IPO를 통해 새로 증권시장에 진출하는 기업들의 지배구조가 피라미드나 순환출자형으로 가는 것을 방지해 주는 효과도 기대해 볼 수 있다. 차등의결권제도는 나름대로 경영권고착 장치로 사용될 수 있기는 하지만 순환출자나 피라미드보다는 상대적으로 투명한 소유구조를 발생시키는 것이 사실이다. 또 복수의결권주식은 저배당률 등과 같은 장치를 통해 자본시장에서 그 보유에 대한 대가도 치루어야 한다.

차등의결권제도를 기존의 공개회사가 도입하는 구체적인 메커니즘은 다음과 같다: 우선 주주총회가 회사가 2종의 주식을 발행하는 것을 허용하는 정관의 변경을 결의한다. 예컨대 A, B 두 종류의 주식을 발행하게 하되 A는 기존의 보통주와 같은 속성을 가지고 B는 복수의결권을 인정하는 동시에 양도가 불가능하게 한다. 그러나 B는 A로 전환할 수 있다. 이렇게 한 다음 회사는 B형 주식을 전 주주들에게 주식배당으로 지급한다. 거의 모든 주주들은 B형 주식을 보유할 인센티브가 없으므로 A형으로 전환해서 시장에서 거래하게 되고 장기적으로는 경영진과 그 우호주주들만이 B형 주식을 보유하게 된다. 이렇게 주식배당을 하는 방법 외에도 기존의 보통주식(A형)을 B형 주식과 교환해 주는 방법이 있다. 이 경우에도 역시 일반 주주들은 교환 신청을 하지 않을 가능성이 높아 경영진과 그 우호세력만이 B형 주식을 보유하게 된다.

차등의결권제도를 채택한 미국 기업의 한 예로 포드자동차를 들 수 있다. 포드는 1956년에 기업을 공개하면서 보통주, B형 주(Class B Stock) 등 두 종류의 주식을 발행하였다. B형 주는 복수의 의결권을 가지며 정관의 규정에 따라 의결권의 수가 정해진다. 2005년 3월 16일 현재 포드는 보통주 1,760,025,639주와 B형 주식 70,852,076주를 발행하고 있는데 B형 주는 보통주가 1개의 의결권을 갖는데 비해 16.561개의 의결권을 가진다. B형 주는 포드가족 구성원들이 주로 보유하고 있으며 2005년 현재 Ford Motor Credit Company의 CEO를 역임하고 포드의 부사장을 역임한 Edsel B. Ford 2세 이사가 4,174,040주(보통주는 3,947,092주), 포드의 현 회장인 William Clay

Ford 2세가 4,130,272주(보통주는 4,557,043주), William Clay Ford가 11,180,322주(보통주는 15,097,876주)를 각각 보유하고 있다. 또, 버크셔도 유명한 사례이다. 버크셔(Berkshire Hathaway)는 보통주를 A형과 B형 두 종으로 발행하고 있다. B형 주식은 A형 주식이 보유하는 권리의 1/30을 보유한다. 그러나, 의결권은 A형의 1/30이 아닌 1/200을 보유한다. A형 주식은 주주가 언제든지 B형 주식 30주로 전환할 수 있으나 B형 주식은 A형 주식으로 전환할 수 없다. 2005년 3월 2일 현재 약 6,400명의 A형 주주가 있으며 14,700명의 B형 주주가 있다. A형 주식은 2004년에 최고가 주당 95,700 달러를 기록한 바 있다. B형 주식은 A형 주식 가격의 1/30 이상의 가격으로 매각하는 것이 불가능하다. B형 주식의 가격이 A형 주식 가격의 1/30 이상으로 상승하면 아비트라저들이 A형 주식을 매입하여 B형 주식으로 전환하기 때문이다. B형 주식은 A형 주식 가격의 1/30 이하로는 거래될 수 있다. B형 주식에 대한 수요가 증가하면 B형 주식의 가격은 A형 주식 가격의 1/30에 근접한 수준에서 결정되게 된다.[32)]

이 문제를 생각하면서 염두에 두어야 할 근본적인 이슈는 이런 것이다. 회사의 구조변경이나 경영권 이동과 같은 사안에 있어서 모든 주식에 같은 의결권을 부여하는 것이 과연 타당한가? 예컨대 데이 트레이딩을 하면서 주총 당일에는 주식을 보유하지도 않고 있는 주주와 10년 이상 장기투자를 하는 주주를 같이 취급하는 것이 옳은가 하는 것이다. 특히 최근에는 단기 투자 후 경영에 개입해서 시세차익을 거두고 철수하는 헤지펀드와 그 동안 회사에 아무런 관심도 두지 않고 있던 세력이 지배구조 개선을 통한 시세차익 실현을 목적으로 기업지배구조펀드를 조직하여 느닷없이 회사의 대주주로 등장, 불과 몇 개월간의 '주주 이력'을 가지고 큰 목소리를 내는 사례도 빈발한다. 회사에 대한 정보나 '충성도'면에서 두 주주는 비교할 수 없는 차이를 보인다. 그러나 시간

---

32) 김화진, 글로벌 M&A 시장 동향과 경영권 방어, 상장협연구, 제53호(2006. 4), 118면 · 138-139면.

적 요소를 기업지배구조에 반영할 수는 없으므로 현재의 자본참여 규모에 비례해서 의결권을 인정하지 않을 수 없는 문제가 있다. 그래서 이 문제는 정관으로 주주들이 결정할 수 있게 하고 그에 따라 시장에서 해당 회사의 주가로 평가받게 해야 한다고 본다. 의결권이 배당보다 중요한 주주에게는 그에 상응하는 대가를 치르게 하고, 경영에는 관심이 없는 주주에게는 배당만 더 해 주든지 하는 방법이 있을 것이다. 주총시즌에 중복위임장이 양산되는 갖가지 과정을 보면 과연 해당 주주들에게 회사의 운명이 좌우되는 M&A에 관한 결정권을 반드시 인정해 주는 것이 옳은가 하는 회의도 든다. 그러나 의결권을 박탈하는 것은 있을 수 없는 일이기 때문에 애초에 선택하도록 해 주면 될 것이다. 정치적 민주주의가 사업조직인 회사의 의사결정에 그대로 적용되는 것이 옳은지도 질문해 볼 필요가 있다.

차등의결권제도가 널리 활용되고 있는 스웨덴의 대표적인 기업집단은 왈렌베리(Wallenberg) 그룹이다. 이 그룹 소속 회사들의 시가총액이 스톡홀름증시 전체의 40% 정도를 차지한다. 에릭슨(Ericsson), 스카니아(Scania), 사브(Saab), ABB 등이 그에 속한다. 이 그룹은 전형적인 가족소유 기업으로서 창업 후 5세대까지 경영권이 승계되어 왔다. 창업자는 마르쿠스 왈렌베리(Marcus Wallenberg 1899-1982)의 조부로서 1856년에 스웨덴 엔스킬더(Enskilda) 은행을 설립하였고 마르쿠스 왈렌베리는 다국적 그룹을 건설함과 동시에 스웨덴의 외교사절로도 크게 활약하였다. 현재의 그룹은 마르쿠스 왈렌베리의 두 손자들이 경영하고 있다. 왈렌베리 그룹은 투자대상(소유) 회사에 대해 경영지원, 금융지원 등을 통해 소유-금융-경영 세 가지 측면의 복합적인 관계를 유지하고 있다. 스웨덴은 사회민주주의 국가이고 실제로 1960-1970년대에 왈렌베리 그룹은 좌파단체들로부터 많은 정치적 공격을 받은 바 있으나 스웨덴의 현재 국민여론이 이 그룹의 가족경영에 대해 문제를 제기하고 있지는 않다고 한다. 이는 결국 고용창출과

경제성장에의 기여, 납세 등 실적에 따라 여론의 입장은 정해진다는 것을 보여준다.[33)]

3. 초다수결의 요건

주주총회의 결의는 법령이나 정관이 다르게 정하고 있는 경우를 제외하고는 출석한 주주의 의결권의 과반수와 발행주식총수의 1/4 이상의 수로써 하여야 한다(보통결의의 요건에 관한 상법 제368조 제1항). 상법이 주주총회의 결의요건을 다르게 정하고 있는 경우는 주주총회에 출석한 주주의 의결권의 2/3 이상의 수와 발행주식총수의 1/3 이상의 수로써 하게 되는 정관의 변경(제434조), 영업양도(제374조 제1항), 합병(제522조 제3항), 임기중인 이사의 해임(제385조 제1항) 등을 포함한다(특별결의의 요건). 여기서 상법이 정관으로 다르게 정할 수 있다고 규정하는 보통결의의 요건을 정관으로 가중 또는 완화하는 경우의 한계와 상법이 별도의 규정을 두고 있지 않는 특별결의요건의 가중, 완화가능성, 그 한계 등이 문제된다. 이는 본질적으로 전술한 주주별 의결권 상한설정, 차등의결권주식의 발행 등과 같은 맥락에서 다루어질 수 있는 것인데 이사의 선임과 해임에 관하여는 이사해임결의와 정관변경요건을 정관으로 가중할 수 있는지가 문제이다.[34)]

---

33) 가족기업에 대한 연구가 본격적으로 시작되고 있다. 예컨대 Randall Morck ed., The History of Corporate Ownership: The Rise and Fall of Great Business Families(2003) 참조.

34) 결의요건을 경영권을 보유한 측의 필요에 의해 가중하는 것은 후일 스스로 행동반경을 제약하는 부메랑으로 돌아올 가능성이 있음에 유의해야 한다. 결의요건의 가중은 상대측의 행동을 제약하지만 별개의 사안에서 상대측에게 거부권을 인정해 주는 효과가 있다. 한 코스닥 회사의 정관은 주주총회의 결의방법에 관해 다음과 같은 조항을 두고 있다: “이사의 임기 전 이사회구성 이사의 3명 이상의 이사의 해임을 결의하는 경우는 출석한 주주의결권의 100분의 90 이상으로 하되, 발행주식총수의 100분의 80 이상의 찬성으로 하며, 동 조항의 변경을 결의하는 경우에도 출석한 주주의결권의 100분의 90 이상으로 하되, 발행주식총수의 100분의 80 이상의 찬성으로 한다.”

주주총회 결의요건은 정관으로 자유롭게 변경할 수 있도록 해야 할 것이다. 이는 정관변경의 한계를 시장이 설정하도록 하는 것이다. 특별결의요건을 어느 정도까지 가중하는 것이 허용될 것인지에 대한 명확한 기준을 발견하기가 어렵고 그에 대한 판단이 필연적으로 주관적일 수밖에 없는 사실에서 볼 수 있듯이[35] 이는 해석으로는 만족스럽게 해결할 수 없는 문제이다. 결의요건에 관한 회사정관의 내용이 통상적인 형태를 벗어나 비정상적인 내용으로 되어가는 정도에 따라서 해당 회사의 시장에서의 자금조달능력 및 주가가 상응하는 영향을 받을 것이고 주주들은 그 모든 요소들도 고려하여 의사결정을 내리게 될 것이므로 극단적인 내용의 정관이 채택될 가능성은 사실상 대단히 낮다. 극단적인 내용의 규정들은 크게 보아 지배주주, 소수주주, 경영진 그 누구에게도 특별한 이익을 가져다 주지 않는 것들이기 때문에 정관에 도입될 별다른 계기가 없을 것이며, 따라서 결의요건 변경의 한계를 인정해야 한다는 입장의 논거가 될 수 없다고 본다. 반면 특별결의요건을 출석주주의 3/4찬성, 나아가 4/5찬성 등으로 강화하는 것과 같이 극단적인 내용이 아닌 규정은 신규 투자자유치의 필요성 등 해당 회사가 처한 특수한 상황에 기인하여 정관에 도입되는 경우가 많으므로 그를 막을 이유가 없다. 또 그러한 형태의 정관변경과 그에 의한 회사의 운영이 소수(경영자인 지배주주)의 전횡에 의해 초래되는 경우에는 정관으로 배제할 수 없는 강행규칙인 충실의무가 그를 견제한다는 점도 고려되어야 할 것이다.

---

35) 이철송, 회사법강의(제12판, 2005), 447-448면(초다수결의의 요구는 소수파 주주에게 거부권을 줌으로써 회사운영의 교착을 초래하고 기업의 유지를 어렵게 하므로 과반수 출석까지만 가중할 수 있다); 최기원, 신회사법론(제11대정판, 2001), 418면(사실상 인적 회사와 같이 주주의 수가 소수인 경우에는 정관규정에 의해서 전원의 동의로 가능하도록 해야 할 필요가 있기 때문에 제한없이 가중할 수 있다); 정동윤, 회사법(제7판, 2001), 354면(소수파주주의 거부권확보 필요 등의 이유로 제한 없이 가중이 가능하다).

4. 의결권의 제한

의결권의 행사에 관한 변형제도나 법령에 의해 의결권이 제한되는 경우 이사선임을 위한 주주총회에서 의결권을 실제로 언제, 어떻게 제한할 것인지가 문제이다. 특히 경영권분쟁이나 적대적 M&A의 상황에서는 이사선임에 관한 의결권의 제한이 경영권의 향배를 좌우하고, 예컨대 증권거래법상의 5% 규칙 위반에 의해 의결권이 제한되는 경우 법원의 관련 결정이 없는 상황에서는 법령의 규정에 의해 당연히 의결권이 부인된다는 것의 기술적 처리가 주주총회의 운영에 있어서는 어려운 과제이다.

의결권의 제한이나 부인에 관한 결정은 원칙적으로 회사, 구체적으로는 주주총회의 의장이 행하여 집행하게 된다. 그 결정과 집행의 내용이 위법하거나 현저히 부당한 경우에는 주주들이 주주총회결의의 효력을 문제 삼거나 의장, 회사의 이사들에 대한 법률적 책임을 묻게 될 것이고 이사해임을 시도할 수도 있다. 이 때문에 법률적 불확실성을 없애기 위해 사전에 법원의 가처분결정을 받아두는 것이 좋으나 기밀유지의 필요 때문에 사전적인 조치를 취할 수 없는 경우도 많다.

사전적인 조치가 없는 경우 의결권의 제한은 주주총회 참석장 송부시에 그 사실을 기재하여 해당 주주에게 통지하거나 주주총회장 입장시에 필요한 조치를 취하거나, 아니면 주주총회의 개회시 참석주주의 수와 의결권의 수를 공표할 때 집행할 수 있다. 극단적인 경우, 이사의 선임에 관한 결의가 종료된 후에 결의의 성립 또는 불성립을 발표하면서 그 이유로서 일부 의결권의 제한이나 박탈을 그 근거와 함께 발표할 수도 있을 것이다. 선택은 구체적인 상황에 따른 회사의 몫이지만 그 방법이 현저히 부당한 경우에는 역시 사후적으로 법률적인 분쟁이 발생하게 된다.

Ⅳ. 주식의 수와 경영권을 분리시키는 사실상의 구조

1. 계열회사간 출자

위와 같이 의결권에 관해 특수한 내용의 메커니즘을 활용하지 않고 1주 1의결권원칙을 유지하더라도 사실상 의결권의 수(배당권 또는 현금흐름권이라고 한다)와 경영권을 분리시키는 기법들이 있다. 이는 1주 1의결권원칙을 강행규칙으로 하고 있는 우리 나라를 포함한 많은 나라에서 나타나는 현상인데 순환출자와 피라미드식 지배구조가 이에 속한다. 이러한 기법을 사용하면 자신이 보유한 주식의 수보다 훨씬 많은 의결권을 사실상 행사할 수 있고 그를 통해 자기측 인사들을 이사회에 진출시켜 회사의 경영권을 장악할 수 있다.

회사의 자기주식에 의결권을 인정하지 않는 것은 거의 모든 나라에서 같다. 자기주식에 의결권을 인정한다면 경영권을 보유하고 있는 지배주주나 지배주주가 없는 회사의 전문경영인이 회사의 자금으로 경영권을 유지하는 것을 허용해 주는 셈이 된다. 물론 회사의 자기주식 취득을 광범위하게 허용하게 되면 자기주식에 의결권이 없더라도 상대측의 지분을 희석시키는 데 자기주식의 취득이 이용될 가능성은 있다. 법령상의 제약 때문에 이렇다 할 경영권방어 장치를 활용하기 어려운 우리 나라 기업들이 자사주 취득을 경영권방어를 위해 '애용'하고 있음은 잘 알려진 사실이다.

자기주식에 의결권이 인정되지 않기 때문에 자신의 지분보다 더 많은 사실상의 파워를 행사하려는 경우 사용되는 기법이 순환출자와 피라미드식 계열사 구조이다. 우리 나라 공정거래법의 출자총액제한제도는 이 문제를 다루기 위해 도입된 것이다. 출자총액제한제도는 1986년에 공정거래법 개정을 통해 경제력 집중의 억제를 위한 장치로 도입된 바 있으나 IMF사태 직후인 1998년에 폐지되었다가 2001년부터 다시 부활되어 시행되고 있다. 출자총액제한제도의 내용은 국내계열사의 자산합계액이 5조원 이상인 기업집단의 계열사는 당해 회사 순자산의 25%를 초과하여 다른 국내회사의 주식을 취득 또는 보유할 수 없다는 것이다.[36] 이 제도는 대규모기업집단 계열회사들간의 출자를 통해 형성된 가공자본으로 기업의 지배력이 확장되고 M&A를 대표로 하는 외부통제 장치의 기능을 저하시키는 소유구조가 형성되는 것을 방지하기 위한 것이다. 관련규정에 위반하면 의결권 제한, 주식처분명령 및 과징금부과, 경고 등의 제재를 받게 된다.[37] 이 제도는 적대적 M&A의 촉진과는 직접적인 관련이 없으나 대상기업들의 출자를[38] 규제하기 때문에 일정한 경우 경영권을 방어할 수 있는 여지를 대폭 줄이는 역할을 하고 있으며, 따라서 사실상 적대적 M&A의 활성화에 기여하는 제도이다.

['의결권승수' 유용한가?]

지배주주가 실질소유권보다 의결권을 얼마나 더 행사하는지를 판단하는 의결권승수(의결권/실질소유권)를 놓고 논란이다. 공정거래위원회가 출자총액제한을 위해 이를 이용하겠다는 의견을 내놓자 재정경제부는 의결권승수에 따른 구체적 출자제한 기준을 제시했다. 출자제한 정도에 부처간 이견은 있으나 의결권승수 개념의 도입 자체에는 공감하는 것 같다.

의결권승수, 즉 지배소유 괴리도 개념은 비정상적인 순환출자를 통한 이른바 가공자본의 문제를 어느 정도 해소할 수는 있을 것으로 보인다. 그러나 그 효용성은 의문이다. 대기업의 소유구조는 누군가의

36) 독점규제및공정거래에관한법률 제10조 참조.

37) 공정거래위원회 보도자료, 출자총액제한규정 위반회사에 대한 조치결과(2003. 10. 17) 참조.

38) 이 제도가 기업의 투자를 억제하여 경기침체의 원인이 되고 있다는 지적에 대해 공정거래위원회는 투자와 출자는 엄연히 구별되어야 한다는 점을 강조하고 있다. 공정거래위원회, 출자총액제한제도에 대한 몇 가지 오해(2004. 5. 3) 참조.

치밀한 계획에 의해 형성된 것이 아니다. 오랜 기간에 걸쳐 가변적인 시장상황에 가장 효율적으로 적응(생존)하기 위한 무수한 의사결정이 현재의 소유와 지배구조를 결정지은 것이다. 도시계획의 개념이 없던 시대에 출발한 오래된 대도시는 보기에 무질서하고 비효율적일 수는 있어도 그 안에는 수많은 사람들이 살아 온 역사와 사연이 담겨 있는 것과 같다. 그리고 투자결정을 순전히 기업지배를 목적으로 실행하는 기업이 몇이나 있을지 의문이다. 기업환경은 일반이 생각하는 것보다 훨씬 험난하다. 순전히 지배권을 확보하기 위한 목적으로 우리 나라 대기업들이 지금의 소유구조를 형성했다면 지금만큼의 경쟁력을 갖출 수 없었을 것이다.

지분율만큼 경영권을 행사해야 한다는 시각도 문제가 있다. 5%의 지분을 가진 CEO가 5%만의 경영권을 행사할 수 있는가? 그렇게 하는 것은 오히려 경영자로서의 책임을 태만히 하는 결과가 돼 95%의 주주들로부터 소송을 당할 것이다. 5%의 지분을 가진 CEO의 경영책임은 1백%이다. 문제는 경영권을 어떻게 사용하는가이지 지분의 규모와 경영자의 권한을 혼동해서는 안 될 것이다. 우리는 과거 일부 잘못된 경영권행사의 그림자에 너무나 짙게 가려져 있다. 미국에서 주식을 거의 가지지 않은 CEO가 회사와 그 계열회사에 대해 전권을 행사하는 것이 문제된다는 이야기를 들어 보지 못했다. 빌 게이츠 회장은 마이크로소프트의 11% 주주이며 제이콥스 회장은 퀄컴의 3% 주주이다. 이들은 투명한 경영과 기술혁신, 엄청난 고용창출과 납세를 통해 국민들로부터 존경을 받고 있다.

최근 정부정책에서는 대단히 혁신적인 어프로치가 발견된다. 내부통제시스템에 눈을 돌리고 있다. 이미 공정위는 공정거래 분야에서 내부통제 자율준수 프로그램을 시행하고 있다. 내부통제시스템이 잘 정비돼 있는 회사는 문제가 발생했을 때 이를 감안해 '선처'한다는 내용이다. 이는 금감원에서도 시도하고 있고 금융기관들의 경우 법에도 일부 규정돼 있다. 미국에서는 여기에 사법적 효과까지 부여된다. 즉, 내부통제시스템이 잘 기능한다는 것을 입증하면 이사와 임원들이 소송에서 법적 책임을 감면받게 된다. 내부통제시스템은 증권관련집단소송이 도입되면 더 중요해질 것이다. 현재 부실공시가 발생하면 경영진이나 회계법인들은 면책받을 길이 있으나 회사 자체에는 그럴 여지가 없는 것으로 이해되고 있다. 법인에 민·형사상의 문제가 발생하면 정작 고초를 겪는 것은 회사 사람들이지 법인이 아니다. 내부통제는 이 문제를 해결하는 새로운 가능성을 제시해 줄 것이다. 소유구조의 개선에 반대할 이유는 없지만 인위적인 조정은 비용이 너무 크고 신규투자를 지연시킬 것이다. 관련전문가들은 특수를 누릴 수 있을지 몰라도 바쁜 우리 기업들에는 부담이 되고 외자유치 등의 기회를 잃게 할 수도 있을 것이다. 또 외부통제제도는 필요하지만 충분한 것은 아니다. 이제 가장 실용적인 어프로치인 내부통제 장치와 그에 대한 행정적·사법적 효과부여를 통해 기업지배구조를 개선하는 동시에 경영자들을 지원하는 일거양득의 효과를 노려보아야 할 것이다. 기업지배구조에 관한 논의에서 앞으로는 정치적 시각을 가급적 배제하고 기업가치를 창출할 수 있는 베스트 프랙티스(Best Practice)에 초점을 맞출 때가 됐다. 내부통제시스템은 그 핵심적인 부분이다.

김화진, 한국경제(2003년 10월 3일자)

[지주회사제도가 성공하려면]

LG카드의 유동성 위기와 관련해 지주회사체제의 유용성이 새삼 논의되고 있다. 최근에 LG카드가 위기를 맞은 것은 지주회사체제로 전환한 LG그룹의 계열기업들이 지원을 해 주지 못했기 때문이고, 따라서 지주회사체제가 바람직하지 않을 수도 있다는 의견이 나온다. 이에 대해 반대하는 입장은 LG가 지주회사체제이기 때문에 그룹 전체가 동반부실화하는 것이 차단되었다는 주장을 편다. 두 의견 모두 일리가 있는 것으로 보이지만 필자가 보기에 이 문제는 결국 기업집단의 경제적 효율성과 기업집단이 발생시키는 지배구조의 낙후성에 관한 논쟁의 연장선에서 이해되어야 한다.

우량한 계열회사가 부실한 계열회사를 지원해 주는 행동에 대한 법률적 평가는 이 분야에서 가장 많은 경험을 가지고 있는 미국의 회사법에서도 최고난도의 문제에 속한다. 그러나 미국법에 의하면 지원해 주는 회사의 이사들이 개인적인 이익을 위해 행동하지 않았고 신중한 절차에 의해 합리적으로 판단해서 계열회사를 지원하였다면 그 결정은 통상 경영판단원칙에 의해 보호를 받는다. 최근 삼성전자의 주주대표소송과 관련한 서울고등법원 판결도 이와 유사하다. 즉, 이 문제에 대한 법률적 평가는 중립적일 가능성이 높기 때문에 산업정책적인 고려만 남게 된다.

기업지배구조론은 미국에서 소유와 경영이 잘 분리된 대규모 공개회사의 전문경영인을 통제하는 장치를 연구하기 위한 목적으로 처음 시작됐다. 그러다가 관심이 확대되자 미국식으로 소유와 경영이 잘 분리된 회사의 경영자가 아니라 대주주의 통제하에 있는 대규모 상장회사의 대주주 겸 경영자를 통제하는 장치의 연구로 관심이 옮겨졌다. 미국과 영국 이외 지역에서는 소유가 집중된 기업의 비중이 압도적으로 높다는 것이 이미 밝혀졌고, 또 이런 회사들의 상당수가 이제 미국에서는 잘 볼 수 없는 피라미드, 순환출자, 복수의결권주식 등을 통해 기업집단을 형성하고 이를 통해 모회사의 대주주가 비교적 적은 자본으로 자회사의 경영권을 행사하고 있어 문제가 되고 있다. 동시에 유럽을 중심으로 가족기업의 지배구조에 대한 연구도 활성화되고 있는데 이는 대규모 공개회사들도 언제나 소규모 가족기업에서 출발하고, 가족기업 속성을 잃지 않고 대기업으로 성장해 문제점을 가지고 있는 기업들도 적지 않기 때문이다. 우리 나라, 이태리, 스웨덴 등의 국가가 좋은 사례이다.

가족기업 속성을 지닌 기업집단이 문제가 있으나 모종의 경제적 효율성을 가지고 있다는 것 또한 누구나 추측하고 있다. 하지만 아직 체계적인 경제학적 분석은 나오지 않고 있다. 이에 따라 최근 들어 전 세계적으로 이러한 형태의 기업집단의 지배구조에 대한 정치적 압력이 급증하고 있다. 대만, 인도, 남아프리카공화국 등을 포함한 세계 각국은 피라미드나 순환출자를 규제하기 위한 입법조치를 진행하고 있는 것으로 보고되어 있다. 또 스웨덴, 캐나다의 기업들은 대주주의 직접 지분율 증가나 지주회사로의 개편을 통해 자발적으로 그러한 규제에 대비하고 있다고 한다. 우리 나라의 경우도 공정거래법이 이러한 형태의 기업군을 규제하는 역할을 수행한다. 그러나 문제의 핵심은 대주주 경영자의 지배구조가 경영권의 사적 이익을 증가시켜 얼마나 큰 대리인 비용을 발생시키는지 그리고 그 비용이 과연 이러한 지배구조에서 얻을 수 있는 효율성을 초과하는지가 아직 규명되지 않고 있다는 점이다. 만일 비용이 크다면 규제의 방법을 연구하는 과제만 남을 것이다. 그러나 만일 효율성이 무시할 수 없이 크다면 미국 하버드대 벱척 교수가 지적하듯이 현재 전세계적으로 진행되고 있는 움직임의 효용성과 지주회사체제로의 전환을 장려하는 정책도 재고되어야 할 것이다. 이는 경제학자들에게 주어진 가장 큰 당면과제들 중 하나이다. 우리 나라에서 기업집단에 대한 규제와 기업지배구조의 개선문제는 종종 혼동되고 있으나 이들은 사실 별개의 문제이며 우리 경제, 산업정책도 이 점에 유의해서 마련되어야 할 것이다.

김화진, 한국경제(2003년 12월 20일자)

자신이 보유한 지분보다 더 많은 권력, 즉 의결권을 행사하는 방법으로 다른 주주의 의결권을 매수하는 것을 생각할 수 있다. 주식이 보유한 여러 가지 속성들 중 의결권만을 일정기간 유상으로 양도받을 수 있다면 주주총회에서 소수의 지분을 가지고도 원하는 대로 이사회를 구성할 수 있을 것이다. 그러나 우리 나라 상법의 해석론은 의결권은 주주권으로부터 분리될 수 없는 것이기 때문에 의결권의 유상거래는 위법하다고 한다.[39] 미국에서도 의결권의 유상거래는 보통법상 허용되지 않는 거래이다.[40] 주식으로부터 분리된 의결권만의 양수도를 허용하지 않는 것은 경제학적으로 그러한 거래가 회사조직의 효율성을 저하시키기 때문이다.[41]

---

39) 이철송, 회사법강의(제12판, 2005), 434-435면.

40) Schreiber v. Carney, 447 A. 2d 17(Del. Ch. 1982).

41) Frank Easterbrook & Daniel Fischel, *Voting in Corporate Law,* 26 Journal of Law & Economics 395, 409-411(1983) 참조.

2. 순환출자

가. 순환출자의 규제

순환출자는 기업간 자본적 유대를 위한 것이라고 보기 어렵다. 자본적 유대가 직접적인 것이 아니기 때문이다. 자본적 유대를 위해 제 3 자를 거쳐 출자관계를 형성할 필요는 없는 것이다. 따라서 순환출자는 우연히 발생한 현상이거나 기업집단을 통한 지배력 확대와 유지를 주목적으로 하는 현상이라는 설명 외에는 이렇다 할 설명을 찾을 수 없다.[42)]

순환출자에 대한 규제의 난점은 순환출자가 결과적인 현상이라는 것이다.[43)] 지배력 유지를 위한 목적을 가지고 행해졌는지를 밝혀내는 것은 별개의 어려운 문제다. 순환출자 구조에서는 지배주주뿐 아니라 모든 주주가 그에 참여한 셈이 된다. 순환출자는 상호출자와는 달리 해당 기업집단이 누구의 지배 하에 있는가가 규제의 출발점이 된다. 상호출자는 지배 주체와는 무관하게 그 자체(논란의 여지가 있는) 해당 기업들의 위험한 행동을 규제하기 위한 것이고 순환출자는 지배 주체를 염두에 두고 그를 중심으로 한 환상형 고리를 찾아 내서 규제하는 것이다. 즉, 지극히 정치적인 기초에 근거한다. 예컨대, 순환출자의 출발점에 있는 회사가 완전한 전문경영인 경영 회사라면 순환출자 규제론이 나왔을지 의문이다. 어떤 마스터 플랜에 기초한 순환출자 구조가 아닌 한, 대부분의 순환출자 구조는 기업집단 형성 과정에서 가장 편리하고 유리하게 출자자를 찾는 방식이 생성 원인이다. 즉, 계열회사가 자금여력이 있는

42) William T. Allen & Reinier Kraakman, Commentaries and Cases on the Law of Business Organization 190-197(2003).

43) 독일에서도 순환출자구조(Ringförmige Mehrheitsbeteilignungen)가 많이 발생한다고 한다. 순환출자구조는 외부의 적대적 M&A를 어렵게 하기 때문에 독일에서도 부정적인 이미지를 가지고 있는 것 같다. 그러나, 역시 마땅히 규제할 방법을 찾기가 어렵다고 한다. 프랑크푸르트대학의 Kübler 교수는(다소 모호하게) 순환출자가 그러한 구조를 결정해서 집행하는 이사들의 책임 문제를 발생시킬 수 있다고 한다. Friedrich Kübler, Gesellschaftsrecht, 5. Aufl., 362 (1998).

경우 출자자로 끌어들이면 자금의 조달과 지배력 유지라는 양립하기 어려운 두 개의 문제가 해결된다.

순환출자 규제는 다양한 기술적인 어려움을 수반하기도 한다. 무수한 지분관계들 중에서 규제의 대상이 될 지분관계를 가려내야 한다. 흔히 순환출자라 하면 단 한 개의 반지형 고리를 연상하게 되는데 현실은 그렇지 못하다. 많은 수의 고리들이 중첩 또는 병렬적으로 드러나게 된다. 또, 규제의 방법이 의결권의 제한이라 한다면 특정 시점에서 규제를 위반한 사실관계를 확정해야 한다. 특정 시점에서의 기업집단 상호간의 출자 연계를 확인해 내는 작업은 쉽지 않을 것이고 의결권 제한과 관련한 분쟁이 발생한 경우 사후적으로 과거 특정 시점의 기업집단 내 출자관계를 확인해 내는 작업은 거의 불가능할 것이다.

순환출자가 경제적인 효용은 창출하는 바 없이 단순히 지배권 유지와 확장의 목적을 위해서만 사용되는 것이라면 그에 대한 규제론에 반대하기가 어렵다. 위험성은 있어도 효용이 크다면 사후규제의 논리가 설득력을 인정받을 수 있지만 순환출자의 경우는 그에 해당하지 않기 때문이다. 아래 그림에서 보이는 순환출자 관계는 미국의 판례에서 도출된 것인데 순환출자에 대한 규제를 생각함에 있어서 회사법이 일정한 역할을 할 수 있음을 알게 해 준다.

나. 미국 판례[44]

미국 델라웨어 주 회사법 제160(c)에 의하면, 회사의 자기주식과 회사의 주식을 보유하고 있는 다른 회사의 이사 선임에 있어서 회사가 직접 또는 간접으로 과반수의 의결권을 행사할 수 있는 지위에 있는 경우 그 다른 회사가 보유하고 있는 회사의 주식에는 의결권이 없으며 그 다른 회사가 보유하고 있는 회사의 주식은 회사의 주주총회에 있어서

44) Speiser v. Baker, 525 A.2d 1001(Del.Ch.1987). Allen & Kraakman, 위의 책, 해당 부분에서 인용.

[Speiser v. Baker(1987)]

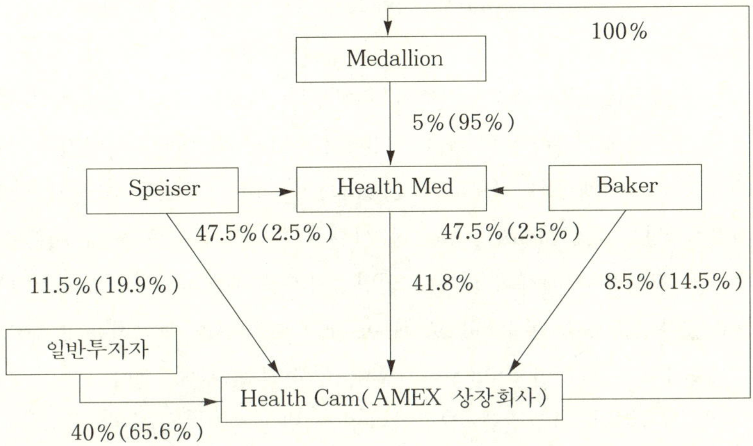

정족수의 산정에 포함되지도 않는다. 위 사건은 이 조항의 세부적인 해석에 관한 분쟁이었으나 여기서는 순환출자가 우리 나라뿐 아닌 여러 나라에서, 심지어는 미국에서도 발생할 수 있는 구조이며 우리 상법에 있는 상호출자 제한 규정이 약간의 손질을 거친다면 순환출자 규제에도 적용될 수 있음을 알 수 있다.

위 도표에서는 Health Chem이라는 상장회사가 약 40%의 지분을 보유하고 있는 일반투자자들과 약 42%의 지분을 보유하고 있는 Health Med에 의해 지배되고 있는 것이 보인다. 경영권은 Health Med에 대한 지배권을 가지고 있는 Medallion이 보유하는 것처럼 보인다. 그런데 이 Medallion은 Health Chem의 100% 자회사이므로 결국 이 도표는 전형적인 순환출자 구조를 나타내고 있다. 문제는 Medallion이 보유하는 Health Med의 보통주식은 5%에 불과하다는 사실이다. Medallion은 언제든지 보통주식으로 전환할 수 있는 전환우선주를 다량 보유하고 있으며 그 전환우선주들이 보통주로 전환되는 경우 Medallion의 Health Med에 대한 지분은 95%로 상승한다. 그러나 그 이전의 상태에서는 Health Med의 지분을 각각 47.5%씩 보유하고 있는 Speiser와 Baker가 Health Med를 지배하게 되고 그를 통해 Health Chem을 지배하게 된다.

만일 Medallion의 우선주가 전환된다면 Speiser와 Baker의 지분은 각각 2.5%로 하락하게 되어 Health Med에 대한 지배권은 Health Chem이 가지게 되고 Health Chem과 Health Med는 사실상 상호출자 관계에 있으므로 Health Med가 아닌 다른 주주들 중 최대 지분을 가진 주주가 양사를 지배하게 되는데 일반투자자를 제외하면 Speiser가 11.5%, Baker가 8.5%를 보유하므로 Speiser가 지배권을 장악하는데 유리한 위치에 서기는 하지만 일반투자자들이 결정권을 갖게 된다. 만일 Health Med의 지분이 의결권을 상실한다면 일반투자자, Speiser, Baker의 지분은 각각 65.6%, 19.9%, 14.5%가 되어 Speiser가 안정적인 지배권을 보유하게 되는 것은 더 어려워지지만 Health Med의 의결권이 상실되지 않는다면 Speiser는 Baker를 축출하고 Health Med를 장악함으로써 Health Chem을 쉽게 지배할 수 있다. 위 사건 분쟁은 판결문에서는 나타나지 않는 이유로 Speiser와 Baker의 관계가 악화되어 당시 Health Med의 사장이었던 Speiser가 Baker를 Health Med의 이사회에서 축출하고자 한데서 발생하였고 델라웨어 주 회사법의 규정이 Health Med의 Health Chem에 대한 의결권을 부인하는 것인가가 핵심적인 쟁점이 되었다. Baker는 Health Med의 의결권 제한을 주장하였고 Speiser는 그 주장을 배척해 줄 것을 법원에 청구하였다.

여기서 법원은 우선, Health Chem이 Health Med의 이사를 선임하는데 필요한 의결권을 직접 또는 간접으로 보유하고 있다는 주장을 받아들이지 않았다. 법원은 문리해석상 Medallion이 우선주를 전환하지 않은 상태에서는 Health Chem의 Health Med에 대한 그러한 관계는 부정된다고 보았다. 그러나, 법원은 위 규정이 회사의 자기주식에 대한 의결권 제한과 함께 구성되어 있음을 지적하였다. 즉, 위 규정의 취지는 회사의 운명을 좌우할 수 있는 이사의 선임을 진정한 회사의 소유자들의 권리로 하기 위한 것이라 한다. 자기주식과 같은 주식에 의결권을 부여한다면 회사의 이사 선임권한이 회사 자신이 지정한 자, 즉, 회사의 현 경영진이 지정한 자에게로 이동하는 문제가 있다는 것이다. 법원에 의하면 이 사건에서 나타나는 순환출자의 구조는 한 회사가 이행한 투자가 거의 전적으로 현 경영진이 그 회사에 대한 지배력을 유지하는 데 필요한 용도에 다시 투자된 결과로 나타난 것이다. 이는 델라웨어 주 회사법과 Health Chem의 정관이 일반투자자들에게 부여하고 있는 권리를 무력화한다. 법원이 볼 때 이는 판례가 150년 이상 그 유효성을 부인해 온 바로 그 출자구조라는 것이다. 따라서 Speiser의 청구는 기각되고 Health Med의 Health Chem에 대한 의결권은 제한되었다.

V. M&A 거래에 있어서 이사의 의무

다음에서는 우호적 M&A의 경우 인수대상 회사의 경영진(이사진)이 그에 관해 어떠한 법률적 의무를 지는지를 정리해 본다. 우호적인 거래에 있어서는 경영진이 주주들의 이익을 대변하여 가격을 포함한 거래의 조건을 결정하게 되고 회사에 지배주주가 없는 상황이라면 법률 이외에는 경영진의 행동을 견제할 수 있는 장치가 없으므로 이는 기업가치의 평가에 있어서도 대단히 중요한 문제이다.

1. 선관의무

우리 나라 상법 제382조 제 2 항에 의하면 주식회사의 이사와 회사와의 관계에는 위임에 관한 민법의 규정이 준용된다. 따라서 이사는 민법 제681조에 의해 회사에 대해 선량한 관리자의 주의로써 사무를 처리해야 할 의무를 지며 이는 항상 회사에 최선의 이익이 되는 결과를 추구해야 할 적극적 의무도 포함한다. 이사가 이러한 의무를 해태한 때에는 상법 제399조가 정하는 바에 따른 회사에 대한 손해배상책임을 지게 된다.

우호적 합병을 포함한 기업거래에 있어서도 이사는 위와 같은 선관의무를 다하여야 한다. 구체적으로는, 이사는 인수희망자와의 협상 및 주식양도가격 결정 등의 제반 사무를 회사에 최선의 이익이 되도록 성실히 수행하여야 한다. 이는 대주주가 없고 소유와 경영이 잘 분리된 회사의 경우 특히 중요한 문제이다. 인수희망자는 가급적 낮은 가격에 회사를 인수하려 하기 때문에 인수대상 회사 경영진의 협상능력과 판단은 주주들의 이익에 막대한 영향을 미치게 된다.[45] 그러나 이러한 이사의 의무의 구체적인 내용은 아직 우리 나라에서 충분히 형성되어 있지 않으며 아래 미국법의 내용이 향후의 기본방향을 제시해 준다. 여기서 유의해야 할 것은 미국의 경우 대다수의 기업인수가 회사간의 합병과 합병 후 소수주주들의 축출을 수반한다는 사실이다. 우리 나라에서는 기업인수가 경영권장악에 필요한 만큼의 지분인수로 끝나는 경우가 대부분이므로 경영진이나 지배주주의 행동이 기타 주주들의 이익에 즉각적인 영향을 미치지는 않는다. 아래 미국법의 내용은 이와 같은 차이를 염두에 두고 이해되어야 할 것이다.

2. 미 국 법

소유와 경영이 분리되어 전문경영진에 의해 경영되는 회사가 우호

45) 적대적 M&A의 맥락에서 특히 중요한 의미를 가지는 이사의 충실의무가 우호적 M&A의 경우에도 적용됨은 물론이다. 우호적 M&A의 경우 경영진은 어떠한 형태로든 개인적인 차원의 이익을 추구하는 방향으로 거래를 진행시킬 수 없다. 거래 후 회사 내에서의 거취와 관련한 보장을 대가로 거래가격에 대해 타협하는 것이 그 대표적인 경우이다.

적 M&A의 대상이 된 경우 회사의 경영진이 어떠한 법률적 의무를 지는지에 대하여는 미국의 판례가 상세한 원칙을 발전시켜 왔는데 그를 살펴보기로 한다. 이에 관한 미국법의 내용은 상당히 복잡한 구조로 형성되어 있다. 우선 적대적 기업인수에 대한 경영진의 여러 가지 방어조치가 적법한 것인지를 판단하기 위해 발전된 제반 원칙이 있고 그러한 원칙이 전통적으로 경영판단원칙의 보호를 받아왔던 우호적 M&A의 경우에도 점차 적용되기 시작하여 별도로 형성된 제반 원칙이 있다. 그러나 현재 미국에서의 M&A는 거래의 성격이 적대적 거래, 우호적 거래간의 명확한 구별을 상실해 감과 동시에 이사들의 행동에 적용되는 법규범의 내용도 상당히 수렴되어 가고 있다.

가. 적대적 M&A와 이사의 의무

적대적 M&A 시도가 있는 경우 대상 회사의 경영진이 취하는 여러 가지 방어조치에[46] 대한 적법성 판단은 1980년대 이후 미국 회사법의 최대과제라 해도 과언이 아닐 것이다. 이 문제는 이른바 경영판단원칙(business judgment rule)을 적용하여 법원이 사법심사를 자제함으로써 경영진의 행동에 넓은 범위의 자유를 보장해 줄 것인지, 아니면 이사의 자기거래에 적용되는 엄격한 원칙을 적용하여 이사들에게 공정성에 대한 입증책임을 지울 것인지, 그 두 극단적인 입장간의 적절한 타협점을 찾는 문제라고 요약할 수 있다. 전자의 기준을 적용한다면 경영진이 취하는 어떠한 방어조치도 법률적으로 용납되게 될 것이고 후자의 기준을 적용한다면 경영진이 취하는 어떠한 방어조치도 법률적으로 인정될 수 없게 될 것이다.[47] 미국 판례법의 전개는 다음과 같이 요약된다.

순수히 경영판단원칙을 적용함으로써 경영진의 방어조치에 완전한

46) 김화진, M&A와 경영권(개정증보판, 1999), 제 5, 6, 7 장 참조.

47) 이하 이에 관한 내용은 Gilson & Black, The Law and Finance of Corporate Acquisitions 801-895(제 2 판, 1995) 참조.

자유를 인정하려는 미국 판례는 극히 드물다. 오히려 1964년 델라웨어 주 대법원의 체프 사건(Cheff v. Mathes) 판결은[48] 경영판단원칙의 적용에 앞서 문제가 된 경영권방어조치의 일차적인 목적이 무엇이었는지를 심사해야 한다는 원칙을 제시하였다. 경영진이 단순히 자신의 지위를 보전하기 위해서가 아니라 적대적인 세력이 계획하고 있는 회사의 운영방향 등에 비추어 적대세력의 회사인수가 기존의 회사 운영방향에 심각한 변화를 초래함으로써 주주들의 손해로 직결되리라는 판단에 의해 방어조치를 취하였다면 그는 경영판단원칙의 적용을 받아 적법하다는 것이 동 판결의 취지이다. 그러나 이 판결은 적대적 인수시도의 대상이 된 회사의 경영진이 합리적인 조사연구를 거쳐 인수시도 세력과의 회사운영 측면에서의 방향충돌을 발견해 내기만 하면 적절한 방어조치를 취하는 데 아무런 법률적 장애도 없다는 의미를 함축하고 있어서 곧 비판의 대상이 되었다.[49] 그에 따라 델라웨어 주 대법원은 1985년의 유노칼 사건(Unocal Corp. v. Mesa Petroleum Co.) 판결[50]과 모랜 사건(Moran v. Household International, Inc.) 판결을[51] 통해 이른바 중간레벨의 심사기준을 도입하였는데, 이에 의하면 방어조치는 적대세력의 '위협'—회사의 사업방향 기조와 효율적인 운영에 대한—정도에 비추어 합리적인(reasonable in relation to a threat) 정도의 대응이어야 하며 그와 같은 기준에 부합되는 방어조치는 경영판단원칙의 보호를 받고 그와 같은 기준을 충족시키지 못하는 방어조치에 있어서는 경영진이 그 공정성에 대한 입증책임을 진다. 이는 비례성(proportionality)의 원칙이라고도 불리며 현재 적대적 M&A에 대한 방어조치의 적법성 판단

48) 199 A. 2d 548(Del. 1964).

49) Gilson, *A Structural Approach to Corporations: The Case Against Defensive Tactics in Tender Offers,* 33 Stanford Law Review 819, 821-831 (1981) 참조.

50) 493 A. 2d 946(Del. 1985).

51) 500 A. 2d 1346(Del. 1985).

에 적용되는 미국법의 기본원칙으로 이해되어 있다.[52]

나. 우호적 M&A와 이사의 의무[53]

전통적으로 미국법상 우호적 M&A에 있어서 이사들이 부담하는 선관의무의 내용은 단순하였다. 주식회사의 이사들은 거래의 구조, 거래 가격 등에 있어서 회사와 주주들의 이익에 최선이라고 여겨지는 방향의 결정을 소신껏 내리면 되었고 그러한 결정은 경영판단원칙의 보호를 받는 것이 보통이었다. 그러나 1980년대에 들어서면서 본격적으로 성행하기 시작한 적대적 M&A는 우호적 M&A에서 이사들이 부담하는 의무의 내용에도 큰 변화를 초래하였다. 미국 유수의 투자은행들이 적대적 M&A 시장에도 참가하기 시작하였고 이들은 우호적인 M&A 계획이 공개되는 즉시 더 나은 가격으로 대상 회사를 인수할 용의가 있는 제3자를 공격적으로 물색함으로써 우호적 M&A 시장의 거래구조를 근본적으로 뒤바꿔 놓았다. 이에 따라 미국에서의 우호적 M&A에는 잠재적인 경쟁자를 배제하고 원하는 거래를 성사시키는 전략이 극도의 중요성을 갖게 되었다. 그러나 대규모 투자은행들은 항상 좋은 매물의 출현에 관심을 가지고 있는 강력한 고객군과 불과 수일 안에 엄청난 규모의 인수자금을 조달할 수 있는 금융능력을 갖추고 있어서 미국에서의 우호적 M&A는 항상 의외의 장애에 부딪히게 되고 이러한 변화된 환경은 경영진의 법률적 의무의 내용에도 아래와 같이 변화를 초래하였다.

우선, 경쟁자가 없는 우호적 기업거래에 있어서 경영진들이 인수회

52) Gilson & Kraakman, *Delaware's Intermediate Standard for Defensive Tactics: Is There Substance to Proportionality Review?*, 44 Business Lawyer 247(1989) 참조. 그러나 이 비례성의 원칙은 후술하는 파라마운트-타임 사건 판결(Paramount Communications, Inc. v. Time, Inc., 571 A.2d 1140 [Del. 1990])에 의해 상당 부분 잠식되었으며 판례가 결과적으로는 단순한 경영판단원칙의 적용론으로 회귀하고 있는 것은 아닌가 하는 우려도 있다. Gilson & Black, 위의 책, 893-895면 참조.

53) Gilson & Black, 위의 책, 1009-1174면 참조.

망자와 합의한 거래가격이 회사와 주주들의 이익에 최선이라고 판단할 수 있는 근거는 무엇인가? 인수대상 회사의 경영진은 어떤 내용의 '최선'을 어느 정도 다해야 경영판단원칙의 보호를 받을 수 있는가? 미국 델라웨어 주 대법원은 이 문제를 새롭게 조명한 1985년의 트랜스 유니언 사건[54] 판결에서 주식회사의 이사들이 경영판단원칙의 보호를 받기 위해 충족시켜야 하는 선관의무의 강도를 파격적으로 상향조정하였다.

이 사건에서 트랜스 유니언의 주주들은 집단소송을 통해 트랜스 유니언(Trans Union)과 매어몬 그룹(Marmon Group)의 합병을 취소하거나, 보충적으로 동 합병을 승인한 이사들이 선관의무를 위반하였으므로 손해배상을 하게 할 것을 청구하였다. 이에 대해 1심법원은 이사들의 합병승인은 경영판단원칙의 보호를 받으며 주주들의 합병승인 결의도 충분한 정보에 의거하였다는 이유에서 그를 기각하였다. 그러나 델라웨어 주 대법원은 트랜스 유니언의 이사들이 충분한 정보에 의해 합병을 결정한 것이 아니었으며 주주들에게도 완전한 내용의 정보가 제공되지 않았다고 보아 원심판결을 파기하였다. 이 사건은 따라서 1심, 2심 각각의 사실관계에 대한 서로 다른 확인과 평가에 따라 상이한 결론이 도출된 사건이다. 대법원은 위 이사회의 결정이 긴급히 소집·개최된 이사회에서 불과 20분여에 걸친 CEO 밴 고콤(Van Gorkom)의 구두설명 후 이루어졌고 이사들이 합병계약서를 검토하거나 그 내용을 회사 내부 또는 외부의 전문가로 하여금 진지하게 평가하도록 하는 과정을 거치지 않았던 점을 중시하였다. 델라웨어 주 대법원은 그러한 경우 (현금)합병의 가격이 시장가격을 훨씬 초과하는 프리미엄부(50%)였다는

54) Smith v. Van Gorkom, 488 A. 2d 858(Del. 1985). 그러나 미국에서 경영판단의 원칙은 거의 만병통치약임에 유의해야 한다. 이사가 주의의무를 다하지 못한 것으로 규정되어 경영판단원칙의 보호를 받지 못하는 상황은 회사가 적대적 기업인수의 대상이 된 그런 예외적인 경우뿐이며 통상적인 상황에서 경영판단원칙의 적용이 부인되는 경우는 극히 드물다. Black, *The Core Fiduciary Duties of Outside Directors,* Asia Business Law Review 3(July 2001) 참조.

사실이나 이사들이 이러한 종류의 거래에 전문적인 지식과 경험을 가진 인사들이었다는 사실, 나아가 주주들이 충분한 정보에 의거하여 거래를 승인하였다는 사실은 이사회의 위와 같은 행동을 정당화하는 근거가 될 수 없다고 보았다. 이 판결의 결과 트랜스 유니언의 이사들은 엄청난 액수의 개인적인 손해배상책임을 지게 되었고 이 사건은 결국 2,350만불의 화해로 종결되었다. 트랜스 유니언의 이사들이 받을 수 있었던 D&O 보험금은 총 1,000만불에 불과하였으므로 그들은 심각한 재정적 타격을 받게 되었으나 트랜스 유니언의 인수를 시도하였던 프릿츠커(Pritzker Family)측은 그 채무를 대부분 인수해 주었다. 그러나 이 판결로 인해 D&O 보험의 프리미엄은 급상승하였다.[55)]

> 이 판결을 거꾸로 해석하면, 이사회가 절차적인 측면에서 합당하게 행동하기만 하였다면 시장 가격에 50%의 프리미엄을 붙인 합병거래를 대다수의 주주들이 원하는 상황임에도 불구하고 그를 거부하더라도 이사들은 경영판단원칙의 보호를 받게 된다. 왜냐하면 아래에서 보는 바와 같이 회사의 내재적 가치는 이사들만이 평가할 수 있기 때문이다. 이런 식으로 합병이 성사되지 못한다면 더 많은 소송이 발생할 것이지만 델라웨어 주 법원은 이사들의 그러한 결정에 대해 판단하지 않는다는 것이다. 이를 학자들은 누가 보더라도 미친 결정이 아닌 한

---

55) Gilson & Black, 위의 책, 1054면 참조. 이 판결에 대한 논평으로 Fischel, *The Business Judgment Rule and the Trans Union Case,* 40 Business Lawyer 1437(1985); Macey & Miller, *Trans Union Reconsidered,* 98 Yale Law Journal 127(1988); Balotti & Gentile, *Commentary from the Bar: Elimination or Limitation of Director Liability for Delaware Corporations,* 12 Delaware Journal of Corporate Law 5(1987); Herzel & Katz, Smith v. Van Gorkom: *The Business of Judging Business Judgment,* 41 Business Lawyer 1187(1986) 참조. 그러나 델라웨어 주는 이 사건 판결 직후 이사의 주의의무 위반에서 발생하는 책임을 정관의 규정을 통해 감경해 줄 수 있게 하는 내용으로 회사법을 개정하였다. Black, *Is Corporate Law Trivial?: A Political and Economic Analysis,* 84 Northwestern University Law Review 542, 560(1990) 참조.

이사회의 결정은 경영판단원칙의 보호를 받는다고 표현하기까지 한다.[56] 이렇게 되면 바로 드는 의문은 미국 회사의 이사회는 거의 절대적인 행동의 자유를 보장받고 있는가? 하는 것이다. 그러나 미국 회사법에는 그 가장 큰 줄기를 구성하는 충실의무원칙과 그 위반에 대한 이사의 책임추궁 가능성이 있음을 염두에 두어야 할 것이다. 충실의무는 거의 대다수의 경영판단 사건에서 그 위반 여부가 문제될 수 있다. 이사로서의 지위를 보전하기 위해서 또는 체면을 지키기 위해서(부실한 계열사를 지원하는 경우가 여기에 해당한다. 그러나 지원대상인 회사가 결국 파산하더라도 이사들은 경영판단이었음을 주장할 수 있다) 회사의 이익에 해로운 결정을 내린 것이면 충실의무 위반을 구성할 수 있는 것이고 이는 어떤 방법으로도 피할 수 없다. 소송기술상으로는 따라서 원고가 이사의 중과실의 입증책임을 지는 주의의무 위반 주장보다는 이사들이 거래의 공정성의 입증책임을 지는 충실의무 위반 주장이 더 유리할 것이다.

델라웨어 주 대법원은 이와 같이 우호적 M&A의 경우 이사들이 부담하는 선관의무의 강도를 상향조정함과 동시에 상기 적대적 M&A의 경우에 적용되는 적법성 판단기준을 경쟁자가 있는 우호적 M&A에도 적용하기 시작하였는데, 동 법원은 1986년의 레블론 사건(Revlon, Inc. v. MacAndrews & Forbes Holdings, Inc.) 판결[57]에서 상술한 유노칼 판결상의 원칙이 우호적인 성격의 거래에도 확장되어 적용됨을 선언하였다.

이 사건은 레블론의 이사회가 팬트리프라이드(Pantry Pride)로부터의 적대적 인수위협에 대처하기 위해 M&A 전문회사인 포스트맨리틀(Forstmann Little & Co.) 등에게 회사자산에 대한 록업(lock-up)을 설정해 주고 M&A에 관한 독점적인 자문(중개)계약을 체결하였을 뿐 아

56) Black & Kraakman, 위의 논문, 528면 참조(동 교수들은 파라마운트의 200불 공개매수제의에도 불구하고 100불의 가격에 워너와 합병한 타임 이사회의 결정을 이에 해당할 수 있는 사례로 들고 있다).

57) 506 A. 2d 173(Del. 1986).

니라 2,500만불의 위약금까지 약정한 사안에 대한 것이다. 1심법원은 이사회의 그러한 조치는 회사주식의 가격을 시장에서 원매자들간의 경쟁을 통해 높이 끌어올리는 데 제동을 거는 효과를 가져오므로 이사들이 선관의무를 위반하였다고 판시하고 그러한 약정이 그 자체 위법하지는 않으나 이 사건과 같은 상황에서는 허용될 수 없다고 판결하였다. 대법원도 원심판결을 확인하였다. 델라웨어 주 대법원에 의하면 록업 및 기타 약정은 이사들의 법률적인 의무가 위반되지 않는 범위 내에서만 합법적인 것으로 인정된다. 이 사건에서 레블론 이사들의 행동은 그러한 기준을 충족시키지 못하였다. 나아가 법원은 외부의 인수위협에 대처함에 있어서 회사조직상의 여러 단위들(constituencies)의 이익을 배려하는 것은 좋으나 그를 위한 조치는 주주들의 이익과 합리적으로 연계되어야 한다는 제약조건을 충족시켜야 한다고 하였는데 이 사건에서는 그러한 요건이 충족되지 못하였던 것으로 보았다.[58)]

다. 레블론원칙

한편, 델라웨어 주 대법원은 위 레블론 사건 판결에서 이른바 레블론원칙을 도입하여 유노칼원칙하의 이사의 의무의 강도를 한층 더 강화하였는데 레블론원칙에 의하면 주식회사의 이사들은 회사가 기업인수의 대상이 된 경우 일정한 상황에서는 주주들의 이익을 극대화하기 위해

---

58) 미국의 회사법학계는 록업에 대한 법률적 평가를 아직 정립하지 못하고 있다. 레블론 사건 판결에서 볼 수 있는 것과 같이 미국 법원의 판례는 록업에 대해 일반적으로 부정적인 반면, 미국의 회사법학자들은 정도의 차이는 있으나 판례의 태도에 대해 비판적이다: Ayres, *Analyzing Stock Lock-Ups: Do Target Treasury Sales Foreclose or Facilitate Takeover Auctions?*, 90 Columbia Law Review 682(1990); Fraidin & Handson, *Toward Unlocking Lock-ups*, 103 Yale Law Journal 1739(1994); Skeel, *A Reliance Damages Approach to Corporate Lockups*, 90 Northwestern University Law Review 564(1995). 판례의 태도를 지지하는 견해로는 Kahan & Klausner, *Lock-ups and the Market for Corporate Control*, 48 Stanford Law Review 1539 (1996).

회사를 경매에 부치듯이 최고의 가격으로 매각해야 할 의무를 지며[59] 이러한 원칙은 적대적 M&A 사건과 우호적 M&A 사건에 공히 적용되게 된다.

우선, 레블론원칙은 적대적 인수시도에 대한 방어조치의 수립에 근본적인 변화를 초래하였다. 상기 유노칼원칙의 적용은 레블론원칙이 적용되는 상황이 발생하는 시점에서 중단되기 때문이다. 일단 레블론원칙이 적용되는 상황이 발생하면 경영진은 방어조치를 취할 수 없고 주주들의 이익을 위해 회사를 최고의 가격에 매각할 의무를 지게 된다. 이에 따라 방어조치는 레블론원칙상의 의무가 발생하지 않도록 하는 범위 내에서 유노칼원칙의 적용을 받아 경영판단원칙의 보호를 받을 수 있는 구조를 취해야만 하게 되었다. 따라서 이제 가장 중요한 문제는 언제 유노칼원칙의 적용이 중단되고 레블론원칙의 적용이 시작되는가이다.[60]

한편, 대등한 규모의 기업간에 이루어지는 우호적인 합병을 포함, 모든 종류의 우호적인 기업거래에도 레블론원칙상의 무거운 의무가 항상 예외 없이 경영진에게 부과되는가 하는 어려운 문제는 아직 미해결 상태로 남아 있으며 미국의 법원과 회사법학자들은 상기 일련의 델라웨어 주 대법원판례에서 발달된 여러 원칙간의 경계획정기준을 발견하기 위해 많은 노력을 기울이고 있다.

1990년의 파라마운트 사건 판결은[61] 경영판단원칙의 극단적인

59) 레블론원칙의 내용은 Mills Acquisition Co. v. Macmillan, Inc., 559 A. 2d 1261(Del. 1989)에서 보다 더 상세하게 전개되었다.

60) 이에 관하여 Gilson & Black, 위의 책, 1073-1080면; Black & Kraakman, *Delaware's Takeover Law: The Uncertain Search for Hidden Value,* 96 Northwestern University Law Review 521, 534-535(2002); Gilson & Kraakman, *What Triggers Revlon?,* 25 Wake Forest Law Review 37(1990) 참조.

61) 이에 관하여는 Gilson & Black, 위의 책, 1121-1156면과 그에 소개된 Paramount Communications, Inc. v. Time, Inc., 571 A. 2d 1140(Del. 1990) 및 Paramount Communications, Inc. v. QVC Network, Inc., 637 A. 2d

존중이 표시된 판결로서 적대적 기업인수에 있어서 경영진의 방어조치를 거의 무제한 인정하는 판결로 해석된다. 'Just Say No' 방어조치를 인정해 준 판결로 불리기도 한다. 그러나 이 판결 이후 델라웨어 주 법원은 경영진에 편향되었던 태도를 수정하여 주주들의 파워를 다소 고려하는 내용의 판례를 내기 시작하였다. 이에 대해 1982년에 Poison Pill을 고안해 낸 것으로 유명한 립튼(Martin Lipton) 변호사가 고객들에게 판례의 그와 같은 변화에 즈음하여 설립지를 델라웨어 주 밖으로 이전할 때가 되었다는 취지의 메모를 작성한 유명한 일화가 있다.

라. 회사의 내재가치이론[62]

M&A의 맥락에서 이사의 의무와 책임문제는 바로 기업가치의 평가문제와 결부되어 나타난다. 특정한 가격에 의한 이사회의 합병결의가 선관의무에 대한 위반을 구성하는 경우는 언제인가? 이 문제는 특히 합병결의 후에 주가가 하락하게 되면 더 민감한 이슈로 등장한다. 여기서 이사들이 어떤 근거에 의해 가격에 대한 결정을 내려야 하는지가 항상 문제되는데 미국 델라웨어 주의 판례법은 경영판단원칙의 고수와 같은 맥락에서 이사회에 의한 '기업의 내재가치(intrinsic value)'[63] 평가가 중요한 기준이 된다는 입장을 취하고 있다. 즉, 기업의 가치는 이사들이 가장 잘 평가할 수 있는 위치에 있고, 시장가격을 기초로 한 주주들의 판단은 그에 우선할 수 없다는 것이다. 이는 다르게 표현하면 이사들이

34(Del. 1993) 참조. 파라마운트-타임사건은 워너(Warner Communications, Inc.)와 타임이 우호적으로 합병을 시도하자 파라마운트가 그를 저지하기 위해 타임에 대한 공개매수를 선언하여 시작되었다. 타임의 경영진은 파라마운트의 인수제의를 거부하고 워너가 새로 제시한 공개매수에 응하여 타임은 결국 워너에 의해 인수되었는데 파라마운트가 그에 대해 소송을 제기하였다. 이 사건의 상세한 분석으로는 Gordon, *Corporations, Markets, and Courts,* 91 Columbia Law Review 1931(1991) 참조.

62) Black & Kraakman, 위의 논문 참조.

63) Smith v. Van Gorkom, 488 A. 2d 858, 877-878(Del. 1985) 참조.

주의의무를 위반한 경우 주주총회가 해당 거래를 승인하더라도 이사의 주의의무 위반은 그로써 치유될 수 없으며 이 때문에 최소한 M&A의 맥락에서는 상술한 트랜스 유니언 사건과 같은 상황이 아닌 한 이사회가 경영판단원칙에 의해 거의 절대적으로 보호받게 된다는 것이다.

이 문제는 이사회와 주주간의 권한배분에 있어서 이사회에 경도되어 있는 델라웨어 판례법의 전통적인 입장과[64] M&A의 성사 여부는 최종적으로는 주주들이 결정하게 해 주는 것이 바람직하며, 따라서 경영진의 방어조치를 경영판단원칙으로 보호해 주는 데는 한계가 있어야 한다는 미국 회사법학계의 주류적인 입장과의 차이를 잘 보여주고 있다. 후자에 의하면 기업의 가치평가가 내재적인 가치를 발견하는 데 그 목적을 두어야 하는 것은 사실이지만 기업의 내재가치의 발견이란 필히 주관적인 요소를 가지고 있는 것이므로 그를 절대적인 기준으로 채택하게 되면 이사회에 편중된 권한을 부여하게 되는 문제점이 있게 된다. 따라서 불완전하기는 하지만 주식의 시장가치를 주로 반영한 회사의 '외형적 가치(visible value)'를 주주들이 판단하게 하는 것이 법률적인 원칙으로서는 더 타당하다고 한다. 실제로 유럽의 많은 나라들이 기업인수의 향배를 이사회가 아닌 주주들이 결정하게 하고 있다. 주주들은 기업의 내재적 가치를 잘 파악할 수 있는 위치에 있지 못하므로 주식의 시장가격과 M&A의 와중에서 시장에 등장하는 여러 가지 종류의 가격기준에 의해 의사결정을 내리게 된다. 이는 이론적으로는 불충분한 정보에 의하기는 하지만 편견이 없는 주주들의 결정이 보다 풍부한 정보에 의하기는 하지만 편견이 계재된 이사회의 결정보다 낫다는 것으로 표현되기도 한다.[65]

---

64) Strine, *Categorical Confusion: Deal Protection Measures in Stock-for-Stock Merger Agreements,* 56 Business Lawyer 919(2001) 참조.

65) Black & Kraakman, 위의 논문, 560면. 또 Black & Kraakman, *A Self-Enforcing Model of Corporate Law,* 109 Harvard Law Review 1911, 1960-1963(1996) 참조. 특히 1995년의 유니트린 사건 판결에서 델라웨어 주

3. 경영권방어와 이사의 책임

우리 나라에서는 경영권분쟁을 둘러싸고 전개되는 소송에서 이사의 책임이 직접 문제되는 경우는 아직 드물다. 왜냐하면 우리 나라의 경우에는 당사자 일방(공격측)이 특정한 방어조치를 취한 이사의 행동을 사후적으로 충실의무 위반의 대상으로 삼아 소송을 제기하기보다는 특정 방어조치의 현행법상 유효성 여부를 쟁점화하기 때문이다. 그러나 이사의 임무해태를 이유로 한 공방이 부분적으로는 발생하고 있으며, 경영권분쟁 중 쌍방이 공방을 벌이면서 일종의 공격방법으로 이사들의 충실의무 위반을 이유로 한 별도의 소송을 제기하는 경우가 있고 형사책임을 묻는 경우가 빈번하다.

[경영권방어 장치는 이사회 의무]

미국의 권위 있는 ISS(Institutional Shareholder Services)가 작년에 놀라운 연구결과를 발표한 일이 있다. 흔히 기업 경영진의 경영권 방어 장치 도입은 경영권 고착을 불러와 주주들의 이익을 해한다고 인식되는데 연구결과는 그와는 정반대로 적절한 경영권 방어장치를 갖춘 기업들이 그렇지 못한 기업들에 비해 주가, 수익, 배당 등 여러 가지 면에서 우월한 실적을 보였다는 것이다. 그에 따르면, 남의 나라 이야기이기는 하지만 경영권방어 장치가 좋은 기업지배구조의 구성 요소일 수 있다는 해석이 가능하다.

그런데, 따지고 보면 크게 놀랄 일도 아니다. 경영권 방어장치가 허술한 기업은 남에게 헐값으로 넘어갈 위험이 크고 우호적이든 적대적이든 M&A의 맥락에서 경영진이 협상할 여지를 갖지 못하게 된다. 미국에서 회사법의 연방대법원이라고 일컬어지는 델라웨어 주 법원의

대법원은 주주들이 특정 M&A 시도에 당면하여 회사주식의 장기적인 가치를 제대로 평가할 능력이 없다는 이유에서 경영진이 합병 여부를 주주총회에 부치지 않은 것을 정당하다고 판시한 바 있다. Unitrin v. American General Corporation, 651 A. 2d 1384(Del. 1995).

일관된 판례가 경영권 방어 장치의 도입과 활용은 원칙적으로 경영진과 이사회의 경영판단이라고 하는 것은 바로 이러한 이유에서다. 델라웨어 주 법원은 심지어 회사의 값을 최고로 올리는 경매(auction)가 M&A에 있어서 이사들의 법률적 의무라는 법원칙을 정립했다. 경매는 회사가 경영권 방어장치를 갖추지 못한 경우 불가능함은 물론이다.

우리 나라 상장기업들의 경영권방어 장치는 외국 회사들의 사례와 비교해 보면 미흡하다는 불만이 높다. 2005년 3월 현재 상장기업 시가총액의 42.07%를 외국인들이 차지하고 있다. 6월 말 현재 1,563개 상장기업들 중 단일 외국인이 5% 이상의 지분을 보유한 기업의 수는 전체의 24.6%인 385개사인데 5% 이상의 지분을 보유한 외국인들 중 21.4%가 경영참여 목적이 있다고 공시했다 한다. 기업들의 신경이 곤두서는 것이 충분히 이해된다. 실제로 소버린 사건이나 골라LNG의 국내 회사 인수 시도 등 가시적인 일들도 발생했다.

최근의 세계적인 조류는 M&A가 다시 기업 성장전략의 수단으로 각광받기 시작했다는 것이다. 중국의 CNOOC가 유노칼을 놓고 셰브론과 맞붙은 사례, 펩시가 프랑스의 다농을 인수하려 한다 하자 프랑스에서 대통령까지 나서서 인수불가를 거론했던 사례, 독일거래소가 런던증권거래소를 인수하려다 실패하자 헤지펀드들이 독일거래소 회장을 축출한 사례, 씨티그룹의 M&A를 통한 신흥시장 진출계획 발표, 유럽 사모펀드들의 다이믈러-크라이슬러 바이아웃 검토 소식, 노키아의 CEO 사퇴가 바로 시스코의 노키아 인수 검토로 이어진 사례 등을 보면 세계 M&A 시장이 급속히 변하고 있음을 잘 알 수 있다. 특히, 헤지펀드의 글로벌화는 심상치 않다.

우리 나라 기업들은 수세적 입장에서 경영권 방어에 치중하는 모습을 보여왔으나 이제 세계적인 조류에 동참하여 M&A를 통한 해외 진출전략을 마련해야 할 것이다. 그런데 역설적으로, 공세적인 M&A 전략은 해당 기업의 경영권이 안정적이어야만 효과적일 수 있다. ISS가 발표한 것처럼 적절한 경영권 방어 장치는 M&A의 성공에 필수적인 두 요소인 회사의 주가와 경영진에 대한 주주들의 신뢰를 높인다. 경쟁 상대인 외국 기업들이 가지는 행동의 자유를 우리 기업들도 누릴 수 있도록 경영권 관련 제도가 개선되어야 할 것이다. 국내에서 M&A시장이 활성화되어 기업지배구조가 개선되고 경제의 효율성이 제고되도록 하는 것은 정부의 의무이고, 제도의 범주 내에서 효과적인 경영권 방어 장치를 마련하면서 글로벌 시장 진출전략을 마련하는 것은 기업 이사회의 의무다.

김화진, 서울신문(2005년 8월 12일자)

['독약증권'에 대한 올바른 이해를]

기업의 경영권방어 장치인 이른바 독약증권(Poison Pill)에 대한 관심이 높다. 2003년 말 현재 2,058개 미국기업들이 채택하고 있고 S&P 500기업들의 약 60%가 채택하고 있는 이 장치는 우리 법에서는 허용되지 않는다.

독약증권에는 여러 형태가 있으나, 적대적 M&A의 대상이 된 회사의 경영진이 그 주주들에게 회사의 신주나 자기주식을 매우 낮은 가격에 살 수 있는 콜옵션을 지급하는 것을 말한다. 인수를 비싸게 해서 장애를 발생시키는 것이다. 독약증권에 대한 가장 흔한 오해는 이것이 경영권을 고착시키는 데 사용되는 장치라는 것이다. 즉, 현경영진의 지배력을 확대, 유지하는데 사용된다는 것이다. 그럴 수도 있다. 그러나, 독약증권은 원래 적대세력과의 관계에서 회사의 협상력을 높이는 데 사용되는 것을 목적으로 고안되었다. 독약증권은 1982년에 립튼(Lipton) 변호사에 의해 고안되었는데 19세기 말 록펠러가문을 위해 고안되었던 신탁제도와 함께 미국 기업사의 2대 발명품으로 불린다.

독약증권이 있기 때문에 회사의 이사회는 회사와 주주들에게 해로울 것으로 보이는 M&A를 거절할 수 있으며, 회사와 주주들에게 도움이 될 M&A에 당면해서는 협상력을 극대화하여 조건에 합의한 후 독약증권을 폐지하고 거래를 성사시킨다. 독일에서는 독약증권을 '쓴약증권'이라고 번역한다. 즉, 먹어도 죽지는 않는다는 것이다.

미국의 J. P. Morgan은 1993년에서 1997년 6월 사이의 기간 동안 발생한 5억 달러 이상의 경영권 이동을 수반하는 M&A를 분석한 결과를 1997년 7월에 발표한 바 있다. 이 조사에 의하면 독약증권 장치를 갖춘 기업의 주주들이 그렇지 못한 기업의 주주들에 비해 약 10%가 넘는 추가적인 프리미엄을 받고 경영권을 양도하였다. 또, 1988년과 1997년 사이에 발생한 모든 적대적 M&A에 있어서 독약증권 장치를 갖춘 기업의 주주들은 그렇지 못한 기업의 주주들에 비해 약 14%가 넘는 추가적인 프리미엄을 받은 것으로 나타났다. 최근 미국에서는 독약증권의 경영권방어 기능이 다소 감소한 것으로 알려지는데 그 이유는 적대적 M&A에서 제시되는 프리미엄이 대단히 커지는 경향이 발생했기 때문이다. 프리미엄이 큰 경우 주주들이 적대적 M&A를 시도하는 측에 호의적이 되기 쉬우며 회사의 이사회도 경영권방어에 관한 결정을 내리기 어렵게 된다. 이로부터 독약증권이 경영권방어를 위한 견고한 장치가 아니라 주주들의 이익을 위해 경영진의 협상력을 높이는 장치라는 것이 잘 드러난다.

미국의 텍사코가 1989년에 채택했던 독약증권은 독약증권이 주주들의 광범위한 지지를 받을 수도 있다는 것을 보여준다. 텍사코는 도산하여 회사정리계획에 대한 주주들의 승인을 획득하기 위해 당시 채택하고 있던 독약증권을 폐지하고 주주들이 승인하거나 투자은행이 주주들에게 공정하다고 인증한 내용의 독약증권을 이사회가 채택하기로 하는 정관개정을 주주들에게 제안했다. 텍사코의 주주총회에서 이 정관개정안은 84.2%의 찬성으로 채택된 바 있다. 또, 최근 호주의 뉴스코퍼레이션 주주들이 주식의 저평가를 이유로 회사의 미국 이전을 요구하자 경영진은 독약증권의 설치를 조건으로 그를 수용하였고 주주들도 동의하였다. 미국에서 독약증권의 설치, 연장, 폐지는 주총 시즌에 기관주주들과 경영진 사이에서 여러 가지 현안을 협상하는데 매개체가 되기도 한다.

일본은 2001년 11월 상법개정으로 독약증권의 사용을 가능하게 했는데 내년 4월을 목표로 한 추가 상법개정으로 더 명확히 하려 한다. 지난 3월에 공개된 일본정부 스터디그룹의 보고서는 독약증권을 포함한 경영권방어 장치의 도입이 일본 기업들의 경영진에게 보다 자유롭게 적대적 세력과의 협상을 진행할 수 있는 여지를 마련해 주어 주주가치를 높이기 위한 것이라고 밝히고 있다.

> 글로벌 시장과 기업환경에서 '경영권방어'라는 개념은 우리가 '재벌개혁' 차원에서 이해하는 것과는 많이 다르다는 것을 생각해야 할 때다.
>
> 김화진, 한국경제(2005년 9월 5일자)

가. 경영권방어와 경영판단의 원칙

수원지방법원 여주지원은 2003년 12월 12일자 결정(2003카합369)에서 주주의 신주인수권을 배제하고 신주를 발행함에 있어 요구되는 "회사경영상의 필요"에는 원칙적으로 경영권방어도 포함된다고 보면서 그 법률적 평가에는 "직접적인 법령 또는 정관의 규제규정이 없는 경우에는 구체적인 해당 경영권방어행위의 동기나 목적, 방어수단의 합리성 등을 종합하여 그 허용 여부가 결정되어야 하고, 이러한 결정에는 그 방어행위로 추구하는 회사 또는 주주의 이익의 내용, 방어행위 실행의 결정과정이 적정한 절차를 거쳐 상당한 근거를 가지고 이루어졌는지 여부가 중요한 요소로 고려되어야 할 것"이라고 하고 있다.

그리고 신주발행에 관하여는 "신주발행의 주요 목적이 기존 지배주주의 대상 회사에 대한 지배권 및 현 이사회의 경영권방어에 있고, 회사의 경영을 위한 기동성 있는 자금조달의 필요성 및 이를 위한 적합성을 인정하기 어려운 경우라도 적대적으로 기업취득을 시도하는 자본의 성격과 기업취득 의도, 기존 지배주주 및 현 경영진의 경영전략, 대상 회사의 기업문화 및 종래의 대상 회사의 사업내용이 사회경제적으로 차지하는 중요성과 기업취득으로 인한 종래의 사업의 지속 전망 등에 비추어 기존 지배주주의 지배권 또는 현 경영진의 경영권이 유지되는 것이 대상 회사와 일반 주주에게 이익이 되거나 특별한 사회적 필요가 있다고 인정되고, 한편 이러한 신주발행 행위가 그 결의 당시의 객관적 사정에 의하여 뒷받침되고, 그 결의에 이르기까지의 과정에 대상 회사의 경영권분쟁 당사자인 기존 지배주주가 아닌 일반 주주의 의견과 중립적인 전문가의 조언을 듣는 절차를 거치는 등 합리성이 있는 경우라면 상법 제418조 제 2 항 및 이와 동일한 내용의 규정을 둔 대상 회사의 정관규정이 정하는 회사의 경영상 목적을 달성하기 위하여 필요한 경우에 해당한다고 보아 허용되어야 할 것이다"라고 판시하였다.

> 상법 제418조(신주인수권의 내용 및 배정일의 지정 · 공고) ① 주주는 그가 가진 주식 수에 따라서 신주의 배정을 받을 권리가 있다.
> ② 회사는 제 1 항의 규정에 불구하고 정관에 정하는 바에 따라 주주 외의 자에게 신주를 배정할 수 있다. 다만, 이 경우에는 신기술의 도입, 재무구조의 개선 등 회사의 경영상 목적을 달성하기 위하여 필요한 경우에 한한다.
> ③ 회사는 일정한 날을 정하여 그 날에 주주명부에 기재된 주주가 제 1 항의 권리를 가진다는 뜻과 신주인수권을 양도할 수 있을 경우에는 그 뜻을, 그 날의 2주간 전에 공고하여야 한다. 그러나 그 날이 제354조 제 1 항의 기간중인 때에는 그 기간의 초일의 2 주간 전에 공고하여야 한다.

한편, 2003년 12월 18일 SK의 이사회는 보유중인 자사주 1,320여만주를 처분하는 결의를 하였는데 이에 대해 소버린이 SK 이사들을 상대로 의결권침해금지가처분을 신청하였으나 법원은 그를 기각하였다(서울지방법원 2003. 12. 23. 결정 2003카합4154(제50민사부: 의결권침해금지가처분)). 법원은 SK가 자사주를 처분함으로써 소버린의 지분이 희석된다 해도 그 이유만으로는 자사주처분 결의를 무효로 볼 수 없다고 하면서 동 이사회의 결의는 소버린의 경영권 인수시도에 직면하여 그를 방어하기 위한 이사들의 경영판단으로서 적법하다고 판시하였다. 법원에 의하면 자사주의 처분행위가 경영권방어를 목적으로 한 것이기는 하지만 회사나 주주들의 이익에 반하는 등 적법한 방어행위의 범주를 벗어난 것으로 볼 수 없고 이 건의 경우 자사주 취득경위나 목적, 절차 등에 비추어 볼 때 그것이 기존 경영진이나 대주주의 지배권 유지를 위한 것은 아니었기 때문에 자사주처분행위를 위법한 행위로 볼 수는 없다고 하였다. 이 판결의 영향으로 우리 나라 기업들은 자사주의 우호세력에 대한 처분을 경영권 방어 방법으로 가장 애용하게 되었는데 이는 2006년 6월 29일 대림통상 판결이 나올 때까지 계속된다.

대림통상 판결(서울서부지방법원 2005가합8262)은 위 SK 사건 판결과 정면으로 배치되는 결론을 내리고 있어 기업들에게 큰 불확실성을 발생시킨 상태이다. 이 판결에서 법원은 신주발행의 효과와 자기주식 처분의 효과를 비교하여 자기주식을 일방적으로 특정 주주들에게만 매각하는 경우 기존 주주의 지분율의 감소로 신주발행의 경우와 동일한 결과를 초래한다는 이유에서 이를 통제할 필요가 있다고 보았다. 나아가, 법원은 전환사채의 발행에 신주발행에 관한 상법의 규정이 유추적용되어 일정한 경우 전환사채의 발행이나 전환권의 행사에 의한 주식의 발행을 무효로 할 수 있음을 들어 자기주식의 처분행위도 특정 주주에게만 매도함으로써 회사의 경영권 내지 지배권에 중대한 영향을 미치고 그 결과가 심히 부당한 경우 그를 무효로 보아야 한다고 하였다.

나. 이사의 경영권방어 비용지출

대법원은 2003. 5. 30. 선고 2003도1174 판결에서 법인의 대표자가 이사직무집행정지가처분결정을 당한 이사의 소송비용을 법인 경비에서 지급한 경우, 형법상 업무상횡령죄의 성립 여부에 관하여 법인의 이사를 상대로 한 이사직무집행정지가처분결정이 된 경우, 당해 법인의 업무를 수행하는 이사의 직무집행이 정지당함으로써 사실상 법인의 업무수행에 지장을 받게 될 것은 명백하므로 법인으로서는 그 이사자격의 부존재가 객관적으로 명백하여 항쟁의 여지가 없는 경우가 아닌 한 위 가처분에 대항하여 항쟁할 필요가 있다고 할 것이고, 이와 같이 필요한 한도 내에서 법인의 대표자가 법인 경비에서 당해 가처분 사건의 피신청인인 이사의 소송비용을 지급하더라도 이는 법인의 업무수행을 위하여 필요한 비용을 지급한 것에 해당하고, 법인의 경비를 횡령한 것이라고는 볼 수 없다고 한다.

다. 경영권방어와 우리사주조합

우리사주조합의 원래 취지는 종업원들의 복지와 재산증식을 돕기 위한 것이므로[66] 이를 경영권방어의 목적으로만 사용하는 것은 경영진의 책임문제를 발생시킬 가능성이 높다. 대법원 1999. 6. 25. 선고 99도1141 판결(특정경제범죄가중처벌등에관한법률위반(배임) 등)는 다음은 같이 판시한 바 있다:

---

66) 우리사주조합은 근로자복지기본법(이 각주에서 "법")에 의거해서 설치된다. 법인격은 없으며 민법의 사단법인에 관한 규정들을 준용한다(법 제28조 제2항). 기업의 사업주, 대주주 등은 우리사주조합에 자사주 또는 금품을 출연하거나, 자사주 구입자금에 대한 융자 또는 융자보증 등의 지원을 할 수 있으며(법 제36조 제1항) 사업주와 조합은 기업의 조합에 대한 지원내용, 지원조건 등을 협의하기 위해 동수의 위원으로 구성된 우리사주운영위원회를 둘 수 있다(법 제36조 제2항). 조합은 직전 회계연도 말까지 적립된 조합기금을 당해 회계연도 개시 후 6월 이내에 자사주 취득에 사용하여야 하며(법시행령 제22조) 전체 조합원의 이익에 부합하는 방향으로 자사주 취득방법을 정하여야 한다(법 제18조). 조합은 취득한 자사주를 조합원에게 배정하여야 하고(법 제33조 제2항) 조합 및 조합원이 보유하는 자사주는 한국증권금융에 예탁하여야 하며(법 제37조 제1항) 조합원이 인출하는 주식에 대해 조합 및 조합원에게 우선 매입권을 부여할 수 있다(법 제37조 제4항). 개인별 계정에 배정된 주식은 예탁중이라도 조합원이 의결권을 행사하거나, 조합이 위임을 받아 의결권을 행사할 수 있다. 의사표시나 위임이 없는 주식은 결의의 결과에 영향을 미치지 않도록 조합이 의결권을 행사한다(법시행령 제17조 제1항). 조합계정 주식의 의결권은 ① 조합원의 의사표시 비율대로, ② 의결내용에 영향을 미치지 않도록, ③ 조합원 총회에서 정한 의사표시 내용에 따라 행사하는 방법 중에서 조합과 사업주가 협의하여 규약으로 정하는 방식으로 행사할 수 있다(법시행령 제17조 제2항). 우리사주조합과 유사한 것으로 사내근로복지기금법에 의거해서 설립되는 사내근로복지기금이 있다. 이는 법인격을 가지며 민법의 재단법인에 관한 규정들이 준용된다. 이 기금에도 사업주가 우리사주를 출연할 수 있는데 의결권의 행사방법에 제한은 없으며 노사 동수의 위원들로 구성되는 사내복지기금협의회가 그에 대한 의사결정을 할 수 있을 것이다.

"종업원지주제도는 회사의 종업원에 대한 편의제공을 당연한 전제로 하여 성립하는 것인 만큼, 종업원지주제도하에서 회사의 경영자가 종업원의 자사주 매입을 돕기 위하여 회사자금을 지원하는 것 자체를 들어 회사에 대한 임무위배행위라고 할 수는 없을 것이나, 경영자의 자금지원의 주된 목적이 종업원의 재산형성을 통한 복리증진보다는 안정주주를 확보함으로써 경영자의 회사에 대한 경영권을 계속 유지하고자 하는 데 있다면, 그 자금지원은 경영자의 이익을 위하여 회사재산을 사용하는 것이 되어 회사의 이익에 반하므로 회사에 대한 관계에서 임무위배행위가 된다. … 이 사건 경영발전위원회는 종전의 회사재건비상대책위원회와 종업원재산형성협의회가 확대 개편되어 출범한 단체로서, 종업원들로 하여금 회사주식을 보유하게 함으로써 소유와 경영이 분리된 채로 운영되는 경영체제를 당시의 경영진을 중심으로 안정적으로 유지하는 데 필요한 우호적인 주식지분을 확보하고, 아울러 종업원의 재산형성도 도모한다는 것을 목적으로 1985. 9. 10.경 피고인을 중심으로 한 당시의 경영진이 주도하여 조직한 사실, 경영발전위원회가 보유하는 주식의 의결권은 대표자인 위원장이 행사하도록 되어 있고, 위원장은 집행위원회에서 추대하도록 되어 있는데, 집행위원회는 회사의 관리자가 다수를 점하도록 구성되어 있어 위원장은 경영자측이 지명하는 사람이 될 수밖에 없으며, 실제로 경영발전위원회의 위원장은 출범 이래 줄곧 그룹 종합조정실장 등 그룹의 핵심 임원이 맡아와 경영발전위원회 보유주식의 의결권은 사실상 경영진의 지배하에 있었던 사실, 경영발전위원회는 원래 기아자동차 주식회사(이하 "기아자동차"라고만 한다)와 그 계열사의 종업원들로부터 2개월에 한 번씩 통상임금의 2%(월 1%)씩을 갹출하여 그 금원을 기금으로 하여 운영되어 왔는데, 1993. 11.경 삼성측이 기아자동차의 주식을 집중적으로 매집하여 회사지배권을 넘보는 사태가 발생하자 피고인을 중심으로 한 경영진은 자신들이 사실상 지배하는 경영발전위원회 등의 주식지분 비율을 높여 회사경영권을 계속 보전할 목적으로 회사자금으로 경영발전위원회 등에게 이 사건 자금지원을 하기에 이른 사실을 알아볼 수 있다. 이와 같이 피고인을 중심으로 한 회사의 경영진이 외부의 회사지배권 쟁탈기도에 즈음하여 자신들이 사실상 지배하는 경영발전위원회 등의 주식지분비율을 높여 회사경영권을 계속 보전할 목적으로 회사의 자금으로 경영발전위원회 등에게 이 사건 자금지원을 하기에 이르렀다면, 그 자금지원은 피고인을 비롯한 경영진 자신들의 이익을 위하여 회사재산을 사용하는 것이 되어 회사에 대한 관계에서 임무위배행위가 된다 할 것이고, 그 자금지원의 목적이 위와 같은 이상 피고인에게는 임무에 위배하여 자금지원을 함으로써 경영발전위원회 등에 이익을 주고 회사에 손해를 가한다는 인식, 즉 배임죄의 범의와 재산죄에 있어서 요구되는 불법이득의 의사도 있었다고 봄이 상당하다."

위 사건은 고유의 의미에서의 우리사주조합에 관한 것이 아니었고 회사 경영진의 행위가 극단적인 불법으로 점철되어 있었던 경우이었기 때문에 선례로서의 가치가 어느 정도 있는지 의문이었으나 최근 대법원은 통상적인 형태의 우리사주조합도 경영권방어의 목적으로 활용되면 이사의 책임문제를 발생시킬 수 있다고 한다. 대법원 2004. 2. 13. 선고 2002도996 판결은[67] 다음과 같이 판시하였다:

"종업원지주제도는 회사의 종업원에 대한 편의제공을 당연한 전제로 하여 성립하는 것인 만큼, 종업원지주제도하에서 회사의 경영자가 종업원의 자사주 매입을 돕기 위하여 회사자금을 지원하는 것 자체를 들어 회사에 대한 임무위배행위라고 할 수는 없을 것이나, 경영자의 자금지원의 주된 목적이 종업원의 재산형성을 통한 복리증진보다는 안정주주를 확보함으로써 경영자의 회사에 대한 경영권을 계속 유지하고자 하는 데 있다면, 그 자금지원은 경영자의 이익을 위하여 회사재산을 사용하는 것이 되어 회사의 이익에 반하므로 회사에 대한 관계에서 임무위배행위가 된다. … 위 법리와 기록에 비추어 원심의 채용증거들을 살펴보면, 원심이 피고인들의 신한종합금융주식회사(이하 "신한종금"이라 한다)에서의 지위 및 관계, 피고인들이 이 사건 우리사주조합에 대한 자금지원의 배경 및 경위와 이와 관련하여 보인 피고인들의 행동, 특히 피고인 ○○○ 등 대주주의 주식하락에 대한 손실보전약정, 당시 신한종금의 재무구조와 이에 비추어 본 우리사주조합에 대한 대출의 규모와 그 경위, 그리고 이와 같은

67) 원심판결은 서울고등법원 2002. 2. 6. 선고 200노2372 · 2001노170 판결(병합).

자금지원으로 인하여 확보하게 된 우리사주를 통하여 결과적으로 피고인들이 신한종금의 경영지배권을 유지하게 되었던 점 등의 제반 사정에 비추어, 피고인들이 공모하여 피고인 ○○○ 부자의 신한종금에 대한 경영지배권을 방어·유지하기 위한 목적으로 우리사주조합원에 대하여 부당하게 대출하여 줌으로써 신한종금에 손해를 가한 것이라 판단하여 피고인들에 대한 특정경제범죄가중처벌등에관한법률위반(배임)의 점 및 피고인 ○○○에 대한 무고의 점에 관한 이 사건 범죄사실을 모두 유죄로 인정한 조치는 정당한 것으로 수긍이 되고, 한편 피고인들의 자금지원의 목적이 위와 같은 이상, 피고인들에게는 임무에 위배하여 자금지원을 함으로써 우리사주조합원들에게 이익을 주고 회사에 손해를 가한다는 인식이 있었다고 할 것이므로, 원심판결에 상고이유에서 주장하는 바와 같이 심리를 다하지 아니하고 채증법칙을 위배하여 사실을 잘못 인정하거나, 업무상배임죄에 있어서의 임무위배행위 및 배임과 무고의 고의에 관한 법리를 오해한 위법이 있다고 할 수 없다."

우리 나라에 있어서 적대적 기업인수시도에 대한 경영진의 경영권 방어 조치가 사실상 자유롭지 못한 이유 중 하나로 법원과 검찰이 배임죄의 커버 범위를 넓게 인식하고 있다는 것을 들 수 있다. 일반적으로 경영실패의 범죄화 현상을 우려하고 최근 판례에 대해 비판적인 의견도 있으며[68] 이 문제는 최근에는 비상장주식의 가치평가에 관하여서도 중요한 이슈가 되어 있다.[69] 우리사주조합이 경영권 분쟁에서 현 경영진에 유리하게 활용되는 것도 마찬가지의 시각에서 볼 수 있을 것이다. 그러나 우리사주조합제도는 원래 회사의 지원을 전제로 하여 존재하는 제도이며[70] 일반적으로 종업원지주제의 주된 목적이 종업원의 재산형성을 통한 근로자의 복지증진에 있다면 회사가 편의를 제공하는 것이 일시적으로는 주주의 이익과 대립된다 하여도 궁극적으로는 주주의 이익

68) 이상돈, 경영실패와 경영진의 형사책임, 법조(2003년 5월호), 61면 참조.
69) 박종현·천경훈, 비상장주식의 그룹내부거래시 주식의 평가와 법적 책임문제, BFL 제 3 호(2004), 35면 참조.
70) 대법원 1999. 6. 25. 선고 99도1141 판결 참조.

과 합치되는 것으로 볼 수 있을 것이다.[71] 정부가 간행한 한 자료도 우리사주조합의 목적 및 유용성으로서 적대적 인수시도에 대한 방어를 들고 있다.[72]

라. 상호 백기사 협약과 이사의 책임

백기사(White Knight)란 적대적 인수세력보다 더 좋은 조건(더 높은 가격)으로 인수대상 회사에 대한 인수제의를 내면서도 현 경영진을 교체하지는 않을 우호적인 제3의 인수희망자를 말한다. 우리 나라에서는 지배주주의 단계까지 이르지는 않더라도 상당한 규모의 지분을 취득해서 현 경영진의 경영권방어에 결정적인 도움을 주는 제3자도 백기사로 불린다. 경영권방어를 위한 신주나 전환사채의 제3자 배정대상이 백기사이다. 우리 나라에서는 1994년 원진의 경남에너지 인수(단독 경영권 확보) 시도시 가원이 대웅제약을 백기사로 초빙하여 원진의 경남에너지 인수시도를 무위로 돌아가게 한 사례가 있다. IMF사태 이후에는 외자유치에 의한 구조조정이 널리 행해지면서 백기사로 외국인투자자를 물색하는 경우가 흔히 있다.

우리 나라에서 전통적으로 백기사의 역할을 해 온 것은 계열회사들이다. 특히 계열회사들 중 금융기관이 있으면 그 유용성은 두말할 나위없이 큰 것이다. 이 때문에 특히 대규모기업집단 소속 회사들의 경영권은 상대적으로 안정되어 있고 잠재적인 백기사가 항상 대기하고 있는 상황에서 외부에서 적대적 M&A를 시도하려는 동기는 많이 감소된다. 정부에서 출자총액제한제도와 금융계열사의결권제한제도를 실시하고 있는 것도 바로 이 때문이다. 백기사를 금할 이유는 없지만 가공의 자본을 형성하거나 금융기관의 건전성을 위험하게 하면서까지 지배력을 유지하

71) 서울고등법원 1999. 2. 26. 선고 98노3014 판결 참조.

72) 노동부, 신우리사주제도안내(2002), 4-5면 참조. 한편, 최근에는 부실기업을 노조가 차입을 통한 자금으로 인수하는 문제가 활발히 거론되고 있다. 한국경제(2004년 5월 8일자), A4면 참조.

는 것은 곤란하다는 것이 정부의 시각이다.

최근에는 상호 백기사 협약이 종종 활용되고 있다. POSCO와 SK 그룹(SK는 POSCO에 3.34%, POSCO는 SK에 7.04% 출자), POSCO와 신일본제철(신일본제철은 POSCO에 3.25%, POSCO는 신일본제철에 2.17% 출자) 등이 상호 백기사 협약을 체결하고 있는 것으로 알려진다. 상호 백기사 협약은 쌍방이 상대의 주식을 취득하여 유사시 우호세력으로 협력하는 방법과, 일방이 주식을 취득하고 타방은 일정한 거래관계를 유지하기로 하는 방법이 있다. POSCO와 대한해운의 사례가 후자에 속한다. SK그룹의 경우 2003년 3월 POSCO의 주주총회에서 회장의 연임에 찬성한 바 있으며 POSCO도 소버린 사태와 관련하여 SK그룹을 지원하는 입장을 취하였다. 양 회사는 각자의 퇴임 임원을 상대방 회사의 사외이사로 교차선임하고 있기도 하다. 협력업체들이 회사의 지분을 보유하여 경영권 안정을 도모할 수도 있는데 실제로 POSCO의 경우 유니온스틸을 포함한 협력업체들이 약 6%의 지분을 보유하고 있는 것으로 알려지고 있으며 대한해운의 경우에도 거래 손해보험회사가 상당량의 지분을 보유하여 골라LNG의 적대적 인수시도시 경영권방어에 도움을 준 것으로 알려진다.

타회사의 경영권방어를 위해 회사의 자금을 사용하는 것이 이사들에게 법률적으로 허용되는가의 문제가 있을 수 있다. 그러나 순수히 타회사의 경영권방어를 위한 것이 아니라 교환적으로 자기회사의 경영권 방어를 위한 자금의 사용이고 투자가치가 높은 우량기업에의 투자라면 특별히 이사의 책임문제가 발생하지는 않을 것이다.

[외국인의 국내기업 인수]

1. 외국인의 적대적 M&A 문제

최근 외국인에 의한 국내기업의 적대적 M&A 위협이 큰 이슈로 등장하였다. 우리 나라의 대표기업인 삼성전자마저 그를 걱정한다. SK텔레콤의 지배주주인 SK와 소버린간의 분쟁은 이미 너무나 잘 알려진 사례이며, 노르웨이의 해운회사 골라LNG의 대한해운에 대한 적대적 인수시도도 세간을 떠들썩하게 하였다. 우리 기업들은 외국인의 적대적 M&A에 대한 대비책을 찾느라 분주하고, 증권시장에서 40% 이상의 비중을 차지하게 된 외국인의 움직임에 관한 공시나 루머는 해당 기업의 주가를 좌지우지한다. SK, POSCO, 삼성전자 같은 대기업들은 상호 백기사가 되어 주기로 하기도 하고, 투신사나 다른 금융기관들도 비슷한 역할을 할 수 있다고 천명한다.

최근 외국인이 인수한 몇몇 회사에서 발생한 심각한 자본감소 조치나 구조조정은 노동계는 물론이고 사회적인 문제로까지 격상되어 논의된다. 이는 외국인의 국내기업 적대적 M&A에 대한 규제론으로 이어지기도 한다. IMF 사태 이후 많은 금융기관들이 외국인에 의해 인수되었고 금융기관, 특히 은행의 이사자격에 일정한 제한을 두려는 움직임이 있다. 재계는 증권관련집단소송법의 시행이 기업의 주가를 하락하게 할 수 있고, 그를 통해 기업들을 외국인의 적대적 M&A 위협에 더 노출되도록 할 것이라고 걱정한다. 가장 최근에는 우리 기업의 경영권 보호문제와 관련하여 연기금의 주식투자와 의결권 행사가 새로운 조명을 받고 있는데 이는 주식회사 대한민국의 모습을 영원히 바꿀 수도 있는 이슈이다.

2. 회사에 대한 철학의 차이

외국인의 적대적 M&A에 대해서는 특별한 규제에 대한 찬반의 상반된 두 개의 시각이 존재한다. 상반된 두 개의 시각은 기업지배구조에 대한 근본적인 철학의 차이에서 유래한다.

제 1 장에서 소개한 주주이익 중심의 회사모델을 신봉하는 자본시장형 시각은 자본의 공급자인 주주들이 기업의 진로와 구조에 대한 최종적인 결정권을 가지며 그러한 최종적인 결정에서 발생하는 위험을 가장 많이 부담하는 주주들의 이익이 지배구조에서 가장 존중받아야 한다고 본

다. 이에 의하면 외국인이든 내국인이든 자본을 투하한 주주들이 그 이익에 따라 행동하는 것에는 그것이 적법하기만 하면 아무런 문제가 없다. 따라서 외국인이든 내국인이든 기업의 전략과 자본시장의 법칙에 따라 적대적 M&A를 전개하는 데는 하등의 문제도 없으며 내국인간의 적대적 M&A는 장려하면서 외국인에 의한 것이라 해서 차별하는 것은 타당하지도 않고 방법론상으로도 어렵다고 한다. 자본시장을 개방하고 외국인 투자를 적극적으로 유치하기로 한 마당에 이런저런 상황 논리를 들어 외국자본에 의한 국내기업의 경영권 장악을 제도적으로 막는다는 것은 모순된 논리이며 이에 따르면 외국인에 의한 적대적 M&A까지 허용해야 진정으로 자본시장이 개방되는 것이고 그러한 위협에 대응해서 기업의 지배구조가 개선되고 우리 나라 자본시장의 체질이 강화될 수 있다고 한다.

반면, 회사를 주주들뿐 아니라 이른바 이해관계자들의 이익도 배려해야 하는 사회적 유기체로 보는 입장에서는 주주들의 이익만이 항상 우선할 수는 없으며 사회적인 의무를 상대적으로 덜 부담할 뿐 아니라 때로는 글로벌 전략의 운용과정에서 우리 나라에 소재한 그 일부에 불과한 해당 기업의 전략이나 구조를 우리 경제의 이익을 도외시하는 방식으로 취급하는 다국적 기업에 대해서는 일정한 제약이 가해져야 한다고 한다. 기업은 주주이익만을 위해 종업원이나 지역사회의 이익을 도외시할 수는 없으며 외국인이 지배하는 기업은 그러한 위험에 더 크게 노출되어 있으므로 외국인이 국내기업을 적대적으로 인수하는 것도 특별히 규제되어야 한다는 것이다. 특히 이른바 투기자본에 의한 국내기업의 적대적 M&A는 말할 것도 없이 특별히 규제되어야 한다. 과격한 감자를 통한 자본회수, 고액배당, 우량 사업부문 분할 매각, M&A 후 구조조정을 통한 대규모 감원 등은 그들에게는 전주나 주주의 이익을 극대화하기 위한 기술일 뿐이지만 우리와 하루하루의 삶을 같이하는 가족, 친구, 친지들에게는 사활의 문제인 것이다. 이에 따르면 기업은 사회적 책임을 다 함을 통해서만 주주이익을 극대화할 수 있다고 한다.

3. 적대적 M&A의 의미에 대한 인식 차이

적대적 M&A는 현 이사회가 승인하지 않는 최고경영자의 교체라고 정의될 수 있다. 경영권을 행사할 최고경영자에 대한 이사회의 승인을 얻기 위해서는 주주총회를 통한 이사 총수의 과반수 확보가 필요하다. 그러나 최근의 외국인 적대적 M&A 논의에서는 적대적 M&A를 더 넓게 이해해서, 기업의 경영에 대한 과도한 간섭이나 경영권 승계에 대한 영향력 행사, 자기인물 사외이사의 선임압력, 재무구조에 관한 부당한 요구, 생산시설 및 R&D 센터의 해외이전요구(삼성전자는 2003년 한 해 국내 R&D 총 투자액의 약 40%를 부담한 바 있음), 본사 해외이전 요구 등도 적대적 M&A의 범주에 포함시키는 것이 재계의 시각인 것으로 보인다. 특히, 최고경영자에 대한 퇴진 요구나 후계자에 대한 승인거부 등은 해당 기업과 관련 임원들의 입장에서는 적대적 M&A에 준하는 경영권에 대한 위협이 발생한 것과 같이 여겨질 수도 있다.

따라서, 외국인의 국내 대표기업들에 대한 적대적 M&A 위험 정도에 대해 정부와 재계의 시각이 다른 것은 적대적 M&A를 어떻게 이해하는가의 차이에서도 유래한다. 이는 출자총액제한과 금융계열사의결권제한 등과 같은 대기업정책의 향배와도 관련되어 있다. 현 경영진에 대해 비판적이고 회사의 경영에 과도하게 간섭하며 때로는 최고경영자 퇴진요구를 포함한 해당 기업의 입장에서는 부당한 요구를 일삼아 경영진의 집중력을 흐려지게 하는 외국인의 움직임이 있다면 그 외국인이 회사 이사회를 장악하여 회사의 경영권을 취득할 가능성은 없더라도 적대적 M&A에 못지 않은 위협이 발생하기 때문에 제도 개선은 그러한 행위유형도 고려해서 행해져야 한다는 것이 재계의 시각이다. 또 경영권 안정에 과도한 비용을 투입하게 하고 결과적으로 회사 재원의 비효율적인 사용을 초래하는 외국인의 M&A 위협도 같은 맥락에서 다루어져야 한다고 보고 있다(삼성전자의 경영권방어에는 최소 9조원 정도의 재원이 필요하다는 계산이 있다). 이렇게 본다면 우리 나라를 대표하는 대기업들에 대한 외국인의 적대적 M&A 위협은 상당히 높다고 할 것이다.

4. 정책 및 입법과제

그러나 세계의 자본시장에서는 자본의 국적을 논의하는 것이 점점 무의미해지고 있다. 외국인이라는 개념이 법률상으로는 명확하지만[73] 실질

73) 증권거래법은 그 시행령 제87조의2 제2항에서 외국인을 '대한민국에 6월 이상 주소 또는 거소를 두지 아니한 개인'으로 정의한다. 동법은 외국법인을 외국법령에 의하여 설립된 외국기업을 언급하는 정도에 그치고 더 이상 상세히 정의하지 않고 있으나(제2조 제16항 참조) 전기통신사업법은 기간통신사업 허가의 결격사유를 규정하면서 외국정부 또는 외국인이 49%를 초과하는 지분을 보

적으로는 일관되어 취급되고 있지 않으며, 구체적인 상황에 따라, 특히 특정 외국인의 성향에 따라 자의적이고 정치적으로 다루어지고 있음도 알 수 있다. 그러나 문제는 아직도 거의 모든 국가의 경제지표는 영토개념에 입각한 계수를 기초로 한다는 것이다. 모든 사람들이 세계 각국에 재산을 가지고 있거나 세계 전역을 누비면서 생활하는 것은 아니며 모든 기업들이 국제적인 조직을 가지고 있는 것은 아니고, 대다수 사람들의 복지는 여전히 그가 속해 있는 국적국 경제의 성패에 좌우되고 있다. 따라서 완전한 내외국인 구별의 철폐는 아직 시기상조이며 내외국인을 구별하지 않되, 아래의 컬럼에서 지적된 것과 같은 몇 가지 정책과제를 염두에 두고 우리 나라의 M&A 관련 제도를 정비해 나갈 필요가 있을 것이다.

[외국인 적대적 M&A 규제해야 하나?]

작년 그리스팀이 우승하는 파란을 일으켰던 유로 2004 대회 초반에 영국과 프랑스의 빅매치가 큰 관심을 끌었다. 실전 같았던 경기가 끝나고 베컴과 지단이 덤덤히 대화를 주고받는 장면이 카메라에 잡혔다. 그런데 이 두 사람은 스페인의 레알마드리드에서 한솥밥을 먹는 동료들이다. 두 선수는 국가대표팀과 소속 구단 중 어디에 더 강한 로열티를 가지고 있을까?

얼마 전 유럽 몇 나라를 도는 출장길에 글로벌 은행 사람들과 동행하였는데 세계 각지의 지점, 지사망을 통한 든든한 지원을 받는 것을 보았다. 그네들은 여행 중에 사고를 당하기라도 하면 자기 나라 공관보다 자기 회사의 현지 지사를 먼저 찾을 것이다.

실리콘 밸리에 있는 많은 회사들은 인도나 타이완, 이스라엘 사람들의 것이다. 사무실만 미국에 있고 생산이나 판매는 미국 밖에서 이루어진다. 미국계 벤처캐피탈의 지원을 받아 나스닥에 상장하기 위해 미국 회사의 탈을 쓰는 것이다. 이사회는 전세계를 옮겨 다니면서 하거나 상회의로 하고 주주총회는 뉴욕이나 런던에서 하며 사장은 예를

유하는 법인을 외국법인으로 보고있다(제 6 조). 나아가 동법은 외국정부 또는 외국인이 대통령령이 정하는 비율 이상의 주식을 보유하고 있는 법인은 기간통신사업자 지분의 49%를 초과하여 보유하지 못하도록 하고 있기도 하다. 현재 그 비율은 80%이며, 외국정부나 외국인이 증권거래법상의 최대주주인 경우에는 15% 이상이다(동법시행령 제 3 조).

들면 이스라엘에 거주하면서 매달 미국을 왕래하는 식이다.

국제경제와 금융의 현장에서 보면 경제활동의 주체들과 회사의 국적 개념이 유명무실해진지 오래이다. 그런데도 요즘 국내에서는 외국인의 우리 기업에 대한 적대적 M&A를 둘러싸고 의견이 분분하다.

외국인의 적대적 M&A 특별규제론과 반대론의 대립은 회사에 대한 근본적인 철학차이에서 연유한다. 주주이익 극대화 모델과 종업원, 지역경제를 포함한 이른바 이해관계자 모델 중 어떤 것을 지지하는가의 차이이다. 후자에 의하면 우리 나라에서 사회적 제약을 받지 않고 글로벌 규모의 효율성을 추구하는 외국기업들이 그 경영전략의 일환으로 우리 나라에 있는 기업들을 단순히 활용하는 것이 위험하게만 보인다. 과격한 감자를 통한 자본회수, 구조조정을 통한 감원 등은 그들에게는 주주이익을 극대화하기 위한 기술일 뿐이지만 우리와 하루하루의 삶을 같이하는 가족, 친구, 친지들에게는 사활의 문제인 것이다.

이 모든 것을 지역이나 국가단위의 경제지표에 복지수준을 결정받는 사람들(세력)과 국경을 초월하는 활동의 결과로 글로벌 시장에서의 지표에 복지수준을 결정받는 사람들과의 권력투쟁이라고 볼 수도 있을 것이다. 그런데 우리는 우리 사회의 모든 측면에 세계화를 도입하면서 국민들이 넓고, 내용이 풍부한 시장의 경제적·문화적 혜택을 누리게 하려고 애쓰고 있지 않는가? 즉, 후자를 지향하고 있지 않은가? 우리 나라 기업들이 외국에 나가 투자를 하다가 전략상의 필요에 의해 현지기업에 대한 적대적 M&A를 시도할 때 그 나라가 외국인이라 해서 특별한 규제를 도입한다면 우리는 어떻게 반응할까?

외국인의 적대적 M&A에 대한 특별규제는 적절하지도 않고 방법론상으로도 어려울 것이다. 다만, 세 가지에 유념해야 한다. 첫째, 외국인들에게 M&A의 절차적 투명성과 법령의 엄수를 요구해야 한다. 외국인이 제출하는 정보는 시장이 검증하기가 상대적으로 어렵다는 점을 감안한 외국인에 대한 차별은 허용된다고 본다. 둘째, 국내기업에 대한 역차별의 제거는 반드시 이루어져야 한다. 우리 법의 경직성 때문에 우리 기업들은 경영권 안정화에 있어서 대단히 불리한 위치에 있다. 셋째, 금융, 정보통신, 에너지, 해운 등의 국가기간산업에 대한 특별한 배려는 다수 국가가 채택하고 있음을 상기해야 한다. 국가기간산업에 대한 보호는 세계화에 역행하는 경제이기주의가 아니다. 국제사회에서의 평화를 담보하기 위한 일종의 정치적 양해사항이다.

국제시장에서 코리아는 달면 삼키고 쓰면 뱉는다는 악평을 다시 받지 말아야 할 것이다. 우리는 국제시장에서의 권력투쟁에서 아직 약자이다. 약자에게 페어플레이는 쓴 약이지만 먼 장래에 효과를 내는 보약임을 잊지 말아야 한다.

김화진, 서울신문(2005년 2월 22일자)

[폴크스바겐 이야기]

독일의 대학은 등록금을 받지 않는다. 외국에서 온 학생들에게도 받지 않는다. 저자도 그 수혜자다. 문제는 미국학생들도 수혜자라는 것이다. 독일학생들은 미국대학에 유학하면서 거액의 등록금을 내는데 미국학생들은 독일에 와서 무료 학업을 한다. 이것이 독일에서 이슈가 된 일이 있다. 상호주의에 의해야 하는 것 아닌가? 그러나, 결말은 싱거웠다. 한 언론인이 TV에 출연해서 말하던 것이 기억난다. "히틀러는 쿠데타로 집권하지 않았다. 선거로 집권했다. 나치가 세계에 저지른 죄는 독일의 죄다. 그 이유 때문에 우리는 외국학생들에게 등록금을 받을 수 없다." 좀 황당하게도 느껴지는 이 논리가 바로 독일인들의 심성이다. 필자가 받았던 한 독일 재단의 장학금도 독일 외무부 예산에서 나온다고 했다.

이 독일 사람들이 가장 사랑하는 기업이 바로 폴크스바겐(Volkswagen)이다. 아우디도 그 자회사다. 마니아들의 꿈인 람보기니도 여기서 만든다. 폴크스바겐은 독일 최대의 자동차 회사인데 독일 내수시장의 30.5%, 세계시장의 11.5%를 점유하고 있고 작년에 34만명의 종업원이 500만대 이상을 생산했다. 다이믈러크라이슬러도 있고 BMW도 있지만 폴크스바겐은 이름 그대로 독일의 국민차다. 폴크스바겐은 독일의 아픈 역사와 함께 했다. 1937년 5월에 설립되어 이듬 해 포르쉐 교수가 디자인한 딱정벌레차를 출시하고 바로 2차대전을 맞았다. 나치의 지시로 약 2만명이 강제노역에 동원되어 군수물자를 생산했다. 폴크스바겐은 1998년 9월에 회사 내에 기념관을 설치하고 강제노역보상기금을 설치했는데 2001년 말 현재 26개국에서 2,000명 이상이 보상을 받았다고 한다. 국영기업 시절에 국가가 한 일을 왜 50년이 지난 후에 사기업이 책임지는가 하는 반론도 있었으나 상술한 독일인들의 정서가 이를 가능하게 한 것이다.

2차대전 후 회사는 영국점령군이 경영하다가 1949년 10월에 독일 니더작센 주 정부에 경영권이 이양됐다. 1960년 8월 폴크스바겐은 이른바 '폴크스바겐법'에 따라 민영화되었다.

최근 독일이 폴크스바겐의 경영권 보호 때문에 EU와 갈등을 빚고 있다. EU는 독일의 폴크스바겐법이 자본의 EU역내 자유이동을 규정한 EU협약에 위배된다는 이유로 작년 10월 독일을 EU사법재판소에 제소했다. 폴크스바겐법은 단일 주주 20% 의결권 상한을 규정하고 있다. 니더작센 주가 18%를 가지고 있어서 독일 내외의 어떤 자본도 폴크스바겐에 대한 적대적 M&A를 꿈꿀 수 없다. 폴크스바겐이 경영이론에 충실한 전형적인 기업이었다면 과거사에 대한 조치를 취할 수 없었을 것이다. 외국기업이 경영권을 가졌더라면 더 말할 나위도 없다. EU의 제소에 대해 니더작센 주 지사 출신인 슈뢰더 총리는 유감의 뜻을 표했다. 폴크스바겐의 노조도 EU의 조치가 독일 노동시장에 대한 위협이라고 주장했다. 이 사건은 독일이 대표적인 자국기업의 경영권과 고용안정을 지키기 위해 노력함을 보여준다.

세계화의 시대지만 기업들은 나름대로의 오래된 추억을 가지고 있다. 기업이란 물리적인 실체가 없기 때문에 그 추억은 사실은 그 기업을 둘러싸고 살아왔던 사람들의 기억 속에 남아있는 것이다. 한 경제사가가 말했듯이 "훌륭한 기업은 뛰어난 기억력을 가지고 있다." 기업의 사회적 존재의미는 그런 기억과도 결부되어 있다. 세계화란 지난 일은 다 잊고 정체불명으로 세계시장에 나간다는 뜻은 아니다. 다른 나라 사람들이 그렇게 하지 않는 데 우리만 그럴 이유는 더더욱 없을 것이다. 폴크스바겐은 전세계에 414개의 계열사를 가진 글로벌 기업이다. 지구상에 굴러다니는 차 10대 중 1대를 만들어 수많은 사람들을 편리하게 한다. 그러면서도 훌륭한 기억력을 가진 멋진 독일기업일 수 있는 것이다.

김화진, 서울신문(2005년 9월 16일자)

부　　록

1. 사외이사직무수행규준
2. (서평)회사법의 해부학

부록 1

1. 사외이사직무수행규준

2000년 12월 1일
사외이사제도개선및사외이사직무수행기준제정위원회

[규준 제정의 목적]

기업은 새로운 경제적 가치를 창출하는 주체이며, 기업의 경쟁력이 국가의 경쟁력을 결정하는 핵심 요체이다. 기업의 경쟁력을 강화시켜 기업의 가치를 극대화시키기 위한 목적으로 기업지배구조 개선의 필요성이 제기되었고 이 필요성을 충족시키기 위한 하나의 방안으로 사외이사제도가 도입되었다.

사외이사제도를 운영하는 최선의 방법과 형태는 해당 회사의 형편에 따라 다양해질 수 있으며, 그 운영의 효율성은 자본시장에 의해 평가되므로 기업의 실정에 따른 운영의 묘는 존중되어야 한다. 따라서 사외이사제도의 운영에 관해서는 획일적인 법적 규율보다는 회사의 자치적인 규율에 의하는 것이 바람직하다.

그러나 회사의 자율에 의한다 하더라도 모든 기업에 공통적으로 요구되는 규범적 기준은 존재하며, 그 동안 사외이사제도를 운영해 온 경험에 비추어 사외이사의 직무수행에 관한 규범적 기준의 설정이 절실히 요망되고 있다. 우리가 처해 있는 기업의 환경에서 사외이사는 기업과 사회로부터 고도의 신뢰와 함께 그 역할에 대하여 많은 기대를 받고 있으므로, 이러한 신뢰와 기대에 부응하기 위해서는 추상적인 법규범을 형식적으로 준수하는 것만으로는 부족하고 선량한 관리자의 주의의무로서 전문지식과 책임의식을 가지고 업무에 임하여야 할 것이다.

본 위원회는 사외이사가 단지 기업경영을 감시하는 소극적인 직무만을 수행하는 것이 아니라 주주와 채권자, 종업원, 소비자 등 모든 이해관계인의 이해를 적절히 조정하여 궁극적으로 기업의 가치가 극대화될 수 있도록 적극적이고 양심적으로 역량을 발휘하여야 한다는 인식을 갖고 직무수행을 할 수 있도록 필요한 행동규준을 마련하였다.

Ⅰ. 사외이사의 기능과 제도의 목적

1. 최고 경영의사결정에의 참여

이사회는 회사의 기본적인 경영방침과 장기적인 경영목표를 정하고 그 목표달성을 위한 경영전략을 수립해서 업무집행을 결정하며 이사와 경영진의 활동을 감독한다. 사외이사는 이사회의 구성원으로서 이사회의 의사결정이 회사의 이익을 위해 최선의 방향으로 이루어지도록 역량을 발휘하고 이사에 개별적으로 주어진 직무를 성실하게 수행하여야 한다.

2. 회사의 이익보호

사외이사는 전문적 지식과 경험을 바탕으로 경영진이나 특정 주주의 이익이 아닌 회사 전체의 이익을 보호하는 데 힘써야 한다.

3. 업무집행에 대한 감시

이사회의 중요한 업무 중 하나는 이사의 활동을 감독하는 것이다. 사외이사는 이사회의 구성원으로서 이사회의 감독기능이 활성화되도록 기여하여야 하고, 특히 상근이사의 업무집행이 적정하게 이루어질 수 있도록 감시할 의무가 있다.

4. 기업경영의 건전성 확보

사외이사는 경영진으로부터 독립적인 지위에서 회사의 경영이 적법, 건전하게 이루어지도록 힘을 기울여야 한다.

Ⅱ. 사외이사의 법적 지위

1. 회사의 수임인

이사는 회사의 수임인(受任人)이고, 자신을 추천한 주주나 선임에 기여한 주주들의 대리인이나 수임인은 아니다. 이 점은 상근이사와 사외이사간에 차이가 없다.

2. 선량한 관리자의 지위

이사는 회사의 선량한 관리자이다. 따라서 이사는 그에 부합하는 주의(注意)를 다하여 회사 이익의 극대화를 도모하도록 하여야 한다. 이 점은 상근이사와 사외이사간에 차이가 없다.

3. 경영의사결정자의 지위

사외이사는 상근이사와 더불어 이사회의 구성원으로서 회사의 최고 경영의사를 결정하는 지위에 있고, 회사의 수임인으로서 그 밖의 권한과 책임이 있으므로 이를 성실히 수행하여야 한다.

4. 사외이사와 상근이사

사외이사는 회사의 상무에 종사하지 않는 이사이나, 이사로서의 법적인 권한, 의무와 책임에 있어서는 상무에 종사하는 상근이사와 근본적인 차이가 없다.

5. 이사의 의무와 책임의 독자성

이사는 이사로서의 직무수행에 관하여 독립적인 권한과 책임을 가진다. 이사의 행동이 주주총회나 이사회의 결의에 따라 이루어진 것이라고 하여 책임이 면해지는 것은 아니다. 특히 사외이사는 이와 같은 이사의 의무와 책임의 독자성에 유의하여 직무를 수행하여야 한다.

Ⅲ. 사외이사의 선임

1. 사외이사의 독립성과 선임의 공정성

사외이사가 회사의 수임인(受任人)으로서의 임무를 충실히 수행하도록 하기 위해서는 사외이사의 독립성과 선임에 있어서의 공정이 선결과제라는 점을 경영자 · 주주 · 사외이사가 공히 인식하여야 한다.

2. 대주주의 영향력 자제

대주주는 가족이나 친지, 관련회사의 임·직원 기타 측근의 인사를 사외이사로 추천하는 것을 삼가하여야 한다. 또한 이에 해당하는 인사는 스스로 사외이사에 취임하는 것을 자제해야 한다.

3. 사외이사의 겸임 자제

사외이사는 업무의 충실과 기업비밀의 유지를 위해 복수의 회사에 사외이사로 취임하는 것을 자제해야 한다. 특히 유사한 영업을 영위하는 회사의 사외이사를 겸임할 경우에는 회사의 의사결정에 있어 법적 문제가 제기될 수 있음을 유의하여 겸임을 삼가하여야 한다. 또한 정부나 공공기관의 위원회 위원은 위원회의 결정이 직접 · 간접으로 영향을 주는 기업의 사외이사 겸임을 자제하여야 하고, 겸임하는 경우에는 그 기업에 관련한 의사결정에 참여하여서는 안 된다.

4. 사외이사의 적격성

사외이사를 선임할 때에는 회사의 업무에 대한 적격성을 고려하여야 한다. 특히 회사의 업무에 대해 숙지하고 있고 판단의 정확성을 기대할 수 있는 자를 사외이사로 선임하여야 한다.

5. 사외이사 추천배경의 공시

사외이사 선임의 공정성과 투명성을 확보하기 위하여 사외이사를 추천하는 주주나 추천위원회의 위원은 자신과 사외이사의 관계와 추천이유를 공시하는 것이 바람직하다.

Ⅳ. 사외이사의 기본적인 권한과 의무

1. 사외이사 직무의 목표

이사의 직무는 회사의 가치를 극대화함으로써 주주・채권자・종업원 등 회사의 모든 적극적인 이해관계자의 경제적 이익을 만족시키는 것이며, 사외이사 역시 이를 기본적인 직무로 한다.

2. 사외이사의 권한

(1) 사외이사의 기본적인 권한은 다음과 같다.

① 이사회에의 출석권과 의결권

② 대표이사를 포함한 다른 이사에 대한 감시권 및 이사회의 감독권 행사에 참여하는 권한

(2) 위의 (1)의 권한을 충실히 행사하기 위하여 다음과 같은 권한을 가진다.

① 이사회의 소집권

② 대표이사와 회사의 상무에 종사하는 자에 대해 정보의 제공을 요구할 권한, 설명을 요구할 권한

③ 회사의 자산상태를 조사할 권한

④ 회사의 장부 등 주요 서류를 열람할 권한

⑤ 주주총회 결의취소소송 등 상법상의 각종 소제기권

3. 사외이사의 의무

(1) 이사의 권한은 동시에 이사의 의무이므로 권한을 행사할 사안이 발생한 경우에는 권한을 행사할 의무를 진다.

(2) 사외이사는 회사의 업무 전반에 관해 선량한 관리자로서의 주의의무를 갖는다.

Ⅴ. 이사회 결의에 관한 사외이사의 책무

1. 사외이사의 이사회 출석의무

이사회의 출석은 이사의 의무이므로 정당한 사유 없이 이사회에 결석하는 것은 임무해태이고, 결석으로 인해 부당한 결의를 막지 못했다면 추후 책임추궁의 원인이 될 수 있다.

2. 의결권 위임의 금지

이사의 의결권은 타인에게 위임하지 못한다.

3. 의사결정의 요령

사외이사는 이사회의 결의에 참여하는 데 있어 의안의 내용을 정확히 파악하고 회사의 이익에 미칠 영향에 관해 신중한 판단을 거쳐 자신의 의사를 결정해야 한다.

4. 정보확보의 필요

사외이사는 회사의 일상적인 업무에 종사하지 않으므로 회사의 사정에 어둡기 쉽다는 점을 유념하고, 상근이사와 동등한 판단력을 갖출 수 있도록 의안의 내용과 관련사항에 대한 정확한 정보를 갖고 결의에 임해야 한다.

5. 이사회에서의 자세

사외이사는 이사회의 결의에 있어 책임에 관한 법적 판단을 비켜나가는 방법이 없다는 점을 유념하고 적극적으로 의사를 표명하도록 하여야 한다.

6. 반대에 대한 책임

이사는 부당한 반대에 대해서도 책임을 진다.

Ⅵ. 사외이사의 손해배상책임

1. 책임의 일반원칙

이사가 법령 또는 정관에 위반한 행위를 하거나 그 임무를 해태하여 회사에 손해를 초래한 때에는 회사에 대해 손해배상책임을 지며, 수인의 이사가 공동으로 이같은 행위를 한 때에는 연대하여 손해배상책임을 진다. 이 점은 사외이사도 같다.

2. 임무해태

임무해태(任務懈怠)란 선량한 관리자로서의 주의를 소홀히 한 것을 뜻하며, 이는 회사의 업무를 비효율적·비영리적으로 집행한 경우를 포함한다.

3. 찬성이사의 연대책임

이사의 업무집행이 이사회의 결의에 의하고 그 결의가 부주의에서 비롯된 경우에는 결의에 찬성한 이사도 연대하여 손해배상책임을 진다.

4. 반대이사의 연대책임

회사가 적극적으로 권리행사를 하거나 어떠한 조치를 하여야 함에도 불구하고 합리적이지 못한 이유로 반대하는 견해가 다수라서 결의가 이루어지지 못하고, 따라서 권리행사 등이 지연 또는 방해된 경우 반대한 이사도 연대하여 손해배상책임을 진다.

5. 입증책임

이사회에서의 결의의 찬성 혹은 반대는 이사회의사록으로 추정한다.

6. 경영판단의 법칙

이사는 합리적인 판단에 의거한 결정과 직무수행에 관해서는 사후적인 결과에 대하여 책임을 지지 아니한다.

Ⅶ. 사외이사의 보수

1. 보수결정의 원칙

임·직원의 보수란 주어진 직무수행에 대한 대가인 만큼, 사외이사의 보수는 사외이사의 직무와 합리적인 비례관계를 지녀야 하며, 회사의 재산상태에 비추어 적정하여야 한다.

2. 보수성 경비

회사는 사외이사에게 보수가 아닌 형태의 경제적 이익을 부여함에 있어 실비변상의 범위를 넘지 않도록 유의하여야 한다.

3. 퇴직금의 지급제한

사외이사는 원칙적으로 퇴직금의 지급대상이 되지 아니한다.

4. 주식매수선택권의 부여

주식매수선택권(株式買受選擇權)은 회사의 수익을 실현하는 데 결정적인 기여를 할 수 있는 임·직원에 부여함이 원칙이므로 사외이사에게 주식매수선택권을 부여하는 데는 이 점이 고려되어야 한다.

5. 당해 회사 주식의 보유

사외이사가 자력에 의해 그리고 공정한 절차에 의해 당해 회사주식을 보유하는 것은 바람직하나, 내부자거래 기타 법이 금하는 행위에 해당되지 않도록 유의하여야 한다.

Ⅷ. 사외이사의 주의의무

1. 자기거래의 제한

사외이사는 회사의 형편에 의해 부득이한 사정이 있는 경우 외에는 자기거래(自己去來)를 삼가야 한다.

2. 자기거래의 공정성

사외이사가 부득이 자기거래를 할 때에는 거래의 공정성에 특히 유의하여야 한다.

3. 경업(競業)의 금지

사외이사가 이사회의 승인 없이 회사의 영업부류에 속하는 거래를 하거나, 동종 영업을 하는 다른 회사의 무한책임사원이나 이사에 취임할 수 없으며, 이사회의 승인을 얻더라도 이로 인해 회사에 손해를 가해서는 안 된다.

4. 신주 등의 인수

사외이사가 회사에서 발행하는 신주나 실권주 또는 단주를 인수할 때에는 절차의 공정성에 유의하여야 한다.

5. 신주인수 등과 회사의 자금부담

사외이사가 회사에서 발행하는 신주나 실권주 또는 단주를 인수하면서 회사의 자금을 이용하거나 회사의 보증을 이용하는 등 회사의 부담하에 하여서는 안 된다.

6. 이해중개의 금지

사외이사는 자신의 관련회사나 기타 제 3 자의 이익을 위해 회사에 거래를 알선하거나 기타 편향적인 행동을 하여서는 안 된다.

7. 이해개입의 금지

사외이사는 회사에 인사청탁을 하거나 기타 사적인 이해를 가지고 회사의 업무에 영향력을 행사하거나 업무에 개입하여서는 안 된다.

8. 비밀유지의무

사외이사는 회사에 관해 지득한 기업비밀 기타 정보를 공개하거나 또는 제 3 자에게 전달하여서는 안 되며(守秘義務), 자기 또는 제 3 자의 경제적 이익을 위해 이용해서도 안 된다(비밀이용금지).

Ⅸ. 개별 사안에 관한 사외이사의 주의사항

1. 이사회 운영규정의 작성

이사회의 운영규정 기타 이사회의 업무결정방법을 다루는 규칙을 작성하는 결의에서는 동 규칙이 이사회의 권한을 축소하거나, 대표이사 또는 상근이사에게 권한을 포괄적으로 위임하는 내용이 되어서는 안 된다.

2. 주식매수선택권의 부여

특정 임·직원에게 주식매수선택권을 부여하는 안을 결의하여 주주총회에 상정할 때에는 다음 사항에 유의하여야 한다.

(1) 주식매수선택권의 내용이 상법이나 증권거래법에 위반하지 않는가

(2) 주식매수선택권을 부여하고자 하는 임·직원이 회사의 다른 임·직원에 비하여 회사의 수익신장에 특히 기여할 수 있는 인물이며 이를 합리적으로 설명할 수 있는가

(3) 주식매수선택권을 부여하고자 하는 임·직원의 기여도에 비추어 부여하는 주식의 수량이 적정한가

3. 영업양도 · 양수의 결의

주주총회에 영업을 양도하거나 양수하는 안을 상정할 경우에는 다음 사항에 의문을 가지고 유의하여야 한다.

(1) 양도하는 영업재산이 회사에 불가결한 것이 아닌가

(2) 양수하는 영업재산이 회사의 영업에 필요한 것인가, 수익을 발생할 수 있는 것인가

(3) 영업의 양도 또는 양수로 인해 상대회사 또는 당해 회사에 공정거래법 위반 등의 위법사항이 발생하지 않는가

(4) 양도 또는 양수하는 재산의 평가가 적정한가, 그리고 양도 또는 양수 가액이 적정한가

(5) 영업의 양수로 인해 회사의 자금사정이 경색되지 않는가

(6) 양도 및 양수의 상대방이 회사의 대주주 또는 경영자와 어떠한 관계에 있으며, 그 관계로 인해 거래가 공정을 잃을 염려가 없는가

(7) 양도 및 양수가 투자자들에게 어떻게 받아들여질 것이며, 어느 정도의 주식매수청구가 있을 것인가

(8) 양도 및 양수로 인해 초래될 조세부담이 어떠한가

4. 중요 재산의 처분 · 취득

중요한 재산 또는 고액의 재산을 처분하거나 취득하는 결의를 할 때에도 앞의 3.에 준하는 주의를 베풀어야 한다.

5. 평가의 객관성 보장

자산이나 영업의 양수 · 양도를 함에 있어서는 가액의 평가에 특히 유의하여야 하며, 평가의 객관성을 보장하기 위하여 공인된 감정사 또는 감정기관의 감정을 거치는 것이 바람직하다.

6. 자금차입의 결의

회사가 금융기관 등으로부터 자금을 차입할 경우 다음 사항을 고려하여야 한다.

(1) 자금의 용도의 적정성, 차입의 필요성 및 다른 양호한 자금조달방법의 유무

(2) 금리 등 자금차입조건의 공정성 및 보다 유리한 거래방법의 유무

(3) 회사의 원리금 상환능력

(4) 자금차입으로 인한 조세부담(차입금 과다법인에 해당하는지 여부)

7. 투자결정

다른 회사의 주식을 투자목적으로 취득하는 경우 또는 자회사를 설립하는 경우 다음 사항을 주의하여야 한다.

(1) 투자가치의 유무 및 장래수익의 전망

(2) 투자대상회사의 자산의 건전성

(3) 투자대상회사의 기업지배구조의 건전성 및 관리자의 경영능력

(4) 투자대상회사의 노사관계의 안정성

(5) 투자주식 및 투자회사 관리의 난이도

(6) 투자자금조달의 건전성과 투자로 인해 회사의 자금사정에 미칠 효과

(7) 투자주식의 처분의 가능성・용이성

(8) 투자주식으로 인한 조세부담

8. 새로운 사업에의 투자

당해 회사가 새로운 사업에 투자할 경우 또는 생산시설에 관한 투자를 결정할 경우에도 앞의 **7.**에 준하는 사항을 고려하여야 한다.

9. 이사의 자기거래의 승인

다른 이사와 회사와의 거래를 승인하는 결의를 할 때에는 다음 사항에 유의하여야 한다.

(1) 당해 이사와의 거래가 회사로서 불가피한가

(2) 거래의 가격 기타 조건이 통상의 다른 거래에 비해 회사에 불리하지 않은가

(3) 당해 거래가 다른 임·직원에 대해 불공평하다는 인상을 줄 소지가 없는가

(4) 당해 거래로 인해 회사가 손금부인되는 등 과세상 불리한 결과를 초래하지 않는가

10. 관련회사와의 거래의 승인

회사가 주식을 보유하거나 회사의 주식을 보유하는 다른 회사 또는 대주주를 공통으로 하는 다른 회사와 거래하는 것을 승인하는 결의를 할 경우에는 다음 사항을 유의하여야 한다.

(1) 당해 거래가 회사로서 필요한 거래인가

(2) 당해 거래의 조건이 회사가 통상적으로 수행하는 특수관계 없는 제 3 자와의 거래에 비추어 불리하지 않은가

(3) 당해 거래로 인해 부당행위계산부인을 당하는 등 과세상 불리한 결과를 초래하지 않는가

11. 채무보증의 승인

회사가 제 3 자의 채무를 보증하는 결의를 할 경우에는 다음 사항을 유의하여야 한다.

(1) 당해 보증이 회사의 영업을 위해 필요한가

(2) 채무자의 변제능력이 충분한가

(3) 채무자의 채무불이행으로 회사가 대위변제(代位辨濟)할 경우 회사에 어떠한 영향을 미치는가

(4) 회사가 대위변제를 할 경우 실효성 있는 구상권(求償權) 행사를 할 수 있는가

12. 채권포기의 승인

회사가 타인에 대해 갖고 있는 채권을 포기하는 결의를 하여서는 안 된다. 다만, 적절한 반대급부의 제의가 있고 채무자의 자력으로 보아 그 이상의 변제를 기대할 수 없다고 객관적으로 인정되는 경우에 그 반대급부를 얻기 위해 포기하는 경우는 예외이다.

13. 기부행위의 승인

회사는 원칙적으로 타인에게 무상으로 금전 기타 자산을 교부하는 행위(기부행위)를 해서는 안 된다. 다만, 다음에 열거하는 조건이 충족되는 경우에는 기부행위를 긍정적으로 검토할 수 있다.

(1) 수증자가 국가, 지방자치단체 또는 공익적인 사업을 수행하는 자로서 기부금을 당해 사업에 사용하는 경우 또는 천재지변을 당한 이재민을 돕는 경우

(2) 기타 당해 기부로 인해 장차 회사에 이익이 되고 이를 합리적으로 설명할 수 있는 경우로서 당해 기부를 하더라도 회사의 자금사정에 어려움이 없고, 또한 장차의 어려움이 예상되지 않는 경우

14. 신주의 발행

신주발행을 결의할 때에는 다음 사항을 유의하여야 한다.

(1) 회사가 당해 자금을 필요로 하는가

(2) 배당의 부담 등을 고려하여 장기적으로 우량한 자금조달방법이 없는가

(3) 현재의 자본시장의 상황으로 보아 신주발행이 성공할 수 있는가

(4) 인수기관이 신뢰할 수 있고 수수료 등이 다른 인수업자와 비교하여 적정한가

15. 신주의 제 3 자 배정시 유의사항

신주발행을 할 때에는 주주들이 소유하는 주식 수에 비례하여 주주들에게 배정하는 것이 원칙이다. 주주 아닌 자에게 신주를 배정하거나, 주주에게 배정하더라도 주주들이 소유하는 주식 수의 비례와 달리 배정할 때에는 다음 사항에 유의하여야 한다.

(1) 현재 실행하고자 하는 제 3 자 배정이 정관에 정한 제 3 자 배정의 사유에 해당하는가

(2) 제 3 자 배정의 발행가액이 주식의 시가에 비추어 공정한가

(3) 현재 회사가 신주발행을 통해 자금을 조달해야 할 필요성이 있는가

(4) 특히 제 3 자 배정을 하여야 할 합리적인 이유가 있는가

(5) 자금조달 및 제 3 자 배정을 해야 할 합리적인 이유가 있을 경우 발행하는 주식이 그 목적에 비추어 적정한 수량인가

(6) 제 3 자 배정으로 인해 과세상 불리한 결과를 초래하지 않는가

16. 사채의 발행

사채를 발행하고자 할 경우 다음 사항을 유의하여야 한다.

(1) 회사가 당해 자금을 필요로 하는가

(2) 보다 우량한 조건의 자금조달 방법이 없는가

(3) 사채상환에 어려움이 없는가

(4) 인수기관이 신뢰할 수 있고 수수료 등이 다른 인수업자와 비교하여 적정한가

17. 전환사채 · 신주인수권부사채의 발행

전환사채, 신주인수권부사채 또는 교환사채를 발행하는 결의를 할 때에는 앞의 **15.** 및 **16.**의 사항을 유의하여야 한다.

18. 감사인의 선정

사외이사가 감사인선임위원회의 위원으로서 외부감사인의 제청에 관여할 경우에는 감사인의 과거의 업적과 신뢰성을 근거로 판단하여야 한다.

19. 재무제표의 작성

재무제표, 사업보고서, 반기보고서, 분기보고서, 영업보고서 등의 작성을 승인할 경우에는 주주, 일반투자자, 채권자, 기타 회계정보 이용자들에게 진실하고 명료한 정보가 전달될 수 있는 내용인지를 고려하여야 한다.

20. 배당안의 승인

이익배당안을 승인할 경우에는 상법이 정하는 배당한도를 준수하여야 함은 물론이고, 금전의 유출로 인해 회사의 유동성에 미치는 영향을 고려하여야 한다.

21. 중간배당

중간배당을 결의할 때에는 중간배당으로 인해 당해 사업연도에 결손이 발생할 가능성을 고려하여야 한다. 중간배당으로 인해 결손이 발생한 경우 이사들이 무과실을 입증하여야 하는 매우 무거운 책임이 부과된다는 점을 유의하여야 한다.

22. 주식배당

주식배당을 하고자 할 경우에는 시가와 발행가액(액면가)과의 괴리가 지나쳐 회사의 유리한 자금조달의 기회를 잃게 되는 결과가 되지 않는지, 현재의 주가에 어떠한 영향을 미치는지 등을 고려하여야 한다.

23. 자기주식의 취득

자기주식취득을 결의할 경우에는 회사의 자금사정에 미치는 영향, 주가에 미치는 영향, 장차 손해 없이 처분할 가능성 등을 고려하여야 한다.

24. 합병 · 분할

합병계약(분할합병 포함) 또는 분할계획을 승인할 경우에는 상법, 공정거래법, 증권거래법, 기타 법정의 제반 사항에 어긋남이 없는지 주의하여야 하며, 특히 합병비율 또는 분할비율이 공정한지, 그 공정성을 객관적으로 설명할 수 있는지 검토하여야 한다.

25. 공개매수

회사의 주식에 관해 공개매수가 있는 경우 신주발행, 전환사채발행 등 의결권 있는 주식 수를 변동시키는 결의를 하여서는 안 되며, 특정 주주를 지원하기 위한 행위를 결정하여서도 안 된다. 또 경영권의 향방에 관해 공개매수에 관한 의견을 표시할 경우 투자자가 정확한 판단을 할 수 있도록 진실한 상황을 알리며 객관적인 의견을 표명하도록 하여야 한다.

26. 전문의견의 참조

이사회에서 다루고 있는 사안이 자산, 주식 등의 평가 또는 법률, 회계, 세무 등 전문적인 사안을 다루고 있으며, 그 전문성이 이사의 상식을 넘어서는 경우에는 회사의 비용으로 해당 전문가의 자문을 얻도록 하여야 하고 그 자문을 문서로 보관하는 것이 바람직하다.

27. 회의자료의 보관

이사회의 회의자료는 추후 이사의 책임의 유무에 관한 다툼에서 중요한 증거가 될 수 있으므로 회사는 그 자료를 최소 2년간은 보관하도록 하여야 한다. 또한 이사회의 의사록은 혹 이사의 책임을 추궁하는 소송이 제기될 경우 책임소재의 추정자료가 되므로 사외이사는 그 사본을 요구하여 보관할 것을 권장한다.

28. 회사의 현황 파악

사외이사는 회사의 재산상태, 영업의 추이 등 회사의 현황을 항상 파악하여야 하며, 이 점에 관해 회사에 정보를 요구하고 회사는 필요한 정보를 적극 제공하여야 한다.

부록 2

2. (서평) 회사법의 해부학

〔서울대학교 금융법센터 BFL 제7호(2004. 9.)〕

Reinier R. Kraakman et al.
The Anatomy of Corporate Law:
A Comparative and Functional Approach
(Oxford University Press, 2004) xvi+231 Pages

I.

기업의 경영과 자본시장의 발전은 회사법, 회사법학의 발전과 상호 유기적인 관계를 가진다. 하버드 법대의 클락(Clark) 학장이 언젠가 말했듯이 어떤 사회현상이 성숙하면 그를 설명하고 분석하는 훌륭한 저작이 출현하기 마련이며 그 저작이 다시 사회현상에 영향을 미치게 된다(Robert Charles Clark, *The Four Stages of Capitalism: Reflections on Investment Management Treatises,* 94 Harvard Law Review 561, 561(1981)). 이는 회사법 연구의 분야에서도 마찬가지이다. 1980년대 이후 영미의 주류 회사법학자들이 경제학자들과 함께 집중적인 연구를 전개해 온 기업지배구조와 비교회사법학이 세계화 현상의 성숙으로 이제 그 절정기에 접어든 듯 하더니 마침내 회사법학의 역사에 새로운 전기를 마련할 만한 책이 한 권 탄생하였다.

'The Anatomy of Corporate Law'는 '불과' 230페이지를 조금 넘는 규모이다. 그러나 이 자그마한 책은 미국 하버드 법대의 크라크만(Reinier Kraakman) 교수, 영국 LSE의 데이비스(Paul Davies) 교수, 미국 뉴욕법대의 한스만(Henry Hansmann) 교수, 스위스 취리히공대의 헤르티히(Gérard Hertig) 교수, 독일 함부르크대학의 홉트(Klaus J. Hopt) 교수, 일본 동경대학의 간다(Hideki Kanda) 교수, 미국 펜실베니아법대의 록(Edward B. Rock) 교수 등 5개국 출신 일곱 사람의 학자들이 공저자로 되어 있다. 이 책은 무려 9년 이상에 걸친 일종의 다국적 스터디 그룹의 연구결과로서 모두 아홉 개의 장으로 구성되어 공저자들이 집필을 분담하였으나 실질적으로는 책 전체를 같이 저술하였다고 한다. 이 공저자들은 최소한 국제무대에서는 국가대표급 회사법학자들이다.

이 책의 1차적인 저술목적은 특정한 법체계, 특정한 국가의 실정법을 초월하여 회사법을 분석하고 연구하는 것이 가능함을 보이고 그에 필요한 틀(framework)을 제시하는 것이다. 즉, 이 책은 공저자들의 면면에서 금방 알 수 있듯이 회사법이 특정 국가의 정치·역사·문화의 산물이기는 해도 세계화라는 기업의 경영환경 때문에 해결해야 할 문제나 그 해법이 고도의 보편성을 가지며 한정된 레퍼토리로만 구성된다는 학술적 입장에서 출발하고 있다. 특히 크라크만과 한스만은 2001년에 발표한 한 논문에서 주주이익 중심의 모델로 세계 각국의 회사법이 수렴함으로써 회사법의 역사가 종말을 맞이하였다는 이론을 제기하여(Henry Hansmann & Reinier Kraakman, *The End of History for Corporate Law,* 89 Georgetown Law Journal 439(2001)) 일대 센세이션을 불러일으킨 일이 있는데 이 책은 그러한 수렴론의 연장선상에 있는 것이다.

이 책에서 전개되는 회사법의 분석 틀은 이 책의 부제에 밝혀져 있듯이 기능적인(functional) 성격의 것이다. 회사법의 기능적인 어프로치라고 함은 회사법은 기업의 운영에 경제적인 기여를 하기 위해 존재하는 도구라는 시각을 말한다. 물론 공저자들은 회사법의 모든 부분이 경제학적으로 설명될 수 있다거나 효율적이라고는 생각하지 않으며, 회사법이 작동하는 기업의 환경 자체와 마찬가지로 회사법은 각국 고유의 정치와 역사, 문화 등의 산물임을 잘 인식하고 있다고 한다. 그럼에도 불구하고, 공저자들은 세계화가 촉발하는 경쟁의 환경과 세계화된 기업경영의 환경이 회사법의 비경제학적인 요소들의 비중과 범위를 축소시키고 있다는 믿음을 가지고 있다.

나아가 공저자들은 '중립적'인 입장에서 이 책을 저술하였다고 밝히고 있다. 미국, 영국, 독일, 프랑스, 일본 등 5개국의 회사법을 연구의 소재로 하면서도 그 고유의 특성들에 대한 학술적인 평가는 최대한 자제하였다는 것이다. 즉, 독일이 2원적 이사회제도를 폐지해야 한다든지 미국이 영국의 기업인수규칙을 수입해야 한다든지 하는 등의 주장은 최소한 이 책에서는 하지 않기로 합의하였다는 것이다. 이 책의 목적은 그러한 각국 제도의 특성에도 불구하고 보편적으로 적용가능한 회사법 분석의 틀을 개발하는 것이다.

Ⅱ.

이 책에 의하면 어느 나라의 회사법이든 해결해야 할 보편적인 문제는 회사형태를 통한 경제활동이 필연적으로 초래하는 세 가지 종류의 대리인 비용(agency costs)의 문제이다. 첫째는 경영진과 주주간의 문제이며, 둘째는 지배주주와 소수주주간의 문제이고, 셋째는 회사와(채권자 및 종업원을 포함하는) 제3자간의 문제이다. 회사법의 목표는 이 세 가지 종류의 관계에서 발생하는 기회주의적인 행동이 개별 회사들과 회사제도 전체를 붕괴시키게 되는 것을 방지하는 데 있다. 이 세 가지 문제를 해결하는 회사법의 보편적인 전략을 공저자들은 모두 10개의 유형으로 정리한다. 이 10개 유형의 전략은 크게 규제(regulation)와 지배구조(governance) 양자의 속성으로 나누어지고 시간적으로는 사전(ex ante), 사후(ex post)작동 장치로 구분된다.

이를 구체적으로 설명하면, 규제방식은 대리인에 대한 규제와 본인-대리인 관계의 내용에 대한 규제를 포함하는 데 전자는 시간적으로는 규칙(rules)과 스탠더드(standards)로 분류되며 후자는 진입과 퇴출로 분류된다. 모든 회사법은 본인의 이익을 해하는 대리인의 결정과 행위를 규제하고 있는데 그 형식은 사전에 특정한 행위를 금지하는 규칙일 수도 있고 사후적으로 그 준수여부를 판단하는 데 사용될 수 있는 스탠더드일 수도 있다. 규칙은 주로 채권자와 일반 투자자들을 보호하는 데 사용되며 회사법은 배당에 대한 규제, 최소자본금 요건, 자본충실의 원칙 등의 채권자보호 장치와 공개매수규칙, 의결권대리행사의 권유규칙 등의 투자자보호 장치를 포함한다. 반면, 원칙과 예외라는 도식으로 규제하는 것이 대단히 어려운 내부거래(self-dealing)는 사법적인 평가의 기준인 공정성, 선의(good faith) 등과 같은 개념을 포함하는 스탠더드에 의해 규율되는 것이 보통이다. 한편, 본인-대리인 관계의 설정에 있어서는 사전에 정보의 공개를 요구하는 장치와 주식의 매각이나 채권자 이의 등과 같은 퇴출(장) 장치가 활용된다. 특히 후자에는 주식매수청구권, 주식양도자유의 원칙 등이 포함된다. 주식양도의 자유는 M&A의 기초를 구성하여 기업지배구조의 외부통제 장치의 존립을 가능하게 한다.

지배구조 방식에는 이사의 선임권과 해임권, 경영상의 결정권과 그에 대한 승인권 등이 있으며, 그 밖에도 우리에게는 다소 생소한 보상(reward)과 수탁(trusteeship) 등이 있다. 보상에 관한 규칙은 주로 배당을 규율하는 법원칙, 경영자 보수, 주식매수선택권 등에 관한 규칙들이고 수탁에 관한 규칙은 내부적인 성격의 것으로는 회사법이 특정한 거래에 이해관계 없는 이사들의 승인을 요구하는 것을 들 수 있으며 외부적인 것으로는 회사법이 특정한 거래에 법원(예컨대 현물출자의 경우)이나 기타 외부 기관의 승인을 요구하는 것을 들 수 있다.

이 책은 이와 같은 유형을 내부거래, 회사의 중요한 행위, 경영권 이전, 투자자 보호 등의 문제에 차례로 적용해 가면서 비교적 적은 분량임에도 불구하고 회사법의 중요한 문제들을 만족스럽게 비교법적으로 설명·해설하고 있다. 이 책이 제시하는 유형들은 어느 나라의 회사법에도 적용될 수 있으며 효과적이고 편리한 비교분석의 도구를 제공한다. 최근에 이 책에 대한 서평을 발표한 펜실베니아법대의 스킬(Skeel) 교수는 2003년 6월에 영국의 LSE에서 약 40명의 학자와 법관, 변호사들이 참가한 세미나가 개최되었고 참가자들이 이 책이 지적하는 세 종류의 대리인 비용이 과연 국경을 초월하여 회사법의 핵심적인 문제인가와 회사법의 전략을 10가지의 유형으로 나누는 것이 타당한가에 대해 집중적으로 의문을 제기하였으나 별 성과가 없었다는 일화를 소개하고 있기도 하다(David A. Skeel, Jr., *Corporate Anatomy Lessons,* 113 Yale Law Journal 1519(2004)).

그러나 이 책이 '완벽한' 분석의 도구를 제공하는 것은 아니다. 아마도 공저자들은 애초에 그런 목표를 설정하지도 않았을 것이다. 따라서 독자에 따라서는 여러 가지 보완해야 할 면들이 보일 수 있다. 특히 스킬 교수는 이 책이 도산법을 한 구성 요소로 포함시키지 않고 있다는 점, 기업집단에 대한 분석이 없다는 점, 서구 선진 5개국만을 연구의 대상으로 하고 있어서 신흥시장의 회사법에 이 책의 방법론이 적용될 수 있을지 아직 알 수 없다는 점 등을 지적하고 있기도 하다. 그러나 새로운 패러다임의 시작을 선언하고 향후 수십년간 수많은 연구자들에게 방향을 제시해 주는 작품으로서 이 책은 아무런 손색이 없다. 이 책은 마지막 장에서 향후의 (비교)연구과제를 다음과 같은 10가지 의문의 로드맵 형식으로 정리한다.

(1) 회사법이 자본시장의 여러 가지 제도를 성공적으로 보완할 수 있을 것인가? 예컨대 미국과 EU에서의 신용평가 회사의 역할을 실증적으로 잘 비교연구해 보면 중소기업들에게도 채권자 보호를 위한 공시의무를 부과하는 것이 효과적일지에 대한 답이 나올 수 있을 것이다.

(2) 각국의 경제와 사회상황의 차이를 감안하여 회사법의 각 전략간의 우선순위 조절이나 선택이 의미를 가질 것인가?(아마도 이 의문에 대한 연구는 실무적 · 정책적으로 가장 큰 의의를 가질 것이다. 특히 우리나라와 같이 영미법과 대륙법의 복합적인 영향 아래 회사법과 사법제도를 만들어 운영하고 있는 나라에게는 이 책이 제시한 10가지의 전략의 취사선택과 그 적용상의 경중완급 조절이 기업과 자본시장의 성공적인 발전에 결정적인 중요성을 가질 것이다)

(3) 각기 상이한 회사법의 환경에서 제도상의 변화와 개혁을 촉발하는 요인은 무엇인가? 최근 전세계적으로 진행되고 있는 회사법의 개혁 움직임의 동인은 과연 무엇인가? 대규모의 부정사건과 제도의 점진적 진화가 각기 가지는 비중은 어느 정도인가? 세계적인 법률의 조화 움직임, '제도의 차익거래'(regulatory arbitrage), 제도간의 경쟁 등과 같은 요인은 회사법의 개혁에 어떤 방식으로 영향을 미칠 것인가?

(4) 강행규범의 비중 확대, 축소 등을 포함한 회사법 전략의 방법론을 어떻게 정비할 것인가? 강행규범이 높은 비중을 차지하는 독일과 같은 국가에서는 사법부에 의한 회사법의 집행이 미국에 비해 느슨한 것으로 나타나는데 양자는 상호 관련되어 있는가? 최근 미국에서는 감사위원회에 대한 규율을 중심으로 강행규범이 증가하고 있는 반면, 유럽에서는 이른바 'comply-or-explain' 방법론이 인기를 얻고 있는 이유는 어디에 있는가?

(5) 회사의 이사회로 하여금 어떤 기능을 담당하도록 할 것인가? 지금까지 회사법 학자들은 이사회의 구성, 규모, 운영절차 등에 관해 많은 연구를 해 온 바 있으나, 예컨대 이사회의 안건에 대해서는 많이 알지 못하는 것이 현실이다. 어느 정도 규모의 투자결정이어야 이사회가 그에 대해 심의하고 결정하게 되는가? 최고경영자가 아닌 회사의 임원이나 고위 직원의 채용에 이사회가 어느 정도 관여해야 하는가?(실제로 우리 상법의 실무에 있어서도 이사회와 대표이사간의 역할 분담에 관한 일반적인 원칙의 발견이 쉽지 않다)

(6) 회사의 지배주주와 기업집단을 회사법이 어떻게 규율할 것인가? 이 문제는 경영권의 사적 이익이 반드시 경제적인 것이 아닌 경우가 많기 때문에 대단히 중요한 문제이다(많은 신흥시장경제 국가에 있어서 지

배주주의 사적 이익추구는 회사재산의 개인적인 편취보다는 이른바 'Empire Building'의 형태로 행해지고 있다).

(7) 변호사, 회계사, 투자은행 등을 포함한 이해관계자 그룹들의 회사법 형성과 운영에 대한 영향력은 어떠한가?

(8) 시장감독기관이나 행정부의 회사법 발전에 대한 영향력은 어떠한가?

(9) 회사법의 발전에 소송이 갖는 의미는 어느 정도인가? 국가별로 주주대표소송과 증권관련집단소송이 가지는 의미의 차이는 어떠하며 소송법상의 차이가 소수주주나 채권자, 종업원들의 행동에 어떤 영향을 미치는가?

(10) 공개회사와 폐쇄회사에 대한 규율의 차이는 어떠한가? 두 가지 형태의 회사에 대한 법률의 규제강도가 그 차이를 더해가는 최근의 조류를 어떻게 평가할 것인가?

Ⅲ.

이 책이 나오기 이전에 회사법 이론을 만들어 온 책들을 들어보라고 하면 미국 대기업들의 소유와 경영분리현상을 '발견'한 Adolf A. Berle & Gardiner C. Means, The Modern Corporation and Private Property(1932), 현대 대기업의 이사회 모델을 정립한 Melvin A. Eisenberg, The Structure of the Corporation(1976), 회사법 전반에 대한 법경제학적 해설인 Frank H. Easterbrook & Daniel R. Fischel, The Economic Structure of Corporate Law(1991), 미국 대기업들의 소유구조가 시장에서 진화한 모델이 아님을 밝힌 Mark J. Roe, Strong Managers, Weak Owners(1994) 등 4권의 책을 들 수 있을 것이다. 물론 Robert C. Clark, Corporate Law(1986)이나 William T. Allen & Reinier Kraakman, Commentaries and Cases on the Law of Business Organization(2003) 등과 같은 영향력이 큰 교과서들이 있고 회사법 이론의 발달에 결정적인 역할을 한 수십 편의 중요 논문들이 있으나 회사법 이론과 실무의 큰 틀을 만들어 온 책은 이 4권이라는 데 거의 모든 학자들의 의견이 일치하는 것 같다. 이제 그 반열에 오른 책은 여기서 소개한 이 책을 더해 모두 다섯 권이 되었고 이 책이 보여주는 것처럼 기업의 운영과 회사법의 진로는 이제 세계화의 큰 틀 안에서 결정되게 되었다.

또 이 책이 보여주듯이 (미국의) 회사법학도 미국적인 문제의식과 검증의 범주에서 벗어나 세계화라는 보다 넓은 시각에 의해 발전되어 나가야 할 것이다. 그러나 부러운 동시에 인상적인 것은 이러한 작업이 결국 미국과 그 영향을 받은 학자들에 의해 주도되고 있다는 것이다. 학술적인 차원에만 국한해서 그 원인을 찾아본다면 이 책의 공저자들도 강조하고 있듯이 미국 밖에서는 회사의 소유와 경영, 자본시장에 대한 실증적인 연구가 부족하거나 경제학자, 경영학자들의 연구결과가 법학자들에 의해 거의 활용되지 못하고 있기 때문이다. 이는 우리 나라에서도 마찬가지이다. 저자가 이 책 소개를 쓰게 된 것도 이 책이 우리 나라에서 법학이 아닌 경영학 논문에서 가장 먼저 인용된 것을 보고(박상용, 기업경영권의 환경변화와 대응방안(2004년도 한국경영학회 통합학술대회 기조발표논문, 2004.8)) 학제적 연구의 쌍방향성 제고의 필요성을 강조해야겠다는 생각이 들었기 때문이다. 우리 나라의 사법제도와 법학교육 시스템이 근본적인 변화를 거쳐 미래에는 우리도 '보편회사법'의 발전에 주도적이기까지는 못하더라도 합당한 한 부분을 담당할 수 있게 되기를 기원한다.

색 인

[저자약력]

독일 뮌헨대학교 법학부 졸업(Dr.iur.)
미국 하버드 법대 졸업(LL.M.)
미국 뉴욕 주 변호사
미국 스탠포드 법대 계약교수
대통령 경제보좌관실 자문
러시아 연방증권감독위원회 자문
서울대학교 경영대학 강의
고려대학교 경영대학 겸임교수
현 서울대학교 법과대학 부교수
대통령자문 국민경제자문회의 전문위원
한국이사협회 운영위원
한국CFO협회 이사

[저서]

소유와 경영(박영사, 2003): 2005년 대한민국학술원 선정 우수학술도서

[논문]

영국 옥스포드·케임브리지대학교, 미국 조지타운·버클리대학교 법대, 오스트리아 비엔나대학교 등 발간 학술지에 회사법, 국제법, 증권법 논문 발표

제 2 판
이사회 — 운영원리와 법률적 책임 —

2005年 7月 20日 초판발행
2007年 2月 10日 제 2 판인쇄
2007年 2月 20日 제 2 판발행

著 者 김 화 진
發行人 安 鍾 萬
發行處 (株) 博 英 社
서울特別市 鍾路區 平洞 13-31番地
電話 (733)6771 FAX (736)4818
登錄 1959. 3. 11. 제 300-1959-1 호(倫)
www.pakyoungsa.co.kr e-mail: pys@pakyoungsa.co.kr

著者와 협의하여 印紙 첩부를 생략함

定 價 25,000원 ISBN 89-7189-735-X